100% 합격을 위한
해커스금융의 특별 혜택

하루 10분 개념완성 자료집 [PDF]

KXY4B49HJEBE37TH

해커스금융 사이트(fn.Hackers.com) 접속 후 로그인 ▶ 우측 상단의 [교재] 클릭 ▶
좌측의 [무료자료 다운로드] 클릭 ▶ 본 교재 우측의 개념완성 자료집 [다운로드] 클릭 ▶
위 쿠폰번호 입력 후 이용

▲
무료자료 다운로드
바로가기

이론정리+문제풀이 무료 특강

해커스금융 사이트(fn.Hackers.com) 접속 후 로그인 ▶ 우측 상단의 [무료강의] 클릭 ▶
과목별 무료강의 중 [금융투자자격증] 클릭하여 이용

* 본 교재 강의 중 일부 회차에 한해 무료 제공됩니다.

▲
무료강의
바로가기

무료 바로 채점 및 성적 분석 서비스

해커스금융 사이트(fn.Hackers.com) 접속 후 로그인 ▶ 우측 상단의 [교재] 클릭 ▶
좌측의 [바로채점/성적분석 서비스] 클릭 ▶ 본 교재 우측의 [채점하기] 클릭하여 이용

▲
바로 채점 & 성적 분석
서비스 바로가기

무료 시험후기/합격수기

해커스금융 사이트(fn.Hackers.com) 접속 후 로그인 ▶ 상단 메뉴의 [금융투자] 클릭 ▶
좌측의 [학습게시판 → 시험후기/합격수기] 클릭하여 이용

▲
합격수기
바로가기

20% 할인쿠폰

핵심개념+적중문제풀이 동영상 강의

V186R428E564U291

해커스금융 사이트(fn.Hackers.com) 접속 후 로그인 ▶ 우측 상단의 [마이클래스] 클릭 ▶
좌측의 [결제관리 → My 쿠폰 확인] 클릭 ▶ 위 쿠폰번호 입력 후 이용

* 유효기간: 2026년 2월 31일까지(등록 후 7일간 사용가능, ID당 1회에 한해 등록 가능)
* 증권투자권유대행인 핵심개념+적중문제풀이 강의에만 적용 가능(이벤트 강의 적용 불가)
* 이외 쿠폰 관련 문의는 해커스금융 고객센터(02-537-5000)로 연락 바랍니다.

합격의 기준, 해커스금융 **fn.Hackers.com**

금융자격증 1위* 해커스금융
무료 바로 채점&성적 분석 서비스

* [금융자격증 1위] 주간동아 선정 2022 올해의 교육 브랜드 파워 온·오프라인 금융자격증 부문 1위

한 눈에 보는 서비스 사용법

Step 1.
교재에 있는 모의고사를 풀고
바로 채점 서비스 확인!

Step 2.
[교재명 입력]란에
해당 교재명 입력!

Step 3.
교재 내 표시한 정답
바로 채점 서비스에 입력!

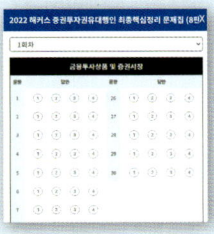

Step 4.
채점 후 나의 석차, 점수,
성적분석 결과 확인!

실시간 성적 분석 결과 확인

개인별 맞춤형 학습진단

실력 최종 점검 후
탄탄하게 마무리

합격의 기준, 해커스금융 fn.Hackers.com

바로 이용하기 ▶

해커스
증권투자 권유대행인 한권합격

핵심개념+적중문제

이 책의 저자

민영기

학력
동국대학교 일반대학원 졸업(박사, 북한화폐경제전공)

경력
현 | 해커스금융 온라인 및 오프라인 전임교수
　　성공회대학교 민주자료관 연구위원
　　금융투자협회 등록교수
전 | 동국대학교 일반대학원 외래교수
　　세종대학교 산업경영대학원 외래교수
　　성공회대학교 사회과학부 외래교수
　　상명대학교 리스크관리보험학과 외래교수

강의경력
현 | 해커스금융/감정평가사 동영상강의
전 | 국민은행, 기업은행, 부산은행, 수협은행, 우리은행 금융자격증 특강
　　미래에셋투자증권 금융자격증 특강

저서
해커스 투자자산운용사 한권합격 핵심개념+적중문제
해커스 금융투자분석사 최종핵심정리문제집
해커스 외환전문역 Ⅰ종 최종핵심정리문제집
해커스 증권투자권유대행인 한권합격 핵심개념+적중문제
해커스 펀드투자권유대행인 최종핵심정리문제집
해커스 증권투자권유자문인력 한권합격 핵심개념+적중문제
해커스 파생상품투자권유자문인력 한권합격 핵심개념+적중문제
해커스 펀드투자권유자문인력 최종핵심정리문제집

송영욱

학력
숭실대학교 경영대학원 졸업(경영학 석사)
경희대학교 법학과 졸업(법학사)

경력
현 | 해커스금융 온라인 및 오프라인 전임교수
　　금융투자협회 투자관련 자격·의무과정 강사
전 | 한국외환은행 근무
　　교보생명 근무
　　교보증권·흥국증권 근무

강의경력
현 | 해커스금융 동영상강의, 금융투자협회 이러닝 강의
전 | 금융권: 국민은행, 미래에셋증권 외 20개 금융기관 강의
　　기업권: 한국타이어, 동국제강, 한전KPS 외 22개 기업 강의
　　대학권: 경희대, 중앙대, 성균관대 외 8개 대학 강의
　　공기업: 금융투자협회, 생산성본부 외 8개 공기업 강의

저서
해커스 금융투자분석사 최종핵심정리문제집
해커스 증권투자권유대행인 한권합격 핵심개념+적중문제
해커스 펀드투자권유대행인 최종핵심정리문제집
해커스 증권투자권유자문인력 한권합격 핵심개념+적중문제
해커스 파생상품투자권유자문인력 한권합격 핵심개념+적중문제
해커스 펀드투자권유자문인력 최종핵심정리문제집
직장인도 부자가 될 수 있는 월급세팅법 외 16권

서문

fn.Hackers.com
금융·자격증 전문 교육기관 해커스금융

방대한 학습량과 높은 난이도... 합격의 열쇠는?

합격의 비법을 제대로 담은 교재로 학습하는 것!

타 교재는 실전 대비를 위한 문제를 충분히 수록하지 않았거나, 합격을 좌우하는 계산문제를 쉽게 해결할 방법이 없거나, 핵심 내용만 빠르게 정리할 수 있는 학습 자료가 부족하여 제대로 시험을 준비하기엔 턱없이 부족했습니다.

「해커스 증권투자권유대행인 한권합격 핵심개념+적중문제」는

1. **시험에 꼭 나오는 핵심 개념을 정리하고, 출제가능성이 높은 문제를 수록**하여, 단기간에 효과적으로 실전에 대비할 수 있습니다.

2. **상세한 해설을 제공**하여 확실한 문제 이해가 가능하며, 문제를 푸는 것만으로도 핵심 개념이 정리되어, 이 책 한 권으로도 증권투자권유대행인 시험에 충분히 대비할 수 있습니다.

3. **적중 실전모의고사 2회분을 수록**하여 시험 전 실력을 최종 점검하고, 실전 감각을 극대화할 수 있습니다.

「해커스 증권투자권유대행인 한권합격 핵심개념+적중문제」와 함께 증권투자권유대행인 시험을 준비하는 수험생 모두 합격의 기쁨을 느끼고 더 큰 목표를 향해 한걸음 더 나아갈 수 있기를 바랍니다.

목차

책의 특징 6   책의 구성 8   자격시험 안내 10   학습플랜 12

제1과목 증권분석 및 증권시장

제1장	증권분석(경기·기본적·기술적)의 이해	18
제2장	유가증권시장	82
제3장	코스닥시장	128
제4장	채권시장	150
제5장	기타 증권시장	194

제2과목 금융상품 및 윤리

제1장	금융상품분석	218
제2장	투자전략	270
제3장	투자권유 및 고객관리	306
제4장	직무윤리·투자자분쟁예방	336

제3과목

법규 및 규정

제1장 자본시장 관련 법규 ... 410

제1회 적중 실전모의고사 ... 508
제2회 적중 실전모의고사 ... 540
정답 및 해설 ... 574

책의 특징

1 핵심 정리부터 실전 마무리까지 단기 완성

시험에 자주 나오는 핵심 개념을 정리하여 기초를 탄탄히 다지고, 출제가능성이 높은 문제를 수록하여 단기간에 효과적으로 실전에 대비할 수 있습니다.

2 최신 출제 경향을 분석하여 출제가능성이 높은 문제 수록

베스트셀러 1위 달성 노하우를 바탕으로 시험에 출제가능성이 높은 문제를 엄선해서 수록하여, 실전 감각을 높일 수 있습니다.

3 중요도에 따른 우선순위 학습 가능 및 맞춤형 학습플랜 제공

문제에 중요도를 ★~★★★로 표시하여, 중요한 내용부터 우선적으로 학습할 수 있습니다. 또한 5·7·10·20일 완성 학습플랜을 제공하여 원하는 학습 기간에 따라 맞춤형으로 학습할 수 있습니다.

fn.Hackers.com
금융·자격증 전문 교육기관 해커스금융

4 확실한 핵심 개념 정리를 위한 상세한 해설 제공

모든 문제에 대해 상세한 해설을 제공하여 어려운 문제도 충분히 이해할 수 있고, 문제를 푸는 것만으로도 개념이 정리되어 보다 확실하게 시험에 대비할 수 있습니다.

5 철저한 실전 대비를 위한 '적중 실전모의고사 2회분' 수록

시험 전 최종 마무리를 위해 '적중 실전모의고사 2회분'을 수록하였습니다. 이를 통해 실력을 점검하고 실전 감각을 극대화할 수 있습니다. 또한 정답 및 해설에 있는 '바로 채점 및 성적 분석 서비스' QR코드를 스캔하여 취약점을 파악하고 보완할 수 있습니다.

6 동영상강의 및 금융권 취업 성공을 위한 다양한 콘텐츠 제공 (fn.Hackers.com)

해커스금융(fn.Hackers.com)에서는 동영상강의와 함께 금융자격증 시험후기/합격수기 등 다양한 콘텐츠를 무료로 제공하여 더욱 효과적으로 학습할 수 있습니다.

책의 구성

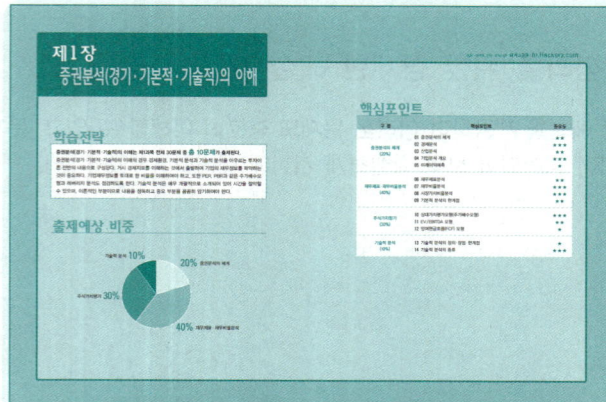

학습전략·출제예상 비중·핵심포인트

효율적인 학습을 위한 학습전략과 출제예상 비중 및 핵심포인트를 수록하였습니다. 핵심포인트에서는 핵심포인트별 중요도를 제시하여 중점적으로 학습해야 하는 부분을 한눈에 확인할 수 있습니다.

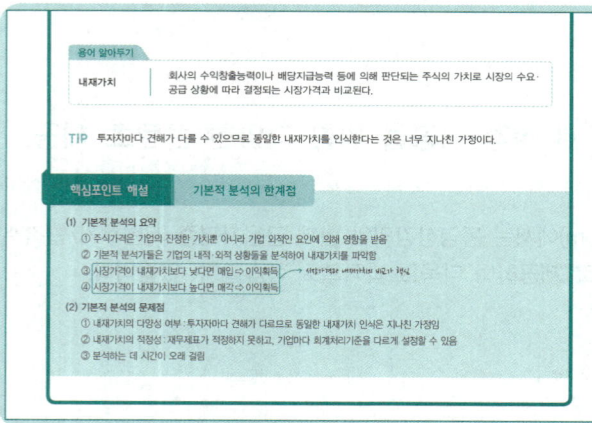

핵심포인트 해설

문제에 대한 핵심 개념을 충분히 이해할 수 있도록 핵심포인트 해설을 수록하여 문제를 푸는 것만으로도 핵심 개념을 확실히 정리할 수 있습니다. 또한 본문 내용 중 생소한 용어는 '용어 알아두기'를 통해 헷갈리는 전문용어를 바로 확인할 수 있습니다.

출제예상문제

출제가능성이 높은 문제를 수록하여 실전에 철저히 대비할 수 있습니다. 또한 모든 문제에 중요도(★~★★★)를 표시하여 중요한 문제부터 우선적으로 학습할 수 있습니다. 뿐만 아니라, 문제 번호 하단의 네모박스(□)에 다시 봐야 할 문제를 체크하여 복습 시 활용할 수 있습니다.

적중 실전모의고사

적중 실전모의고사 2회분을 수록하여 실력을 점검하고 실전 감각을 극대화하여 시험 전 최종 마무리할 수 있습니다.

자격시험 안내

증권투자권유대행인이란?

증권(집합투자증권 및 파생상품 등은 제외) 및 단기금융집합투자기구 집합투자증권의 매매를 권유하거나 투자자문계약, 투자일임계약 또는 신탁계약의 체결을 권유하는 자를 말합니다.

※ 증권(집합투자증권 및 파생결합증권 제외)에 대한 매매체결 및 투자자문 업무 종사 불가(증권투자권유자문인력 시험 합격 필요)

증권투자권유대행인 자격시험 안내

■ 시험일정

구 분	시험일	시험시간	원서접수일	합격자발표
제21회	5/18(일)	10:00 ~ 12:00	4/21(월) ~ 4/25(금)	5/29(목)
제22회	11/9(일)	10:00 ~ 12:00	10/13(월) ~ 10/17(금)	11/20(목)

* 자세한 시험일정은 '한국금융투자협회 자격시험접수센터(license.kofia.or.kr)'에서도 확인할 수 있습니다.

■ 시험과목 및 문항수, 배점

시험과목		세부과목명	문항수	배 점	과락기준
제1과목	증권분석 및 증권시장	경기분석	4	30	12문항 미만 득점자
		기본적 분석	3		
		기술적 분석	3		
		유가증권시장	8		
		코스닥시장	3		
		채권시장	7		
		기타 증권시장	2		
제2과목	금융상품 및 윤리	금융상품분석·투자전략	23	50	20문항 미만 득점자
		투자권유 및 고객관리	12		
		직무윤리·투자자분쟁예방	15		
제3과목	법규 및 규정	자본시장 관련 법규	20	20	8문항 미만 득점자
합 계			100	100	

■ 시험 관련 기타 정보

시험주관처	금융투자협회
원서접수처	금융투자협회 자격시험센터(license.kofia.or.kr)에서 온라인 접수만 가능
시험시간	120분
응시자격	제한 없음
문제형식	객관식 4지선다형
합격기준	응시과목별 정답비율이 40% 이상인 자 중에서, 응시과목의 전체 정답비율이 60%(60문항) 이상인 자
참고사항	금융회사 입사 후 판매 관련 업무 종사 시에는 추가로 적격성 인증 필요

시험 당일 유의사항

■ 고사장 가기 전

시험 당일 준비물	• 응시표, 규정신분증(주민등록증, 운전면허증, 여권), 계산기, 검정색 필기도구(연필 제외, 컴퓨터용 사인펜 권장)를 반드시 준비합니다. [참고] 규정신분증 이외에 모바일 신분증, 학생증(대학, 대학원) 사원증, 각종 자격증, 임시 운전면허증, 전역증명서 등을 지참할 경우에는 시험에 응시할 수 없습니다.

■ 시험 시작 전

고사장 도착	• 시험 시작 20분 전까지 고사장에 입실 완료해야 합니다. 시험 시작 이후에는 고사장 입실 및 시험 응시가 불가합니다. • 시험이 시작되기 전에 응시표, 신분증, 계산기, 필기도구를 제외한 모든 소지품을 가방에 넣고 자리에 앉아 대기합니다.

■ 시험 시작 후

시험 문제풀이 및 답안지 마킹	• 시험지를 받으면 시험지의 인쇄상태를 확인한 후 문제풀이를 시작합니다. • 시험 종료 후에 답안지 마킹을 할 경우 부정 처리되어 불이익을 당할 수 있으므로, 반드시 시험 종료 전에 마킹을 완료해야 합니다.

시험 종료	• 시험 종료 후 시험지와 답안지 모두 제출합니다. [참고] 고사장 퇴실은 시험 종료 40분 전부터 가능합니다.

학습플랜

자신에게 맞는 학습플랜을 선택하여 본 교재를 학습하세요.
이때 해커스금융(fn.Hackers.com) 동영상강의를 함께 수강하면 더 효과적이에요.

5일 완성 학습플랜

교재에 수록된 문제 중 중요도가 가장 높은 별 3개(★★★) 문제를 중심으로 5일 만에 시험 준비를 마칠 수 있어요.

1주	1일 ☐	제1과목 증권분석 및 증권시장 별 3개(★★★) 문제 중심	제1장 증권분석(경기 · 기본적 · 기술적)의 이해 제2장 유가증권시장
	2일 ☐		제3장 코스닥시장 제4장 채권시장 제5장 기타 증권시장
	3일 ☐	제2과목 금융상품 및 윤리 별 3개(★★★) 문제 중심	제1장 금융상품분석 제2장 투자전략 제3장 투자권유 및 고객관리 제4장 직무윤리 · 투자자분쟁예방
	4일 ☐	제3과목 법규 및 규정 별 3개(★★★) 문제 중심	제1장 자본시장 관련 법규
	5일 ☐	마무리	제1 · 2회 적중 실전모의고사 풀이

7일 완성 학습플랜

교재에 수록된 문제 중 중요도가 높은 별 3개(★★★)와 별 2개(★★) 문제를 중심으로 7일 만에 시험 준비를 마칠 수 있어요.

1주	1일 ☐	**제1과목 증권분석 및 증권시장** 별 3개(★★★), 별 2개(★★) 문제 중심	제1장 증권분석(경기 · 기본적 · 기술적)의 이해
	2일 ☐		제2장 유가증권시장 제3장 코스닥시장
	3일 ☐		제4장 채권시장 제5장 기타 증권시장
	4일 ☐	**제2과목 금융상품 및 윤리** 별 3개(★★★), 별 2개(★★) 문제 중심	제1장 금융상품분석 제2장 투자전략
	5일 ☐		제3장 투자권유 및 고객관리 제4장 직무윤리 · 투자자분쟁예방
	6일 ☐	**제3과목 법규 및 규정** 별 3개(★★★), 별 2개(★★) 문제 중심	제1장 자본시장 관련 법규
	7일 ☐	**마무리**	제1 · 2회 적중 실전모의고사 풀이

10일 완성 학습플랜

교재의 모든 내용을 10일간 집중적으로 학습할 수 있어요.

1주	1일 ☐	제1과목 증권분석 및 증권시장	제1장 증권분석(경기·기본적·기술적)의 이해
	2일 ☐		제2장 유가증권시장 제3장 코스닥시장
	3일 ☐		제4장 채권시장 제5장 기타 증권시장
	4일 ☐	제2과목 금융상품 및 윤리	제1장 금융상품분석
	5일 ☐		제2장 투자전략 제3장 투자권유 및 고객관리
2주	6일 ☐		제4장 직무윤리·투자자분쟁예방
	7일 ☐	제3과목 법규 및 규정	제1장 자본시장 관련 법규
	8일 ☐		
	9일 ☐	마무리	제1·2회 적중 실전모의고사 풀이
	10일 ☐		제1·2회 적중 실전모의고사 복습

20일 완성 학습플랜

교재의 모든 내용을 20일간 차근차근 학습할 수 있어요.

주	일	과목	내용
1주	1일 ☐	제1과목 증권분석 및 증권시장	제1장 증권분석(경기 · 기본적 · 기술적)의 이해
	2일 ☐		
	3일 ☐		제2장 유가증권시장
	4일 ☐		
	5일 ☐		제3장 코스닥시장
2주	6일 ☐		제4장 채권시장
	7일 ☐		
	8일 ☐		제5장 기타 증권시장
	9일 ☐	제2과목 금융상품 및 윤리	제1장 금융상품분석
	10일 ☐		
3주	11일 ☐		제2장 투자전략
	12일 ☐		제3장 투자권유 및 고객관리
	13일 ☐		제4장 직무윤리 · 투자자분쟁예방
	14일 ☐		
	15일 ☐	제3과목 법규 및 규정	제1장 자본시장 관련 법규
4주	16일 ☐		
	17일 ☐		
	18일 ☐	마무리	제1 · 2회 적중 실전모의고사 풀이
	19일 ☐		
	20일 ☐		제1 · 2회 적중 실전모의고사 복습

금융·자격증 전문 교육기관 **해커스금융**
fn.Hackers.com

제1과목
증권분석 및 증권시장

[총 30문항]

제1장 증권분석(경기·기본적·기술적)의 이해 10문항
제2장 유가증권시장 8문항
제3장 코스닥시장 3문항
제4장 채권시장 7문항
제5장 기타 증권시장 2문항

제1장
증권분석(경기·기본적·기술적)의 이해

학습전략

증권분석(경기·기본적·기술적)의 이해는 제1과목 전체 30문제 중 **총 10문제**가 출제된다.

증권분석(경기·기본적·기술적)의 이해의 경우 경제환경, 기본적 분석과 기술적 분석을 아우르는 투자이론 전반의 내용으로 구성된다. 거시 경제지표를 이해하는 것에서 출발하여 기업의 재무정보를 파악하는 것이 중요하다. 기업재무정보를 토대로 한 비율을 이해하여야 하고, 또한 PER, PBR과 같은 주가배수모형과 레버리지 분석도 점검하도록 한다. 기술적 분석은 매우 개괄적으로 소개되어 있어 시간을 절약할 수 있으며, 이론적인 부분이므로 내용을 정독하고 중요 부분을 꼼꼼히 암기하여야 한다.

출제예상 비중

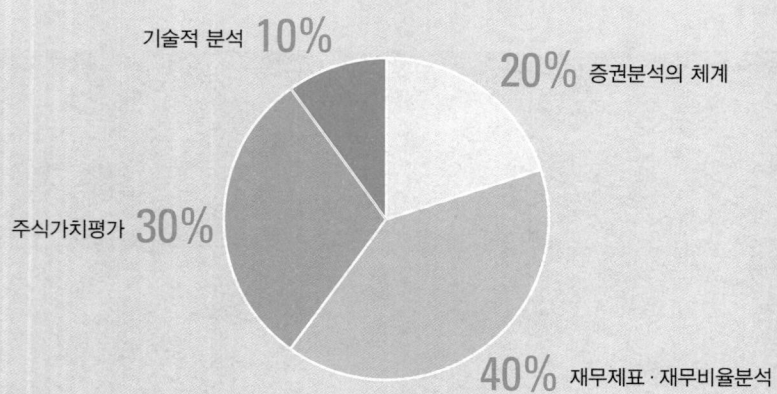

- 기술적 분석 10%
- 증권분석의 체계 20%
- 주식가치평가 30%
- 재무제표·재무비율분석 40%

핵심포인트

구 분	핵심포인트	중요도
증권분석의 체계 (20%)	01 증권분석의 체계 02 경제분석 03 산업분석 04 기업분석 개요 05 미래 이익예측	★★ ★★★ ★★ ★★★ ★
재무제표·재무비율분석 (40%)	06 재무제표분석 07 재무비율분석 08 시장가치비율분석 09 기본적 분석의 한계점	★★ ★★★ ★★★ ★★
주식가치평가 (30%)	10 상대가치평가모형(주가배수모형) 11 EV/EBITDA 모형 12 잉여현금흐름(FCF) 모형	★★★ ★★ ★
기술적 분석 (10%)	13 기술적 분석의 정의·장점·한계점 14 기술적 분석의 종류	★ ★★★

증권분석의 체계 ★★

기업의 이익흐름에 영향을 주는 원천적 요인에 관한 설명으로 잘못된 것은?

① 거시경제적 요인으로 산업의 수요성장률, 정부의 지원 등이 있다.
② 산업적 요인으로 시장규모, 경쟁구조, 비용구조, 노사관계 등이 있다.
③ 기업적 요인으로 기업의 경쟁력, 생산성, 재무효율성 등이 있다.
④ 주식에 대한 할인율은 이자율수준, 영업위험, 재무위험 등에 의해서 영향을 받는다.

용어 알아두기

| 주 식 | 소유지분(Ownership Interest)을 표시하는 증서로 주주총회에서의 의결권 등의 경영참가권이 부여되어 있다. |

TIP 거시경제적 요인으로 그 나라 경제의 경기순환 국면, GDP 성장률, 1인당 국민소득, 환율, 인플레이션, 이자율수준 등이 있다.

핵심포인트 해설   증권분석의 체계

(1) 증권분석의 체계

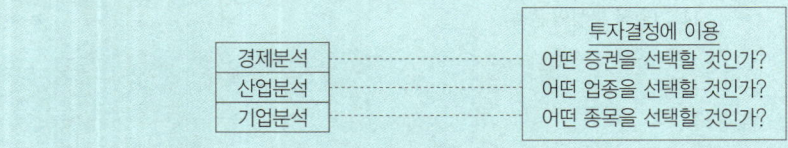

① 미래이익 : 판매량, 판매가격, 비용
② 할인율 : 이자율, 영업위험, 재무위험

(2) 기업의 이익흐름
① 주식의 가치 : 기업의 이익흐름에 달려 있음
② 기업의 이익흐름에 영향을 주는 원천적 요인
   ⊙ 거시경제적 요인 : 경기순환 국면, GDP 성장률, 주요 원자재 가격, 1인당 국민소득, 환율, 인플레이션, 이자율수준 등
   ⓒ 산업적 요인 : 산업의 수요성장률, 시장규모, 경쟁구조, 제품수명사이클의 단계, 비용구조, 정부의 지원, 노사관계 등
   ⓒ 기업적 요인 : 기업의 경쟁력, 생산성, 자산이용의 효율성, 재무효율성 등
   ② 할인율
     - 이자율수준, 영업위험, 재무위험 등에 의해 영향을 받음
     - 할인율의 추정을 위해서 국민경제, 산업, 기업적 요인에 대한 분석이 필요

정답 | ①

02

증권분석의 체계 ★★

기본적 분석과 기술적 분석에 대한 설명 중 옳은 것은?

① 기본적 분석은 과거 주가의 체계적 패턴(Systematic Pattern)을 찾아내어 초과이익(Abnormal Return)을 얻으려는 투자전략이다.
② 기술적 분석은 증권의 내재가치(Intrinsic Value)를 찾아내어 과소평가된 주식을 매입하고 과대평가된 주식을 매도하려는 투자전략이다.
③ 기본적 분석과 기술적 분석은 모두 기본적으로 증권시장의 비효율성을 가정하고 초과이익을 얻으려는 투자전략이다.
④ 일반적으로 상승장(Bull Market)에서는 기본적 분석이 잘 맞고, 하락장(Bear Market)에서는 기술적 분석이 잘 맞는 것으로 알려져 있다.

용어 알아두기

불마켓	증권의 가격이 상승하고 있는 시장을 말한다.
베어마켓	증권의 가격이 하락하거나, 하락할 것이라 예상되는 시장을 말한다.

TIP ① 기술적 분석에 대한 설명이다.
② 기본적 분석에 대한 설명이다.
④ 기본적·기술적 분석은 시장의 상승·하락장과는 관계없다.

핵심포인트 해설   기본적 분석과 기술적 분석

(1) 기본적 분석과 기술적 분석 비교

구 분	기본적 분석	기술적 분석
목 표	좋은 종목 선정	매매시점 포착
분석대상	내재가치(Value)	가격(Price)
활용수단	재무제표	차 트
정 보	현재정보(공개정보)	과거정보
특 징	시장변화 원인파악	시장변화 방향파악

(2) 분석목표 및 방법

구 분	분석목표	분석방법	
기본적 분석	내재가치(본질가치) 발견	Bottom-Up 방식	기업분석 ⇨ 산업분석 ⇨ 경제분석
		Top-Down 방식	경제분석 ⇨ 산업분석 ⇨ 기업분석
기술적 분석	수요·공급의 변화예측	추세분석, 패턴분석, 지표분석, 시장구조이론	

정답 | ③

경제분석 ★★★

다음 중 경제변수와 주가의 관계를 올바르게 설명한 것은?

① 국내총생산(GDP)이 하락하면 주가는 상승할 가능성이 높다.
② 이자율(할인율)이 하락하면 주가도 하락할 가능성이 높다.
③ 물가가 상승하면 주가는 하락할 가능성이 높다.
④ 환율 하락은 수출기업의 주가에 긍정적인 영향을 미친다.

용어 알아두기

거시경제지표	국민경제 전체를 대상으로 분석한 경제지표로 국가 차원의 경제상황을 판단할 수 있는 기준이다.

TIP
① 국내총생산(GDP)이 상승하면 주가도 상승할 가능성이 높다.
② 이자율(할인율)이 상승하면 주가는 하락할 가능성이 높다.
④ 환율 상승은 수출기업의 주가에 긍정적인 영향을 미친다.

핵심포인트 해설 경제변수와 주가

국내총생산	• 주가와 깊은 연관성, 산업생산
이자율	• 이자율 상승 ⇨ 증권가격 하락, 이자율 하락 ⇨ 증권가격 상승
인플레이션	• 완만한 물가상승 ⇨ 기업판매이윤 증가 ⇨ 주가 상승 • 급격한 물가상승 ⇨ 제조비용 증가 ⇨ 실질구매력 감소 ⇨ 기업수지 악화 ⇨ 주가 하락
환 율	• 원화가치 절하 시(환율 상승) ⇨ 수출경쟁력 증대 ⇨ 주가 상승(단, 외채가 큰 기업은 환차손)
재정정책	• 적자예산 편성, 세출 증가, 세율 인하 ⇨ 수요 진작 (반면 재정적자는 민간부문의 차입기회를 감소(Crowd Out)시킴 ⇨ 이자율 상승)
통화정책	• 한국은행은 기준금리 수준의 결정, 시중은행들의 지급준비율 결정, 국채의 매입과 매각 등 세 가지 방법을 통하여 시중 통화량을 조절
경기순환	• 회복 ⇨ 활황 ⇨ 후퇴 ⇨ 침체의 4개 국면 • 주가는 경기변동이 있기 수개월 전부터 이를 반영하는 것으로 알려짐

정답 | ③

04

경제분석 ★★★

국내총생산(GDP : Gross Domestic Product)과 주가에 관한 설명으로 잘못된 것은?

① GDP는 일국의 일정 기간 경제활동에 의해서 창출된 최종 가치이다.
② GDP는 나라의 경제력, 국민소득 평가의 기초가 된다.
③ GDP는 해당 국가의 경제성장률 평가의 기초가 된다.
④ GDP와 주가는 상호관련성이 적다.

용어 알아두기

| 국내총생산 (GDP) | 한 국가의 경제수준을 나타내는 지표이며 한 나라에서 일정 기간 생산된 모든 생산액으로, 경제적 후생수준을 가장 잘 나타낸다. |

TIP 주식가격과 관련하여 연관이 깊은 것으로 알려지고 있다.

핵심포인트 해설 — 국내총생산(GDP : Gross Domestic Product)과 주가

① 국내총생산(GDP)은 일국의 일정 기간 경제활동에 의해서 창출된 최종 재화와 용역의 시장가치
② 나라의 경제력, 경제성장률, 국민소득 평가의 기초
③ 장기간에 걸친 연평균 주가상승률은 명목 GDP 성장률에 접근할 것으로 기대 : 이익평가모형(주가 = 예상이익/할인율)을 국민경제 전체로 확대하면 명목 GDP 성장률만큼 이론적 주가는 상승할 것이기 때문임
④ 제조부문으로 좁혀서 경제활동수준을 측정하는 것으로 산업생산이 있음

정답 | ④

경제분석 ★★★

시중이자율 수준에 대한 설명으로 잘못된 것은?

① 투자결정 시 가장 중요하게 고려되는 거시경제변수는 시중이자율 수준이다.
② 시중이자율이 높아지면 주식에 대한 대체투자수단의 수익률이 낮아짐을 의미한다.
③ 시중이자율이 높아지면 주식의 투자매력도가 떨어진다.
④ 이자율이 상승하면 요구수익률, 즉 할인율이 상승하게 된다.

용어 알아두기

이 자	화폐의 차용에 대하여 지불하는 가격으로 기간당 지불되는 원금에 대한 이자의 비율이 이자율이다.

TIP 시중이자율이 높아지면 주식에 대한 대체투자수단의 수익률이 높아짐을 의미하므로 주식의 투자매력도가 떨어진다.

핵심포인트 해설 　 이자율과 주가

(1) 시중이자율
① 시중이자율 ↑ ⇨ 주식에 대한 대체투자수단의 수익률 ↑ ⇨ 주식의 투자매력도 ↓
② 시중이자율 ↑ ⇨ 할인율(요구수익률) ↑ ⇨ 주식가격 ↓

(2) 시중이자율의 변동요인
① 자금공급자들의 소비에 대한 시차선호도 : 이자율 ↑ ⇨ 소비 ↓, 저축 ↑
② 기업들이 생산기회에 대해서 갖는 자본의 한계효율 : 이자율 ↓ ⇨ 자금수요 ↑
③ 국내총생산(미래소득) : GDP ↑ ⇨ 시중이자율 ↑
④ 중앙은행의 통화정책 : 통화공급량 결정 ⇨ 이자율수준 결정
⑤ 기대인플레이션(구매력 감소) : 기대인플레이션 ↑ ⇨ 시중이자율 ↑

정답 | ②

06

경제분석 ★★★

일반적으로 물가가 지속적으로 상승하거나 화폐가치가 지속적으로 하락하는 인플레이션에 대한 설명으로 잘못된 것은?

① 인플레이션은 민간부문의 부가 정부부문으로 이전되는 것을 의미한다.
② 하이퍼인플레이션이 발생할 경우 금리를 급격히 상승시키고 주가 상승을 초래할 수 있다.
③ 전통적으로 주식투자는 인플레이션 헤지 수단이 되는 것으로 주장되고 있다.
④ 일정 수준 이내의 인플레이션은 기업의 자산 가치를 높이므로 주가에 긍정적일 수 있다.

TIP 적정 수준을 넘어선 하이퍼인플레이션이 발생할 경우 시중금리를 급격히 상승시키고 투자자의 납세 후 실질수익을 감소시키므로 주식가격의 하락을 초래할 수 있다.

핵심포인트 해설 　　인플레이션과 주가

(1) 명목수익률과 실질수익률

$$명목이자율 = 실질이자율 + 기대인플레이션$$

(2) 인플레이션과 주식가치평가
① 실제인플레이션 > 기대인플레이션 : 채권자 손실, 채무자 이득
② 실제인플레이션 < 기대인플레이션 : 채권자 이득, 채무자 손실

(3) 인플레이션 헤지에 대한 평가
① 투자자의 납세 후 실질투자수익률 감소
② 투자자의 투자의욕 감소
③ 민간부문의 부가 정부부문으로 이전
④ 인플레이션이 높을수록 부의 이전효과가 확대됨

(4) 기 타
① 일반적으로 일정 수준 이내의 인플레이션은 주가에 긍정적인 영향을 줄 수 있으므로, 주식투자는 인플레이션 헤지 수단이 되는 것으로 주장되고 있음
② 적정 수준을 넘어선 하이퍼인플레이션이 발생할 경우 주식가격의 하락을 초래할 수 있음
③ 물가가 하락하는 디플레이션의 발생은 주식가격의 하락과 직결되는 경향이 있음
④ 투자환경의 불확실성 ↑, 명목이자율 ↑, 투자자의 요구수익률 ↑, 증권가격 ↓

정답 | ②

경제분석 ★★★

환율의 변화와 기업의 손익관계에 대한 설명으로 잘못된 것은?

① 환율은 개별기업 수익성의 주요 결정요인이 된다.
② 환율은 직접적으로 외환시장에서 수요, 공급에 의해 결정된다.
③ 환율의 결정은 국제수지, 물가, 금리 등의 복합적인 요인에 의해서도 영향을 받는다.
④ 환율 하락 시 외화표시 부채가 큰 기업은 상당한 환차손을 입게 된다.

용어 알아두기

| 환 율 | 자국통화의 타국통화에 대한 교환비율이다. |

TIP 환율 상승 시 외화표시 부채가 큰 기업은 상당한 환차손을 입게 된다.

핵심포인트 해설   환율·무역수지·수급충격요인

(1) 환 율 → 환율인상 = 평가절하, 환율인하 = 평가절상
① 환율은 직접적으로 외환시장에서 수요, 공급에 의해 결정
② 환율의 결정은 국제수지, 물가, 금리 등의 복합적인 요인에 의해서도 영향을 받음
③ 환율상승(자국통화 평가절하) : 수입감소, 수출증가
④ 환율의 상승은 단기적으로는 수출비중이 높은 기업의 대외경쟁력 및 채산성에 긍정적인 영향을 줌
⑤ 환율이 변동하게 되면 자국 생산제품의 국제경쟁력에 영향을 주게 됨
⑥ 환율은 개별기업 수익성의 주요 결정요인이 됨
⑦ 환율 상승 시 외화표시 부채가 큰 기업은 상당한 환차손을 입게 됨
⑧ 환율과 주가는 일반적으로 부(−)의 상관관계임

(2) 무역수지
① 무역적자 : 자국통화수요 < 외국통화수요 ⇨ 자국통화 가치 ↓
② 무역흑자 : 자국통화수요 > 외국통화수요 ⇨ 자국통화 가치 ↑

(3) 수급충격요인

수 요	세율인하, 통화량 증가, 정부지출 증가, 수출수요 증가 등
공 급	원유가 상승, 농작물 흉작, 노동인구구성의 변화, 임금변화 등

정답 | ④

08

경제분석 ★★★

정부 및 중앙은행이 수행하는 경제정책과 시장에 미치는 영향으로 거리가 먼 것은?

① 정부의 재정정책은 정부지출과 세제변화에 관련된 정책을 말한다.
② 한국은행은 정책금리 수준의 결정 등으로 시중 통화량을 조절할 수 있다.
③ 정부의 흑자재정은 수요를 진작시키게 된다.
④ 물가 상승이 우려될 경우 기준금리를 인상한다.

용어 알아두기

재 정
(Public Finance) | 국가 및 지방자치단체의 경제활동을 말한다.

TIP 세율을 인하하는 것(적자재정)은 수요를 진작시킨다.

핵심포인트 해설 | 경제정책과 주가

(1) 정부의 재정정책 → 적자재정 ⇨ 수요진작, 흑자재정 ⇨ 수요감소
 ① 정의 : 정부지출과 세제변화에 관련된 정책
 ② 경제의 수요측면에 영향을 줌으로써 경기활성화를 촉진시키거나 과열경기의 진정에 사용
 ③ 정부의 적자예산(세출 증가, 세율 인하) ⇨ 수요 진작
 ④ 정부의 차입을 증가시키는 재정적자 ⇨ 민간부문의 차입기회를 감소(Crowd Out) ⇨ 이자율 상승

(2) 중앙은행의 통화정책
 ① 한국은행 : 정책금리 수준의 결정, 시중은행들의 지불준비금 결정, 통안채 발행량 조정 ⇨ 시중 통화량 조절
 ② 물가 상승 우려 시 : 정책금리 인상, 지급준비율 인상, 국채(통안채 등) 매각과 매입 ⇨ 시중자금 흡수
 ③ 자금을 흡수하는 정책을 실행할 경우 채권 금리는 상승 압력을 받음
 ④ 기준금리 인상의 경우 단기금리 수준 자체를 상승시키며 시중자금의 흡수로 채권 매수 여력을 감소시켜 수급에 영향
 ⑤ 통안채 발행 역시 채권 수급에 직접적으로 영향을 줌

정답 | ③

경제분석 ★★★

경기순환(Business Cycle)**에 대한 내용으로 잘못된 것은?**

① 경기순환이란 국민경제 전체의 활동수준이 반복적, 규칙적으로 변동하는 경향이다.
② 일반적으로 경기순환은 회복 ⇨ 활황 ⇨ 정점 ⇨ 하강의 4개 국면으로 나눌 수 있다.
③ 주가는 경기변동이 있기 수개월 전부터 이를 반영하는 것으로 알려지고 있다.
④ 정확한 경기예측이 이루어지면 주가동향 예측이 가능하다고 본다.

용어 알아두기

경기순환 (Business Cycle)	한 나라의 국민경제 전체의 활동수준이 반복적인 규칙성을 지니고 변동하는 경향이다.

TIP 일반적으로 경기순환은 회복 ⇨ 활황 ⇨ 후퇴 ⇨ 침체의 4개 국면으로 나눌 수 있다.

핵심포인트 해설 경기순환

(1) 경기순환
① 회복 ⇨ 활황 ⇨ 후퇴 ⇨ 침체의 4개 국면
② 우리나라에서는 1972년부터 최근까지 10번의 단기순환을 거친 것으로 분석되고 있음
③ 경제성장이 중화학, 기계 같은 전통산업 위주에서 제품사이클이 짧은 정보통신 위주로 변화
④ 최근 경기사이클 자체가 짧아지고 있는 것으로 나타나고 있음

(2) 주가의 경기순환에의 선행성
① 주가는 경기변동이 있기 수개월 전부터 이를 반영하는 것으로 알려짐
② 경기후퇴 또는 경제성장의 둔화가 예측된다면 투자자는 경기후퇴에 수개월 앞서서 증권시장의 침체가 선행될 가능성이 높다고 판단할 수 있음
③ 경기회복이 예측된다면 이에 앞서서 증권시장이 강세장으로 전환될 것으로 판단
④ 정확한 경기예측이 이루어지면 주가동향 예측이 가능

정답 | ②

10

경제분석 ★★★

다음 중 경기선행종합지수의 구성지표가 아닌 것은?

① 경제심리지수　　　　② 코스피지수
③ 건설수주액(실질)　　④ CP유통수익률

TIP 회사채유통수익률은 후행지표를 구성하는 항목이다.

핵심포인트 해설 | 경기예측의 방법

(1) 기업경기실사지수(BSI : Business Survey Index)

$$\text{기업경기실사지수} = \frac{(\text{긍정적 응답업체 수} - \text{부정적 응답업체 수})}{\text{전체 응답업체 수}} \times 100 + 100$$

수축국면	경기전환점	확장국면
0 < BSI < 100	BSI = 100	100 < BSI < 200

참고 여건 변화에 민감한 반응을 보여 상승극면에서는 사실 이상으로 높게, 하향국면에서는 사실도다 낮게 나타나는 경향이 있음

(2) 경기종합지수
① 지표의 해석
　㉠ 경기종합지수의 전월대비 증가율이 양(+)인 경우 : 경기상승
　㉡ 경기종합지수의 전월대비 증가율이 음(−)인 경우 : 경기하강
　㉢ 경기와의 시차정도에 따라 선행, 동행, 후행지표로 분류
② 구성지표

선행지표(7개)	동행지표(7개)	후행지표(5개)
경제심리지수	비농림어업취업지수	취업자수
재고순환지표	광공업생산지수	생산자제품재고지수
수출입물가비율	건설기성액(실질)	소비자물가지수변화율(서비스)
기계류 내수출하지수	서비스업생산지수	소비재수입액(실질)
건설수주액(실질)	소매판매액지수	CP유통수익률
종합주가(코스피)지수	내수출하지수	−
장·단기금리차	수입액(실질)	

정답 | ④

산업분석 ★★

다음 중 포터(M. E. Poter)의 산업 경쟁강도를 결정짓는 구조적 요인에 대한 설명으로 옳은 것은?

① 진입장벽은 낮을수록 좋다.
② 대체가능성은 낮을수록 좋다.
③ 기존 경쟁업체 간의 경쟁치열도는 높을수록 유리하다.
④ 구매자 및 공급자의 입장에서는 낮은 교섭력이 있을수록 좋다.

용어 알아두기

진입장벽	독과점 기업이 지배하는 시장에 새로운 경쟁자가 자유로이 들어오는 데 어려움을 주는 요소를 말한다.

TIP 포터(M. E. Poter)의 산업 경쟁구조 분석에 따르면 경쟁구조 진입장벽은 높을수록 좋고, 대체가능성은 낮을수록 좋으며, 기존 경쟁업체 간의 경쟁치열도는 낮을수록 유리하다. 또한 구매자 및 공급자의 입장에서는 높은 교섭력이 있을수록 좋다.

핵심포인트 해설   **산업의 경쟁구조 분석**

① M. Porter는 산업경쟁력의 결정요인을 직접적 요인과 간접적 요인으로 구분, 이들을 종합적으로 고려하는 '다이아몬드모형'으로 산업경쟁력을 설명함

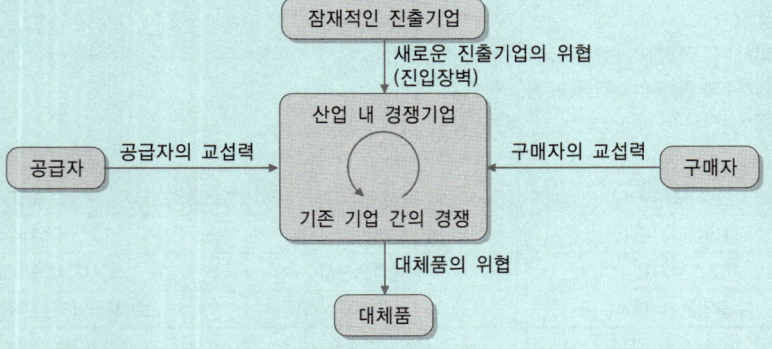

② 한 국가의 산업경쟁력은 '혁신과 개선', '요소 축적' 등을 창출하고, 스스로 경쟁우위를 확충함으로써 얻을 수 있음
③ 진입장벽, 대체가능성, 기존 경쟁업체 간의 경쟁치열도, 구매자의 교섭력, 공급자의 교섭력을 산업의 경쟁구조로 봄
④ 기존 기업의 입장에서 진입장벽은 높을수록, 대체가능성은 낮을수록, 기존 경쟁업체 간의 경쟁치열도는 낮을수록, 구매자 및 공급자의 입장에서는 높은 교섭력이 있을수록 좋음

정답 | ②

12

산업분석 ★★

버논(R. Vernon) 등의 주장으로 산업분야에 응용된 제품수명주기 이론에 대한 설명으로 잘못된 것은?

① 일반적으로 성장기, 성숙기, 쇠퇴기, 악화기 4단계로 나누어 볼 수 있다.
② 산업이 어느 단계에 있는지를 확인하여 산업의 유망성을 평가할 수 있다.
③ 이동을 초래하는 근본적인 요인들은 기술변화, 라이프스타일 변화 등이 있다.
④ 수요와 공급분석이 병행되면 제품수명주기 산업분석의 유용성이 높아질 것이다.

용어 알아두기

| 제품수명주기 | 하나의 제품이 도입되어 폐기되기까지의 과정이다. |

TIP 일반적으로 도입기, 성장기, 성숙기, 쇠퇴기 4단계로 나누어 볼 수 있다.

핵심포인트 해설 제품수명주기(Life Cycle)에 의한 산업분석

① 도입기, 성장기, 성숙기, 쇠퇴기의 4단계
② 분석 대상기업의 산업이 어느 단계에 있는지를 확인하여 유망성을 평가

단계	상황	수익성	위험
도입기	신제품 출하, 매출저조, 광고비용 과다	손실 또는 낮은 수준	높음
성장기	시장규모 증대, 매출증가	높음	낮음
성숙기	시장수요의 포화상태, 기업 간 경쟁확대	체감적 증가	증가 시작
쇠퇴기	구매자 외면에 의한 수요감소, 대체품 출현	손실 또는 낮은 수준	높음

정답 ①

기업분석 개요 ★★★

기업분석(Company Analysis)의 내용으로 볼 수 없는 것은?

① 산업의 매출과 이익의 성장성분석
② 시장점유율
③ 제품구성 및 성장잠재력
④ 재무건전도

TIP 산업의 매출과 이익의 성장성분석은 산업의 수요요인 분석에 해당한다.

핵심포인트 해설 　 기업분석(Company Analysis)

(1) 경쟁적 지위분석
　　시장점유율, 상대적 성장률과 성장가능성, 독점권(특허권, 영업권 등) 보유 유무와 상표충성도, 신제품개발능력, 신시장개척능력, 기술적 리더십, 안정적 성장 여부, 원가우위의 정도, 경영진의 경영능력

(2) 제품구성 및 성장잠재력 분석
　　제품라인별 매출액구성, 시장점유율, 성장률, 마진, 경기순환성, 시장의 안전성, 현금흐름의 효율적 배분 평가

(3) 핵심역량 평가
　　효과적인 의사소통과 통제, 권한과 책임의 분권화, 환경변화에 대한 유연성, 두터운 경영진층, 변화에 대처하는 능력, 시너지, 비용효율성, 연구개발(R&D)능력 등

(4) 재무건전도 평가
　　① 주요재무비율 : 수익성비율, 활동성비율, 성장성비율, 안전성비율, 유동성비율 등
　　② ROE 변동원인 분석 : 종목선정에 유용한 재무분석 기법

정답 | ①

14

미래이익예측 ★

미래이익예측 시 고려해야 할 사항으로 잘못된 것은?

① 미래이익예측 대상은 회계적 이익이 아니라 경제적 이익이다.
② 회계적 이익을 추정할 때 보수적 기준을 고려한다.
③ 질적요인을 충분히 감안한다.
④ 정상적 주당이익에 근거하여 추정한다.

용어 알아두기

| 시계열 (Time Series) | 시간의 흐름에 따라 배열된 통계값이다. |

TIP 경제적 이익은 측정상 어려움이 있고, 회계적 이익과는 상관관계가 높다는 가정하에 회계적 이익을 기준으로 예측한다.

핵심포인트 해설 — 미래이익예측

(1) 의의
증권의 내재가치에 영향을 미치는 결정적 요소 ⇨ 미래이익

(2) 고려사항
① 대상 : 경제적 이익 (X), 회계적 이익 (O)
② 회계처리방법 : 보수적 기준
③ 과거자료만 의존 (X), 여러 가지 질적요인 충분히 감안
④ 신뢰성을 높이기 위해 정상적 주당이익에 근거(경상적 항목을 근간, 보수적 회계처리방법 근간, 임의적 비용지출의 크기와 시기 주의)

(3) 방법
① 추정손익계산서상의 개별항목추정법
  ㉠ 실무에서 널리 이용
  ㉡ 개별항목 추정법 : 매출액백분율법, 예산비용법

매출액백분율법	• 매출액 예측이 이루어지면 재무제표의 각 구성항목을 매출액 대비 백분율로 표시하고, 매출액 구성비가 계속 유지될 것으로 가정하여 예측
예산비용법	• 매출액과의 역사적 비율관계가 유지되지 않는 비용항목들을 고려하여 추정하는 방법 • 비용항목을 개별적으로 고려

② ROE구성요소의 추정을 통한 예측방법

정답 ①

재무제표분석 ★★

다음 중 재무제표에 대한 설명으로 잘못된 것은?

① 재무제표는 재무상태표와 손익계산서만을 의미한다.
② 기업의 순자산은 총자산에서 총부채를 차감한 것이다.
③ 주가수익비율(PER)은 주당순이익의 몇 배가 주가로 나타나는가를 의미한다.
④ 영업이익에서 영업외수익을 가산하고, 영업외비용을 차감한 금액을 법인세차감 전 순이익이라고 한다.

용어 알아두기

재무제표	기업의 영업실적이나 재무상태를 기업의 외부관계자에게 전달하는 재무보고의 핵심적인 형태이다.
재무상태표	일정 시점에서 현재 기업이 보유하고 있는 재산이 어느 정도인지 파악하는 것이다.

TIP 재무제표에는 재무상태표, 손익계산서, 이익잉여금처분계산서, 현금흐름표 등이 있다.

핵심포인트 해설   재무제표 작성원칙

① 역사적 원가주의 : 모든 자산과 부채는 거래가 발생된 시점에서의 현금 또는 현금등가액으로 평가되는 것을 말하며, '취득원가주의' 또는 '원가주의'라고도 함
② 수익인식의 원칙 : 일반적으로 수익획득과정이 실질적으로 완료되는 교환거래가 나타났을 경우에 인식된다는 것으로 '수익실현의 원칙'이라고도 함
③ 대응의 원칙 : 일정 기간에 실현된 수익과 이 수익을 획득하기 위하여 발생한 비용을 결정하고 이를 서로 대응시켜 당기순이익을 산출하여야 한다는 원칙

정답 | ①

16

재무제표분석 ★★

다음 중 재무상태표의 작성기준으로 잘못된 것은?

① 재무상태표는 자산 및 부채로 구성되고, 자산은 유동자산 및 비유동자산으로, 부채는 유동부채 및 비유동부채로 구분한다.
② 1년을 기준으로 하여 자산은 유동자산 또는 비유동자산, 부채는 유동부채 또는 비유동부채로 구분하는 것을 원칙으로 한다.
③ 자산의 항목과 부채 또는 자본의 항목을 상계함으로써 그 전부 또는 일부를 재무상태표상에서 제외하여서는 안 된다.
④ 재무상태표에 기재하는 자산과 부채의 항목배열은 유동성 정도에 따라 배열함을 원칙으로 한다.

TIP 재무상태표는 자산, 부채, 자본으로 구성되며 자본은 자본금, 자본잉여금, 이익잉여금, 자본조정으로 구분된다.

핵심포인트 해설 　 재무제표의 종류

(1) 재무상태표
 ① 자산, 부채, 자본의 세 가지 항목으로 구성됨
 ② 자산은 왼쪽(차변), 부채와 자본은 오른쪽(대변)에 기록
 ③ 자산은 부채와 자본의 합계와 그 크기가 일치
 ④ 총자본(총자산과 일치) = 부채(타인자본) + 자본(자기자본)

(2) 손익계산서
 ① 일정 기간 동안 기업이 경영활동을 얼마나 잘하였는지를 파악하기 위하여 작성하는 재무제표
 ② 매출총이익 = 매출액 − 매출원가
 ③ 영업이익 = 매출총이익 − 판매비와 일반관리비
 ④ 법인세차감전순이익 = 영업이익(손실) + 영업외수익 − 영업외비용
 ⑤ 당기순이익 = 법인세차감전순이익 × 　 − 법인세율

(3) 이익잉여금(또는 결손금) 처분계산서
 당기순이익(또는 손실)의 사용용도를 나타낸 재무제표

(4) 현금흐름표
 일정 기간 동안 기업이 영업활동에 필요한 자금을 어떻게 조달했으며, 조달한 자금을 어디에 사용하였는지를 명확하게 보여주기 위하여 작성하는 재무제표

(5) 자본변동표
 자본의 크기와 변동에 관한 정보를 제공

정답 | ①

17 재무비율분석 ★★★

재무비율에 관한 설명으로 거리가 먼 것은?

① 과거 회계정보를 사용한 분석
② 결산기가 다른 기업과 상호 비교가 용이
③ 손익계산서와 재무상태표의 시간적 차이
④ 상이한 회계처리기준

TIP 재무비율분석은 재무제표의 입수가 용이하나, 결산기가 다른 기업과 상호 비교하기가 곤란하다.

핵심포인트 해설 — 재무비율분석

개요	• 재무상태표나 손익계산서의 항목들을 비교하여 산출한 재무비율을 분석하는 것 • 과거나 현재의 비율과 산업평균치나 경쟁회사의 비율을 비교하여 재무상태를 평가하는 분석도구로 사용
한계	• 재무제표의 기본 목적이 기업의 미래이익을 예측하기 위한 것인데, 재무비율분석은 과거의 회계정보에 의존 • 재무제표가 일정시점이나 일정기간을 중심으로 작성되어 있어서 회계기간 동안의 계절적 변화를 나타내지 못함 • 결산기가 다른 기업 간의 상호 비교가 곤란함 • 합리적 경영을 하고 있는 동종 산업에 속하는 기업들 사이에도 경영방침이나 기업의 성격에 따라 재무비율에 큰 차이가 있음 • 재무비율 상호 간에 연관성이 없으며 종합적인 결론을 내릴 수 없음 • 표준비율 설정이 어려움

정답 | ②

18

재무비율분석 ★★★

기업의 수익창출능력을 측정하는 지표를 모두 고른 것은?

⊙ 자기자본이익률   ⓒ 유동비율   ⓒ 총자본이익률
② 총자산회전율   ⑩ 매출액영업이익률   ⑭ 총자산증가율

① ⊙, ⓒ, ⓒ
② ⊙, ⓒ, ⑩
③ ⓒ, ⓒ, ②
④ ⓒ, ②, ⑭

용어 알아두기

자기자본이익률 (ROE) | 기업의 수익성을 나타내는 지표 가운데 하나로 주주가 갖고 있는 지분에 대한 이익창출의 정도를 나타낸다

TIP 유동비율은 안정성지표, 총자산회전율은 활동성지표, 총자산증가율은 성장성지표이다.

핵심포인트 해설   재무비율분석 분류

'수·안·활·성'으로 암기

재무비율분석 분류	종 류
수익성(~ 이익률)	총자본이익률, 자기자본이익률, 매출액순이익률, 매출액영업이익률
안정성(~ 비율)	유동비율, 부채비율, 고정비율, 이자보상비율
활동성(~ 회전율)	총자산회전율, 고정자산회전율, 재고자산회전율
성장성(~ 증가율)	매출액증가율, 총자산증가율, 영업이익증가율

정답 | ②

재무비율분석 ★★★

어느 기업의 총자본이익률(ROI)이 전년도에 비하여 크게 향상되었다. 다음 중 총자본이익률이 높아진 이유로 거리가 먼 것은?

① 전년도에 비하여 총자본이 크게 증가하였다.
② 전년도에 비하여 매출액순이익률이 크게 향상되었다.
③ 전년도에 비하여 당기순이익이 크게 증가하였다.
④ 전년도에 비하여 매출액은 비슷하나, 총자본회전율이 크게 상승하였다.

TIP 총자본이익률(ROI) = $\frac{당기순이익}{총자본} \times 100(\%)$ = 매출액순이익률 × 총자본회전율이므로, 총자본이 증가할수록 총자본이익률은 감소한다.

핵심포인트 해설 | 수익성 지표

(1) 개 념
  기업의 수익창출 능력을 측정하는 지표

(2) 공 식
  ① 총자본이익률(ROI : Return On Investment) = $\frac{당기순이익}{총자본} \times 100(\%)$

  　　= $\frac{당기순이익}{매출액} \times \frac{매출액}{총자본} \times 100(\%)$

  　　= 매출액순이익률 × 총자본회전율

  ② 자기자본이익률(ROE : Return On Equity) = $\frac{당기순이익}{자기자본} \times 100(\%)$ ← 가장 중요

  　　= $\frac{당기순이익}{매출액} \times \frac{매출액}{총자본} \times \frac{총자본}{자기자본} \times 100(\%)$

  　　= 매출액순이익률 × 총자본회전율 × 재무레버리지

  ③ 매출액순이익률 = $\frac{당기순이익}{매출액} \times 100(\%)$

  ④ 매출액영업이익률 = $\frac{영업이익}{매출액} \times 100(\%)$

정답 | ①

20

재무비율분석 ★★★

기업의 단기 채무지급능력, 즉 유동성을 측정하는 대표적 비율로 옳은 것은?

① 유동비율 ② 부채비율
③ 고정비율 ④ 이자보상비율

용어 알아두기

유동성 (Liquidity) : 기업·금융기관 등 경제주체가 갖고 있는 자산을 현금으로 바꿀 수 있는 능력이다.

TIP 유동비율은 기업의 단기 채무지급능력을 측정하는 대표적 비율이다.

핵심포인트 해설 — 안정성 지표

(1) 개념

기업이 안정성을 지니고 있다는 것은 부채를 상환하는 데 있어 별 무리가 없으며, 국내외적으로 잦은 경기변동에 적절하게 대처할 수 있는 능력이 있다는 것을 의미

(2) 공식

① 유동비율 = $\dfrac{유동자산}{유동부채} \times 100(\%)$

⇨ 기업의 단기 채무지급능력, 즉 유동성을 측정하는 대표적 비율

② 부채비율 = $\dfrac{타인자본}{자기자본} \times 100(\%)$

⇨ 기업의 자본구성이 얼마나 건전한지를 파악할 수 있음

③ 고정비율 = $\dfrac{비유동자산}{자기자본} \times 100(\%)$

⇨ 자본사용의 적절성을 평가하기 위한 비율

④ 이자보상비율 = $\dfrac{영업이익}{이자비용} \times 100(\%)$

⇨ 기업의 영업이익이 지급해야 할 이자비용의 몇 배에 해당하는가를 나타내는 비율로, 높을수록 좋음

정답 | ①

21 재무비율분석 ★★★

다음 중 활동성 비율을 나타내는 지표와 거리가 먼 것은?

① 총자산회전율　　　　② 고정자산회전율
③ 재고자산회전율　　　④ 이자보상비율

TIP 활동성 비율은 기업자산의 활용 정도를 알아보고자 하는 것으로 손익계산서의 매출액을 재무상태표에 있는 각 자산의 항목들로 나누어 계산한다. 이러한 활동성 비율을 나타내는 지표로는 총자산회전율, 고정자산회전율, 재고자산회전율이 있다.

핵심포인트 해설 | 활동성 지표와 성장성 지표

(1) 활동성 지표 (분자는 항상 매출액임)

기업자산의 활용 정도를 알아보고자 하는 것으로 손익계산서 매출액을 재무상태표에 있는 각 자산항목으로 나누어 계산함

① 총자산회전율 = $\dfrac{매출액}{총자산}$ (회)

② 고정자산회전율 = $\dfrac{매출액}{고정자산}$ (회)

③ 재고자산회전율 = $\dfrac{매출액}{재고자산}$ (회)

(2) 성장성 지표 ($\dfrac{당기 - 전기}{전기}$) 성장성 지표는 '~증가율'임

① 매출액증가율 = $\dfrac{당기 매출액 - 전기 매출액}{전기 매출액} \times 100(\%)$

② 총자산증가율 = $\dfrac{당기말 총자산 - 전기말 총자산}{전기말 총자산} \times 100(\%)$

③ 영업이익증가율 = $\dfrac{당기 영업이익 - 전기 영업이익}{전기 영업이익} \times 100(\%)$

정답 | ④

22 시장가치비율분석 ★★★

시장가치비율분석과 관계가 적은 지표인 것은?

① 주가수익비율 ② 토빈의 q
③ 배당수익률 ④ 영업이익증가율

TIP 영업이익증가율은 재무비율이다.

핵심포인트 해설 | 시장가치 비율과 관련된 지표

(1) 시장가치비율과 관련된 지표 → 가급적 모두 암기해야 함

구 분	산 식	내 용
주가수익비율(PER)	$\dfrac{주가}{주당순이익}$	• 기업수익력의 성장성, 위험, 회계처리방법 등 질적인 측면이 총체적으로 반영된 지표
주가순자산비율(PBR)	$\dfrac{주당시장가치}{주당장부가치}$	• PBR이 낮은 것은 주식시장에서 저평가되었다는 것을 의미
주가현금흐름비율(PCR)	$\dfrac{주가}{주당현금흐름}$	• PER이 높더라도 PCR이 낮으면 해당 주식에 대한 현재주가가 낮은 것으로 판단
주가매출액비율(PSR)	$\dfrac{주가}{주당매출액}$	• 이익은 부(−)일 수 있으나 매출액은 부(−)가 거의 없으므로 PSR은 PER의 약점을 보완해줌
토빈의 q	$\dfrac{자산의\ 시장가치}{추정\ 대체비용}$	• 토빈의 q > 1 : 투자 촉진 • 토빈의 q < 1 : 투자 위축(M&A 대상)
배당수익률	$\dfrac{1주당\ 배당금}{주가}$	• 성장기업의 경우 주가가 상승하므로 상대적으로 배당수익률은 낮아지게 됨

(2) 반드시 함께 비교해야 할 지표

① 주당순이익(EPS) = $\dfrac{당기순이익}{발행주식수}$

② 배당률 = $\dfrac{주당배당금}{액면금액}$

③ 배당성향 = $\dfrac{현금배당}{당기순이익} \times 100(\%)$

정답 | ④

시장가치비율분석 ★★★

주가순자산비율(PBR : Price Book-value Ratio)**에 대한 내용으로 잘못된 것은?**

① 주가를 1주당 순자산으로 나눈 비율이다.
② 다른 말로 시장가치 대 장부가치 비율(Book-to-Market Ratio)이라고도 한다.
③ PBR이 높다는 것 역시 높은 성장가능성이 있다는 것을 의미한다.
④ PBR이 낮은 기업은 주식시장에서 고평가되어 있다고 볼 수 있다.

TIP PBR은 자기자본의 총 시장가치를 총 장부가치로 나눈 비율이므로 이 비율이 낮은 기업은 주식시장에서 저평가되어 있다고 볼 수 있다.

핵심포인트 해설 P/B비율(PBR : Price Book-value Ratio)

① PBR의 의미 : PBR은 자기자본의 총 시장가치를 총 장부가치로 나눈 비율로서, 주식 1주를 기준으로 표시한 주가순자산비율(P/B)과 같은 개념
② PBR > 1 ⇨ 고평가, PBR < 1 ⇨ 저평가
③ 공 식

$$PBR = \frac{주가}{주당순자산} = \frac{시장가치}{장부가치}$$

④ 본래 재무상태표에서 주당순자산 가치가 주가에 정확히 반영된다면, PBR은 1이 되어야 하나 주가와 주당순자산이 같지 않으므로 1이 아닌데 그 이유는 아래와 같음
  ㉠ 시간성의 차이 : 분자의 주가는 '미래지향성', 분모의 주당순자산은 '과거지향적'
  ㉡ 집합성의 차이 : 즉, 분자의 주가는 기업을 총체적으로 반영, 분모의 BPS는 개별자산의 합에서 부채를 차감한 것에 불과함
  ㉢ 자산/부채의 인식기준의 차이 : 즉, 자산이나 부채의 장부가액은 일정한 회계관습에 의하여 제약을 받을 수 있음

정답 | ④

24

기본적 분석의 한계점 ★★

기본적 분석의 한계점에 대한 설명으로 잘못된 것은?

① 회계처리 기준 중 어느 것을 사용했느냐에 따라서 재무제표가 달라질 수 있다.
② 기업마다 회계처리기준이 다르다면 산업 내의 기업 간 비교는 별 의미가 없다.
③ 투자자마다 견해가 다르나 인식하는 내재가치는 동일하다는 가정을 한다.
④ 기업의 진정한 가치를 파악하는 데 걸리는 분석시간이 너무 길다.

용어 알아두기

| 내재가치 | 회사의 수익창출능력이나 배당지급능력 등에 의해 판단되는 주식의 가치로 시장의 수요·공급 상황에 따라 결정되는 시장가격과 비교된다. |

TIP 투자자마다 견해가 다를 수 있으므로 동일한 내재가치를 인식한다는 것은 너무 지나친 가정이다.

핵심포인트 해설   **기본적 분석의 한계점**

(1) 기본적 분석의 요약
① 주식가격은 기업의 진정한 가치뿐 아니라 기업 외적인 요인에 의해 영향을 받음
② 기본적 분석가들은 기업의 내적·외적 상황들을 분석하여 내재가치를 파악함
③ 시장가격이 내재가치보다 낮다면 매입 ⇨ 이익획득 → 시장가격과 내재가치의 비교가 핵심
④ 시장가격이 내재가치보다 높다면 매각 ⇨ 이익획득

(2) 기본적 분석의 문제점
① 내재가치의 다양성 여부 : 투자자마다 견해가 다르므로 동일한 내재가치 인식은 지나친 가정임
② 내재가치의 적정성 : 재무제표가 적정하지 못하고, 기업마다 회계처리기준을 다르게 설정할 수 있음
③ 분석하는 데 시간이 오래 걸림

정답 | ③

상대가치평가모형(주가배수모형) ★★★

상대가치평가모형과 관계가 적은 지표인 것은?

① 주가수익비율(PER) ② 토빈의 q
③ 주가순자산비율(PBR) ④ 자기자본이익률(ROE)

TIP 자기자본이익률은 재무비율이다.

핵심포인트 해설   상대가치평가모형(주가배수모형)

구 분	산 식	내 용
주가수익비율 (PER)	$\dfrac{주가}{주당순이익}$	• 주당이익에 비해 주가가 몇 배인지를 나타내는 의미 • 경기순환에 취약한 기업, 매우 적은 이익을 낸 기업의 PER은 변동성이 커 신뢰성 저하 • 회계처리방법에 따라 회계이익이 달라지므로 PER의 신뢰성 저하
주가수익성장비율 (PEGR)	$\dfrac{PER}{연평균\ EPS\ 성장률}$	• 특정 주식의 PER이 그 기업의 성장성에 비해 높은지 낮은지 판단 • PEGR이 낮다는 것은 향후 성장성이 충분히 반영된다면 주가상승으로 이어질 가능성이 높다고 판단
주가순자산비율 (PBR)	$\dfrac{주가}{주당순자산}$ $=\dfrac{주당시장가치}{주당장부가치}$	• 주가를 주당순자산(BPS)으로 나눈 비율 • 부(−)의 EPS 기업에도 적용이 가능하다는 장점 • 대차대조표에 포함되지 않은 자산항목이 주당순자산에 미반영 • 회계처리방법에 따라 자산의 크기에 영향이 크다는 단점
토빈의 q	$\dfrac{자산의\ 시장가치}{추정\ 대체비용}$	• 토빈의 q > 1 : 투자 촉진 • 토빈의 q < 1 : 투자 위축(M&A 대상)
주가매출액비율 (PSR)	$\dfrac{주가}{주당매출액}$	• 주가를 주당매출액으로 나눈 비율 • 회계처리방법에 영향이 적고, 왜곡이나 조작 가능성이 상대적으로 낮음 • 성숙기업, 부(−)의 이익을 낸 기업, 경기순환기업, 적자기업의 평가에 적절함
EV/EBITDA	$\dfrac{EV}{EBITDA}$	• 기업전체가치(EV : Enterprise Value)를 EBITDA(Earnings Before Interest, Tax, Depreciation & Amortization)로 나눈 것 • EV = 벌어들이는 현금흐름 + 주식 시가총액 + 우선주 시장가치 + 순차입금 • EBITDA = 세전영업이익 수준 + 비현금성 비용항목인 감가상각비(세전 영업현금흐름) • 부(−)의 EBITDA 기업이 별로 없고, 자본구조에 차이가 있는 기업을 서로 비교 가능
주가현금흐름비율 (PCR)	$\dfrac{주가}{주당현금흐름}$	• PER이 높더라도 PCR이 낮으면 해당 주식에 대한 현재주가가 낮은 것으로 판단

정답 | ④

26

상대가치평가모형(주가배수모형) ★★★

다음 중 주가수익비율(PER : Price Earning Ratio)에 대한 설명으로 잘못된 것은?

① 당해 연도에 당기순이익이 음(−)인 경우 일반적으로 사용하지 않는다.
② 주당순이익(EPS)이 증가하거나 주가가 높다면 PER은 올라간다.
③ 이익이 너무 높거나 낮으면 올바른 분석을 할 수가 없다.
④ PER이 낮을수록 저평가된 기업이다.

용어 알아두기

PER	주가가 그 회사 1주당 수익의 몇 배가 되는가를 나타내는 지표이다.

TIP 주당순이익이 감소하거나 주가가 높으면 PER은 올라간다.

핵심포인트 해설 — 주가수익비율(PER)

(1) PER의 의미
 ① 기업의 단위당 수익력에 대한 상대적 주가수준을 나타낸 것으로, 주식의 내재가치를 추정할 때 사용
 ② 기업수익력의 성장성, 위험, 회계처리방법 등 질적 측면이 총체적으로 반영된 지표로 그 증권에 대한 투자자의 신뢰도를 표현
 ③ 기본적 분석을 행하는 증권분석가들이 주식의 시장가격이 상대적으로 과대 또는 과소평가되었는지를 판단하는 지표로서 활용

(2) PER의 결정요인 → 요구수익률, 성장률과 PER의 관계가 중요

$$PER = \frac{배당성향(1+g)}{k-g} = \frac{기대배당성향}{k-g}$$

 ① 요구수익률, 주식의 위험도 : PER과 반비례
 ② 성장률 g와 양(+), 자본비용 k(즉, 위험)와는 음(−)의 상관관계가 있음
 ③ 배당성향과 PER의 관계는 일정하지 않음 : 만일 ROE < k이면 배당성향과 양(+), ROE > k이면 배당성향과 음(−)의 관계가 있음

(3) PER의 해석
 ① PER이 높은 경우
  ㉠ 주당순이익은 평균수준이지만 주가가 높은 경우 : 현재 이익보다 주가가 높다는 뜻이므로 시장에서 장래성을 인정받고 성장하는 기업의 경우
  ㉡ 주가는 평균수준이지만 주당순이익이 낮은 경우 : 경영에서 이익(주당순이익)이 낮아 PER이 높아진 경우
 ② PER이 낮은 경우
  ㉠ 주당순이익은 평균수준이지만 주가가 낮은 경우 : 모기업 부도 등 외부요인이 있는 경우가 많은 경우
  ㉡ 주가는 평균수준이지만 주당순이익이 높은 경우 : 주식발행 물량이 적고 성장에 한계가 있거나 업계 경기 부진예상(예상수익률) 등의 영향이 있는 경우

정답 | ②

27. 상대가치평가모형(주가배수모형) ★★★

주가수익비율(PER)과 자기자본이익률(ROE)의 곱으로 표현될 수 있는 것은?

① PBR(Price Book-value Ratio) ② Tobin's q
③ PSR(Price Sales Ratio) ④ PCR(Price Cash flow Ratio)

TIP PER × ROE = PBR이다.

핵심포인트 해설 — PBR 평가모형

(1) PBR을 이용하여 주식의 이론적 가치를 추정하는 방법

$$P = PBR \times BPS$$

(2) PBR이 1이 아닌 이유
① 시간성의 차이 : 주가는 미래를 반영하지만 주당순자산은 역사적 취득원가에 준하여 과거지향적임
② 집합성의 차이 : 주가는 기업을 총체적으로 반영하지만 BPS는 개별자산의 합에서 부채를 차감한 것에 불과함
③ 자산·부채 인식기준의 차이 : 일정한 회계 관습에 의해 제약을 받을 수 있음

(3) PBR 공식

$$PBR = PER \times ROE$$
$$= 자기자본순이익률 \times \frac{P}{E}$$
$$= \frac{순이익}{매출액} \times \frac{매출액}{총자본} \times \frac{총자본}{자기자본} \times \frac{P}{E}$$
$$= 마진 \times 활동성 \times 부채레버리지 \times 이익승수$$

(4) PBR의 유용성과 한계점
① 유용성 : PBR은 청산가치를 추정할 때 유용한 가치기준이 됨
② 한계점
  ㉠ 미래수익능력을 반영하지는 못해 계속기업을 전제로 한 평가기준이 되지 못함
  ㉡ 기업의 원천적 수익력을 평가할 수 없음

정답 | ①

28. 상대가치평가모형(주가배수모형) ★★★

다음 중 토빈의 q에 관한 설명과 거리가 먼 것은?

① 기업자산의 장부가치를 대체비용으로 나눈 비율이다.
② 토빈의 q값이 1보다 큰 기업이 투자자들로부터 조달된 자본을 잘 운영하여 기업가치가 증가한다는 의미이다.
③ q값이 1보다 작은 기업은 M&A의 대상이 될 가능성이 높다.
④ 대체비용은 장부상의 비용이 아니라 실제로 대체하는 데 드는 비용을 추정한 것이다.

용어 알아두기

장부가치	장부에 기록된 자산의 가치이다.
M&A	'Acquisitions(인수)'란 한 기업이 다른 기업의 주식이나 자산을 취득하면서 경영권을 획득하는 것이고 'Mergers(합병)'란 두 개 이상의 기업들이 법률적으로나 사실적으로 하나의 기업으로 합쳐지는 것을 의미한다.

TIP 기업자산의 시장가치를 대체비용으로 나눈 비율이다.

핵심포인트 해설 　토빈의 q(Tobin's q)

① 미국의 경제학자 제임스 토빈(James Tobin, 1918~2002년)이 창안하여 토빈의 q라는 명칭이 붙음
② '토빈의 q = $\frac{\text{기업의 시장가치}}{\text{자본의 대체비용}}$'의 계산식으로 산출 → 장부가치 (X)
　㉠ 기업의 시장가치 : 주식시장에서 평가하는 기업의 부채 및 자본의 가치를 의미
　㉡ 자본의 대체비용 : 기업이 보유한 실물자산의 대체비용(현재의 기업과 동일한 기업을 설립하려 할 때 드는 총비용), 즉 순자산가치
③ q > 1
　㉠ 자산의 시장가치가 대체비용보다 크므로 기업의 설비투자에 대한 동기 부여
　㉡ 기업이 투자자들로부터 조달된 자본을 잘 운영하여 기업가치 증가
④ q < 1
　㉠ 자산의 시장가치가 대체비용보다 작으므로 기업의 설비투자에 대한 동기 부여가 안 됨
　㉡ 기업이 M&A의 대상이 될 가능성이 높음

정답 | ①

EV / EBITDA 모형 ★★

다음 빈칸 안에 들어갈 말을 순서대로 나열한 것은?

( ) 비율은 해당 업체의 내재가치(수익가치)와 기업가치를 비교하는 투자지표로 기업 ( )를 ( )로 나눈 것이다.

① EV/EBITDA, 전체가치, EBITDA
② EV/EBITDA, 주주가치, EBITDA
③ EVA, 주주가치, EBIT
④ EVA, 전체가치, EBITDA

용어 알아두기

EBITDA	이자비용(Interest), 세금(Tax), 감가상각비용(Depreciation & Amortization) 등을 빼기 전 순이익을 의미한다.
EVA	EVA(경제적 부가가치)란 타인자본은 물론 자기자본 사용에 따른 기회비용을 감안한 측정 수단이다.

TIP EV/EBITDA 비율은 해당 업체의 내재가치와 기업가치를 비교하는 투자지표로 기업 전체가치를 EBITDA로 나눈 것이다.

핵심포인트 해설   EV / EBITDA

(1) 개 념
  ① EV/EBITDA 비율은 해당 업체의 내재가치(수익가치)와 기업가치를 비교하는 투자지표
  ② 기업의 전체가치(Enterprise Value)를 EBITDA(Earnings Before Interest, Tax, Depreciation & Amortization)로 나눈 것

(2) 계 산
  ① EV = 시가총액 + 순차입금(총차입금 - 현금 및 투자유가증권)
  ② EBITDA는 이자비용, 법인세비용, 유·무형자산 감가상각비용 차감 전 순이익으로 세전 영업이익(EBIT)에 비현금비용을 합한 세전 영업현금흐름을 의미함

정답 | ①

30

잉여현금흐름(FCF) 모형 ★

잉여현금흐름(FCF)모형에 대한 설명으로 잘못된 것은?

① 잉여현금흐름이란 당해 연도 중 본업활동에서 창출해낸 순현금유입액에 신규 투하자본의 증분액을 가산한 금액이다.
② 잉여현금흐름이란 투자자본 조달에 기여한 자금조달자들이 당해 연도 말에 자신의 몫으로 분배받을 수 있는 총자금을 말한다.
③ 잔여가치(Terminal Value)란 기업가치 구성의 한 요소로서 미래의 사업성과에 대한 예측기간 이후에도 지속될 것으로 기대되는 현금흐름을 토대로 측정된다.
④ 사업예측기간 동안 잉여현금흐름의 계산과정에서 감가상각비를 차감하지 않았다면 잔여가치는 거의 없다고 간주할 수 있다.

용어 알아두기

| 잉여현금흐름 | 기업에 현금이 얼마나 유입되었는지 보여주는 지표로 이때의 현금흐름은 세금, 영업비용, 설비투자액 등을 빼고 남은 잔여 현금흐름을 말한다. |

TIP 잉여현금흐름이란 당해 연도 중 본업활동에서 창출해낸 순현금유입액에 신규 투하자본의 증분액을 차감한 금액이다.

핵심포인트 해설 — 잉여현금흐름(FCF)모형

(1) 잉여현금흐름
① 미래 현금유입액 중 추가적인 부가가치 창출에 기여할 투하자본의 증가액을 차감 → 가산 (×)
② 본업활동이 창출해낸 현금유입액에서 당해 연도 중 새로운 사업에 투자하고 남은 것
③ 투하자본에 기여한 자본조달자들이 당해 연도 말에 분배받을 수 있는 총자금
④ 기업가치 = $\sum_{t=1}^{n} PV(FCF_t)$ + 잔여가치의 현가

(2) 잔여가치(Terminal Value)
① 사업의 예측기간이 끝난 후, 동 사업으로부터 지속해서 얻을 수 있는 경제적 부가가치액의 크기
② 예측하지 못한 현금흐름 부분
③ 사업종료 연도를 기준으로 최근 3년 또는 5년 간의 잉여현금흐름액의 평균으로 추정 → 10년 (×)

(3) 잉여현금흐름법의 측정방법
① 총현금흐름유입액 = NOPLAT + 감가상각비
② 투자자본 순증가액 = 운전자본 증가액 + 시설자금 증가액 + 감가상각비
③ 잉여현금흐름 = 총현금흐름유입액 − 투하자본 순증가액

정답 ①

기술적 분석의 정의·장점·한계점 ★

다음 중 기술적 분석에 대한 설명으로 잘못된 것은?

① 기술적 분석의 관심은 주식의 내재가치를 파악하는 것이다.
② 주가흐름 또는 거래량 등을 도표화하여 패턴이나 추세를 알아낸다.
③ 패턴을 이용하여 주가변동을 예측한다.
④ 주식의 선택은 물론 매매의 시기를 판단하는 기법이다.

용어 알아두기

| 기술적 분석 | 주식가격과 거래량 등 과거 자료를 분석하여 미래의 주가를 예측하는 방법이다. |

TIP 기술적 분석에서는 주식의 내재가치를 크게 중시하지 않는다.

핵심포인트 해설   **기술적 분석의 개요**

→ 기술적 분석가들은 도표를 중시하여, 스스로 차티스트(chartist)라고도 함

개념	• 주식의 내재가치와는 관계없이 주가흐름 또는 거래량 등을 도표화 • 과거의 일정한 패턴이나 추세를 알아내고, 이 패턴을 이용하여 주가변동을 예측 • 주식의 선택은 물론 매매의 시기를 판단하는 기법
장점	• 주가와 거래량에 모든 정보가 반영된다는 가정에 바탕을 둠 • 주가변동의 패턴을 관찰하여 그 변동을 미리 예측 • 차트(Chart)를 통하여 누구나 쉽고 짧은 시간에 이해 • 한꺼번에 여러 주식의 가격변동 상황을 분석·예측할 수 있음
단점	• 과거 주가변동의 패턴이 미래에 그대로 반복되지는 않음 • 차트 해석이 분석자에 따라 다르며, 추세의 기간을 명확하게 구분하지 않음 • 과거 주가의 동일한 양상을 놓고 해석이 각각 다를 수 있음 • 주가변동이 주식의 수급이 아닌 다른 요인으로 발생된 경우에는 설명이 어려움 • 시장의 변동에만 집착하며, 시장의 변화요인을 정확히 분석할 수 없음 • 이론적인 검증이 어려움

정답 | ①

32

기술적 분석의 종류 ★★★

다음 중 추세 반전을 미리 예상하여 최고점에서 매도하고 최저점에서 매수 포인트를 잡아가는 전략으로 옳은 것은?

① 추세순응전략
② 역 추세순응전략
③ 패턴분석전략
④ 지표분석전략

용어 알아두기

추 세	장기간에 걸친 성장·정체·후퇴 등 변동경향을 나타내는 움직임을 나타낸다.

TIP 추세 반전을 미리 예상하여 최고점에서 매도하고 최저점에서 매수 포인트를 잡아가는 전략은 역 추세순응전략으로, 예측이 정확하면 큰 수익을 얻게 되지만 정보력이나 분석력이 약한 대부분의 투자자들에게는 위험이 높은 전략이다.

핵심포인트 해설 | 기술적 분석의 종류

추세분석	• 주가는 상당기간 동일한 방향성을 지속하려는 경향이 있다는 특성을 이용 • 추세순응전략(Trend Following) • 역 추세순응전략(Counter-Trend Following)	
패턴분석	반전형	헤드앤숄더형(Head and Shoulder), 이중삼중 천정(바닥)형, 원형반전형, V자 패턴형 등
	지속형	삼각형, 이등변삼각형, 깃발형, 패넌트형, 쐐기형, 직사각형 등
	기 타	확대형, 다이아몬드형, 갭(보통갭, 돌파갭, 급진갭, 소멸갭, 섬꼴반전갭)
지표분석	• 과거의 성향추세가 앞으로도 반복될 가능성이 있음을 통계적으로 수치화하여 주가를 예측하는 기법	
심리분석	• 매매 타이밍을 결정하는 것이 투자심리이고, 심리는 경제나 경기동향, 자금사정, 수급관계, 기타 여건 및 투자자들의 정보 차이 등 다양한 요소의 영향을 받음	
목표치분석	• 주가흐름에 대한 과거의 유형을 파악하고 이에 따라 장래 주가가 어느 수준까지 상승 또는 하락할 것인지를 예측하는 방법	

정답 | ②

33

기술적 분석의 종류 ★★★

다음 보기에 해당하는 기술적 분석의 방법으로 옳은 것은?

> • 최근 형성된 추세를 바탕으로 상승추세면 매수전략을 채택, 하락추세로 전환된 경우에는 매도전략을 수행
> • 추세를 확인하고 매매에 임하는 안정적인 기법

① 추세순응전략
② 역 추세순응전략
③ 선견역행심리전법
④ 매수 후 보유전략

TIP 추세순응전략에 대한 설명이다.

핵심포인트 해설 — 추세분석

(1) 개념
주가는 상당기간 동일한 방향성을 지속하려는 경향이 있다는 특성을 이용한 기법

(2) 추세순응전략
① 최근 형성된 추세를 바탕으로 상승추세면 매수전략을 채택, 하락추세로 전환된 경우에는 매도전략을 수행
② 추세를 확인하고 매매에 임하는 안정적인 기법

(3) 역 추세순응전략
① 추세 반전을 미리 예상하고 최고점에서 매도하고 최저점에서 매수 포인트를 잡아가는 전략
② 예측이 정확하면 보다 큰 수익을 얻음
③ 정보력이나 분석력이 약한 대부분 투자자들에게는 위험이 높은 전략

(4) 유의사항
설정된 추세선의 확인과 동 추세선의 붕괴, 즉 추세선 이탈현상이 발생할 때 새로운 추세선 예측이 중요(저항선 vs 지지선, 이동평균선, Golden Cross vs Dead Cross)

(5) 기타
일반적으로 추세순응전략은 단기적(1년 이내), 역 추세순응전략은 장기적(3년 이상)으로 사용(단기 Momentum, 장기 Contrarian)

정답 | ①

34

기술적 분석의 종류 ★★★

패턴분석에 대한 설명으로 잘못된 것은?

① 주가 추세선이 변화될 때 나타나는 여러 가지 주가변동 패턴을 미리 정형화시킨다.
② 시세의 천정권이나 바닥권에서 일어나는 전형적인 유형을 분석한다.
③ 헤드앤숄더형과 이중 천정형은 대표적인 지속형 패턴이다.
④ 갭은 보통갭, 돌파갭, 급진갭, 소멸갭 등으로 구분한다.

TIP 헤드앤숄더형(Head and Shoulder), 이중삼중 천정(바닥)형, 원형반전형, V자 패턴형 등은 대표적인 반전형 패턴이다.

핵심포인트 해설 　 패턴분석

(1) 개념
주가 추세선이 변화될 때 나타나는 여러 가지 주가변동 패턴을 미리 정형화시킨 후 주가의 움직임을 맞추고, 이를 통해 향후 주가 추이를 예측하려는 방법

(2) 방법
시세의 천정권이나 바닥권에서 일어나는 전형적인 유형 분석, 주가흐름의 전환시점 포착

(3) 패턴의 종류

반전형	헤드앤숄더형(Head and Shoulder), 이중삼중 천정(바닥)형, 원형반전형, V자 패턴형 등
지속형	삼각형, 이등변삼각형, 깃발형, 패넌트형, 쐐기형, 직사각형 등
기타	확대형, 다이아몬드형, 갭(보통갭, 돌파갭, 급진갭, 소멸갭, 섬꼴반전갭)

정답 | ③

기술적 분석의 종류 ★★★

기술적 분석기법 중 심리분석에 대한 내용으로 잘못된 것은?

① 주식투자의 기본은 매매타이밍이고, 타이밍을 결정하는 것은 투자 심리이다.
② 시세 상승의 초기에는 과거 주가상승에 따른 학습효과에 사로잡혀 매도할 수 없게 된다.
③ 투자 심리는 경제나 경기동향 등 다양한 요소의 영향을 받는다.
④ 시세 하락의 말기에는 시세의 바닥 수준에서 보유주식을 전부 매각한다.

TIP 시세상승의 초기단계에는 그 이전 하락기간 동안의 관성에 의해 과도한 주가의 하락에 따른 학습효과에 사로잡혀 매수할 수 없게 된다.

핵심포인트 해설 　　심리분석

① 주식투자의 기본은 매매타이밍이고, 타이밍을 결정하는 것은 투자 심리임
② 투자 심리는 경제나 경기동향, 자금사정, 수급관계, 기타 여건 및 투자자들의 정보차이 등 다양한 요소의 영향을 받음
③ 일반투자자들의 심리상태
　㉠ 시세 상승의 초기단계 : 주가의 하락에 따른 학습효과에 사로잡혀 매수할 수 없음
　㉡ 본격 상승의 시세 중기단계 : 매수 늘림, 보유주식을 단타매매하여 시세차익 얻음
　㉢ 시세 말기 : 주가는 계속 상승하고 끝없이 상승할 것 같은 환상에 사로잡힘. 일찍 매도한 것을 후회하며 훨씬 높은 주가에 추격매수하게 됨
　㉣ 고정기록, 하락의 초기단계 : 더 많은 이익을 기대, 계속 보유
　㉤ 시세 하락의 중기단계 : 주가가 상승하거나 최소한 원금 수준 회복을 기대
　㉥ 시세 하락의 말기단계 : 공포심에 빠져 시세의 바닥 수준에서 보유주식을 전부 매각

정답 | ②

36

기술적 분석의 종류 ★★★

다음 내용 중 분석의 성격이 다른 것은?

① 과거의 추세성향이 앞으로도 반복할 가능성이 있음을 통계적으로 수치화하여 주가를 예측하는 기법이다.
② 활용되는 지표는 거래량을 중심으로 한 데이터를 일정 공식으로 만들어 표준화한 것이므로 항상 우수한 결과가 나오지는 않는다.
③ 표준 해석기법을 참고로 과거 수년간 특정주식에 맞는 지표를 관찰해야 한다.
④ 주가의 상승 및 하락폭을 예측함으로써 투자자가 허용할 수 있는 손실 범위와 기대수익을 설정한다.

TIP ④는 목표치분석이고 ①②③은 모두 지표분석에 대한 설명이다.

핵심포인트 해설 　 지표분석 및 목표치분석

(1) 지표분석
① 과거의 추세성향이 앞으로도 반복할 가능성이 있음을 통계적으로 수치화하여 주가를 예측하는 기법
② 활용되는 지표는 거래량을 중심으로 한 데이터를 일정 공식으로 만들어 표준화한 것이므로 항상 우수한 결과가 나오지는 않음
③ 표준 해석기법을 참고로 과거 수년간 특정주식에 맞는 지표를 관찰해야 함

(2) 목표치분석
① 주식 차트(Chart)를 분석함에 있어 주가흐름에 대한 과거의 유형을 파악하고 이에 따라 장래 주가가 어느 수준까지 상승 또는 하락할 것인지를 예측하는 방법
② 주가의 상승 및 하락폭을 예측함으로써 투자자가 허용할 수 있는 손실 범위와 기대수익을 설정

정답 | ④

출제예상문제

☑ 다시 봐야 할 문제(틀린 문제, 풀지 못한 문제, 헷갈리는 문제 등)는 문제 번호 하단의 네모박스(□)에 체크하여 반복학습하시기 바랍니다.

01 중요도 ★★
주가와 경기변동과의 관계에 대한 설명으로 잘못된 것은?
① 명목 GDP 성장률과 주가 상승률은 관계가 없다.
② 통화량 증가가 장기적으로는 주가를 하락시키는 요인으로 작용할 수 있다.
③ 금리와 주가는 역상관관계를 가지고 있다.
④ 경기상승기의 완만한 물가 상승은 기업이윤 증가를 초래하여 주가 상승요인이 된다.

02 중요도 ★★★
다음 중 다른 조건이 동일하다고 할 때 주가 상승요인이 아닌 것은?
① 환율 상승
② 경상수지 흑자
③ 인플레이션 지속
④ 통화안정증권 매입

03 중요도 ★★
물가와 환율이 주가에 미치는 영향에 대한 설명으로 잘못된 것은?
① 우리나라에서는 인플레이션이 높을수록 주식수익률이 높아지는 경향이 있다.
② 환율이 인상되면 단기적으로는 주가 상승을 기대할 수 있으나, 장기적으로는 물가 상승을 초래하여 지속적인 주가 상승을 기대할 수 없다.
③ 환율 인상이 예상되면 수출 주력업종에, 환율 인하가 예상되면 내수시장 주력업종에 투자하여야 한다.
④ 인플레이션 상태에서도 주식가치가 상승하여 물가 상승을 상쇄할 수 있는데, 이를 인플레이션 헤지(Hedge)라고 한다.

04 중요도 ★★
경제변수와 주가와의 관계를 설명한 것으로 잘못된 것은?
① 금리가 하락하면 주가도 하락한다.
② 통화량이 완만하게 증가하면 주가가 상승한다.
③ 주가는 경기에 선행하고 경기회복기가 호황기보다 강한 상승을 한다.
④ 무역수지가 흑자일 경우 주가가 상승한다.

05 중요도 ★★★
이자율과 주가에 대한 설명으로 잘못된 것은?
① 이자율이 상승하면 요구수익률 즉, 할인율이 상승한다.
② 이자율이 상승하면 주식가격이 하락하는 효과가 있다.
③ 이자율이 낮을수록 현재 소비를 늘리고 저축을 줄일 것이다.
④ 이자율이 낮을수록 투자기업의 수익성이 낮아지므로 자금수요가 적어진다.

정답 및 해설

01 ① 주가는 경기회복국면에서 상승하기 시작하여 호황국면에서 본격적으로 상승하게 되고, 그 상승폭은 명목 GDP 성장률과 거의 일치한다. 한편 경기상승기의 장기적인 물가 상승은 제조비용 상승에 따른 기업수지 악화로 주가 하락요인이 된다.
02 ③ 인플레이션이 장기간 지속되면 주가가 하락한다.
03 ① 물가 상승률이 높은 경우 주식이나 예금과 같은 금융자산보다는 부동산과 같은 실물자산에 대한 선호도가 높기 때문에, 우리나라에서는 인플레이션이 높을수록 주식수익률이 낮아지는 경향이 있다.
04 ① 금리가 하락하면 주가는 상승한다.
05 ④ 이자율이 낮을수록 투자기업의 수익성이 높아지므로 자금수요가 많아진다.

06 이자율과 주가에 대한 설명으로 잘못된 것은?
중요도 ★★★

① 이자율이 낮을수록 투자기업의 수익성이 높아지므로 자금수요가 많아진다.
② 국내총생산이 증가할 것으로 예상되면 시중이자율은 하락하게 된다.
③ 중앙은행의 자금공급으로 이자율 수준이 결정된다.
④ 기대인플레이션이 증가하면 이자율이 상승하게 된다.

07 통화당국의 금융정책으로 가장 거리가 먼 것은?
중요도 ★★

① 소득세율 인하
② 기준금리 인상
③ 지급준비율 인상
④ 통화안정증권 발행량 축소

08 인플레이션과 주가에 대한 설명으로 잘못된 것은?
중요도 ★★

① 인플레이션만큼 기업의 명목현금흐름이 증가하는 한 주식가격은 인플레이션에 의해 영향 받지 않는다.
② 실제인플레이션이 기대인플레이션을 초과할 때 채권자는 이득, 채무자는 손실을 본다.
③ 인플레이션이 지속되면 현금유출을 초래하므로 투자수익률을 하락시킨다.
④ 인플레이션은 투자환경의 불확실성을 더해주고 명목이자율을 상승시켜 주식가격의 하락을 초래한다.

09 중요도 ★★

지속적인 물가상승 압력으로 발생할 수 있는 현상이 아닌 것은?

① 화폐가치가 지속적으로 상승하여 화폐의 구매력이 높아진다.
② 부동산, 금 등 실물자산에 대한 투자선호도가 높아진다.
③ 투자자의 요구수익률이 상승한다.
④ 투자환경의 불확실성이 커진다.

10 중요도 ★

경제변수를 살펴보고 주가의 추이를 예측한 것으로 잘못된 것은?

① GDP(국내총생산)가 상승하고 있으므로 주가도 상승할 것으로 보인다.
② 이자율이 상승하고 있으므로 주가도 상승할 가능성이 높아 보인다.
③ 물가가 상승하고 있으므로 주가는 하락할 것으로 보인다.
④ 환율 상승은 수출기업의 주가에 긍정적일 것이다.

정답 및 해설

06 ② 국내총생산이 증가할 것으로 예상되면 시중이자율은 상승하게 된다.
07 ① 세율 인하는 정부의 재정정책이다.
08 ② 실제인플레이션이 기대인플레이션을 초과하게 되면 채권자는 손실을 보게 되고 채무자는 이득을 본다.
09 ① 화폐가치가 지속적으로 하락하여 화폐의 구매력을 감소시킨다.
10 ② 이자율(할인율)이 상승하면 주가는 하락할 가능성이 높다.

11
중요도 ★★★
주가가 상승하는 요인으로 올바르게 묶인 것은?

┌───┐
│ ㉠ 통화량의 증가   ㉡ 이자율의 상승   │
│ ㉢ 완만한 물가 상승   ㉣ 환율 인상   │
│ ㉤ 원자재가격 상승   │
└───┘

① ㉠, ㉡, ㉢   ② ㉠, ㉢, ㉣
③ ㉠, ㉢, ㉤   ④ ㉠, ㉣, ㉤

12
중요도 ★★
경제변수와 주가의 관계로 가장 거리가 먼 것은?

① 일반적으로 물가가 상승하면 기업의 매출액이 증가해 주가 상승이 기대된다.
② GDP 증가율이 높을수록 주가의 상승이 기대된다.
③ 환율이 인상되면 수출기업의 주가에 긍정적인 영향을 준다.
④ 금리가 인하되면 기업의 재무비용 부담이 감소해 주가 상승이 기대된다.

13
중요도 ★★
다음 중 주가와 움직이는 방향이 동일한 것은?

① 물 가   ② 금 리
③ 국내총생산   ④ 원자재가격

14
중요도 ★★
기업경기실사지수(BSI)에 대한 설명으로 가장 거리가 먼 것은?

① 기업가의 경기동향 판단, 예측 등을 조사하여 지수화한 것이다.
② 실사조사에 의한 예측 방법 중 하나이다.
③ BSI가 80이면 수축국면을 의미한다.
④ BSI는 최소 0, 최대 100의 값을 갖는다.

15 중요도 ★★

산업의 경쟁구조에 대한 내용으로 옳은 것은?

① 업체 간 경쟁이 치열할수록 기존 기업은 유리하다.
② 대체가능성이 높을수록 기존 기업은 불리하다.
③ 진입장벽이 높을수록 기존 기업은 불리하다.
④ 제품구매와 관련하여 구매자의 교섭력이 높을수록 기존 기업은 유리하다.

정답 및 해설

11 ② ㉠㉢㉣이 주가가 상승하는 요인이다.

> 참고 거시경제 변수와 주가
> - 경기순환 : 경기호황 ⇨ 주가 상승
> - 통화량 : 통화량 증가 ⇨ 주가 상승
> - 이자율 : 이자율 상승 ⇨ 주가 하락
> - 물가 : 완만한 물가 상승 ⇨ 주가 상승, 급격한 물가 상승 ⇨ 주가 하락
> - 환율 : 환율 인상(평가절하) ⇨ (수출기업)주가 상승
> - 원자재가격 : 원자재가격 상승 ⇨ 주가 하락

12 ① 물가가 상승하면 금융자산보다는 실물자산의 가치가 상승하고, 주식투자가 위축되어 주가 하락이 예상된다.

13 ③ 국내총생산(GDP)과 주가는 비례하고 ①②④는 모두 움직이는 방향이 주가와 반대이다.

14 ④ BSI는 최소 0, 최대 200의 값을 갖는다.

> 참고 기업경기실사지수(BSI)
> - 개 요
>   - 전반적인 경기동향을 파악하고자 하는 단기 경기예측수단
>   - 실사조사에 의한 예측 방법 중 하나
> - 해 석
>   - 기업경기실사지수 : 최소 0, 최대 200의 값
>   - 지수가 100 초과 : 경기긍정 ⇨ 확장국면
>   - 지수가 100 미만 : 경기부정 ⇨ 수축국면

15 ② 산업의 경쟁구조는 진입장벽이 높을수록, 대체가능성이 낮을수록, 기존 경쟁업체 간의 경쟁치열도가 낮을수록, 구매자의 교섭력이 낮을수록 기존 기업은 유리하다.

16 중요도 ★

포터(M. E. Porter)의 산업경쟁구조 분석에서 산업의 여건과 해당 산업에 속한 기존기업에 대한 설명으로 가장 거리가 먼 것은?

① 진입장벽이 높으면 기존 기업에 유리하다.
② 대체가능성이 높으면 기존 기업에 유리하다.
③ 기업 간의 경쟁치열도가 낮을수록 기존 기업에 유리하다.
④ 공급자의 입장에서 높은 교섭력을 가진 기업이 낮은 교섭력을 가진 기업보다 상대적으로 유리하다.

17 중요도 ★★

산업의 경쟁구조와 관련한 내용으로 잘못된 것은?

① 진입장벽이 높을수록 기존 기업은 유리하다.
② 대체가능성이 높을수록 기존 기업은 불리하다.
③ 업체 간 경쟁이 치열할수록 기존 기업은 불리하다.
④ 제품구매와 관련하여 고객기업의 교섭력이 높을수록 기존 기업은 유리하다.

18 중요도 ★★

해당 산업의 경쟁 강도를 결정하는 구조적 경쟁요인이 아닌 것은?

① 구매자의 교섭력　　　　② 기존업체 간 경쟁강도
③ 이윤잠재력　　　　　　④ 제품의 대체가능성

19 중요도 ★★

시장의 수요가 포화상태에 이르고 가격경쟁의 심화로 제품의 단위당 이익은 줄어들게 되는 제품수명주기 분석단계로 옳은 것은?

① 도입기
② 성장기
③ 성숙기
④ 쇠퇴기

20 중요도 ★★

재무제표의 작성원칙과 거리가 먼 것은?

① 원가주의 원칙
② 수익인식의 원칙
③ 대응의 원칙
④ 3면 등가의 원칙

정답 및 해설

16 ② 대체가능성이 낮아야 기존 기업에 유리하다.
17 ④ 제품구매와 관련하여 고객기업의 교섭력이 높을수록 기존 기업은 불리하다.
18 ③ 포터(M. E. Porter)에 따르면 구조적 경쟁요인으로 진입장벽, 기존업체 간 경쟁강도, 제품의 대체가능성, 구매자와 공급자의 교섭력 등이 있으며 이들의 작용으로 해당 산업의 이윤잠재력과 위험이 결정된다.
19 ③ 성숙기에 대한 설명이다. 성숙기는 안정적인 시장점유율을 확보하고 성장기에 빌려온 자금을 상환하게 되나, 가격경쟁의 심화로 제품의 단위당 이익은 줄어들게 되므로 경쟁력이 약한 기업은 탈락하게 된다. 지속적 성장을 위해 신규 업종으로 진출이 필요한 시기이다.
20 ④ 재무제표의 작성원칙에는 원가주의 원칙, 수익인식의 원칙, 대응의 원칙이 있다.

21 중요도 ★★

다음 중 재무제표에 대한 설명으로 거리가 먼 것은?

① 재무상태표는 현재 기업의 모든 재산을 파악하기 위해 작성하며, 차변에는 자본의 조달상황이 표시되고, 대변에는 이용상황이 표시된다.
② 손익계산서는 일정기간에 기업의 경영활동을 평가하기 위해 작성하며, 당기순이익만으로 영업활동을 평가하는 것은 바람직하지 않다.
③ 이익잉여금 처분계산서는 당기순이익의 사용용도를 나타낸 재무구조로 이를 통해 배당성향을 파악할 수 있다.
④ 현금흐름표는 기업의 자금조달 및 사용상황을 보기 위해 작성하며, 이를 통해 이익의 사용처, 채무상환방법, 순유동자본의 조달방법 등을 알 수 있다.

22 중요도 ★★★

기업의 재무비율에 대한 설명으로 가장 올바른 것은?

① 유동비율은 장기채무능력을 평가하기 위한 비율이다.
② 총자본이익률은 안정성을 평가하기 위한 비율이다.
③ 타인자본의 사용을 늘릴수록 재무레버리지 효과를 누릴 수 있으므로 기업의 안정성이 향상된다.
④ 이자보상비율은 영업이익을 이자비용으로 나눈 것이다.

23 중요도 ★★★

재무상태표의 작성원칙에 대한 설명으로 잘못된 것은?

① 자산, 부채, 자본의 세 가지 항목으로 구성한다.
② 자산은 오른쪽(대변), 부채와 자본은 왼쪽(차변)에 기록한다.
③ 자산은 부채와 자본의 합계와 크기가 일치한다.
④ '총자본 = 부채(타인자본) + 자본(자기자본)'이다.

24 중요도 ★★

A기업은 자산총계 5천만원, 매출액 1천만원, 영업이익 3백만원, 당기순이익 1백만원, 이자비용 1백만원이다. A기업의 이자보상비율로 옳은 것은?

① 300%   ② 400%   ③ 500%   ④ 600%

25 중요도 ★★★

다음 중 총자본이익률에 대한 설명으로 잘못된 것은?

① 총자본이익률 $= \dfrac{당기순이익}{총자본} \times 100$

② 총자본이익률 = 매출액영업이익률 × 총자본회전율

③ 총자산이익률이라고도 한다.

④ 재무상태표와 손익계산서의 항목을 이용해서 만든 재무비율지표이다.

정답 및 해설

21 ① 재무상태표의 차변(자산계정)에는 자본의 이용상황이 표시되고, 대변(부채 및 자본계정)에는 조달상황이 표시된다.

22 ④ ① 유동비율은 단기채무능력을 평가하기 위한 비율이다.
② 총자본이익률은 수익성을 평가하기 위한 비율이다.
③ 타인자본의 사용을 늘릴수록 재무레버리지 효과를 누릴 수 있으므로 기업의 안정성이 낮아진다.

23 ② 자산은 왼쪽(차변), 부채와 자본은 오른쪽(대변)에 기록한다.

24 ① 이자보상비율 $= \dfrac{영업이익}{이자비용} \times 100\% = \dfrac{3백만원}{1백만원} \times 100\% = 300\%$

25 ② 총자본이익률 = 매출액순이익률 × 총자본회전율이다.

26 중요도 ★★
다음 중 안정성 지표가 아닌 것은?

① 유동비율
② 주당순자산비율(PBR)
③ 고정비율
④ 부채비율

27 중요도 ★★
A기업은 적정부채 수준의 결정 시 이자보상비율을 이용한다. 이 회사는 균형비율을 7.0으로 생각하고, 내년도 영업이익을 1억 4,000만원으로 기대하며 부채규모는 1억원, 이자비용은 10%이다. 앞으로도 동일 이자율로 차입이 가능할 것으로 추정할 경우 내년에 추가적으로 이용할 수 있는 부채규모로 옳은 것은?

① 1억원
② 1억 5,000만원
③ 2억원
④ 2억 5,000만원

28 중요도 ★★
빈칸 안에 들어갈 말로 가장 올바른 것은?

( )이 100% 미만이면, 영업활동을 통한 수익으로는 이자를 충당하지 못했다는 의미이다.

① 이자보상비율
② 고정비율
③ 부채비율
④ 자기자본비율

29 중요도 ★★★
재무비율분석의 한계점에 대한 설명으로 잘못된 것은?

① 재무제표는 과거자료라는 한계가 있다.
② 손익계산서와 재무상태표의 시간적 차이가 있다.
③ 자산·부채 인식기준의 차이가 있다.
④ 회계기준처리가 상이하다.

30 중요도 ★★

B기업의 목표 총자본이익률은 30%이다. 총자본회전율이 3회전일 경우 매출액순이익률로 옳은 것은?

① 0.1%　　② 1%　　③ 10%　　④ 90%

31 중요도 ★★

다음 자료를 이용하여 계산한 A기업의 총자본이익률(ROI)과 매출액을 순서대로 올바르게 나열한 것은?

- 매출액순이익률 : 0.1
- 총자본 : 10억원
- 당기순이익 : 15억원
- 자기자본 : 6억원

① 150%, 100억원　　② 150%, 150억원
③ 250%, 100억원　　④ 250%, 150억원

정답 및 해설

26 ② 안정성 지표는 유동비율, 부채비율, 고정비율, 이자보상비율이다.

27 ① 이자보상비율(7.0) = $\dfrac{\text{영업이익(1억 4,000만원)}}{\text{이자비용}}$

이므로, 이자비용은 최대 2,000만원까지 부담할 수 있다. 현재 1억원 부채에 1,000만원(이자비용 10%)을 이자비용으로 부담하고 있으므로 내년에 최대 1억원의 추가 부채(1,000만원 이자비용)를 부담할 수 있다.

28 ① 이자보상비율에 대한 설명이다.

29 ③ 자산·부채 인식기준의 차이는 PBR이 1이 아닌 이유 중 하나이다.

30 ③ 매출액순이익률 = $\dfrac{\text{총자본이익률}}{\text{총자본회전율}} = \dfrac{30\%}{3} = 10\%$

31 ② ・총자본이익률(ROI) = $\dfrac{\text{당기순이익}}{\text{총자본}} = \dfrac{15억원}{10억원} = 1.5$

・매출액순이익률 = $\dfrac{\text{당기순이익}}{\text{매출액}} \Rightarrow 0.1 = \dfrac{15억원}{\text{매출액}}$

∴ 총자본이익률 = 150%, 매출액 = 150억원

32 중요도 ★
자기자본이익률(ROE) 분석을 통해 알 수 있는 변동원인이 아닌 것은?
① 비용통제의 효율성
② 매출성장의 가능성
③ 자산이용의 효율성
④ 자본조달의 안전성

33 중요도 ★
주주의 지분에 대한 자본사용의 효율성을 측정하는 재무비율로 옳은 것은?
① 자기자본이익률
② 총자산회전율
③ 매출액순이익률
④ 이자보상비율

34 중요도 ★★
다음 재무비율 중 비용통제의 효율성, 자산이용의 효율성, 자본조달의 안전성을 알 수 있는 것은?
① 자기자본이익률
② 총자산회전율
③ 매출액순이익률
④ 이자보상비율

35 중요도 ★★
유동비율과 부채비율을 통해 분석할 수 있는 측면으로 옳은 것은?
① 수익성
② 성장성
③ 안정성
④ 활동성

36 중요도 ★★★
재무비율분석의 한계에 대한 설명으로 가장 거리가 먼 것은?

① 재무제표를 통해 얻게 되는 비율은 지나치게 미래의 예측정보에 의존한다.
② 재무제표가 일정 시점이나 일정 기간을 중심으로 작성되므로 회계기간 동안의 계절적 변화를 나타내지 못한다.
③ 결산기가 다른 기업 간의 상호 비교가 곤란하다.
④ 재무비율 간에 연관성이 없으며 종합적인 결론을 내릴 수 없다.

37 중요도 ★★
시장가치비율에 관한 설명 중 잘못된 것은?

① 시장가치비율은 기업의 주식가격을 주당이익 및 장부가치와 관련시킨 비율이다.
② 수익성 외의 다른 면이 동일하다고 가정할 경우 한 기업의 주가수익비율이 비교대상기업보다 낮으면 그 기업의 주가가 상대적으로 저평가되어 있다고 본다.
③ 다른 조건이 동일한 경우 PER이 낮은 기업은 주식시장에서 주가가 저평가되어 있다고 본다.
④ 토빈의 q가 1보다 작으면 기업들에게 설비투자에 대한 동기를 부여한다.

정답 및 해설

32 ② 자기자본이익률(ROE) 분석을 통해 알 수 있는 변동원인은 비용(원가)통제의 효율성, 자산이용의 효율성, 자본조달의 안전성이다.

33 ① 자기자본이익률(ROE)에 대한 설명이다. 자기자본이익률(ROE)은 주주의 몫에 대한 순수한 경영성과를 나타내는 재무비율이다.

34 ① 자기자본이익률(ROE)에 대한 설명이다. 자기자본이익률(ROE)은 투자자 입장에서 가장 중요한 수익성 비율이며, 원가(비용)통제의 효율성을 나타내는 매출액순이익률, 자산이용의 효율성을 나타내는 총자산회전율, 그리고 자본조달의 안정성 정도를 나타내는 부채비율이 결합되어 있다.

35 ③ 유동비율, 고정비율, 부채비율, 이자보상비율 등은 안정성을 분석하기 위한 재무비율이다.

36 ① 재무제표의 기본 목적이 기업의 미래이익을 예측하기 위한 것인데, 재무비율분석은 과거의 회계정보에 의존한다.

37 ④ 토빈의 q는 회사의 부채 및 자기자본의 시장가치를 그 보유자산의 대체비용으로 나눈 비율을 의미한다. 토빈의 q가 1보다 크면 기업들에게 설비투자에 대한 동기를 부여하고, 1보다 작으면 기업들은 투자에 나서지 않게 된다.

38 중요도 ★★
다음 빈칸 안에 들어갈 말을 순서대로 나열한 것은?

- 자기자본이익률 = $\frac{(\quad)}{\text{자기자본}} \times 100\%$
- 토빈의 q = $\frac{(\quad)}{\text{추정 대체비용}}$
- 총자산회전율 = $\frac{(\quad)}{\text{총자산}}$

① 법인세차감전순이익, 기업시장가치, 매출액
② 경상이익, 기업시장가치, 유동자산
③ 영업이익, 기업시장가치, 유동자산
④ 당기순이익, 기업시장가치, 매출액

39 중요도 ★★
주식투자분석에 대한 설명으로 잘못된 것은?

① 주가매출액비율(PSR : Price Sales Ratio)은 주가를 주당매출액으로 나누어 계산한다.
② 주가수익비율(PER : Price Earnings Ratio)은 주가가 주당순이익의 몇 배인가를 나타내는 지표이다.
③ 주가순자산비율(PBR : Price Book-value Ratio)은 주가를 주당순자산으로 나누어 계산한다.
④ PBR은 부(-)의 EPS 기업에는 적용할 수 없다.

40 중요도 ★★★

토빈의 q이론에 대한 설명 중 가장 거리가 먼 것은?

① 토빈의 q란 기업의 시장가치를 기업의 실물자본 대체비용으로 나눈 비율을 말한다.
② 주가가 상승하면 q값이 증가한다.
③ q값의 증가는 기업들이 상대적으로 저렴한 비용으로 투자할 수 있음을 의미한다.
④ 토빈의 q값이 1보다 큰 기업은 M&A의 대상이 될 수 있다.

정답 및 해설

38 ④ · 자기자본이익률 = $\frac{당기순이익}{자기자본} \times 100\%$

· 토빈의 q = $\frac{기업시장가치}{추정 대체비용}$

· 총자산회전율 = $\frac{매출액}{총자산}$

39 ④ PER은 부(−)의 EPS 기업에 적용할 수 없으나 PBR은 적용 가능하다.

40 ④ 토빈의 q값이 1보다 작을 때 M&A의 대상이 될 수 있다.

41 중요도 ★★★
기업이 단위기간에 벌어들인 주당순이익으로 투자금액을 회수하는 데까지 몇 년이 걸리는지를 나타내는 지표로 옳은 것은?

① PER(Price Earning Ratio) ② PBR(Price Book-value Ratio)
③ PSR(Price Sales Ratio)   ④ EV/EBITDA

42 중요도 ★★
기업가치분석방법 중 기업가치를 이자, 세금, 감가상각비차감전이익으로 나누어 평가하는 모형으로 옳은 것은?

① PBR   ② PSR   ③ EV/EBITDA   ④ PER

43 중요도 ★★★
주가배수를 활용한 상대가치 평가방법 중 현금흐름의 크기를 중시한 기업가치 측정방법으로 옳은 것은?

① PER평가모형   ② PBR평가모형
③ PSR평가모형   ④ EV/EBITDA모형

44 중요도 ★★
다음 설명 중 잘못된 것은?

① 주당순이익이 크면 클수록 보통 주식의 가격이 높다.
② 주가수익비율이 높으면, 주당순이익은 평균수준인데 주가가 높은 경우와 주가는 평균수준인데 주당순이익이 너무 낮은 경우 두 가지로 볼 수 있다.
③ 주가순자산비율(PBR : Price Book-value Ratio)은 주가를 1주당 순자산으로 나눈 것이다.
④ 주가수익비율이 높은 경우에도 주가현금흐름비율(PCR)이 낮으면 해당 주식에 대한 주가가 과대평가될 가능성이 높다.

45 중요도 ★★★

A기업의 주가수익비율(PER)이 10배이고, 주당순이익이 5,000원일 때 A기업의 주가로 옳은 것은?

① 3,000원
② 30,000원
③ 50,000원
④ 100,000원

46 중요도 ★★

PER에 의한 주식평가를 설명한 것으로 잘못된 것은?

① PER이 낮을수록 저평가된 주식이다.
② 특별이익이 발생하는 경우에는 실제 영업결과를 왜곡시키기도 한다.
③ 주가는 주식의 내재가치에 의해 결정된다고 판단하고 분석하는 모형이다.
④ 주가가 1주당 매출액의 몇 배를 반영하고 있는가를 나타내는 지표이다.

정답 및 해설

41 ① PER은 주가를 주당순이익으로 나눈 것으로 기업이 단위기간에 벌어들인 주당순이익으로 투자금액을 회수하는 데까지 몇 년이 걸리는지를 나타내는 지표이다.
42 ③ 기업가치를 이자, 세금, 감가상각비차감전이익으로 나누어 평가하는 모형은 EV/EBITDA이다.
43 ④ 현금흐름의 크기를 중시한 기업가치 측정방법으로 가장 적합한 모형은 EV/EBITDA모형이다.
44 ④ 주가현금흐름비율(PCR)이 낮으면 해당 주식에 대한 주가가 과소평가될 가능성이 높다.
45 ③ PER = 주가/주당순이익이며, 주가는 주가수익비율과 주당순이익을 곱한 값이다.
∴ PER = 10 × 5,000원 = 50,000원
46 ④ PER은 주가가 1주당 순이익의 몇 배를 반영하고 있는가를 나타내는 지표이다.

47 중요도 ★★

어떤 기업의 PBR(주당순자산비율)이 3이고, 주가가 30,000원일 때 1주당 장부가치로 옳은 것은?

① 10,000원 ② 15,000원
③ 60,000원 ④ 150,000원

48 중요도 ★★★

2019년도 A기업의 당기순이익이 15억원이며, 총자본이익률은 10%, 총자본회전율이 2회일 때 A기업의 매출액으로 옳은 것은?

① 75억원 ② 150억원
③ 300억원 ④ 600억원

49 중요도 ★★★

다음 자료를 이용하여 당기순이익을 계산한 값으로 옳은 것은?

• 총자본이익률 : 4%   • 총자본회전율 : 2회   • 매출액 : 1,000,000원

① 20,000원 ② 40,000원
③ 60,000원 ④ 80,000원

50 중요도 ★★★

주가분석에 대한 설명으로 가장 올바른 것은?

① 주가순자산비율(PBR)은 기업의 단위당 수익가치에 대한 상대적인 수준을 나타내는 지표이다.
② 패턴분석 중 삼각형·깃발형은 반전형에 해당한다.
③ 기술적 분석은 수급이 아닌 다른 요인으로 발생된 주가변동도 잘 설명할 수 있다.
④ 지표분석은 과거의 추세성향이 향후에도 반복될 가능성이 있다는 것을 전제로 하여 주가를 예측한다.

51
중요도 ★★★

다음에 알맞은 기업가치분석방법인 것은?

- PER
- PBR
- PSR
- EV/EBITDA

① 주가배수를 활용한 상대가치 평가모형
② EVA모형
③ 수익가치에 근거한 보통주 평가방법
④ 잉여현금흐름(FCF)모형

52
중요도 ★★★

배당 2,000원, 5%의 성장을 하며 50%의 배당성향을 유지하는 A회사의 요구수익률은 10%이다. A회사의 PER로 옳은 것은?

① 5   ② 5.25   ③ 10   ④ 10.5

정답 및 해설

47 ① PBR = $\dfrac{주가}{주당순자산}$ ⇨ 주당순자산 = $\dfrac{주가}{PBR}$ = $\dfrac{30,000원}{3}$ = 10,000원

48 ③ 총자본이익률 = 매출액순이익률 × 총자본회전율 = $\dfrac{당기순이익}{매출액}$ × 총자본회전율 ⇨ 10% = $\dfrac{15억원}{매출액}$ × 2

∴ 매출액 = 300억원

49 ① • 총자본이익률 = 매출액순이익률 × 총자본회전율 ⇨ 4% = 매출액순이익률 × 2 ⇨ 매출액순이익률 = 2%
• 매출액순이익률 = $\dfrac{당기순이익}{매출액}$ ⇨ 당기순이익 = 매출액순이익률 × 매출액 = 2% × 1,000,000원 = 20,000원

∴ 당기순이익 = 20,000원

50 ④ ① 주가수익비율(PER)은 기업의 단위당 수익가치에 대한 상대적인 수준을 나타내는 지표이다.
② 패턴분석 중 삼각형·깃발형은 지속형에 해당한다.
③ 기술적 분석은 수급이 아닌 다른 요인으로 발생된 주가변동을 잘 설명할 수 없다.

51 ① 모두 주가배수를 활용한 상대가치 평가모형이다.

52 ④ PER = $\dfrac{배당성향 \times (1 + 이익성장률)}{기대수익률 - 이익성장률}$ = $\dfrac{0.5 \times (1 + 0.05)}{0.1 - 0.05}$ = 10.5

53
중요도 ★★★
주가수익비율(PER : Price Earnings Ratio)에 대한 설명으로 잘못된 것은?

① 기업의 단위당 수익력에 대한 상대적 주가수준을 나타낸다.
② 요구수익률과 PER은 반비례한다.
③ PER이 높을수록 저평가된 기업이다.
④ 당해 연도에 이익이 음(-)인 경우 일반적으로는 사용하지 않는다.

54
중요도 ★★
주가순자산비율(PBR : Price Book-value Ratio)에 대한 설명으로 잘못된 것은?

① 1주당 순자산이 주가를 몇 배 창출했느냐를 나타낸다.
② 시장가치 대 장부가치 비율이다.
③ PBR이 높을수록 저평가된 기업이다.
④ 1을 기준으로 판단한다.

55
중요도 ★★★
다음 자료를 이용하여 계산한 기업의 PBR로 옳은 것은?

• 총자본 : 50억원	• 순이익 : 3억원
• 자기자본 : 30억원	• 영업이익 : 5억원
• PER : 12	

① 0.8　　② 1.2
③ 1.5　　④ 1.8

56 PBR 평가모형에 대한 설명으로 가장 거리가 먼 것은?

① PBR이 1이 아닌 이유 중의 하나는 주가와 순자산의 시간성에 차이가 있기 때문이다.
② PBR은 $\frac{순이익}{매출액} \times \frac{매출액}{총자본} \times \frac{총자본}{자기자본} \times$ PER로 표현될 수 있다.
③ PBR은 ROE와 양(+), 위험과는 음(-)의 관계이다.
④ ROE가 자본비용보다 크면 PBR은 1보다 작아진다.

57 다음 중 PBR에 대한 일반적인 설명과 거리가 먼 것은?

① 분자인 주가와 분모인 순자산은 시간성의 차이가 있을 수 있다.
② 분자인 주가는 기업의 전체 가치를 반영하지만, 분모인 순자산은 자산과 부채의 단순한 차이에 지나지 않는다.
③ 자산이나 부채의 장부가액은 일정한 회계 관습에 의하여 제약을 받을 수 있다.
④ 기업의 청산보다는 계속기업을 가정할 경우 유용한 평가기준이 될 수 있다.

정답 및 해설

53 ③ PER이 낮을수록 저평가된 기업이다.
54 ③ PBR이 낮을수록 저평가된 기업이다.
55 ② PBR = PER × ROE, ROE = 순이익/자기자본 = 3억원/30억원 = 0.1이므로, PBR = 12 × 0.1 = 1.2
56 ④ • ROE > 자본비용(k) ⇨ PBR > 1, g가 높을수록 커진다.
　　　• ROE < 자본비용(k) ⇨ PBR < 1, g가 높을수록 작아진다.
57 ④ 청산을 전제로 한 청산가치를 추정할 때 PBR이 유용하다. 반면에 계속기업일 경우 미래의 수익발생능력을 반영하지 못하여 유용한 평가기준이 될 수 없다.

58 중요도 ★★★
주가순자산비율(PBR)의 값이 1이 아닌 이유로 가장 거리가 먼 것은?

① 영속적으로 존재하는 기업을 전제로 하기 때문이다.
② 시간상의 차이가 있기 때문이다.
③ 집합성의 차이가 있기 때문이다.
④ 자산·부채 인식기준의 차이가 있기 때문이다.

59 중요도 ★★★
빈칸 안에 들어갈 말로 가장 올바른 것은?

$$PBR = 자기자본이익률 \times (\quad)$$

① 부채레버리지
② $\dfrac{매출액}{총자본}$
③ PER
④ PSR

60 중요도 ★★
토빈의 q에 관한 설명으로 잘못된 것은?

① 기업 총자산의 시장가치를 추정 대체비용으로 나눈 비율이다.
② 대체비용은 장부상의 비용이 아니라 실제로 대체하는 데 드는 비용을 추정한 것이다.
③ q값이 1보다 작은 기업은 M&A의 대상이 될 가능성이 높다.
④ q값이 1보다 작다는 것은 기업가치가 증가한다는 의미이다.

61
중요도 ★

주가매출액비율(PSR : Price Sales Ratio)**과 토빈의 q에 대한 설명으로 가장 거리가 먼 것은?**

① 토빈의 q가 1보다 크면 M&A의 대상이 된다.
② 토빈의 q는 자산의 시장가치를 추정대체비용으로 나눈 값이다.
③ 주가매출액비율(PSR)은 주가수익비율(PER)의 약점을 보완해줄 수가 있다.
④ 주가매출액비율(PSR)은 기업의 영업성과를 객관적으로 잘 나타내 준다.

62
중요도 ★

주가현금흐름비율(PCR : Price Cash flow Ratio)**에 대한 설명으로 잘못된 것은?**

① PER이 높은 경우에도 PCR이 낮으면 해당주식에 대한 주가는 낮은 것이다.
② PCR이 낮으면 저평가되어 있다고 볼 수 있다.
③ 주당현금흐름 = 당기순이익 + 감가상각비 + 외환 및 유가증권(평가차손 − 평가차익)이다.
④ PER이 낮은 경우에 PCR이 높으면 현 주가가 높다고 할 수 없다.

정답 및 해설

58 ① PBR이 1이 아닌 이유는 시간상의 차이, 집합성의 차이, 자산·부채 인식기준의 차이가 있기 때문이다.
59 ③ PBR = ROE(자기자본이익률) × PER(주가수익비율)이다.
60 ④ q값이 1보다 크다는 것은 기업이 조달된 자본을 잘 운영하여 기업가치가 증가한다는 의미이다.
61 ① 토빈의 q(Tobin's q)가 1보다 작으면 M&A의 대상이 된다.
62 ④ 주가수익비율(PER)이 낮은 경우에 PCR이 높으면 현 주가는 낮다고 할 수 없다.

63 중요도 ★
기술적 분석의 장점에 해당하는 것은?
① 과거 주가변동의 패턴이 미래에 그대로 반복되지 않는 경우가 많다.
② 주가변동의 패턴을 관찰하여 그 변동을 미리 예측할 수 있다.
③ 과거 주가의 동일한 양상을 놓고 어느 시점이 주가변화의 시발점인가에 관한 해석이 각각 다를 수 있다.
④ 주가변동이 주식의 수급이 아닌 다른 요인으로 발생된 경우에는 이를 설명하기 어렵다.

64 중요도 ★★
증권분석기법으로 기술적 분석의 한계를 잘못 지적한 것은?
① 어느 시점이 주가변화의 시발점인가에 관한 해석이 각각 다를 수 있다.
② 과거의 주가변동 패턴이 미래에 그대로 반복되지 않는 경우가 많다.
③ 차트의 해석은 객관적이나 추세의 기간을 명확히 구분하기가 어렵다.
④ 주식시장에서 주가 움직임의 원인을 밝혀내지는 못한다.

65 중요도 ★★★
다음 중 반전형 패턴이 아닌 것은?
① 이중 바닥형 패턴   ② 헤드앤숄더형 패턴
③ 깃발형 패턴   ④ 이중 천정형 패턴

66 중요도 ★★
기술적 분석을 통한 증권분석방법에 대한 설명으로 잘못된 것은?
① 차트에 대한 해석이 분석자에 따라 달라질 수 있다.
② 수급요인 이외에 다른 요인에 의한 주가의 변동을 잘 설명한다.
③ 과거 주가의 일정한 패턴이나 추세를 분석하고 이를 이용하여 주가변동을 예측한다.
④ 기술적 분석은 이론적인 검증을 하기가 어렵다.

67
중요도 ★★

기술적 분석에 대한 설명으로 가장 거리가 먼 것은?

① 주가흐름과 거래량 분석에 초점을 둔다.
② 주가변동을 주식의 수급으로만 설명한다.
③ 시장의 변동에만 집착하기 때문에 변화요인을 정확히 분석할 수 없다.
④ 주식의 내재가치에 초점을 두는 기법이다.

정답 및 해설

63 ② 주가흐름 또는 거래량 등을 도표화하여 주가변동의 패턴이나 추세를 알아내는 것은 기술적 분석의 장점이다.
64 ③ 차트의 해석은 객관적이지 않고 주관적이다.
65 ③ 깃발형 패턴은 지속형 패턴에 해당한다.
   참고 반전형·지속형 패턴
   • 반전형 패턴 ⇨ 헤드앤숄더형, 이중 바닥/천정형, 원형반전형, V자 패턴형
   • 지속형 패턴 ⇨ 깃발·페넌트형, 쐐기형, 직사각형, 삼각형, 이등변 삼각형

66 ② 수요·공급요인 이외의 사유로 주가가 움직이면 이를 설명하는 것이 어렵다.
   참고 기술적 분석의 장점과 한계점

장 점	• 주가변동 패턴을 관찰하여 그 변동을 미리 예측 가능 • 차트를 통해 쉽고 짧은 시간에 이해 가능 • 한꺼번에 여러 주식의 가격변동상황 분석·예측 가능
한계점	• 과거 주가변동 패턴이 미래에 그대로 반복되지 않는 경우가 많음 • 차트 해석이 분석자에 따라 달라질 수 있음 • 주가변동이 수급이 아닌 다른 요인으로 발생하면 설명이 어려움 • 내재가치를 무시하고 시장의 변동에 집착해 시장변화요인은 분석 불가

67 ④ 기술적 분석은 내재가치를 무시하고 시장의 변동에 집착한다.

제 2 장
유가증권시장

학습전략

유가증권시장은 제1과목 전체 30문제 중 **총 8문제**가 출제된다.
유가증권시장을 제대로 공부해놓으면 코스닥시장과 중복되는 부분이 많아 코스닥시장의 상당 부분을 미리 공부하는 효과도 있다. 이 영역에서는 증권의 발행형태, 상장기업의 혜택, 신규상장심사요건, 공시의 유형, 매매거래의 중단 등이 자주 출제되는 경향이 있다.

출제예상 비중

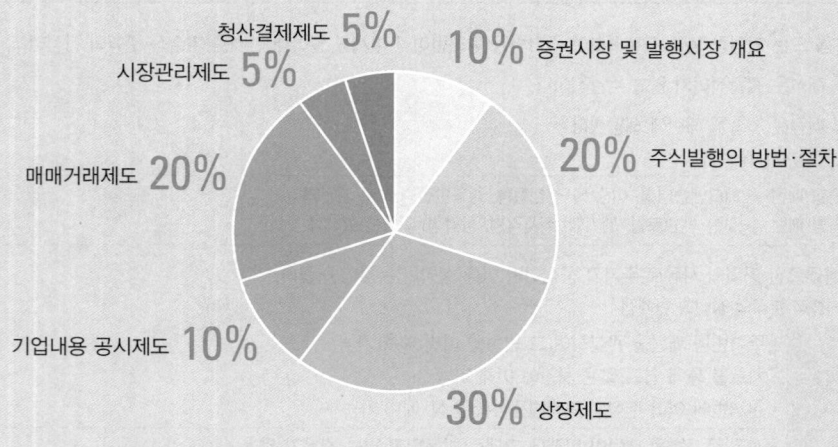

- 청산결제제도 5%
- 시장관리제도 5%
- 매매거래제도 20%
- 기업내용 공시제도 10%
- 상장제도 30%
- 주식발행의 방법·절차 20%
- 증권시장 및 발행시장 개요 10%

핵심포인트

구 분	핵심포인트	중요도
증권시장 및 발행시장 개요 (10%)	01 증권시장의 구조 02 증권의 발행형태	★★ ★★★
주식발행의 방법·절차 (20%)	03 기업공개 절차와 실무 04 유상증자	★★ ★★★
상장제도 (30%)	05 상장기업의 혜택 06 상장절차 및 상장종류 07 신규상장심사요건 08 매매거래정지제도 및 상장폐지	★★★ ★★★ ★★★ ★★
기업내용 공시제도 (10%)	09 기업내용 공시제도 개요 10 자율공시, 조회공시, 공정공시, 불성실공시	★★ ★★★
매매거래제도 (20%)	11 매매거래 수탁 및 시장운영 12 호가 및 매매체결 방법	★★ ★★★
시장관리제도 (5%)	13 매매거래의 중단 14 시장관리제도	★★★ ★★
청산결제제도 (5%)	15 청산결제제도	★

증권시장의 구조 ★★

증권시장에 대한 설명으로 잘못된 것은?

① 증권시장은 발행시장과 유통시장으로 구분된다.
② 발행시장과 유통시장은 상호의존적이고 보완적인 관계이다.
③ 자본시장법상 증권이란 내국인 또는 외국인이 발행한 증권으로서 추가지급의무를 부담하지 않는 것이다.
④ 증권시장은 증권사를 거쳐 연결되므로 간접금융방식의 자본시장이다.

TIP 증권시장은 증권을 매개로 하여 자금의 수요자와 공급자를 직접 연결하는 직접금융방식의 자본시장이다.

핵심포인트 해설 — 증권시장

증권시장	• 증권시장은 증권을 매개로 하여 자금의 수요자와 공급자를 직접 연결하는 직접금융방식의 자본시장을 말함 • 증권수요자 : 증권을 매개로 하여 필요자금을 조달함 • 증권공급자 : 증권을 타인에게 매도하여 공급한 자금을 회수함
발행시장	• 유가증권이 처음 발행되어 최초로 투자자에게 매각되는 시장 • 1차적 시장, 신규증권시장, 추상적인 시장, 자금조달시장
유통시장	• 발행시장에서 이미 발행된 유가증권이 투자자 상호 간 매매되는 시장 • 2차적 시장(협의의 증권시장) • 거래소시장(유가증권시장, 코스닥시장, 코넥스시장)과 장외시장으로 구분됨

정답 | ④

02 증권의 발행형태 ★★★

증권의 공모발행에 대한 설명으로 잘못된 것은?

① 모집은 50인 이상의 투자자에게 새로 발행되는 증권의 취득의 청약을 권유하는 것이다.
② 매출은 50인 이상의 투자자에게 이미 발행된 증권의 매매청약을 권유하는 것이다.
③ 모집을 하는 주체는 증권의 보유자이고, 매출하는 주체는 증권의 발행인이다.
④ 통상 50인 산정 시 제외되는 자는 전문가와 발행인의 연고자이다.

TIP 모집을 하는 주체는 증권의 발행인이고, 매출하는 주체는 증권의 보유자이다.

핵심포인트 해설 증권발행(공모 vs 사모)

의 의	• 발행시장에서 투자자를 구하는 방법에 따라 공모(모집과 매출)와 사모로 구분됨
공 모	• 모집 : 50인 이상의 투자자에게 '새로 발행되는 증권'의 취득의 청약을 권유하는 행위 (간주모집 : 모집에 해당하지 않는 경우에도 1년 이내에 50인 이상의 자에게 양도될 수 있는 경우 모집으로 간주함) • 매출 : 50인 이상의 투자자에게 '이미 발행된 증권'의 매수청약 또는 매도청약을 권유하는 행위
사 모	• 새로 발행되는 증권의 청약 중 모집에 해당하지 않는 것 • 사모의 발행주체는 특정소수(발기인, 전문가, 연고자 등)로 일반대중이 아니라는 점이 공모와 다름
50인 산출 시 제외되는 자	• 전문가 · 전문투자자 · 발행인에게 회계·자문 등의 용역을 제공하고 있는 회계사, 감정인, 변호사, 변리사, 세무사 등 · 중소기업창업투자회사 · 기타 발행인을 잘 알 수 있는 전문가로서 금융위원회가 고시하는 자 • 연고자 · 최대주주, 5% 이상 주주, 발행인의 임원, 우리사주조합원 · 발행인의 계열회사와 그 임원 · 발행인이 주권비상장법인인 경우 그 주주 · 발행인이 설립 중인 회사인 경우 그 발기인 · 발행인인 외국기업이 종업원의 복지증진을 위해 국내계열회사의 임직원에게 주식을 매각하는 경우 그 국내계열사의 임직원 · 기타 발행인을 잘 알 수 있는 연고자로서 금융위원회가 고시하는 자

정답 ③

증권의 발행형태 ★★★

증권의 발행형태 중 총액인수에 대한 설명이 잘못된 것은?

① 간접발행의 방법에 해당한다.
② 주관회사가 구성한 인수단이 발행위험을 부담한다.
③ 대부분 간접발행은 총액인수방식을 사용한다.
④ 인수수수료율이 낮다는 것이 장점이다.

TIP 총액인수방식은 인수기관의 위험부담이 가장 크므로 인수수수료율이 가장 높다.

핵심포인트 해설   증권발행(직접발행 vs 간접발행)

	의의	• 발행시장에서 발행에 따른 위험부담과 사무절차를 누가 담당하느냐에 따라 직접발행과 간접발행으로 구분됨
	직접발행	• 발행주체가 자기책임과 계산으로 발행위험과 발행사무를 모두 부담하는 발행방법(= 직접모집 = 자기모집) • 발행위험이 적고 발행사무가 간단한 경우에만 가능한 방법
	간접발행	• 발행주체는 수수료만 부담하고, 금융기관과 같은 발행기관이 발행위험과 발행사무를 부담하는 발행방법(= 모집발행) • 위험부담 및 발행사무 정도에 따라 모집주선, 잔액인수, 총액인수 방식이 있음
간접발행방법	모집주선 (위탁모집)	• 발행회사(또는 발기인)가 스스로 발행위험 부담 • 모집업무와 같은 발행사무는 발행기관에 위탁 • 간접발행방법 중 수수료가 가장 저렴
	잔액인수	• 발행기관에 발행 및 모집사무를 위탁하고 일정 기간 동안 모집을 한 다음 모집부족액이 발생하였을 경우 그 잔량에 대해서만 인수기관이 인수 • 인수수수료는 발행기관이 부담하는 위험의 정도가 클수록 높음
	총액인수	• 주관회사가 구성한 인수단이 발행위험(인수위험)과 발행 및 모집사무 모두를 담당 • 간접발행의 대부분은 총액인수 방식을 사용 • 인수기관의 부담이 가장 크므로 인수수수료율도 가장 높음

정답 | ④

04 기업공개 절차와 실무 ★★

유가증권시장 상장 준비단계의 절차와 가장 거리가 먼 것은?

① 외부감사인 지정
② 명의개서 대행계약 체결
③ 이사회 또는 주주총회의 결의
④ 상장예비심사청구서 제출

TIP 상장예비심사청구서가 제출되면 본격적인 상장 추진단계가 시작된다.

핵심포인트 해설 — 기업공개 및 상장 절차

의의	• 기업공개 : 신규상장을 위한 공모행위로 상장을 위한 준비단계 • 상장 : 증권시장에서 거래될 수 있는 종목으로 지정하는 것
상장 준비단계	• 외부감사인 지정 • 대표주관계약 체결 • 정관정비 • 명의개서 대행계약 체결 • 우리사주조합 결성 • 이사회 또는 주주총회의 결의 • 회계감리를 위한 상장예비심사청구계획 통보 • 상장신청 사전협의
상장 추진단계	• 상장예비심사청구서 제출 • 증권신고서 제출 • 예비투자설명서 및 투자설명서 제출 • 공모희망가격의 산정 • 기업설명회(IR) 및 수요예측과 공모가격 결정 • 청약과 납입 • 증자등기 및 증권발행실적 보고 • 주권발행 및 교부

정답 | ④

유상증자 ★★★

다음 중 유상증자에 대한 설명이 적절하지 않은 것은?

① 유상증자는 주식을 발행함으로써 자기자본을 증가시키는 것을 말한다.
② 가장 일반적인 유상증자 방법은 주주배정방식이다.
③ 주주우선공모방식의 경우 청약미달분이 발생하면 이사회 결의로 전문투자자를 대상으로 제3자배정으로 청약미달분을 해결한다.
④ 주권상장법인의 경우 일반공모방식은 이사회 결의로 가능하다.

TIP 주주우선공모방식의 경우 청약미달분이 발생하면 이사회 결의로 일반투자자를 대상으로 일반공모한다.

핵심포인트 해설   유상증자의 의의 및 방식

유상증자의 의의		• 의의 : 주식을 발행함으로써 자기자본을 늘리는 것 • 효과 : 기업의 재무구조 개선, 타인자본 의존도를 줄임
유상증자 방식	주주 배정방식	• 신주의 인수권을 기존주주에게 부여하고 배정하는 방법(일반적 방법) • 실권주는 이사회 결의로 처리 • 이사회 결의에 의해 실권주를 배정받은 자는 증여로 보아 시가와의 차액에 대해 증여세를 부담 • 일반공모에 비해 발행비용이 적고, 비교적 절차가 간단함
	주주우선 공모방식	• 구주주와 우리사주조합에게 우선 배정하여 청약을 받고 그 청약미달분은 이사회 결의로 일반투자자를 대상으로 청약을 통해 일반공모하는 방법 • 주주배정방식과 일반공모방식을 혼합한 방식
	제3자 배정방식	• 회사의 정관, 주주총회의 특별결의 등에 의해 특정 제3자에게 신주인수권을 부여하는 방식 • 해외합작투자, 거래선 등 회사와 특별한 관계에 있는 자 등에게 신주인수권을 부여하는 경우가 대부분임
	일반 공모방식	• 구주주의 신주인수권을 완전히 배제하여 일반인에게 공모하는 방식 • 주권상장법인 및 코스닥주권상장법인의 경우 이사회 결의로 가능 • 유상증자 시가발행제도의 정착을 위해 꼭 필요한 증자방식
	직접 공모방식	• 인수인을 통하지 않고 발행회사가 직접 자기의 책임과 계산하에 신주를 공모하는 방식 • 비주권상장법인의 경우 발행가액의 적정성에 대하여 외부분석기관(증권사, 신용평가사, 회계법인)의 평가의무 • 비상장 금융기관이 주로 사용하는 방법

정답 | ③

06   상장기업의 혜택 ★★★

주권상장법인의 혜택에 대한 설명 중 잘못된 것은?

① 유가증권시장 상장법인의 경우 우리사주조합원은 공모주식총수의 20%까지 우선배정 받을 권리가 있다.
② 발행주식총수의 1/2까지 의결권이 없거나 제한되는 주식을 발행할 수 있다.
③ 이사회 결의로써 금전으로 분기배당할 수 있다.
④ 법원의 인가 없이 이사회의 결의만으로 주식의 액면미달발행이 가능하다.

TIP 법원의 인가 없이 주주총회의 특별결의만으로 주식의 액면미달발행이 가능하다.

핵심포인트 해설   주권상장법인의 혜택

자본시장법상 혜택	주식매수청구권	• 간이주식교환, 주식이전, 분할합병의 경우에도 주식매수청구권 인정
	우리사주조합원에 대한 우선배정권	• 유가증권시장 상장법인의 경우 우리사주조합원은 공모주식총수의 20%까지 우선배정받을 권리가 있음
	조건부자본증권	• 정관이 정하는 바에 따라 이사회 결의로 전환형·상각형 조건부자본증권 발행 가능
	무의결권주발행	• 발행주식총수의 1/2까지 의결권이 없거나 제한되는 주식발행 가능
	주식발행 및 배정 특례	• 주주 이외의 자에 대하여도 신주를 배정할 수 있도록 하여 자유로운 자금조달활동을 가능하게 함
	액면미달발행 특례	• 법원의 인가 없이 주주총회의 특별결의만으로 주식의 액면미달발행이 가능
	이익배당 특례	• 금전으로 분기배당 가능 • 적용대상 : 연 1회의 결산기를 정한 주권상장법인이 정관으로 정한 경우
	주식배당 특례	• 시가가 액면가 이상인 경우 이익배당총액에 상당하는 금액까지 주식배당 가능
세법상 혜택	양도소득세 비과세	• 유가증권·코스닥시장을 통한 주식양도차익 비과세(단, 대주주는 양도소득세 과세함)
	상속증여재산 평가기준	• 상속증여재산은 평가기준일 전후 각 2개월간 종가평균으로 평가함
기타 혜택	보증금	• 국가 등에 납부할 보증금, 공탁금 등을 상장증권으로 대신 납부할 수 있음
	주주총회 절차	• 주주총회 소집공고를 신문, 전자공시시스템에 공고함으로써 총회소집통지에 갈음할 수 있음

정답 | ④

상장절차 및 상장종류 ★★★

유가증권시장의 상장에 대한 설명 중 잘못된 것은?

① 주권의 전부를 상장해야 한다.
② 증권발행인으로부터 상장신청이 있어야 가능하다.
③ 주권의 상장을 유예할 수도 있다.
④ 변경상장이란 주권상장법인과 주권비상장법인의 합병 등 사유로 인하여 주권비상장법인의 지분증권이 상장되는 것을 말한다.

TIP 우회상장에 대한 설명이다.

핵심포인트 해설 　 상장의 원칙 및 종류

원칙	• 증권발행인으로부터 상장신청이 있을 것 • 주권의 전부를 상장할 것(예외 : 종류주식, 외국거래소에 일부 상장한 경우) • 특정한 사유 발생 시 주권의 상장유예 가능 • 재무에 관한 사항은 외부감사인의 감사보고서상 재무제표를 기준으로 함
종류	• 신규상장 : 발행인이 상장되지 않은 주권을 처음 증권시장에 상장하는 것 • 추가상장 : 기 상장된 주권의 발행인이 새로이 주권을 발행하여 상장하는 것(사유 : 유·무상증자, 기업합병, 전환사채권 권리행사, 주식배당, 예탁증권발행) • 변경상장 : 당해 주권을 변경한 후 새로이 발행한 주권을 상장하는 것(사유 : 주권종목, 액면금액, 주식수량 등이 변경된 경우) • 재상장 · 유 형 　　| 일반재상장 | 상장폐지일로부터 5년 이내 보통주권으로 재상장 | 　　| 분할재상장 | 보통주권의 분할 및 분할합병을 통한 재상장 | 　　| 합병재상장 | 보통주권의 합병에 의한 재상장 | · 신규상장요건보다는 완화된 요건으로 재상장 · 코스닥시장에서는 합병재상장과 분할재상장만 인정(일반재상장 불허) • 우회상장 · 주권상장법인과 주권비상장법인의 합병 등 사유로 인하여 주권비상장법인의 지분증권이 상장되는 것 · 발생원인 : 기업합병, 포괄적 주식교환, 자산·영업양수, 현물출자 등

정답 | ④

08 신규상장심사요건 ★★★

일반회사의 유가증권시장 상장 시 규모 및 분산요건에 대한 설명으로 잘못된 것은?

① 자기자본이 300억원 이상이어야 한다.
② 상장주식 수가 100만주 이상이어야 한다.
③ 일반주주 수가 700명 이상이어야 한다.
④ 일반주주지분이 25% 이상 또는 500만주 이상이면 주식분산요건에 해당한다.

TIP 일반주주 수가 500명 이상이어야 한다.

핵심포인트 해설 유가증권시장 상장요건(규모 및 분산요건)

규모요건	자기자본	• 300억원 이상일 것
	상장주식 수	• 100만주 이상일 것
분산요건	주식 수 (택1)	• 일반주주지분 25% 이상 또는 500만주 이상 • 총공모율 25% 이상 또는 500만주 이상 • 공모지분 10% 이상 & 자기자본기준 일정 주식 수 이상 • 국내 외 동시공모 10% 이상 & 국내공모주식 수 100만주 이상
	주주 수	• 일반주주 500명 이상
	양도제한	• 발행주권에 대한 양도제한이 없을 것

정답 | ③

신규상장심사요건 ★★★

일반회사의 유가증권시장 상장 시 경영성과 및 안정성요건에 대한 설명이 잘못된 것은?

① 최근 매출액이 1,000억원 이상이고 기준시가총액이 2,000억원 이상이면 요건에 충족한다.
② 최근 이익액이 50억원 이상이고 기준시가총액이 2,000억원 이상이면 요건에 충족한다.
③ 설립 후 3년 이상 경과하고 계속적인 영업활동을 해야 한다.
④ 최근 사업연도 직전 2사업연도의 감사의견이 반드시 2년 연속 적정이어야 한다.

TIP 감사의견은 최근 적정, 직전 2사업연도 적정 또는 한정이어야 한다.

핵심포인트 해설   유가증권시장 상장요건(경영성과 및 안정성요건)

경영성과 (택1)	⊙, ⓒ 중 어느 하나에 해당할 것	⊙ 매출액 및 수익성
		• 매출액 : 3년 평균매출 700억원 & 최근 매출 1,000억원 이상
		• 수익성 : 다음 중 하나에 해당할 것
		  · 이익액 : 최근 30억원 & 3년 합계 60억원 이상
		  · 자기자본이익률 : 최근 5% 이상 & 3년 합계 10% 이상
		  · 자기자본 1,000억원 이상인 경우 : (최근 ROE 3% 이상 or 최근이익 50억 이상) & 최근 영업현금(+)
		ⓒ 매출액 및 시가총액
		• 매출액 : 최근 매출액 1,000억원 이상
		• 시가총액 : 기준시가총액 2,000억원 이상

	수익성 & 시가총액	• 수익성 : 최근 이익액 50억원 이상 • 기준시가총액 2,000억원 이상
	시가총액 & 자기자본	• 기준시가총액 5,000억원 이상 • 자기자본 1,500억원 이상
영업활동기간		• 설립 후 3년 이상 경과 & 계속적인 영업활동
감사의견		• 최근 사업연도 : 적정 • 최근 사업연도 전 2사업연도 : 적정 또는 한정(감사범위제한에 따른 한정의견 제외)

정답 | ④

10 매매거래정지제도 및 상장폐지 ★★

상장증권의 매매거래 정지사유와 가장 거리가 먼 것은?

① 조회공시 답변공시 기한 내 불응
② 시장관리상 필요 시
③ 풍문·보도 관련 거래량 급변 예상
④ 변경상장 공시를 한 경우

용어 알아두기

| 주식병합 | 주식병합은 여러 개의 주식을 1개의 주식으로 합하는 것이고, 주식분할은 1개의 주식을 여러 개의 주식으로 나누는 것을 말한다. |

TIP 변경상장 공시를 한다고 하여 매매거래를 정지시키는 것은 아니다.

핵심포인트 해설 　상장증권의 매매거래정지제도

구 분	매매거래 정지 사유	매매거래 정지기간
업무규정	매매거래 폭주로 인해 매매거래를 시킬 수 없다고 인정되는 경우	상황을 감안하여 거래재개시기 결정
	시장관리상 필요 시	
	투자경고종목 또는 투자위험종목 중 시장감시위원회가 요청한 경우	요청받은 기간
공시규정	조회공시 답변공시 기한 내 불응	조회공시 급변공시까지
	기업의 주가·거래량에 중대한 영향을 미칠 수 있는 중요내용 공시	당해 공시시점부터 30분
	불성실공시법인 지정(벌점 5점 미만 제외)	지정일 당일
	풍문·보도 관련 거래량 급변 예상	정지사유에 대한 조회결과 공시시점부터 30분이 경과한 때까지
상장규정	관리종목 지정	1일간
	위·변조 증권발생 확인	
	상장폐지기준 해당	정지사유 해소 인정 시까지
	주식병합 또는 분할·합병 등을 위한 구주권 제출 요구 시	
	상장폐지 실질심사대상 사실 확인	
	공익과 투자자보호 등	
	우회상장 관련 공시	확인서 제출 시까지

정답 | ④

매매거래정지제도 및 상장폐지 ★★

다음 중 상장폐지사유와 가장 거리가 먼 것은?

① 2년 연속 매출액 50억 미만
② 2년 연속 자본잠식률 30% 미만
③ 2년 연속 감사보고서 감사범위제한으로 인한 한정
④ 2년 연속 일반주주 200인 미만

TIP 2년 연속 자본잠식률 50% 이상인 경우 상장폐지사유에 해당한다.

핵심포인트 해설   관리종목 지정 및 상장폐지 기준

구 분	관리종목 지정사유	상장폐지(퇴출)사유
매출액	• 최근년 매출액 50억원 미만	• 2년 연속 매출액 50억원 미만
자기자본	• 최근년 자본잠식률 50% 이상	• 2년 연속 자본잠식률 50% 이상 또는 최근년 자본잠식률 100%
주 가	• 보통주 액면가 20% 미달 30일간 지속	• 관리종목 지정 후 90일간 '연속 10일 & 누적 30일간 액면가 20% 이상' 조건을 충족하지 못한 경우
시가총액	• 시가총액 50억원 미만 30일간 지속	• 관리종목 지정 후 90일간 '연속 10일 & 누적 30일간 50억원 이상'의 조건을 충족하지 못한 경우
사외이사	• 사외이사·감사위원회 구성요건 미충족	• 2년 연속 사외이사·감사위원회 구성요건 미충족
회생절차	• 회생절차개시 신청	• 상장적격성 실질심사로 이관
파 산	• 파산신청	• 법원의 파산선고 결정
감사의견	• 반기보고서 부적정, 의견거절 • 감사보고서 감사범위제한으로 인한 한정	• 감사보고서 부적정, 의견거절 • 2년 연속 감사보고서 감사범위제한으로 인한 한정
거래량	• 반기 월평균거래량이 유동주식수의 1% 미달	• 2반기 연속 반기 월평균거래량이 유동주식수의 1% 미달
지분분산	• 일반주주 200인 미만 • 일반주주지분 10% 미만	• 2년 연속 일반주주 200인 미만 • 2년 연속 일반주주지분 10% 미만
불성실공시	• 1년간 공시위반벌점 합계 15점 이상	• 상장적격성 실질심사로 이관
공시서류	• 분기·반기·사업보고서 미제출	• 2회 연속 분기·반기·사업보고서 미제출 • 사업보고서 제출기한 후 10일 내 미제출
기타 (즉시퇴출)	−	• 최종부도 또는 은행거래정지 • 해산사유 발생 • 정관 등에 주식양도제한을 두는 경우 • 우회상장규정 위반 시

정답 | ②

12. 기업내용 공시제도 개요 ★★

다음 중 유통시장 공시와 거리가 먼 것은?

① 발행실적보고서
② 사업보고서
③ 합병종료보고서
④ 임원 및 주요주주 등의 소유상황보고서

TIP 발행실적보고서는 발행시장 공시이다.

핵심포인트 해설 — 공시의 요건 및 분류

기업공시의 요건	• 정보의 정확성 및 완전성 • 공시의 신속성 및 적시성 • 공시내용 이해 및 접근 용이성 • 공시내용 전달의 공평성
발행시장 공시	• 증권신고서 • 투자설명서 • 발행실적보고서
유통시장 공시	• 정기공시 : 사업보고서, 반기보고서, 분기보고서 • 수시공시 • 주요사항보고서 • 자율공시 • 공정공시 • 기타공시

정답 | ①

기업내용 공시제도 개요 ★★

주요경영사항 공시에 대한 설명 중 잘못된 것은?

① 수시로 발생하는 기업의 경영정보 중 투자판단에 중요한 영향을 주는 사실 또는 결정 내용을 적시에 공시하게 하는 제도이다.
② 투자자가 투자판단에 필요한 기업정보를 인지하고 투자여부를 결정할 수 있도록 하기 위한 제도이다.
③ 당일 공시사항은 사유 발생 당일 18시 이내에 공시해야 한다.
④ 주요거래처와 거래중단이 있는 경우 주요경영사항 공시대상이다.

TIP 당일공시사항은 사유 발생 당일 18시부터 다음 날 7시 20분 이내에 공시해야 한다.

핵심포인트 해설 | **주요경영사항 공시**

의 의	• 수시로 발생하는 기업의 경영정보 중 투자판단에 중요한 영향을 주는 사실 또는 결정내용을 적시에 공시하게 하는 제도 • 중요성에 따라 당일 공시사항과 익일 공시사항으로 구분되어 운용됨
공시대상	• 영업정지, 주요거래처와의 거래중단 등 영업 및 생산활동 관련 사항 • 증자·감자·이익소각·자기주식취득 및 처분 등 발행증권 관련 사항 • 신규시설투자·유형자산 취득 및 처분·타법인 출자결정 등 투자활동 관련 사항 • 채무인수·면제결정, 타인을 위한 담보제공·채무보증 등 채권·채무 관련 사항 • 재해, 횡령, 배임 등 기업손익에 중대한 영향을 미치는 사항 • 감사보고서 접수, 주식배당 결정, 회계위반 등 결산 관련 사항 • 합병, 영업양수도, 분할, 분할합병, 물적분할 등 지배구조 관련 사항 • 부도, 당좌거래정지, 파산 등 기업존립에 영향을 미치는 사항 • 증권발행 관련 소송, 주총무효소송 등 기업의 소송 관련 사항 • 주주총회 관련 사항

정답 | ③

14

자율공시 조회공시, 공정공시, 불성실공시 ★★★

공정공시에 대한 설명 중 잘못된 것은?

① 공시되지 않고 있는 중요정보를 특정인에게 선별적으로 제공하고자 하는 경우에 적용된다.
② 수시공시 관련 사항으로 그 신고기한이 경과되지 아니한 사항도 공정공시대상이다.
③ 정보대상에 접근이 가능한 상장법인의 직원도 공정공시정보 제공자에 해당한다.
④ 보도목적의 언론 취재에 응하여 언론사에 정보를 제공하는 경우 공정공시의무가 적용된다.

TIP 보도목적의 언론 취재에 응하여 언론사에 정보를 제공하는 경우에는 공정공시의무가 적용되지 않는다.

핵심포인트 해설   공정공시

의의	• 의의 : 공시되지 않고 있는 중요정보를 특정인에게 선별적으로 제공하고자 하는 경우, 이를 모든 시장 참가자들이 알 수 있도록 그 특정인에게 제공하기 전에 공시해야 하는 제도 • 유효성 : 정보의 공평성 확보, 수시공시제도의 미비점을 보완함
공정공시대상	• 장래 사업계획 또는 경영계획(3년 이내) • 매출액, 영업손익 등에 대한 전망 또는 예측(3년 이내) • 정기보고서 제출 전 영업실적 • 수시공시 관련 사항으로 그 신고기한이 경과되지 아니한 사항
공정공시정보 제공자 및 제공대상자	• 공정공시정보 제공자 : 상장법인 및 그 대리인, 상장법인 임원(이사, 감사, 사실상 동등 지위자 포함), 정보대상 접근이 가능한 상장법인의 직원 • 공정공시정보 제공대상자 : 투자매매업자·투자중개업자·집합투자업자 및 그 임직원, 전문투자자 및 그 임직원, 언론사 및 그 임직원, 증권사이트 운영자 및 그 임직원, 공정공시대상 정보를 이용하여 증권매매가 예상되는 주주
공정공시 시한	• IR(기업설명회)의 경우 : IR 개시시점 전까지 공시 • 보도자료를 배포하는 경우 : 보도자료 배포 전까지 공시 • IR, 기자간담회 등의 진행 중 미신고 공정공시대상 정보 제공 시 : 행사종료 후 지체 없이 공시
공정공시의무 적용예외 사유	• 보도목적의 언론 취재에 응하여 언론사에 정보를 제공하는 경우 • 변호사, 회계사, 주관사, 대출계약한 금융기관 등 명시적인 비밀유지의무가 있는 자에게 정보를 제공하는 경우 • 금융위원회의 허가를 받은 신용평가기관이나 외국 신용평가기관에 정보를 제공하는 경우

정답 ④

15 자율공시, 조회공시, 공정공시, 불성실공시 ★★★

불성실공시법인에 대한 조치로 잘못된 것은?

① 한국거래소는 공시위반제재금을 부과할 수 있다.
② 불성실공시법인으로 지정된 경우 해당 주권의 매매거래를 1일간 정지시킬 수 있다.
③ 한국금융투자협회는 해당 법인에게 개선계획서를 요구할 수 있다.
④ 불성실공시법인의 지정 사실 및 부과벌점을 투자자에게 공표한다.

TIP 한국거래소는 해당 법인에게 개선계획서를 요구할 수 있다.

핵심포인트 해설 — 불성실공시

유 형	• 공시불이행 : 공시의무사항 기한 내 미신고, 공시내용이 허위인 경우 • 공시번복 : 이미 공시한 내용을 전면취소, 부인 또는 이에 준하는 내용으로 공시하는 경우 • 공시변경 : 이미 공시한 내용의 중요 사항을 변경하여 공시하는 경우
제 재	• 불성실공시법인으로 지정 • 매매거래정지 : 주권의 매매거래를 1일간 정지 • 불성실공시법인 지정사실 및 부과벌점 공표 • 공시위반제재금 부과 : 거래소가 2억원 한도 내에서 부과할 수 있음 • 개선계획서 제출 요구 : 거래소가 벌점 15점 이상인 법인에게 요구 • 공시책임자 및 공시담당자의 교육 : 의무적으로 이수해야 함 • 공시책임자 교체 요구 : 고의·상습적인 법인의 경우 교체 요구 가능 • 관리종목 지정(1년간 벌점 15점) 및 상장폐지

정답 | ③

16

매매거래 수탁 및 시장운영 ★★

위탁증거금에 대한 설명으로 잘못된 것은?

① 회원이 채권확보를 위한 담보를 해당 위탁자로부터 미리 징수하는 것이다.
② 대용증권은 현금에 갈음하여 위탁증거금으로 사용할 수 있도록 거래소가 지정한 증권이다.
③ 회원은 거래소가 산출·공표하는 증권의 대용가격 사정비율 이내에서 대용증권으로 징수할 수 있는 비율을 자율적으로 정할 수 있다.
④ 상장주식수가 5만주 미만인 종목의 매도주문을 수탁받은 경우 위탁증거금을 50% 이상 징수해야 한다.

용어 알아두기

| 대용증권 | 투자시장에서 증거금이나 보증금 등을 거래소에 납부해야 하는 경우에 현금대신 사용할 수 있는 증권을 말한다. |

TIP 상장주식수가 5만주 미만인 종목의 매도주문을 수탁받은 경우 위탁증거금을 100% 징수해야 한다.

핵심포인트 해설   위탁증거금·대용증권

(1) 위탁증거금의 의의
① 증권매매거래를 수탁하는 경우 결제이행을 담보하기 위해 징수하는 현금 또는 대용증권(징수율 등 징수기준은 회원 자율)
② 징수기준 지정 또는 변경 시 시행일로부터 5매매거래일 이내에 거래소에 통보해야 함(천재지변 및 경제급변의 경우 거래소가 일시적으로 최저징수율을 정할 수 있음)

(2) 대용증권의 산정방법
① 증권의 대용가격은 거래소가 발표하는 대용증권 산정기준 이내에서 회원사가 자율적으로 정할 수 있음
② 거래소의 대용증권 산정기준

대상 증권	기준시세	사정비율	산출주기
상장주권, DR	당일 기준가격	60 ~ 80%	일 별
ETF	당일 기준가격	70 ~ 95%	일 별
ETN	당일 기준가격	70%	일 별
상장채무증권	직전 5매매일 종가평균	80 ~ 95%	일 별
수익증권, 비상장뮤추얼펀드	직전 7일간 NAV평균	70 ~ 80%	월 별

(3) 위탁증거금 징수 특례(100% 징수해야 하는 경우)
① 상장주식수가 5만주 미만인 종목의 매도주문
② 투자경고종목 또는 투자위험종목으로 지정한 종목의 매수주문
③ 결제일에 매매대금 또는 매도증권을 납부하지 않은 투자자의 주문(미수동결계좌)

정답 | ④

17

매매거래 수탁 및 시장운영 ★★

유가증권시장의 매매거래시간 및 호가접수시간에 대한 설명 중 잘못된 것은?

① 매매거래일은 월요일부터 금요일까지이다. (휴장일 제외)
② 정규시장은 08:30부터 호가를 접수하고 9시부터 매매가 개시된다.
③ 장 개시 전 시간외시장의 호가접수시간과 매매거래시간은 같다.
④ 장 종료 후 시간외시장의 호가접수시간과 매매거래시간은 같다.

TIP 장 종료 후 시간외시장의 호가접수시간은 15:30 ~ 18:00(2시간 30분)이고, 매매거래시간은 15:40 ~ 18:00(2시간 20분)이다.

핵심포인트 해설 | 매매시간 및 호가단위

(1) 매매거래일 및 휴장일
  ① 매매거래일 : 월요일 ~ 금요일
  ② 휴장일 : 토요일, 공휴일, 근로자의 날, 12월 31일

(2) 호가접수 및 매매거래시간

구분		호가접수시간	매매거래시간
정규시장	증권시장	08:30 ~ 15:30(7시간)	09:00 ~ 15:30(6시간 30분)
	파생상품시장	08:30 ~ 15:45(7시간 15분)	08:45 ~ 15:45(7시간)
시간외시장	장 개시 전	08:00 ~ 09:00(1시간)	08:00 ~ 09:00(1시간) 단, 종가매매는 08:30 ~ 08:40
	장 종료 후	15:30 ~ 18:00(2시간 30분)	15:40 ~ 18:00(2시간 20분) 단, 종가매매는 15:40 ~ 16:00

정답 | ④

18

매매거래 수탁 및 시장운영 ★★

유가증권시장의 매매제도에 대한 설명 중 잘못된 것은?

① 거래소는 투자자의 매매편의를 위해 일반적으로 매매수량단위를 1주 단위로 운영하고 있으나, ELW의 경우에는 10주 단위로 매매거래하고 있다.
② 유가증권시장은 호가가격단위를 7단계로 운영하고 있다.
③ 호가가격단위 중 가장 높은 가격단위는 1,000원이다.
④ 주가가 35,000원인 경우 호가가격단위는 100원이다.

TIP 주가가 35,000원인 경우 호가가격단위는 50원이다.

핵심포인트 해설   매매수량단위 및 호가가격단위

(1) 매매수량단위
  ① 원칙 : 1주 단위로 매매함
  ② 예외 : ELW는 10주 단위로 매매함

(2) 호가가격단위

주가 가격	호가 가격단위 (유가증권시장/코스닥시장/코넥스시장/K-OTC시장)
2,000원 미만	1원
2,000원~5,000원 미만	5원
5,000원~20,000원 미만	10원
20,000원~50,000원 미만	50원
50,000원~200,000원 미만	100원
200,000원~500,000원 미만	500원
500,000원 이상	1,000원

정답 | ④

제2장 유가증권시장

매매거래 수탁 및 시장운영 ★★

가격제한폭제도에 대한 설명 중 잘못된 것은?

① 유가증권시장에서 가격제한폭은 기준가격 대비 상하 30%이다.
② 가격제한폭은 주식, DR, ETF 등에 적용되고 ETN, 수익증권에는 적용되지 않는다.
③ 정리매매종목, ELW, 신주인수권증서, 신주인수권증권 등은 가격제한폭제도가 적용되지 않는다.
④ 레버리지ETF는 배율만큼 가격제한폭을 확대하였다.

TIP 가격제한폭 적용대상에는 주식, DR, ETF, ETN, 수익증권 등이 있다.

핵심포인트 해설 가격제한폭제도

의 의	• 가격의 급·등락을 완화하기 위한 제도 • 기준가격 대비 ±30%
주요내용	• 적용대상 : 주식, DR, ETF, ETN, 수익증권 • 주가당일변동 가능범위 : 기준가격 대비 상하 30% 이내에서 가장 가까운 호가가격단위에 해당하는 가격
기준가격	• 일반적인 기준가격 : 전일종가 • 유·무상증자, 주식배당, 주식분할·병합 등의 경우 : 적정 이론가격 • 신규상장, 자본금감소 종목 등 : 시초가 • ETF, ETN : 주당순자산가치(NAV)
30% 가격제한폭의 예외	• 정리매매종목, ELW, 신주인수권증서, 신주인수권증권 등은 가격제한폭을 적용하지 않음 • 레버리지ETF는 배율만큼 가격제한폭을 확대함

정답 | ②

20 호가 및 매매체결 방법 ★★★

호가의 종류에 대한 설명 중 잘못된 것은?

① 지정가주문은 가장 일반적인 주문형태로 투자자가 거래하고자 하는 최소한의 가격수준을 지정한 주문이다.
② 시장가주문은 종목, 수량을 지정하되 가격은 지정하지 않은 주문이다.
③ 조건부지정가주문은 선물·옵션 최종거래일에 한하여 프로그램매매를 위한 조건부지정호가 제출이 금지된다.
④ 최우선지정가주문은 주문접수 시 상대방 최우선호가의 가격으로 지정되는 주문형태이다.

TIP 주문접수 시 상대방 최우선호가의 가격으로 지정되는 주문형태는 최유리지정가주문이다.

핵심포인트 해설 — 호가의 종류 (주문하는 가격)

지정가주문	• 가장 일반적인 주문형태로 투자자가 거래하고자 하는 최소한의 가격수준을 지정한 주문 • 지정가주문에 부합하는 상대주문이 없는 경우 매매체결이 안 됨
시장가주문	• 종목, 수량을 지정하되 가격은 지정하지 않은 주문 • 체결가격과 무관하게 현재 시세로 즉시 매매거래를 하고자 하는 주문
조건부 지정가주문	• 접속매매시간(9:00 ~ 15:20) 중에는 지정가주문으로 매매에 참여하지만, 체결이 안 되면 종가결정을 위한 매매거래시간(장 종료 10분 전 단일가매매시간)에 자동으로 시장가주문으로 전환되는 주문 • 선물·옵션 최종거래일에 한하여 프로그램매매를 위한 조건부지정호가 제출 금지
최유리 지정가주문	• 주문접수 시 상대방 최우선호가의 가격으로 지정되는 주문형태 • 매도(매수)의 경우, 가장 높은 매수(매도)주문가격으로 주문
최우선 지정가주문	• 주문접수 시 자기 주문방향의 최우선호가의 가격으로 주문 • 매도의 경우, 가장 낮은 매도주문가격으로 주문 • 매수의 경우, 가장 높은 매수주문가격으로 주문
목표가주문	• 회원이 재량으로 투자자가 목표로 하는 가격에 최대한 근접하여 체결될 수 있도록 하는 주문형태 • 호가유형이 별도로 존재하지 않아 지정가, 시장가로 분할 제출
경쟁대량 매매주문	• 종목과 수량은 지정하되 체결가격은 당일 거래량 가중평균가격으로 매매거래를 하고자 하는 주문형태 • 대량매매제도의 한 유형으로 별도의 시장에서 비공개로 이루어짐

정답 | ④

호가 및 매매체결 방법 ★★★

단일가매매에 대한 설명 중 잘못된 것은?

① 단일가매매는 일정시간 동안 접수한 호가를 하나의 가격으로 집중 체결하는 방식이다.
② 장 개시 최초가격 결정 시 30분간 호가접수 후 단일가매매를 한다.
③ 장 임시정지 후 재개 시의 최초가격을 결정할 때 재개시점부터 30분간 호가접수 후 단일가매매를 한다.
④ 단일가매매의 체결은 합치가격으로 체결 우선순위에 따라 매매가 체결된다.

TIP 장 임시정지 후 재개 시의 최초가격을 결정할 때 재개시점부터 10분간 호가접수 후 단일가매매를 한다.

핵심포인트 해설 | **단일가격에 의한 개별경쟁매매(단일가매매)**

(1) 일반적인 매매체결 방법

경쟁매매	복수의 매도자와 매수자 간의 가격경쟁에 의한 매매거래
상대매매	매도자와 매수자 간의 가격협상에 의한 매매거래
경매매	단일 매도자와 복수 매수자, 복수 매도자와 단일 매수자 간의 경쟁입찰에 의한 매매거래

(2) 단일가매매 적용대상 및 호가접수시간
① 장 개시 최초가격 : 30분(08:30 ~ 09:00)
② 시장 임시정지 후 재개 시 최초가격 : 10분
③ 시장 매매거래중단(CB) 및 종목별 매매거래정지 후 재개 시 최초가격 : 10분
④ 장 종료 시 가격 : 10분
⑤ 시간외단일가 매매의 가격 : 10분 단위
⑥ 정리매매종목, 단기과열종목 : 30분 단위

(3) 단일가매매체결 방법
① 합치가격으로 체결 우선순위에 따라 매매체결됨
② 합치가격의 조건
   ㉠ 합치가격에 미달하는 매도호가와 이를 초과하는 매수호가의 전 수량
   ㉡ 합치가격의 호가 간에는 매도호가 또는 매수호가 어느 일방이 전 수량을 체결하고 타방 호가는 매매수량단위 이상의 수량
③ 합치가격이 2개 이상인 경우의 합치가격 결정
   ㉠ 직전의 가격과 동일한 가격이 있는 경우 그 가격
   ㉡ 직전의 가격과 동일한 가격이 없는 경우 가장 가까운 가격

정답 | ③

22

호가 및 매매체결 방법 ★★★

시가 등이 상·하한가로 결정되는 경우에는 단일가매매에 참여한 상한가 매수호가 또는 하한가 매도호가 간에는 동시에 접수된 호가로 간주되어 시간우선의 원칙을 배제하고 있다. 다음 중 시간우선의 원칙이 적용되지 않는 예외사항으로 가장 거리가 먼 것은?

① 시가결정
② 종가결정
③ VI 발동
④ 전산장애 또는 풍문 등에 의한 거래중단 후 재개

용어 알아두기

| 변동성완화장치 (VI) | VI(Volatility Interruption)은 주가가 급변할 때 이를 최소한으로 막기 위해 접속매매를 2분간 단일가매매로 전환시키는 것을 말한다. |

TIP 종가결정 시, 시간외단일가매매 시에는 동시호가제도가 적용되지 않는다.

핵심포인트 해설   매매체결의 원칙 및 예외

(1) 매매체결의 원칙
① 가격우선의 원칙
  ㉠ 매수호가의 경우 높은 호가가 낮은 호가에 우선하고, 매도호가의 경우 낮은 호가가 높은 호가에 우선함
  ㉡ 시장가호가가 지정가호가에 우선함(단, 상·하한가에서는 동일한 순위로 간주)
② 시간우선의 원칙
  ㉠ 먼저 접수된 호가가 나중에 접수된 호가에 우선함
  ㉡ 예외 : 동시호가가 적용되는 경우(시가결정, VI 발동, 전산장애 또는 풍문 등에 의한 거래중단 후 재개 등)

(2) 시간우선의 원칙 예외 경우 체결원칙
① 위탁자우선의 원칙 : 동시호가 시에는 회원사의 자기매매 주문보다 위탁자의 주문이 우선함
② 수량우선의 원칙 : 위탁매매 또는 자기매매 호가 간에는 주문수량이 많은 호가부터 우선적으로 수량을 배분하여 매매거래가 체결됨
③ 접수우선의 원칙 : 동일한 수량의 위탁주문 간에는 호가장에 접수순에 따라 배분함

정답 | ②

호가 및 매매체결 방법 ★★★

매매체결 방법의 특례에 대한 설명 중 잘못된 것은?

① 평가가격은 최초가격을 결정하기 위해 제출할 수 있는 호가범위의 기준이 되는 가격이다.
② 신규상장종목의 경우에는 공모가를 평가가격으로 본다.
③ 정리매매제도는 상장폐지가 확정된 종목에 대하여 상장폐지 전 환금의 기회를 부여하기 위하여 7일간 매매하도록 하는 제도이다.
④ 정리매매는 정규시장 매매거래시간에 접속매매의 방법으로 한다.

TIP 정리매매는 정규시장 매매거래시간(09:00 ~ 15:30) 중 30분 단위로 단일가매매의 방법으로 한다.

핵심포인트 해설 　 매매체결 방법의 특례

(1) 신규상장종목 등의 최초가격 결정

의 의	• 신규상장종목 등은 거래소시장에서 형성된 가격이 없으므로 최초가격을 결정해야 함
평가가격 (기준가격)	• 최초가격을 결정하기 위해 제출할 수 있는 호가범위의 기준이 되는 가격 • 평가가격의 형태 · 신규상장종목 : 공모가 · 기업내용에 변화가 있는 경우(기업분할, 자본감소 등) : 이론가격 · 객관적 기준이 없는 경우 : 주당순자산가치
호가범위	• 신규상장 : 평가가격의 60 ~ 400% • 기업분할에 따른 재상장·변경상장, 종류주식 상장 : 평가가격의 50 ~ 200% • 제3자배정 유상증자, 합병, 영업양수 등을 통해 저가의 대규모 신주를 발행하는 경우 : 1원 ~ 200%

(2) 정리매매제도

의 의	• 상장폐지가 확정된 종목에 대하여 상장폐지 전 환금의 기회를 부여하는 제도
매매기간	• 매매거래일 기준 7일간
매매방법	• 정규시장 매매거래시간(09:00 ~ 15:30) 중 30분 단위로 단일가매매 • 가격제한폭 적용이 배제됨

정답 | ④

24

호가 및 매매체결 방법 ★★★

시간외종가매매에 대한 설명 중 잘못된 것은?

① 시간우선의 원칙만 적용된다.
② 거래시간은 08:30 ~ 08:40, 15:40 ~ 16:00 총 30분이다.
③ 장 종료 후 체결가격은 당일 종가, 장 개시 전 체결가격은 전일 종가이다.
④ 가격변동범위는 당일 종가의 ±10%이다.

TIP 시간외단일가매매에 대한 내용이다.

핵심포인트 해설 — **시간외종가매매 vs 시간외단일가매매**

(1) 시간외종가매매

의 의	정규매매시간 종료 후 및 장 개시 전 일정 시간 동안 종가로 매매거래를 성립시키는 제도(시간우선의 원칙만 적용)
거래대상	주권, ETF, ETN, 외국주식예탁증권(당일 거래미형성 종목 제외)
거래시간	08:30 ~ 08:40, 15:40 ~ 16:00(30분)
체결가격	당일 종가(장 종료 후), 전일 종가(장 개시 전)
주문유형	종가주문
정정·취소	매매체결 전까지 취소 가능, 정정은 불가능
매매수량단위	1주

(2) 시간외단일가매매

의 의	장 종료 후 일정 시간 동안 10분 단위 단일가매매를 통하여 당일 종가 ±10% 이내의 가격으로 매매 거래를 성립시키는 제도
거래대상	주권, ETF, ETN, 외국주식예탁증권(당일 거래미형성 종목 제외)
거래시간	16:00 ~ 18:00(120분)
매매방법	10분 단위 주기로 단일가매매
가격변동범위	당일 종가 ±10%(다만, 당일 상하한가 이내)
매매수량단위	1주
주문유형	지정가주문

정답 | ④

호가 및 매매체결 방법 ★★★

장중대량·바스켓매매에 대한 설명 중 잘못된 것은?

① 회원이 대량 및 바스켓매매를 성립시키기 위하여 신청하는 경우에 매매를 성립시키는 제도이다.
② 체결가격은 당해호가접수 직전 형성된 가격으로 해야 한다.
③ 매매수량은 매매수량단위 5,000배(ETF·ETN : 500배) 이상 또는 수량과 가격을 곱한 금액이 1억원 이상이어야 한다.
④ 매매체결 전까지 정정 및 취소가 가능하다.

TIP 체결가격은 투자자 간 협상가격으로 하되, 당해호가접수 직전까지 형성된 최고·최저가격 이내이어야 한다.

핵심포인트 해설 　 장중대량·바스켓매매

의 의	회원이 대량 및 바스켓매매를 성립시키기 위하여 신청하는 경우 매매를 성립시키는 제도
거래대상	주권, ETF, ETN, 외국주식예탁증권
거래시간	09:00 ~ 15:30(390분)
체결가격	투자자 간 협상가격(당해호가접수 직전까지 형성된 최고·최저가격 이내)
주문유형	주문내용이 일치하는 매도·매수 쌍방주문
매매수량	매매수량단위 5,000배(ETF·ETN : 500배) 이상 또는 수량과 가격을 곱한 금액이 1억원 이상
매매체결	매도·매수 양당사자 간 합의한 가격으로 체결
정정·취소	매매체결 전까지 정정 및 취소 가능

정답 | ②

26 매매거래의 중단 ★★★

주식시장의 매매거래중단(CB)에 대한 설명 중 잘못된 것은?

① CB가 발동되면 증권시장의 모든 종목 및 주식 관련 선물·옵션 매매거래가 30분간 중단된다.
② 주가지수가 전일 종가 대비 각각 8%, 15%, 20% 이상 하락하여 1분간 지속되어야 발동할 수 있다.
③ 1일 2회 발동할 수 없다.
④ 장 종료 40분 전(14:50) 이후에는 발동하지 않는다.

TIP CB가 발동되면 증권시장의 모든 종목 및 주식 관련 선물·옵션매매거래가 20분간 중단된다. 20% 이상 하락하여 중단된 경우 당일 장이 종료된다.

핵심포인트 해설 — 매매거래의 중단

(1) 주식시장의 매매거래중단(CB : Circuit Breakers)

발동요건	• 주가지수가 전일 종가 대비 각각 8%, 15%, 20% 이상 하락하여 1분간 지속 • 1일 1회에 한하여 발동하며, 장 종료 40분 전(14:50) 이후에는 발동 안 함
발동효과	• 증권시장의 모든 종목 및 주식 관련 선물·옵션매매거래 20분간 중단 • 20% 이상 하락하여 중단된 경우에는 당일 장 종료 • 신규호가접수가 중단된 경우에도 호가의 취소는 가능
발동해제	• 매매거래중단 후 20분 경과 시 매매재개 • 재개 시 최초의 가격은 재개시점부터 10분간 호가 접수하여 단일가매매방법에 의하여 결정하며, 그 이후에는 접속매매방법으로 매매체결

(2) 종목별 매매거래정지제도

매매거래 정지제도	• 풍문, 호가폭주 등으로 주권의 가격 또는 거래량이 급변하는 경우 일정 시간 매매를 정지한 후 재개시키는 제도
단일가매매 임의연장제도 (랜덤엔드)	• 단일가 결정 직전 예상체결가격 등이 급변하는 종목의 단일가매매 참여 호가시간을 연장하는 것
변동성완화장치 (VI)	• 동적VI : 단일가매매 시 2분간 호가접수시간 연장, 접속거래 시 2분간 매매거래 없이 호가를 접수하여 당해 호가 간 매매체결 • 정적VI : 주가가 10% 이상 변동하는 경우 2분간 단일가매매

정답 | ①

27

시장관리제도 ★★

안정적 주가형성을 위한 시장관리제도에 대한 설명 중 잘못된 것은?

① 회원의 호가 제출 시 프로그램매매 해당여부를 입력하도록 하고 있다.
② 투자경고종목으로 지정되면 신용거래가 제한된다.
③ 코스피200선물가격이 5% 이상 변동하여 1분간 지속되면 Circuit Breakers가 발동된다.
④ 단기과열종목으로 지정되면 3일간 30분 단위 단일가매매방식으로 매매체결 된다.

TIP 코스피200선물가격이 5% 이상 변동하여 1분간 지속되면 Side Car가 발동된다.

핵심포인트 해설 | 안정적 주가형성을 위한 시장관리제도

프로그램매매 관리제도	• 공시제도 · 프로그램매매호가 구분 표시 : 차익거래, 비차익거래 구분 표시 • Side Car(프로그램매매호가의 효력 일시정지제도) · 발동기준 : 코스피200지수선물가격이 5% 이상 변동 & 1분간 지속 · 발동효력 : 프로그램매매호가의 효력이 5분 동안 정지됨 · 해제기준 : 효력 정지시점으로부터 5분 경과
단기과열종목 지정제도	• 지정요건 : 단기과열지표에 해당되는 종목이 10매매거래일 이내에 다시 단기과열지표에 해당하면 지정예고하고, 그 후 10매매거래일 이내에 다시 단기과열지표에 해당하면 단기과열종목으로 지정함 • 단기과열종목으로 지정되면 3일간 30분 단위 단일가매매 방식으로 매매체결됨
시장경보제도	• 3단계 지정제도 : 투자주의종목 ⇨ 투자경고종목 ⇨ 투자위험종목 • 투자경고·위험종목에 대한 조치 · 신용거래 제한 · 위탁증거금 100% 징수(대용증권 사용 불가) · 매매거래 정지

정답 | ③

28 시장관리제도 ★★

공정한 주가형성을 위한 시장관리제도와 거리가 먼 것은?

① 공매도 제한
② 자기주식매매 제한
③ 호가정보 공개
④ 위탁증거금 제한

TIP 위탁증거금제도는 공정한 주가형성을 위한 제도라기보다는 결제이행을 담보하기 위한 제도이다.

핵심포인트 해설 — 공정한 주가형성을 위한 시장관리제도

공매도 관리	• 차입공매도만 허용(무차입공매도 불허) : 신용대주거래, 대차거래 • 시장불안 방지를 위한 시장관리 방안 · 공매도호가 가격제한 : 원칙적으로 직전가격 이하의 가격으로 호가할 수 없음 · 시장안정을 저해할 경우 금융위원회의 승인을 받아 차입공매도 제한 가능 · 공매도 과열종목 지정제도 : 과열종목으로 적출되면 익일 1일간 공매도거래 금지 • 공매도거래의 투명성 강화 방안 · 현황공표 : 공매도거래 현황공표, 대차잔고 현황공표 · 공매도잔고 보고 및 공시(2영업일 오후 6시까지), 공매드 종합 포털 사이트 운영
자기주식 매매 제한	• 취득수량한도 : 제한 없음 • 취득방법 : 증권시장에서 매수, 장외에서 공개매수 • 취득기간 : 이사회 결의사항 공시 후 익일부터 3개월 이내 • 매매방법 · 자기주식매매거래계좌 설정 및 매매신청서 제출 · 호가 및 가격 제한, 수량 제한 · 시간외대량매매를 통한 자기주식매매 가능 · 신탁계약을 통한 자기주식매매 가능(취득 후 1개월간 처분금지) • 금융위원회의 승인을 받아 수량제한을 면제하는 특례조치 가능
호가정보 공개	• 접속매매 : 매도·매수별 최우선호가의 가격을 포함한 10단계 우선호가·가격 및 수량 공개 • 단일가매매 : 예상체결가격 및 수량, 매도·매수별 예상최우선호가의 가격을 포함한 3단계 우선호가·가격 및 수량 공개

정답 | ④

시장관리제도 ★★

배당락에 대한 설명 중 옳은 것은?

① 배당락이란 해당 사업연도에 대한 기업의 신주를 배정받을 권리가 소멸하였음을 의미한다.
② 연말휴장일을 감안하면 12월 결산법인의 경우 주주확정을 위한 실제 기준일은 12월 30일(공휴일인 경우 직전 매매거래일)이다.
③ 12월 결산법인의 경우 배당을 받으려면 12월 29일까지는 주식을 매수해야 한다.
④ 배당락의 기준가격 조정은 주식배당 및 현금배당의 경우에 적용된다.

TIP ① 배당락이란 해당 사업연도에 대한 기업의 이익을 배당 받을 권리가 소멸하였음을 의미한다.
③ 12월 결산법인의 경우 배당을 받으려면 12월 28일까지는 주식을 매수해야 한다.
④ 배당락은 주식배당의 경우에는 적용되나 현금배당의 경우에는 적용되지 않는다.

핵심포인트 해설 | 합리적인 매매거래 지원을 위한 시장관리제도

배당락 제도	• 의의 : 이익배당받을 권리가 소멸하였음을 투자자에게 공시하는 것 • 12월 결산법인의 경우 : 12/28(배당부종가), 12/29(배당락조치일), 12/30(주주확정기준일) • 배당락 기준가격 = $\dfrac{\text{배당부 종가} \times \text{배당 전 주식 수}}{\text{배당 후 주식 수}}$ • 기준가격 조정 : 주식배당의 경우 적용, 현금배당의 경우 미적용
권리락 제도	• 의의 : 증자에 따른 신주배정권리가 소멸되었음을 투자자에게 공시하는 것 • 권리락 조치시기 : 신주배정 기준일 전일(신주를 배정받으려면 신주배정 기준일 2일 전까지 주식을 매수해야 신주인수권을 부여받음) • 권리락 기준가격 = $\dfrac{(\text{권리부 종가} \times \text{증자 전 주식 수}) + \text{신주납입금액}}{\text{증자 후 주식 수}}$
착오매매 정정제도	• 의의 : 회원사가 위탁자의 주문을 착오주문 낸 경우 거래소가 체결내용을 정정하는 것 • 정정방법 　· 종목·수량·가격·매매 구분 등의 착오매매 : 회원사가 자기상품으로 인수하여 정정 　· 시스템장애에 의한 위탁매매·자기매매 구분 착오매매의 경우 구분에 맞게 정정 • 착오매매 발생 시 정정절차 　· 당일부터 그 다음 매매일 15:30까지 정정신청서를 거래소에 제출 　· 거래소는 건별로 즉시 정정확인 후 이를 반영한 결제자료 산출

정답 | ②

30

청산결제제도 ★

유가증권시장의 청산결제에 대한 설명 중 잘못된 것은?

① 청산은 거래소가 중앙거래당사자(CCP) 지위에서 매도·매수자 간 채권·채무를 차감하여 확정하고 결제가 이행될 때까지 결제를 보증하는 일련의 절차이다.
② 결제는 청산과정을 통해 확정된 CCP와 회원 간의 채무를 증권의 인도 및 대금지급을 통해 이행함으로써 매매거래를 종결시키는 것이다.
③ 우리나라는 원칙적으로 현금결제방식, 전량결제방식, 집중결제방식을 채택하고 있다.
④ 거래소의 결제이행재원은 손해배상공동기금, 결제적립금 및 거래소자산, 회원보증금 등이 있다.

TIP 우리나라는 원칙적으로 실물결제방식, 차감결제방식, 집중결제방식을 채택하고 있다.

핵심포인트 해설   청산결제제도

청산 및 결제	• 청산 : 거래소가 채무인수방식으로 CCP 역할을 함 • 결제 : 실물·차감·집중결제방식을 채택함(원칙)
청산결제 절차	• 매매확인 • 거래소의 면책적 채무인수 • 종목별·회원별 매매수량 차감 및 결제증권·대금 확정 • 결제내역 통지 • 결제증권·대금 수수 • 결제지시 및 계좌대체 • 예탁결제원의 결제이행·불이행 결과 통지

결제리스크
관리제도
	• 결제이행 재원 : 손해배상공동기금, 결제적립금 및 거래소자산, 회원보증금 등
	• 거래소의 결제불이행 예방제도
	  · 결제위험 파악관리
	  · 결제이행 보증을 위한 유동성 공급
	  · 결제가 현저히 곤란할 경우 현금 또는 유사종목의 증권으로 결제할 수 있는 특례를 마련함

결제불이행 시 거래소의 조치	• 일괄청산 • 결제를 불이행한 회원에 대한 구상권 행사 • 손해를 배상한 경우에는 그 사실을 금융위원회에 보고 • 결제를 불이행한 결제회원에 대하여 거래소 소속직원의 파견 가능 • 결제회원 파산 시 청산제도의 보호 및 결제완결성의 보장

정답 | ③

31

청산결제제도 ★

다음 중 증권시장에서 거래증거금을 부과하는 종목과 거리가 먼 것은?

① 상장주식
② ELW
③ ETF
④ REPO

TIP 당일 결제하는 일반채권 및 REPO, 다음 날 결제하는 국채는 증거금 부과대상에서 제외한다.

핵심포인트 해설 — 증권시장의 거래증거금

의 의	• 증권시장 거래증거금 제도 도입 : 종전 파생상품시장만 운용하던 거래증거금제도를 증권시장까지 확대함(2017년 9월) • 증권시장 거래증거금의 필요성 : 가격제한폭이 15%에서 30%로 확대되어 CCP의 결제 이행을 위한 위험관리수단을 확보할 필요가 있음
대상종목	• 대상종목 : 상장주식, 증권상품(ETF, ETN, ELW) • 제외종목 : 당일 결제하는 일반채권 및 REPO, 다음 날 결제하는 국채
산출방법	• 순위험증거금 : 순매수와 순매도 수량에 종목별 종가와 증거금률을 곱하여 산출함 • 변동증거금 : 장 종료 시점에서 각 그룹 내 종목별 순매수 및 순매도 포지션에 대한 당일 종가로 환산한 손익을 산출함
통지 및 납입	• 거래소는 매 거래일 20시까지 거래증거금 소요액을 증권사에 통지함 • 증권사는 다음 거래일 15시까지 해당 거래증거금을 납부해야 함 • 거래증거금 납부 수단 : 현금, 외화, 대용증권
위탁증거금의 사용제한	• 투자자의 위탁증거금을 보호하기 위해 거래증거금을 회원의 자산으로 납부하도록 함 • 이를 담보하기 위해 위탁증거금의 거래증거금 사용을 제한함
납부 불이행 시 처리	• 회원증권사가 거래증거금의 납부를 불이행하거나 불이행할 우려가 있는 경우 결제를 불이행한 것과 동일하게 처리함 • 일괄청산, 손실보전, 구상권 행사, 금융위원회 보고 등

정답 | ④

fn.Hackers.com

출제예상문제

☑ 다시 봐야 할 문제(틀린 문제, 풀지 못한 문제, 헷갈리는 문제 등)는 문제 번호 하단의 네모박스(□)에 체크하여 반복학습하시기 바랍니다.

01 중요도 ★
발행시장에 대한 설명 중 잘못된 것은?

① 통상 공모발행의 경우에는 간접발행의 형태를, 사모발행의 경우에는 직접발행의 형태를 취한다.
② 직접발행은 모집능력이 충분하거나, 상대적으로 발행위험이 적거나 발생사무가 비교적 간단한 경우에 이용한다.
③ 간접발행 중 총액인수방식이 가장 인수수수료율이 낮다.
④ 주권상장법인의 경우 그 주주를 불특정인으로 보아 50인 이상인 일반주주를 대상으로 유가증권을 발행한다면 공모발행에 해당한다.

02 중요도 ★★
주주배정증자방식과 주주우선공모증자방식에 대한 차이를 설명한 것으로 잘못된 것은?

① 실권주위험 : 주주배정증자방식은 낮으나 주주우선공모증자방식은 높다.
② 실권주처리 : 주주배정증자방식은 이사회 결의로, 주주우선공모증자방식은 일반투자자 공모로 처리한다.
③ 실권주 이익에 대한 증여세 : 주주배정증자방식은 증여세를 부담하나 주주우선공모증자방식은 면제된다.
④ 신주인수권증서 발행 : 주주배정증자방식이든 주주우선공모증자방식이든 모두 필요하다.

03 중요도 ★
유상증자 발행가액 결정에 대한 설명 중 잘못된 것은?

① 주주배정방식과 주주우선공모방식의 경우에는 발행가격 할인율이 자율화되어 발행주체가 발행가액을 자유롭게 결정할 수 있다.
② 일반공모방식의 발행가액은 기준주가(청약일 전 제3거래일로부터 제5거래일까지의 가중산술평균주가)의 70% 이상으로 한다.
③ 제3자배정방식의 발행가액은 기준주가의 90% 이상으로 한다.
④ 기업구조조정을 위한 유상증자의 경우 발행가액 시 할인율 한도를 적용해야 한다.

04 중요도 ★

다음 중 신주를 발행하는 경우가 아닌 것은?

① 유상증자 시
② 신주인수권부사채(BW)의 신주인수권 행사 시
③ 전환사채(CB)의 전환권 행사 시
④ 교환사채(EB)의 교환권 행사 시

05 중요도 ★★

신규상장에 대한 설명 중 잘못된 것은?

① 공모상장은 분산요건을 충족하지 못한 기업이 일반투자자들을 대상으로 주권을 분산하고 자금조달 후 상장하는 형태다.
② 공모상장은 상장예비심사 결과 주권분산을 전제로 적격통보를 받은 기업이 모집 또는 매출로 주권분산해야 한다.
③ 직상장은 이미 분산요건을 갖춘 기업이 예비상장 심사 후 모집 또는 매출을 통한 주식분산을 하지 않고 주권을 바로 상장하는 형태의 신규상장이다.
④ 직상장은 상장 추진 중 자금조달이 수반되며 코스닥상장법인의 시장 이전은 불허된다.

정답 및 해설

01 ③ 간접발행 중 총액인수방식이 인수기관의 부담이 가장 크므로 인수수수료율이 가장 높다.

02 ① 주주배정증자방식은 높으나 주주우선공모증자방식은 낮다.

구 분	주주배정증자방식	주주우선공모증자방식
배정권자	구주주	1차 : 구주주, 우리사주조합원 2차 : 일반투자자
실권주 발생위험	높 음	낮 음
실권주 처리방법	이사회 결의	일반투자자 공모
실권주 이익 증여세 부담	있 음	없 음
신주발행비용	기본증자비용	기본증자비용 + 인수 수수료
인수·모집 사무	발행회사	주관회사
효력시기	7일	10일

03 ④ 기업구조조정을 위한 유상증자는 부실기업의 자금확충을 위해 추진되기 때문에 대부분 제3자배정방식에 의하여 이루어진다. 이 경우 원활한 구조조정과 기업개선작업을 위하여 할인율 한도를 적용하지 않고 발행가액을 충분히 협의하여 결정할 수 있도록 하고 있다.

04 ④ 교환사채(EB)는 발행법인이 보유하고 있는 타법인 주식 또는 자기주식으로 교환할 수 있는 권리가 부여된 채권으로 신주를 발행할 필요가 없다.

05 ④ 직상장은 상장 추진 시 자금조달이 수반되지 않는 형태이며, 코스닥상장법인의 시장 이전에 한하여 허용된다.

06 중요도 ★★★
신규상장 심사요건 중 질적 심사요건에 해당하는 것은?

① 영업활동 기간
② 주식양도의 제한
③ 상장예정주식 수
④ 기업의 계속성

07 중요도 ★★★
유가증권시장의 상장에 대한 설명 중 옳은 것은?

① 최종 공모가격은 수요예측의 결과를 감안하여 대표주관회사가 단독으로 결정한다.
② 상장과 관련하여 적용하는 재무내용에 관한 사항은 외감법에 의한 감사인의 감사보고서상 수정된 재무제표를 기준으로 한다.
③ 유가증권의 상장은 당해 유가증권 발행인으로부터 상장신청이 없는 경우에도 가능하다.
④ 우선주 등 보통주를 제외한 주식의 경우 반드시 종목별로 상장신청을 해야 한다.

08 중요도 ★★
상장의 원칙에 대한 설명 중 잘못된 것은?

① 발행인으로부터 상장신청이 있어야 한다.
② 이미 발행한 주식 중 일부의 상장을 신청할 수 있다.
③ 신주상장이란 증자, 합병, CB 또는 BW를 소유한 자의 권리행사 등으로 인하여 새로 발행한 증권을 상장시키는 것이다.
④ 상장 관련 재무내용은 외감법상 감사인의 감사보고서상 한정사항을 수정한 재무제표를 기준으로 한다.

09 중요도 ★★★
주권 상장의 유형별 내용으로 잘못된 것은?

① 신규상장 : 발행인이 처음으로 유가증권시장에 주권을 상장하는 것으로 공모상장과 직상장이 있다.
② 추가상장 : 이미 상장된 주권의 발행인이 새로 주권을 발행하여 상장하는 것으로 유·무상증자, 우선주 발행, 주식배당, 전환사채권 등의 권리행사, 예탁증서 발행 시 활용된다.
③ 변경상장 : 액면금액 등을 변경한 후 새로이 발행한 주권을 상장하는 것으로 상호변경, 액면분할·병합, 수량변경 시 활용된다.
④ 재상장 : 신규상장보다 완화된 요건을 적용하여 용이하게 다시 상장하는 것으로 상장폐지법인의 경우 상장폐지된 날로부터 3년 이내에 해야 한다.

10 중요도 ★★★
다음 중 유가증권시장의 주권 신규상장심사 시 형식적 심사요건과 거리가 먼 것은?

① 영업활동기간 : 3년 이상일 것
② 기업규모 : 상장예정 보통주식총수가 300만주 이상이고 자기자본이 500억원 이상일 것
③ 일반주주 수 : 500명 이상일 것
④ 경영성과 : 매출액 요건뿐 아니라 수익성 요건도 충족해야 함

정답 및 해설

06 ④ 기업의 계속성을 제외한 나머지는 형식적 심사요건에 해당한다.
> [참고] 유가증권시장 신규상장 시 심사요건
> - 형식적 심사요건 : 영업활동 기간, 기업규모, 상장예정주식 수, 주식분산요건, 경영성과, 감사인의 감사의견, 재무제표 확정, 주식양도 제한 등
> - 질적 심사요건 : 기업의 계속성, 경영 투명성 및 안정성, 투자자보호 및 공익실현

07 ② ① 최종 공모가격은 수요예측의 결과를 감안하여 대표주관회사와 발행회사가 협의하여 결정한다.
③ 유가증권의 상장은 당해 유가증권 발행인으로부터 상장신청이 있어야만 가능하다.
④ 우선주 등 보통주를 제외한 주식의 경우 종목별로 상장신청을 하지 않을 수 있다.

08 ② 이미 발행한 주식 전부를 상장해야 하며, 그 일부만을 상장신청할 수 없다. 다만, 예외적으로 우선주 등 보통주를 제외한 주식의 경우 종목별로 상장신청을 하지 않을 수 있다. 외국거래소에 이미 주권의 일부만 상장한 법인은 증권시장에 잔여분 전부를 상장신청해야 한다.

09 ④ 재상장은 상장폐지법인의 경우 상장폐지된 날로부터 5년 이내, 분할·분할합병에 의해 설립된 법인의 경우에는 설립등기일이 속하는 사업연도의 결산재무제표 승인을 위한 정기주주총회 전에 하여야 한다.

10 ② 기업규모는 상장예정 보통주식총수가 100만주 이상이고 자기자본이 300억원 이상일 것을 요한다.

11 중요도 ★★
상장유가증권의 매매정지사유 및 매매정지기간이 잘못된 것은?

① 상장폐지기준에 해당 : 정지사유 해소 인정 시까지
② 관리종목 지정기준에 해당 : 매매일 기준 1일간
③ 상장유가증권의 위·변조 발생 : 매매일 기준 1일간
④ 풍문·보도 관련 거래량 급변 예상 : 정지사유에 대한 조회결과 공시시점부터 3시간이 경과한 때까지

12 중요도 ★★
다음 중 상장폐지기준에 해당하는 것은?

① 분기보고서 기한 내 미제출
② 2회 연속 분기보고서 미제출
③ 최근년 매출액 50억원 미만
④ 최근년 자본잠식률 50% 이상

13 중요도 ★★
기업내용 공시의 4가지 요건과 거리가 먼 것은?

① 정보의 정확성과 완전성
② 공시의 신속성 및 적시성
③ 공시내용의 이해 및 접근 용이성
④ 공시내용 전달의 간결성

14 중요도 ★★
자율공시에 대한 설명 중 잘못된 것은?

① 자율공시대상은 회사의 경영·재산 및 투자자의 투자판단에 중대한 영향을 미칠 수 있다고 판단되는 사항이다.
② 장래 계획에 관한 사항 또는 공시의무사항 외의 주요경영사항에 대하여 투자자에게 알릴 필요가 있다고 판단되는 주요경영사항도 자율공시대상이다.
③ 자율공시의 사유발생일 다음 날까지 자율적으로 공시할 수 있다.
④ 자율공시한 내용을 변경 또는 번복하더라도 불성실공시법인이 되는 것은 아니다.

15 중요도 ★★
조회공시에 대한 설명 중 잘못된 것은?

① 공시되지 않고 있는 중요정보를 특정인에게 선별적으로 제공하고자 하는 경우에 적용된다.
② 거래소가 주권상장법인의 기업내용에 관한 풍문·보도내용의 사실여부를 요구하는 공시이다.
③ 풍문 및 보도의 경우 조회공시를 요구받은 시점이 오전인 경우에는 오후까지, 오후인 경우에는 그 다음 날 오전까지 공시해야 한다.
④ 부도, 해산, 영업활동정지 등 퇴출기준에 해당하는 풍문 및 보도 등 조회공시 요구 시 매매거래정지조치가 취해지는 사항은 다음 날까지 공시해야 한다.

정답 및 해설

11 ④ 풍문·보도 관련 거래량의 급변이 예상되는 경우 정지사유에 대한 조회결고 공시시점부터 30분이 경과한 때까지 매매거래가 정지된다.
12 ② ①③④는 관리종목지정사유에 해당한다.
13 ④ 공시의 4가지 요건은 정보의 정확성과 완전성, 공시의 신속성 및 적시성, 공시내용의 이해 및 접근 용이성, 공시내용 전달의 공평성 등이다.
14 ④ 자율공시한 내용을 변경 또는 번복하는 경우 불성실공시법인으로 지정된다.
15 ① 공정공시에 대한 내용이다.

16 중요도 ★★
불성실공시의 대표적인 유형과 거리가 먼 것은?
① 공시불이행
② 공시번복
③ 공시추가
④ 공시변경

17 중요도 ★★
주권상장법인의 공정공시에 관한 설명으로 옳은 것은?
① 보도목적 취재에 응한 정보제공과 비밀유지 의무자에 대한 정보제공에 대하여 공정공시 의무가 적용된다.
② 공정공시정보 제공자는 주식상장법인 그 대리인 및 임원(사실상 임원 포함), 해당 회사 모든 직원이 해당된다.
③ 공정공시정보 제공대상자는 기관투자자, 언론사, 주식소유자 등이다.
④ 장래사업계획, 매출거래 등의 전망 또는 예측은 공정공시대상 정보에서 제외된다.

18 중요도 ★★
유가증권시장에서 단일가격에 의한 개별경쟁매매 방법을 적용하는 경우가 아닌 것은?
① 주권상장법인의 자기주식 매매가격 결정 시
② 시가 결정 시
③ 장 종료 시의 가격결정 시
④ 주식시장의 매매거래 중단 후 재개하여 최초가격 결정 시

19 중요도 ★★

다음 중 가격을 지정하나 미체결 잔량에 대하여는 장 종료 단일가매매 시 자동으로 시장가로 전환되는 호가인 것은?

① 조건부지정가 ② 최유리지정가
③ 최우선지정가 ④ 시장가

20 중요도 ★★★

Side Car(프로그램매매호가의 효력 일시정지제도)에 대한 설명 중 옳은 것은?

① 선물거래종목 중 직전일의 거래량이 가장 많은 종목의 가격이 급변하는 경우 프로그램매매호가에 대하여 일정 기간 효력을 정지하는 제도이다.
② 선물가격이 기준가격 대비 5% 이상(코스닥시장 6%) 급변(하락에 한함)하여 1분간 지속되는 경우 프로그램매매호가를 정지시킨다.
③ 정지시간은 10분간이고, 1일 2회를 초과하여 발동할 수 없다.
④ 장 종료 1시간 전 이후에는 적용하지 않는다.

정답 및 해설

16 ③ 불성실공시의 유형에는 공시불이행, 공시번복, 공시변경 등이 있다.
17 ③ ① 적용된다. → 적용되지 않는다.
② 공정공시정보 제공자는 주식상장법인 그 대리인 및 임원(사실상 임원 포함), 직원(관련 부서 직원에 한함)이 해당된다.
④ 공정공시대상 정보는 장래사업계획, 매출거래 등의 전망 또는 예측이다.
18 ① 단일가격에 의한 개별경쟁매매 방법 적용대상은 시가 결정 시, 장 종료 시의 가격 결정 시, 시장의 전부 또는 일부가 정지된 후 재개하여 최초가격 결정 시, 매매거래가 중단·정지된 후 재개하여 최초가격 결정 시 등이다.
19 ① 조건부지정가는 가격을 지정하나 미체결 잔량에 대하여는 장 종료 단일가매매 시 시장가로 자동 전환되는 호가이다.
20 ① ② 급변(하락에 한함)하여 → 상승 또는 하락하여
③ 정지시간은 5분간이고, 1일 1회만 발동된다.
④ 장 종료 40분 전(14시 50분) 이후에는 적용하지 않는다. Side Car 발동가능 시간은 09:05 ~ 14:50까지만 가능하다.

21 중요도 ★★
주식의 가격제한폭에 대한 설명 중 잘못된 것은?

① 기준가격은 원칙적으로 전일 종가이다.
② 주식, DR, ETF, 수익증권의 경우 가격제한폭은 ±30%이다.
③ 정리매매종목, 신주인수권부증서, ELW, 채권의 가격제한폭은 ±10%이다.
④ 장기휴장 이후 최초로 매매거래를 재개하는 경우 또는 시장급변 등으로 가격제한폭을 적용하기 곤란한 경우 그때마다 가격제한폭을 다르게 정할 수 있다.

22 중요도 ★★
개별경쟁매매 시 매매체결우선의 4원칙에 대한 설명 중 잘못된 것은?

① 가격우선의 원칙 : 매수 시는 고가의 매수호가가 우선하고 매도 시는 저가의 매도호가가 우선한다.
② 시간우선의 원칙 : 단일가매매를 하는 경우로서 동시호가가 적용되는 경우에는 시간우선의 원칙을 배제한다.
③ 자기매매우선의 원칙 : 자기매매가 위탁매매에 우선한다.
④ 수량우선의 원칙 : 수량이 많은 호가가 적은 호가에 우선한다는 원칙으로 단일가매매시간에 동시호가인 경우 위탁매매호가 간에 적용된다.

23 중요도 ★★
시간외종가매매는 투자자에게 추가적인 매매거래의 기회를 제공하기 위하여 정규매매시간 종료 후 장 개시 전 일정 시간 동안 당일 종가로 시간우선의 원칙만 적용하여 매매거래를 성립시키는 제도이다. 이 제도에 대한 내용이 잘못된 것은?

① 대상증권은 주권 및 ETF이다.
② 호가접수시간과 매매시간은 같다.
③ 매매단위는 1주이다.
④ 호가의 정정은 불가능하나 매매체결 전까지 호가의 취소는 가능하다.

24 중요도 ★★
주권상장법인의 자기주식 취득 규제에 대한 설명이 잘못된 것은?

① 취득수량의 한도는 없으며, 취득재원이 충분하다면 이론상 100% 취득도 가능하다.
② 취득재원은 직전 사업연도 말 재무제표를 기준으로 상법상 이익배당한도에서 직전 사업연도말 이후 발생한 자기주식취득 및 처분금액과 주총에서 결의된 이익배당금액 등을 가감하여 산정한다.
③ 취득방법은 증권시장에서 매매를 통하여 취득할 수 있고, 장외에서 공개매수방법으로도 취득할 수 있다.
④ 자기주식의 취득 및 처분기간은 이사회 결의일로부터 1개월 이내이다.

25 중요도 ★
주권상장법인의 자기주식 취득 및 처분에 대한 설명 중 잘못된 것은?

① 자기주식매매를 위탁받은 회원은 자기주식매매신청서를 취득(처분) 전일 18시까지 거래소에 제출해야 한다.
② 지정가호가만 가능하고 호가정정은 허용되나 호가취소는 불가능하다.
③ 신탁계약을 통한 자기주식매매는 허용되지 않는다
④ 금융위원회의 승인을 받아 수량제한을 면제하는 특례조치가 취해지면 자기주식의 일일주문수량은 취득신고 주식 수 이내까지 확대된다.

정답 및 해설

21 ③ 정리매매종목, 신주인수권부증서, ELW의 경우 균형가격의 신속한 발견을 위하여 가격제한폭을 적용하지 않고, 레버리지 ETF는 그 배율만큼 가격제한폭을 확대하여 적용하고 있다.

22 ③ 매매체결우선의 4원칙은 가격우선, 시간우선, 위탁자매매우선, 수량우선이다. 이 중 위탁자매매우선의 원칙은 위탁매매가 자기매매에 우선한다는 원칙으로 증권회사는 자기매매업과 위탁매매업을 동시에 수행하기 때문에 투자자보호를 위하여 고객이 위탁한 주문을 우선 전량 체결시킨 후에 자기매매호가를 체결시켜야 한다.

23 ② 호가접수시간은 40분(장 개시 전 08:30~08:40, 장 종료 후 15:30~16:00)이고, 매매시간은 30분(장 개시 전 08:30~08:40, 장 종료 후 15:40~16:00)이다.

24 ④ 자기주식을 취득할 수 있는 기간은 이사회 결의사항 공시 후 익일부터 3개월 이내이고, 처분기간은 이사회 결의일 익일부터 3개월 이내이다.

25 ③ 신탁계약을 통한 자기주식매매도 가능하며 이 경우 자기주식 취득 후 1개월간 처분이 금지되고, 처분 후 1개월간 취득이 금지된다.

26 중요도 ★

투자경고종목, 투자위험종목의 거래상 제한에 대한 설명 중 잘못된 것은?

① 투자경고종목, 투자위험종목으로 지정 시 신규 신용거래가 금지된다.
② 투자경고종목, 투자위험종목을 매수할 경우 위탁증거금을 100% 납부해야 한다.
③ 투자위험종목으로 지정되더라도 대용증권으로 사용하는 것은 허용된다.
④ 투자위험종목 지정 후에도 주가가 지속적으로 상승하면 하루 동안 매매가 정지된다.

27 중요도 ★★★

Circuit Breakers 제도에 대한 설명 중 잘못된 것은?

① 지수가 일정 하락 시 시장전체의 매매를 중단함으로써 시황급변에 따른 손실을 방지하는 제도이다.
② 증권시장의 모든 종목 및 주식 관련 선물·옵션매매거래가 20분간 중단된다.
③ 20% 이상 하락하여 중단된 경우에는 당일 장이 종료된다.
④ 매매거래중단 후 60분 경과 시 매매거래를 재개한다.

28 중요도 ★★★

Side Car(프로그램매매호가의 효력일시정지제도)에 대한 설명 중 잘못된 것은?

① KOSPI선물가격이 기준가격 대비 5% 이상 변동하여 1분간 지속하는 경우 발동된다.
② 장 개시 후 5분이 경과한 시점부터 발동기준을 계산하며 1일 1회에 한하여 발동한다.
③ 상승의 경우에는 프로그램매수호가, 하락의 경우에는 프로그램매도호가의 효력을 5분간 정지된다.
④ 프로그램매매호가의 효력정지시점부터 10분이 경과하면 해제된다.

29
중요도 ★

대용증권은 유가증권의 활용도를 높이기 위해 현금에 갈음하여 증거금으로 사용할 수 있도록 거래소가 지정한 증권이다. 이에 대한 설명 중 잘못된 것은?

① 위탁증거금, 신용거래보증금, 공탁금, 담보증권으로 사용한다.
② 대용증권으로 활용할 수 있는 증권에는 상장주권(코스닥 포함), 상장채권, DR, ETF, 수익증권 등이 포함된다.
③ 대용증권의 가격은 기준시세에 대용가치를 인정해주는 사정비율을 곱하여 산출한다.
④ 상장주권의 대용증권 가격은 기준시세의 50%이다.

30
중요도 ★

거래소의 시장감시제도에 대한 설명 중 잘못된 것은?

① 이상매매의 심리 또는 감리를 위하여 필요한 경우 회원에 대하여 보고, 자료제출, 출석 및 진술을 요구할 수 있다.
② 감리방법에는 서면감리와 실지감리가 있다.
③ 사전에 불공정거래 가능성이 있어 보이는 경우 해당 회원에게 알려주는 불공정거래 사전예고제도를 운영하고 있다.
④ 이상거래 심리 및 회원감리의 결과에 따른 조치로서 3개월 이내에 매매거래의 전부 또는 일부를 정지하거나 1억원 이하의 회원제재금을 부과할 수 있다.

정답 및 해설

26 ③ 투자위험종목으로 지정되면 그 종목을 대용증권으로 사용할 수 없다.
27 ④ 매매거래중단 후 20분 경과 시 매매거래를 재개한다. 재개 시 최초가격은 재개시점부터 10분간 호가접수하여 단일가매매방법에 의하여 결정하며, 그 이후에는 접속매매방법으로 매매를 체결한다.
28 ④ Side Car는 프로그램매매호가의 효력정지시점부터 5분이 경과한 경우, 장 종료 40분 전인 경우, 프로그램매매호가의 효력정지시간 중 Circuit Breakers 또는 임시정지되었다가 매매거래가 재개된 경우 등으로 해제된다.
29 ④ 상장주권의 대용증권 가격은 기준시세의 60 ~ 80% 수준이다.
30 ④ 이상거래 심리 및 회원감리의 결과에 따른 조치로서 6개월 이내에 매매거래의 전부 또는 일부를 정지하거나 10억원 이하의 회원제재금을 부과할 수 있다.

제3장
코스닥시장

학습전략

코스닥시장은 제1과목 전체 30문제 중 **총 3문제**가 출제된다.
코스닥시장은 유가증권시장의 제도가 대부분 동일하게 적용되고, 상장제도 등 일부 규정만 차이가 있다. 이 영역에서는 유가증권시장과 차이가 있는 신규상장조건, 상장폐지 사유 등이 자주 출제되는 경향이 있다.

출제예상 비중

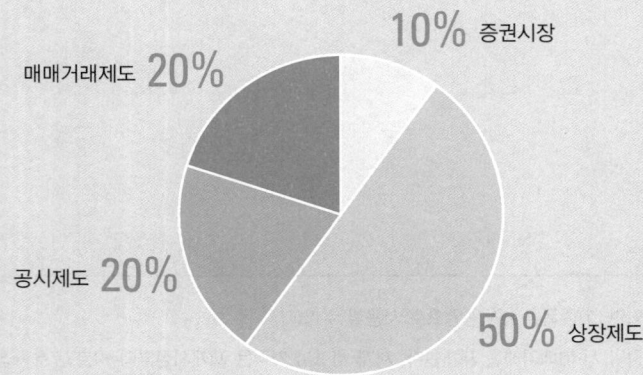

- 10% 증권시장
- 매매거래제도 20%
- 공시제도 20%
- 50% 상장제도

핵심포인트

구 분	핵심포인트	중요도
증권시장 (10%)	01 한국거래소	★★
상장제도 (50%)	02 일반기업 신규상장조건 03 기술기업 신규상장조건 04 우회상장 심사제도 05 재상장절차 06 상장폐지 07 상장적격성 실질심사	★★★ ★★ ★★ ★★ ★★ ★★
공시제도 (20%)	08 유통시장 공시제도	★★
매매거래제도 (20%)	09 동시호가 시 체결수량 배분	★★

한국거래소 ★★

코스닥시장을 개설한 한국거래소에 대한 설명 중 잘못된 것은?

① 한국거래소는 증권 및 파생상품의 공정한 가격 및 매매 등을 위해 설립된 법인이다.
② 자본시장법상 거래소 설립은 신고주의를 취하고 있다.
③ 회원이 아닌 자는 거래소 개설시장에서 매매할 수 없다.
④ 금융위원회로부터 금융투자상품거래 청산업의 인가를 받아 법적 청산기관으로서의 기능을 수행한다.

용어 알아두기

| 대체거래시스템 | 대체거래시스템(ATS : Alternative Trading System)은 한국거래소와는 별도로 증권을 매매할 수 있는 시스템을 말한다. |

TIP 자본시장법상 거래소 설립은 허가주의를 취하고 있다.

핵심포인트 해설   **한국거래소**

구분	내용
의 의	• 증권 및 파생상품의 공정한 가격 및 매매 등을 위해 설립된 법인 • 개설시장 : 유가증권시장, 코스닥시장, 코넥스시장, 파생상품시장
법적성격	• 자본시장법상 거래소 설립은 허가주의 • 회원조직 : 회원이 아닌 자는 거래소 개설시장에서 매매가 불가함 • 자율규제기관
주요업무	• 증권 및 장내파생상품 매매 및 결제에 대한 업무 • 증권의 상장 및 상장법인 공시에 관한 업무 • 법령상 거래소가 운영할 수 있도록 한 업무 • 금융투자상품거래 청산업무(금융위원회로부터 금융투자상품거래 청산업의 인가를 받아 법적 청산기관으로서의 기능 수행) • 위 이외의 다른 업무를 할 수 없음
자본시장법상 금융투자상품시장의 범위	• 거래소시장(유가증권·코스닥·코넥스·파생상품시장) • 대체거래시스템(ATS) • 표준화된 장외시장 : K-OTC시장, 채권전문중개회사(IDB) 등

정답 | ②

02

일반기업 신규상장조건 ★★★

일반기업의 코스닥시장 상장요건으로 잘못된 것은?

① 설립경과연수 요건은 면제된다.
② 자본잠식요건은 적용되지 않는다.
③ 소액주주가 500명 이상이어야 한다.
④ 최근 감사의견이 적정 또는 한정이어야 한다.

TIP 최근 감사의견이 적정이어야 한다.

핵심포인트 해설   코스닥시장 상장요건(일반기업)

(2019. 4. 17. 개정규정 기준)

구 분	일반기업(벤처 포함)		기술성장기업	
	수익성·매출액 기준	시장평가·성장성 기준	기술평가 특례	성장성 추천
주식분산 (택1)	• 소액주주 500명 25% 이상, 청구 후 공모 5% 이상(소액주주 25% 미만 시 공모 10% 이상) • 자기자본 500억 이상, 소액주주 500명 이상, 청구 후 공모 10% 이상 & 규모별 일정 주식 수 이상 • 공모 25% 이상 & 소액주주 500명			
경영성과 및 시장평가 등 (택1)	• 법인세차감전계속사업이익 20억원(벤처 : 10억원) & 시총 90억원 • 법인세차감전계속사업이익 20억원(벤처 : 10억원) & 자기자본 30억원(벤처 : 15억원) • 법인세차감전계속사업이익 있을 것 & 시총 200억원 & 매출액 100억원(벤처 : 50억원) • 법인세차감전계속사업이익 50억원	• 시총 500억 & 매출 30억 & 최근 2사업연도 평균 매출증가율 20% 이상 • 시총 300억 & 매출액 100억원 이상(벤처 : 50억원) • 시총 500억원 & PBR 200% • 시총 1,000억원 • 자기자본 250억원	• 자기자본 10억원 • 시가총액 90억원 • 전문평가기관의 기술 등에 대한 평가를 받고 평가결과가 A등급 & BBB등급 이상일 것	• 상장주선인이 성장성을 평가하여 추천한 중소기업일 것
감사의견	• 최근사업연도 적정			
경영투명성 (지배구조)	• 사외이사, 상근감사 충족			
기타 요건	• 주식양도 제한이 없을 것 등			

참고 기술성장기업 : 전문기관 기술평가(복수) 결과 A등급 & BBB등급 이상인 기업

정답 | ④

기술기업 신규상장조건 ★★

상장주권의 보호예수기간이 다른 하나는?

① 코스닥 일반기업의 최대주주
② 코스닥 벤처기업의 특수관계인
③ 상장예비심사신청 전 1년 이내에 제3자배정으로 코스닥 일반기업의 주식을 취득한 자
④ 코스닥 기술성장기업의 최대주주

TIP ④는 12개월(1년)이고, ①②③은 6개월이다.

핵심포인트 해설 | **상장주권의 보호예수**

(1) 의의 및 목적
 ① 의의 : 일정 요건에 해당하는 주주들의 주식매도를 일시적으로 제한하는 제도
 ② 목적 : 안정적인 수급을 통한 공정한 주가 형성도모, 내부자의 불공정한 차익거래로부터 소액투자자보호, 핵심주주들의 책임경영 확립

(2) 보호예수기간

주주 구분	일반기업, 벤처기업	기술성장기업
최대주주 및 특수관계인	6개월	12개월
제3자배정으로 주식을 취득한 자 (상장예비심사신청 전 1년 이내)	6개월	12개월
최대주주 등의 소유주식을 취득한 자 (상장예비심사신청 전 1년 이내)	6개월	12개월
벤처금융 및 전문투자자 (투자기간 2년 미만에 한함)	1개월	1개월
상장주선인	3개월 (공모주식의 3%, 10억원 한도)	3개월 (공모주식의 3%, 10억원 한도)
SPAC상장예비심사신청일 현재 주주	합병기일 후 6개월	합병기일 후 6개월

정답 | ④

04 우회상장 심사제도 ★★

우회상장 심사제도에 대한 설명 중 잘못된 것은?

① 우회상장이란 비상장기업이 상장기업에 대한 기업결합(합병, 주식교환 등)과 경영권 변동을 통해 실질적 상장효과를 발생시키는 것을 말한다.
② 우회상장법인을 심사하는 것은 부실한 비상장법인의 우회상장을 원천적으로 차단하기 위한 것이다.
③ 신규상장에 준하는 형식적 요건, 질적 요건을 심사한다.
④ SPAC은 한계기업의 퇴출지연 및 시장건전성을 저해할 우려가 있다.

TIP SPAC은 재무구조가 투명하여 합병으로 인한 시장건전성의 저해 가능성이 낮다.

핵심포인트 해설 | 우회상장 심사제도

의 의	• 우회상장이란 비상장기업이 상장기업에 대한 기업결합(합병, 주식교환 등)과 경영권 변동을 통해 실질적 상장효과를 발생시키는 것 • 우회상장 심사는 부실한 비상장법인의 우회상장을 원천적으로 차단하기 위한 제도 • 우회상장 관리대상 : 기업합병, 포괄적 주식교환, 영업양수, 자산양수, 현물출자 등
우회상장법인의 심사기준	• 신규상장에 준하는 형식적 요건 심사 • 신규상장에 준하는 질적 요건 심사 • 신규상장에 준하는 보호예수 실시
SPAC	• 의의 : 다른 법인과의 합병을 목적으로 설립한 기업인수목적회사 • 취지 : 우량한 비상장기업의 건전한 우회상장 기회 및 다양한 증시 진입수단 제공 • 특 징 · 재무구조가 투명하여 합병으로 인한 시장건전성의 저해 가능성이 낮음 · 기업결합을 통하여 공모자금 조달 및 재무구조개선 효과가 있음 · 부실기업의 시장진입 가능성을 낮춤

정답 | ④

재상장절차 ★★

재상장절차에 대한 설명으로 잘못된 것은?

① 재상장신청인 중 상장폐지된 법인 및 인적분할에 의하여 설립된 법인은 재상장 신청 전에 상장예비심사를 받아야 한다.
② 분할·분할합병(물적분할은 제외)에 따라 설립된 법인은 분할·분할합병을 위한 이사회 결의 후 지체 없이 상장신청해야 한다.
③ 코스닥법인의 경우 자기자본 30억원 이상이어야 한다.
④ 분할·분할합병에 따라 신설된 법인의 주권을 상장하는 경우 영업활동기간은 이전대상 영업부문 3년 이상이어야 한다.

TIP 분할·분할합병에 따라 신설된 법인의 주권을 상장하는 경우 영업활동기간에 대한 요건은 없다.

핵심포인트 해설 　 재상장

의 의	• 상장폐지된 보통주권을 다시 상장하는 것 • 보통주권상장법인의 분할, 분할합병, 합병으로 설립된 법인의 보통주권을 상장하는 것
재상장 신청인	• 유가증권시장에서 상장폐지 후 5년이 경과하지 않은 주권의 발행인 • 주권상장법인의 분할 또는 분할합병에 따라 설립된 법인 • 주권상장법인 간의 합병에 의하여 설립된 법인
재상장 신청기간	• 상장폐지된 법인의 경우 : 상장폐지일로부터 5년 이내 • 분할·분할합병에 따라 설립된 법인 : 이사회 결의 후 지체 없이 신청해야 함
분할·분할합병에 따른 재상장요건	• 기업규모 : 자기자본 30억원 이상 • 경영성과 　· 법인세차감전계속사업이익이 있을 것 　· ROE 10% 이상 or 당기순이익 20억원 이상 or 매출액 100억원 이상 • 자본잠식이 없을 것 • 유통주식수 : 100만주 이상 • 감사의견 : 감사인의 검토보고서 및 감사보고서의 검토의견이 모두 적정일 것 • 기 타 　· 재상장신청일 현재 사외이사 선임의무 충족 　· 재상장신청일 현재 감사위원회 설치의무 충족 　· 주식양도의 제한이 없을 것

정답 | ④

06 상장폐지 ★★

코스닥시장의 상장폐지(퇴출) 기준에 해당하는 것은?

① 최근년 매출액 30억원 미만
② 4년 연속 영업손실 발생 시
③ 보통주 시가총액이 40억원 미만 30일간 지속 시
④ 2년 연속 사외이사·감사위원회 구성요건 미충족

TIP ①②③은 관리종목 지정기준에 해당한다.

핵심포인트 해설 | 코스닥시장의 상장폐지 기준

구분	내용
매출액	• 2년 연속 매출액 30억원 미만
계속사업손실	• 관리종목 지정 후 자기자본 50% 이상 & 10억원 이상 계속사업손실 발생
영업손실	• 5년 연속 영업손실 발생
자본잠식	• 최근 사업연도 말 완전자본잠식
시가총액	• 관리종목 지정 후 90일간 연속 10일 & 누적 30일간 40억원 이상 조건을 충족하지 못한 경우
사외이사요건	• 2년 연속 사외이사·감사위원회 구성요건 미충족
회생절차·파산	• 회생절차 기각 시, 법원의 파산선고 결정 시
감사의견	• 감사보고서 부적정, 의견거절, 범위제한 한정
거래량	• 2분기 연속 분기월평균거래량이 유동주식수의 1%에 미달
지분분산	• 2년 연속 소액주주 200인 미만 or 소액주주 지분 20% 미만
공시서류	• 2년간 3회 분기, 반기, 사업보고서 미제출 • 사업보고서 제출기한 후 10일내 미제출
기타 (즉시퇴출사유)	• 최종부도 또는 은행거래 정지 • 피흡수합병 등 해산사유 발생 • 정관 등에 주식양도제한을 두는 경우 • 유가증권시장의 상장을 위한 경우 • 우회상장의 경우 우회상장규정 위반 시

정답 | ④

상장폐지 ★★

코스닥상장법인이 거래소로부터 상장폐지 결정통지를 받은 경우 이의가 있으면 이의신청을 제기할 수 있으나 일부 사유에 해당하면 이의신청을 할 수 없다. 다음 중 그 일부 사유에 해당하는 것은?

① 정기보고서 미제출
② 주가가 액면가의 20% 미달
③ 사외이사 구성요건 미충족
④ 2년 연속 소액주주 200인 미만

TIP 코스닥시장의 경우 정기보고서 미제출, 자본잠식, 매출액 미달, 해산, 시가총액 미달, 최종부도, 은행거래정지, 계속사업손실, 장기간 영업손실, 거래량 미달, 신청에 의한 상장폐지 등의 사유로는 이의신청을 할 수 없다.

핵심포인트 해설 — 상장폐지 절차

예 고	• 거래소는 상장법인이 관리종목으로 지정되는 경우 해당 상장법인이 상장폐지사유에 해당될 우려가 있다는 사실을 상장폐지사유에 해당될 때까지 예고할 수 있음
심 의	• 상장폐지사유에 해당하면 그 사유와 근거, 이의신청할 수 있다는 내용을 해당 주권상장법인에게 서면으로 통지해야 함 • 해당 주권상장법인은 통지받은 날로부터 일정 기간(유가증권시장 15영업일, 코스닥시장 7영업일) 이내에 거래소에 이의신청 가능
이의신청 불가사유	• 유가증권시장 : 정기보고서 미제출, 자본잠식, 매출액 미달, 해산, 지주회사 편입, 주가 및 시가총액 미달 • 코스닥시장 : 정기보고서 미제출, 자본잠식, 매출액 미달, 해산, 시가총액 미달, 최종부도, 은행거래정지, 계속사업손실, 장기간 영업손실, 거래량미달, 신청에 의한 상장폐지
유 예	• 해당 상장법인이 정리매매 시작 전에 해당사유가 해소되었음을 증명하는 감사인의 의견서를 제출하는 경우 상장폐지 유예 가능 • 해당 상장법인의 반기재무제표에 대하여 감사인의 감사의견이 적정 또는 한정인 경우에 거래소는 상장폐지 사유가 해소된 것으로 봄 • 우회상장기준 위반에 해당하는 상장법인이 정리매매를 시작하기 전에 해당 거래 취소결의 또는 결정을 한 경우에도 상장폐지 유예 가능
정리매매	• 상장폐지가 결정된 종목은 7일 동안 정리매매를 할 수 있게 한 후 상장 폐지함

정답 | ①

08 상장적격성 실질심사 ★★

코스닥시장의 상장적격성 실질심사에 대한 설명 중 잘못된 것은?

① 계속성 점검이 요구되는 기업을 대상으로 당해 기업의 상장을 유지하는 것이 적정한지 여부를 판단하는 것이다.
② 심사결과 기업의 계속성, 투명성, 투자자보호 등을 종합적으로 고려하여 필요하다고 인정하는 경우 해당 보통주권의 상장을 폐지한다.
③ 자기자본의 1% 이상 횡령·배임혐의가 확인되면 상장적격성 실질심사의 대상이 된다.
④ 실질심사기준에 해당하면 즉시 당해 상장법인의 매매거래를 정지시키고 기업심사위원회의 심의대상이 되는지 여부를 결정해야 한다.

TIP 자기자본의 5% 이상 횡령·배임혐의가 확인되면 상장적격성 실질심사의 대상이 된다.

핵심포인트 해설 | 코스닥시장의 상장적격성 실질심사

의 의	• 계속성 점검이 요구되는 기업을 대상으로 당해 기업의 상장을 유지하는 것이 적정한지 여부를 판단하는 것
대 상	• 불성실공시로 관리종목에 지정된 법인 　· 관리종목지정 후 누계벌점이 최근 1년간 15점 이상 추가된 경우 　· 관리종목지정법인이 추가로 불성실공시법인으로 지정된 경우 • 회생절차개시 신청법인으로 관리종목에 지정된 법인 　· 회생절차개시신청 기각, 회생절차개시결정 취소 　· 회생계획 불인가, 회생절차폐지 결정 시 • 상장신청서 및 첨부서류 내용 중 중요사항의 허위기재 또는 누락 • 상장폐지가 필요하다고 인정되는 경우 　· 증자나 분할 등이 상장폐지요건을 회피하기 위한 경우 　· 자기자본의 5% 이상 횡령·배임혐의 확인(임원은 3% or 10억원 이상) 　· 외감법상 분식회계의 중대한 위반이 확인된 경우 　· 주된 영업의 정지(분기 3억원, 반기 7억원) 　· 자구감사보고서를 제출하여 상장폐지사유를 해소한 경우 　· 자기자본의 50% 이상 손상차손 발생 시 　· 관리·투자주의 환기종목의 경영권 변동, 제3자 배정 증자대금 6월 이내에 재유출 시
절 차	• 실질심사기준에 해당하면 즉시 당해 상장법인의 매매거래 정지 • 영업일 기준 15일 이내에 당해 사실이 기업심사위원회 심의대상이 되는지 여부 결정(추가조사 필요 시 15일 이내에서 연장 가능) • 기업심사위원회 구성 및 상장적격성 심사

정답 | ③

유통시장 공시제도 ★★

다음 중 유통시장 공시와 거리가 먼 것은?

① 투자설명서
② 분기보고서
③ 합병종료보고서
④ 임원·주요주주의 특정 증권소유상황보고서

TIP 투자설명서는 발행시장 공시에 해당한다.

핵심포인트 해설 공시체계

발행시장 공시		증권신고서, 투자설명서, 증권발행실적보고서
유통시장 공시	정기공시	사업보고서, 반기보고서, 분기보고서
	주요사항보고서	부도발생, 증자·감자 결정, 영업양수도, 합병, 분할 등
	기타공시	합병종료보고서, 자기주식취득·처분결과보고서, 주식매수선택권부여신고서, 시장조성·안정조작신고서 등
	지분공시	주식대량보유현황보고, 임원·주요주주의 특정 증권소유상황보고서
	수시공시	주요경영사항신고, 지주회사의 자회사에 대한 공시, 자율공시, 조회공시
	공정공시	장래사업계획·경영계획, 매출액 등 경영실적에 대한 전망

정답 | ①

10

동시호가 시 체결수량 배분 ★★

동시호가 시 체결수량 배분 방법이 잘못된 것은?

① 주문수량이 많은 주문부터 적은 주문 순으로 수량단위를 배분한다.
② 단일가매매 호가접수시간에 접수된 일방의 주문이 전량 체결될 때까지 동일한 순서로 배분을 순차적으로 실시한다.
③ 동시호가가 적용된 주문수량이 전량 체결될 때까지는 정규시장에서도 동 배분방식을 계속 적용한다.
④ 1차 배분은 매매수량단위 500배로 한다.

TIP 1차 배분은 매매수량단위 100배로 한다.

핵심포인트 해설 — 동시호가 시 체결수량 배분

동시호가 시 체결수량 배분	• 주문수량이 많은 주문부터 적은 주문 순으로 수량단위를 바분함 • 단일가매매 호가접수시간에 접수된 일방의 주문이 전량 체결될 때까지 동일한 순서로 배분을 순차적으로 실시함 • 동시호가가 적용된 주문수량이 전량 체결될 때까지는 정규시장에서도 동 배분방식을 계속 적용함
단계별 배분방법	• 1차 : 매매수량단위 100배 • 2차 : 잔량의 1/2 • 3차 : 잔량

정답 | ④

출제예상문제

☑ 다시 봐야 할 문제(틀린 문제, 풀지 못한 문제, 헷갈리는 문제 등)는 문제 번호 하단의 네모박스(□)에 체크하여 반복학습하시기 바랍니다.

01 중요도 ★

코스닥시장에 대한 설명 중 잘못된 것은?

① 거래소가 운영하는 증권시장이다.
② 중소기업, 벤처기업, 성장기업 중심의 시장이다.
③ 유가증권시장을 보완하는 시장이다.
④ 투자자의 자기책임원칙이 강조되는 시장이다.

02 중요도 ★★

다음 중 거래소의 휴장일과 거리가 먼 날은?

① 6월 30일
② 5월 1일
③ 12월 31일(공휴일 또는 토요일인 경우 직전 매매거래일)
④ 토요일

03 중요도 ★★

코스닥 신규상장 시 주식분산요건과 거리가 먼 것은?

① 주식의 분산비율은 기업의 규모별로 선택할 수 있다.
② 소액주주수가 100명 이상이어야 한다.
③ 주식분산은 일반적으로 모집·매출 방법으로 한다.
④ 자기자본이 500억원 미만인 경우 발행주식총수의 25% 이상을 소액주주에게 분산해야 한다.

04 중요도 ★★★
코스닥시장의 매매체결원칙에 대한 설명 중 잘못된 것은?

① 가격우선의 원칙에 의하여 저가의 매도호가는 고가의 매도호가에 우선한다.
② 단일가매매를 하는 경우로서 동시호가가 적용되는 경우 가격우선의 원칙이 적용되지 않는다.
③ 단일가매매시간에 접수된 호가가 동시호가인 경우 동시호가 간에는 위탁매매가 자기매매에 우선한다.
④ 위탁매매호가 간, 자기매매호가 간에는 호가별로 수량이 많은 호가가 수량이 적은 호가보다 우선한다.

05 중요도 ★★
코스닥시장 상장의 혜택에 대한 설명으로 가장 잘못된 것은?

① 일반공모증자가 용이해진다.
② 의결권이 없는 주식의 발행한도를 발행주식총수의 1/2까지 확대할 수 있다.
③ 주식의 포괄적이전·분할·분할합병의 경우 주식매수청구권이 인정된다.
④ 주식 관련 사채 발행은 이사회 결의로 가능하나 조건부자본증권의 발행은 주주총회 특별결의로 가능하다.

정답 및 해설

01 ③ 코스닥시장은 유가증권시장을 보완하는 시장이 아니라 독립된 경쟁시장이다.
02 ① 거래소의 휴장일은 공휴일, 근로자의 날(5월 1일), 토요일, 12월 31일(공휴일 또는 토요일인 경우 직전 매매거래일), 기타 시장관리상 필요하다고 인정하는 날이다.
03 ② 코스닥 신규상장 시 소액주주수는 반드시 500명 이상이어야 한다.
04 ② 단일가매매를 하는 경우로서 동시호가가 적용되는 경우 시간우선의 원칙이 적용되지 않는다.
05 ④ 주식 관련 사채 이외에도 정관이 정하는 바에 따라 이사회 결의로 전환형조건부자본증권, 상각형조건부자본증권의 발행도 가능하다.

06 중요도 ★★

코스닥 기술성장기업의 신규상장요건과 거리가 먼 것은?

① 설립 후 경과연수
② 자기자본
③ 지분분산
④ 기술성 평가

07 중요도 ★

주권상장법인의 상장절차에 대한 설명이 잘못된 것은?

① 명의개서 대행기관을 선정해야 한다.
② 예비심사가 승인되면 증권신고서를 제출해야 하며, 7일이 경과하면 효력이 발생한다.
③ 기관투자자 및 금융투자회사 등을 대상으로 수요예측을 실시해야 한다.
④ 증권신고서 효력발생 후 2일간 청약을 실시한다.

08 중요도 ★

다음 중 단일가매매가 적용되는 경우에 해당하지 않는 것은?

① 투자경고종목 지정 시
② 시장의 임시정지나 매매일시중단제도(Circuit Breakers) 발동 후 장 개시 시
③ 종목별 매매거래중단 또는 매매거래정지 후 장 개시 시
④ 정리매매 시

09 접속매매에 대한 설명 중 잘못된 것은?

중요도 ★

① 복수가격에 의한 개별경쟁매매를 의미한다.
② 시가단일가 매매 종료 후(시가 결정 후부터) 종가단일가 매매 전까지 적용된다.
③ 접속매매의 가격결정은 가장 낮은 매도호가가 다른 매도호가보다 우선 체결되고, 높은 매수호가가 다른 매수호가보다 우선 체결된다.
④ Circuit Breakers 발동 후 장 개시될 때 적용된다.

10 코스닥시장의 매매 관련 제도에 대한 설명 중 잘못된 것은?

중요도 ★★

① 호가의 종류에는 지정가, 시장가, 조건부지정가, 최유리지정가, 최우선지정가 등이 있다.
② FOK란 호가수량 중 접수 시점에 매매를 체결할 수 있는 수량에 대하여는 매매거래를 성립시키고 체결되지 않은 잔량은 즉시 취소하는 조건을 말한다.
③ 가격제한폭은 유가증권시장과 동일하게 ±30%이다.
④ 반대매매는 결제일 이전에도 가능하고, 유가증권시장과 코스닥시장 간에도 가능하다.

정답 및 해설

06 ① 코스닥 기술성장기업은 설립 후 경과연수, 일부 재무요건(이익, 매출액 등)이 적용되지 않는다.
07 ② 예비심사가 승인되면 증권신고서를 제출해야 하며, 15일이 경과하면 효력이 발생한다.
08 ① 단일가매매는 시간의 선후를 구분할 수 없는 경우 즉, 정규시장 개시 시(08:30 ~ 09:00), 정규시장 종료 시(15:20 ~ 15:30), 시장의 임시정지나 매매일시중단제도(Circuit Breakers) 발동 후 장 개시 시(10분간), 종목별 매매거래중단 또는 매매거래정지 후 장 개시 시(10분간), 정리매매 시(30분 단위), 시간외단일가매매 시 적용된다.
09 ④ 단일가매매가 적용된다.
10 ② 호가조건 중 IOC란 호가수량 중 접수 시점에 매매를 체결할 수 있는 수량에 대하여는 매매거래를 성립시키고 체결되지 않은 잔량은 즉시 취소하는 조건을 말한다. 한편 FOK는 호가수량을 접수 시점에 전량 매매체결할 수 있는 경우 매매거래를 성립시키고, 전량 체결을 충족시키지 못하는 경우 호가전량을 즉시 취소하는 조건을 말한다.

11 중요도 ★
코스닥시장의 위탁증거금 제도에 대한 설명이 잘못된 것은?

① 위탁증거금 수준에 대하여는 금융투자회사에서 자율적으로 결정한다.
② 과도한 투기적 매매거래에 대한 증권시장의 불안정성을 완화하기 위한 제도이다.
③ 상장주식수가 5만주 미만인 종목의 매도주문을 수탁한 경우 위탁증거금을 100% 징수하도록 의무화하였다.
④ 미수동결계좌의 경우 매수대금을 미납한 경우 다음 매매거래일로부터 45일간 매수금액 전부를 위탁증거금으로 징수해야 한다.

12 중요도 ★★
코스닥 상장법인 매매 시 거래비용에 대한 설명 중 잘못된 것은?

① 위탁수수료는 금융투자회사가 자율적으로 결정하며, 매수할 때뿐만 아니라 매도할 때도 징수한다.
② 위탁수수료는 거래가 체결되지 않으면 징수하지 않는다.
③ 증권거래세는 매수·매도 확정 시 매수·매도가격의 일정비율을 징수한다.
④ 손해를 보는 경우 또는 액면가 이하인 경우에도 증권거래세를 납부해야 한다.

13 중요도 ★★★
신규상장종목의 최초가격 결정 방법에 대한 설명 중 잘못된 것은?

① 신규상장종목은 당해 종목 평가가격의 일정 범위 내에서 매매개시 전 호가접수시간 중 제출된 매매호가에 의하여 체결된 최초가격을 기준가격으로 한다.
② 평가가격은 기준가격을 새로이 정할 때 최초가격을 결정하기 위해 제출할 수 있는 호가범위의 기준이 되는 가격을 말한다.
③ 일반 종목과 다른 점은 최초가격 결정 시의 호가범위를 넓게 설정하여 가격결정이 이루어질 수 있는 폭을 확대하였다는 점이다.
④ 신규상장종목의 호가범위는 70 ~ 130%이다.

14 중요도 ★

다음 중 코스닥시장의 권리락에 대한 설명으로 가장 거리가 먼 것은?

① 권리락이란 주주배정증자를 하는 경우 증자에 따른 신주배정권리가 소멸되었음을 알려주는 조치이다.
② 권리락 조치일은 신주를 받을 수 있는 기준이 되는 신주배정기준일 당일이다.
③ 신주배정기준일 2일 전까지 해당 주식을 매수한 투자자는 신주인수권을 가지게 된다.
④ 권리락 조치는 주주에게 신주를 배정하는 방법에 의한 증자의 경우에만 적용된다.

15 중요도 ★★★

매매일시중단제도(Circuit Breakers)에 대한 설명 중 잘못된 것은?

① 코스닥지수가 전일 대비 8%, 15%, 20% 이상 상승 또는 하락하여 1분간 지속되는 경우 발동한다.
② 증권시장의 모든 종목에 대하여 20분간 매매거래가 중단된다.
③ 재개 시 최초의 가격은 재개 시점부터 10분간 호가를 접수하여 단일가매매방법에 의하여 결정한다.
④ 1일 1회만 가능하고, 장 종료 전 40분 이후에는 발동하지 않는다.

정답 및 해설

11 ④ 미수동결계좌의 경우 매수대금을 미납한 경우 다음 매매거래일로부터 30일간 매수금액 전부를 위탁증거금으로 징수해야 한다. 매도증권을 미납한 경우에는 다음 거래거래일로부터 90일간 매도증권의 전부를 위탁증거금으로 징수해야 한다.
12 ③ 증권거래세는 매도 시에만 징수한다.
13 ④ 신규상장종목의 호가범위는 평가가격(기준가격)의 60 ~ 400%이다.
14 ② 권리락 조치일은 신주를 받을 수 있는 기준이 되는 신주배정기준일 전일이다. 즉, 신주배정기준일 2일 전까지 해당 주식을 매수한 투자자는 신주인수권을 가지게 된다.
15 ① 코스닥지수가 전일 대비 8%, 15%, 20% 이상 하락하여 1분간 지속되는 경우 발동한다.

16 중요도 ★★

모든 단일가매매 시 가격결정을 위한 호가접수시간을 정규마감시간 이후 30초 이내의 임의시간까지 연장하여 매매체결 시점이 임의적으로 결정되도록 하는 제도는?

① 프로그램 매매
② Random End
③ Circuit Breakers
④ Side Car

17 중요도 ★★

코스닥시장의 기업내용 공시제도에 대한 설명으로 가장 거리가 먼 것은?

① 공개기업은 투자자로부터 필요한 자금을 조달하므로 그들에게 기업정보를 공개할 의무를 부담한다.
② 기업정보의 공개는 내부자거래 등 불공정거래를 예방하는 등의 순기능을 한다.
③ 장래 사업계획 또는 경영계획, 당기순손익 등에 대한 전망 등은 공정공시대상 정보이다.
④ 공시의무를 제대로 이행하지 못하는 경우 해당 기업은 자본시장법에 의한 과징금을 부과받지만 상장폐지는 부과받지 않는다.

18 중요도 ★

코스닥시장 공시에 대한 설명 중 잘못된 것은?

① 공시내용을 전달해주는 매체에는 전자공시시스템, 정보문의단말기, 거래소 홈페이지, 증권시장지 등이 있다.
② 조회공시의 경우 공시요구 시점이 오전인 경우 당일 오후까지, 오후인 경우 다음 날 오전까지 전자문서 등의 방법을 통해 공시내용을 거래소에 제출해야 한다.
③ 자율공시한 내용을 변경 또는 번복하는 경우 불성실공시법인으로 지정된다.
④ 공정공시대상 정보 중 전망 및 예측정보는 면책조항과 관계가 없다.

19 중요도 ★
투자경고종목, 투자위험종목에 대한 설명 중 잘못된 것은?

① 단기간에 주가가 급등한 종목에 대해 투자자의 주의를 환기시키고 불공정거래를 사전에 방지하기 위한 제도이다.
② 투자경고종목 지정 후에도 불공정거래 징후가 지속되면서 주가가 상승하는 경우 투자위험종목으로 지정될 수 있다.
③ 투자위험종목 지정 후에도 재차 주가가 상승하는 경우 해당 시장에서 매매거래가 정지될 수 있다.
④ 단기급등 외에 중·장기적 주가상승 등의 경우 투자경고종목으로 지정할 수 없다.

정답 및 해설

16 ② Random End(단일가 임의연장)는 모든 단일가매매 시 가격결정을 위한 호가접수시간을 정규마감시간 이후 30초 이내의 임의시간까지 연장하여 매매체결 시점이 임의적으로 결정되도록 하는 것으로서 허수성 호가에 의한 가격왜곡을 방지하기 위한 제도이다.

17 ④ 불성실공시와 관련하여 과거 1년간 누계벌점이 15점 이상 되는 경우 관리종목으로 지정되고, 이후 1년간 15점 이상 추가된 경우에는 상장폐지된다.

18 ④ 공정공시대상 정보 중 전망 및 예측정보는 면책조항을 적용한다. 따라서 전망 및 예측정보에 대한 공시내용이 사후에 실제치와 다른 경우 공시변경 및 공시번복에 따른 불성실공시법인으로 지정하지 않는다.

19 ④ 단기급등 외에 중·장기적 주가상승 등의 경우 투자경고종목으로 지정할 수 있다.

20 중요도 ★★
호가 종류 중 시장가주문에 대한 설명으로 잘못된 것은?

① 종목과 수량은 지정하나 가격은 지정하지 않는 주문이다.
② ELW도 시장가주문이 가능하다.
③ 일반적으로 시장가주문은 지정가주문에 우선하여 체결된다.
④ 상한가매수주문과 시장가매수주문은 시간우선의 원칙에 따라 우선순위가 결정된다.

21 중요도 ★
호가에 대한 설명 중 잘못된 것은?

① 회원이 거래소에 호가하기 전에는 호가의 적합성을 반드시 직접 점검하도록 의무화하고 있다.
② 정규시장의 호가접수시간에 접수된 호가는 시간외 시장에서는 그 효력을 인정하지 않으므로, 시간외시장에 참여하려면 별도의 호가를 제출해야 한다.
③ 호가를 정정하는 경우 시간상 우선순위는 정정호가접수 시점으로 변경된다.
④ 수량을 증가하는 방식으로 호가를 정정할 수 있다.

22 중요도 ★★
변동성완화장치(VI)에 대한 설명 중 잘못된 것은?

① 비정상적인 주가의 급등락이 우려되는 경우 단일가매매방식으로 매매체결방식을 변경하여 냉각기간을 제공한다.
② 동적VI는 특정 호가에 의한 순간적인 수급불균형이나 주문착오 등으로 인한 일시적 변동성의 완화에 효과적이다.
③ 정적VI는 특정 단일호가 또는 여러 호가로 야기되는 누적적이고 장기적인 가격변동을 완화하기 위한 장치이다.
④ 동적VI는 특정 호가에 의해 직전 체결가격보다 5% 이상 변동할 때 발동하며, 정적VI는 호가제출 시점 직전에 참조가격 대비 8% 이상 변동한 경우 발동한다.

23
중요도 ★★

코스닥시장의 Side Car에 대한 설명으로 잘못된 것은?

① 코스닥150지수 선물가격이 6% 이상 변동하고, 코스닥150지수가 3% 이상 상승 또는 하락하여 1분간 지속된 경우에 발동한다.
② 상승의 경우에는 프로그램매수호가, 하락의 경우에는 프로그램매도호가의 효력을 5분 동안 정지한다.
③ Side Car가 발동되면 신규취소 및 정정호가의 효력도 정지한다.
④ 프로그램매매호가의 효력정지 시점부터 3분이 경과하면 해제된다.

정답 및 해설

20 ② 시장가주문은 매매거래가 신속하게 이루어진다는 장점이 있으나, 상대방의 주문이 충분하지 않은 상태에서 현재가와 현저히 괴리된 가격으로 체결될 위험이 있다. 따라서 가격 제한폭이 없는 정리매매종목, 신주인수권증서, ELW, 신주인수권증권 등의 경우에는 시장가주문을 허용하지 않는다.

21 ④ 수량을 증가하는 방식으로 호가를 정정할 수 없고, 이를 위해서는 원하는 수량만큼 신규호가를 제출해야 한다.

22 ④ 동적VI는 특정 호가에 의해 직전 체결가격보다 일정비율(2 ~ 6%) 이상 변동할 때 발동하며, 정적VI는 호가제출 시점 직전에 참조가격 대비 10% 이상 변동한 경우 발동한다. VI가 발동하면 2분간 단일가매매로 전환된다.

23 ④ Side Car의 해제기준에는 프로그램매매호가의 효력정지 시점부터 5분이 경과한 경우, 장 종료 40분 전인 경우, 프로그램매매호가의 효력정지 기간 중 주식시장매매거래 중단(Circuit Breakers) 또는 임시정지된 경우에는 매매거래가 재개된 경우 등이 있다.

제 4 장 채권시장

학습전략

채권시장은 제1과목 전체 30문제 중 **총 7문제**가 출제된다.

채권시장의 경우 채권, 채권수익률, 듀레이션 등을 이미 알고 있는 학습자에게는 유리하나 그렇지 않은 학습자에게는 매우 어렵게 느껴질 수 있는 부분이다. 채권의 의의와 구조를 파악하고 가격결정과 발행시장, 유통시장의 윤곽을 이해하여야 하며 채권의 수익과 위험을 측정하고 투자전략을 터득하는 것이 중요하다.

출제예상 비중

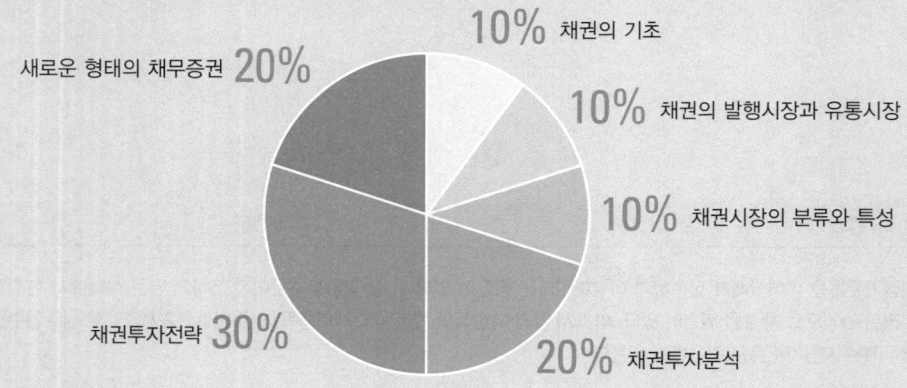

- 10% 채권의 기초
- 10% 채권의 발행시장과 유통시장
- 10% 채권시장의 분류와 특성
- 20% 채권투자분석
- 30% 채권투자전략
- 20% 새로운 형태의 채무증권

핵심포인트

구 분	핵심포인트	중요도
채권의 기초 (10%)	01 채권의 기본적 구조와 분류	★★
채권의 발행시장과 유통시장 (10%)	02 발행시장 03 유통시장	★★★ ★★
채권시장의 분류와 특성 (10%)	04 우리나라 채권시장의 특성 05 채권의 분류	★ ★★
채권투자분석 (20%)	06 채권의 수익과 위험 07 채권가격과 만기수익률 08 채권가격의 계산 09 채권가격 결정과정	★★★ ★★ ★★ ★★★
채권투자전략 (30%)	10 채권투자전략 11 적극적 투자전략 12 소극적 투자전략	★★★ ★★★ ★★★
새로운 형태의 채무증권 (20%)	13 자산유동화증권 14 기타 새로운 형태의 채무증권	★★ ★★★

채권의 기본적 구조와 분류 ★★

채권에 대한 설명 중 옳지 않은 것으로 모두 묶인 것은?

㉠ 잔존기간은 채권발행일부터 원금상환까지를 의미한다.
㉡ 만기수익률이란 채권발행 시 발행자가 지급하기로 한 이자율을 의미한다.
㉢ 단가란 액면 10,000원당 시장에서 거래되는 가격이다.
㉣ 선매출이란 발행일 이전에 일정 기간 채권이 판매되는 것을 의미한다.

① ㉠, ㉡
② ㉠, ㉣
③ ㉡, ㉢
④ ㉢, ㉣

용어 알아두기

채 권(Bond)	정부, 공공단체, 주식회사 등이 비교적 거액의 자금을 일시에 조달하기 위하여 발행하는 차용증서이다.

TIP ㉠ 채권발행일부터 원금상환까지의 기간은 만기기간이다.
㉡ 채권발행 시 발행자가 지급하기로 한 이자율은 표면이율이다.

핵심포인트 해설 | 채권의 기초

(1) 채권의 기본적 특성
① 발행주체의 자격 및 발행요건 등이 법률로 제한됨
② 일정 이자를 지급하는 증권
③ 원금상환기한이 정해짐
④ 장기증권

(2) 채권 관련 용어 → 우리나라의 경우 채권의 액면은 일반적으로 10,000원임
① 액면금액 : 권면금액, 만기 상환원금
② 표면이율 : 권면에 기재된 이율(연 단위 지급이자율, 발행자가 지급하기로 한 이자율)
③ 발행일 : 채권의 신규창출 기준일
④ 매출일 : 실제로 채권이 신규창출된 날짜(발행일과 매출일이 다른 경우도 있음)
⑤ 만기기간 : 채권발행일부터 원금상환까지의 기간
⑥ 경과기간 : 채권발행일 또는 매출일부터 매매일까지의 기간
⑦ 잔존기간 : 매매일부터 만기일까지의 기간
⑧ 만기수익률 : 채권의 만기까지 보유 시 미래현금흐름의 현재가치의 합을 채권의 가격과 일치시키는 할인율
⑨ 단가 : 만기수익률에 의해 결정된 채권매매가격

(3) 채권가격과 채권수익률
항상 역(−)의 방향

정답 | ①

02

채권의 기본적 구조와 분류 ★★

다음 중 채권에 대한 설명으로 올바른 것은?

① 원리금 지급방법에 따라 국채, 지방채, 은행채, 회사채 등으로 분류한다.
② 발행주체에 따라 이표채, 할인채, 복리채 등으로 분류한다.
③ 채권발행자가 이자와 원금의 상환조건을 미리 정한 지분증권이다.
④ 이자와 원금의 규모 및 상환일정이 미리 정해져 있기 때문에 Fixed Income이라고도 부른다.

TIP
① 발행주체에 따라 국채, 지방채, 은행채, 회사채 등으로 분류한다.
② 원리금 지급방법에 따라 이표채, 할인채, 복리채 등으로 분류한다.
③ 채권발행자가 이자와 원금의 상환조건을 미리 정한 채무증서이다.

핵심포인트 해설 — 채권의 개요

채권의 개념		이자와 원금의 상환조건을 미리 정한 채무증서(Fixed Income) → 채권은 고정금리가 지급되므로 현금흐름의 예측과 전략 수립이 가능
채권의 종류	발행주체	국채, 지방채, 은행채, 회사채 등
	원리금 지급방법	이표채, 할인채, 복리채 등
수익률의 종류	만기수익률 (Yield to Maturity)	채권수익률, 할인율, 채권금리를 지칭, 채권의 현재가격과 미래 현금흐름을 일치시키도록 할인하는 한 개의 수익률, 내부수익률(Internal Rate of Return)
	현물이자율 (Spot Interest Rate)	가장 단순한 형태의 채권인 할인채(Discount Bond) 또는 무이표채(Zero Coupon Bond)의 만기수익률, 중간에 현금흐름이 없는 채권의 수익률
	내재이자율 (Implied Forward Rate)	현재의 채권금리에 내포되어 있는 미래의 일정 기간에 대한 금리, 현재시점에서 요구되는 미래기간에 대한 이자율
채권수익률곡선 (Yield Curve)		신용위험이 동일한 채권의 잔존만기 차이에 따른 이자율의 관계를 나타내는 시장 지표, 신용도가 동일한 두 이표채권의 만기수익률과 만기와의 관계를 표시한 곡선
		상승형(Upward Sloping), 하락형(Downward Sloping), 굴곡형(Humped), 수평형(Flat) 등의 대표적인 4가지 형태를 갖고 있는데, 상승형의 수익률곡선이 일반적임
		수익률곡선의 기울기가 가파른(Steep) 경우에는 향후 금리가 상승할 가능성이 높고, 평평한(Flat) 경우에는 향후 금리가 하락할 가능성 높음

정답 | ④

채권의 기본적 구조와 분류 ★★

다음 중 보증 여부에 따른 채권의 종류에 대한 설명으로 잘못된 것은?

① 보증사채는 원금상환 및 이자지급을 발행회사 외의 제3자가 보장하는 회사채를 말한다.
② 보증사채의 보증자는 주로 금융기관이다.
③ IMF 금융위기 이후 신용문제가 대두되면서 대부분 무보증사채로 발행되고 있다.
④ 무보증사채를 발행하려면 3개 이상의 신용평가기관에서 신용평가를 받아야 한다.

TIP 무보증사채를 발행하려면 2개 이상의 신용평가기관에서 신용평가를 받아야 한다.

핵심포인트 해설 | 채권의 종류

① 발행주체에 따른 분류 : 국채, 지방채, 특수채(비금융 특수채 및 금융채), 회사채

구 분	발행주체	종 류
국 채	국 가	제1종 및 제2종 국민주택채권, 국고채권, 재정증권, 외국환평형기금채권 등
지방채	지방자치단체	도시철도공채, 지역개발공채
(비금융)특수채	비금융 특별법인	토지개발채권, 한국전력공사채권, 한국도로공사채권, 서울지하철공사채권 등
금융채	금융기관	통화안정증권, 수출입은행채권, 산업금융채권, 중소기업금융채권 등

② 보증 여부에 따른 분류 : 보증사채, 무보증사채

보증사채	• 발행회사 외의 제3자가 원금상환 및 이자지급을 보장하는 회사채
무보증사채	• 발행회사가 자기신용을 근거로 발행하는 회사채 • 2개 이상의 복수 신용평가를 받아야 발행 가능 　· 신용평가등급 : 투자등급(AAA ~ BBB), 투기등급(BB ~ D) 　· 우리나라 대부분 무보증사채

③ 이자 및 원금지급방법에 따른 분류 : 복리채, 단리채, 할인채, 이표채
　㉠ 분류

이표채	정해진 단위기간마다 이자를 주기적으로 지급(국채, 회사채, 일부 금융채)
할인채	만기까지 총 이자를 미리 공제하는 방식으로 선지급(통화안정증권, 대부분의 금융채)
복리채	만기까지 이자가 복리로 재투자되고 만기 시 원금과 이자가 함께 지급(국민주택채권, 지역개발채권)
단리채	단리 방식에 의해 이자가 원금과 함께 일시 지급(MBS)

　㉡ 할인채, 복리채, 단리채는 만기 전에는 투자자에게 현금이 지급되지 않음
　㉢ 만기 시 할인채는 '액면금액(원금)', 복리채는 '원금 + 이자(재투자)', 단리채는 '원금 + 이자'를 수령함

정답 | ④

04

채권의 기본적 구조와 분류 ★★

다음 중 금리변동부채권에 대한 설명으로 거리가 먼 것은?

① 발행 당시 표면이율에 의하여 결정되는 미래현금흐름이 확정되지 않는다.
② 일정 단위 기간마다 정해진 기준금리에 연동된 표면이율에 의하여 이자를 지급받는다.
③ 이자율이 지표금리의 변동에 연동되기 때문에 일반채권과 마찬가지로 시장수익률변동위험에서 벗어날 수 없다.
④ 금리변동부채권은 역금리변동부채권 등으로 변용되기도 한다.

용어 알아두기

| 금리변동부채권 | 채권의 지급이자율이 시중 실세금리의 변화에 따라 달라지는 채권이다. |

TIP 금리변동부채권은 시장수익률 변동에 따라 이자를 지급하므로 시장수익률 변동위험에서 벗어날 수 있다.

핵심포인트 해설   자산유동화증권(ABS)과 금리변동부채권(FRN)

(1) 자산유동화증권(ABS : Asset-Backed Security)
  ① 발행사유 : 부실자산 조기정리, BIS비율 증대, 유동성 확보
  ② 기초자산 : 채권, 부동산, 은행대출 등 다양
    ㉠ Primary CBO : 신규로 발행된 회사채가 기초자산임
    ㉡ Secondary CBO : 기존에 발행된 회사채가 기초자산임
  ③ 자금이체방법상의 분류
    ㉠ Pass-Through 방식 : 주식형, 수익과 위험이 투자자에게 모두 전가됨
    ㉡ Pay-Through 방식 : 채권형, 별도의 현금흐름을 투자자에게 지급
  ④ 발행자의 신용이 아닌 기초자산의 신용이 중요함
  ⑤ 신용보강
    ㉠ 내부적 신용보강 : 선·후순위 증권발행, 현금흐름 차액적립, 풋백옵션, 초과담보 등
    ㉡ 외부적 신용보강 : 지급보증, 신용공여 등

(2) 금리변동부채권(FRN : Floating Rate Note)
  ① 기준금리에 연동된 표면이율에 의해 이자 지급
  ② 발행 당시에는 이자지급금액을 알 수 없음
  ③ 일반채권에 비하여 시장수익률 변동위험이 낮음
  ④ 시장금리 상승 시 투자자가 유리
  ⑤ 변형 FRN : Inverse FRN, Dual Indexed FRN, Digital Option FRN, Leveraged FRN, Flipper

정답 | ③

발행시장 ★★★

채권의 발행에 관한 설명 중 잘못된 것으로 모두 묶인 것은?

> ㉠ 발행된 채권을 채권수요자인 일반투자자에게 직접 매매하는 기관은 주관회사이다.
> ㉡ 간접모집에는 매출발행과 공모입찰발행이 있다.
> ㉢ 채권의 발행방법에는 크게 공모와 사모가 있다.
> ㉣ 인수모집에는 잔액인수방식과 총액인수방식이 있다.

① ㉠
② ㉠, ㉡
③ ㉠, ㉡, ㉢
④ ㉠, ㉡, ㉢, ㉣

TIP ㉠ 주관회사는 증권 발행회사와 인수조건 등을 결정하고 인수 및 청약업무를 통합하며 직접 매매하는 것은 아니다.
㉡ 매출발행과 공모입찰발행은 직접모집이다.

핵심포인트 해설 | 채권의 발행

(1) 채권의 발행기관

주관회사	인수회사를 대표하여 증권 발행회사와 인수조건 등을 결정하고 인수 및 청약업무를 통합하는 회사 • 대표주관회사 : 발행회사로부터 증권의 인수를 의뢰받은 자로서 주관회사를 대표하는 회사
인수회사	발행인 또는 매출인을 위하여 증권의 모집·매출을 하는 회사 • 증권의 전부 또는 일부를 취득하거나 취득하는 것을 내용으로 하는 계약을 체결하는 것 • 증권의 전부 또는 일부에 대하여 이를 취득하는 자가 없는 때에 그 나머지를 취득하는 것을 내용으로 하는 계약을 체결하는 것

(2) 채권의 발행방법

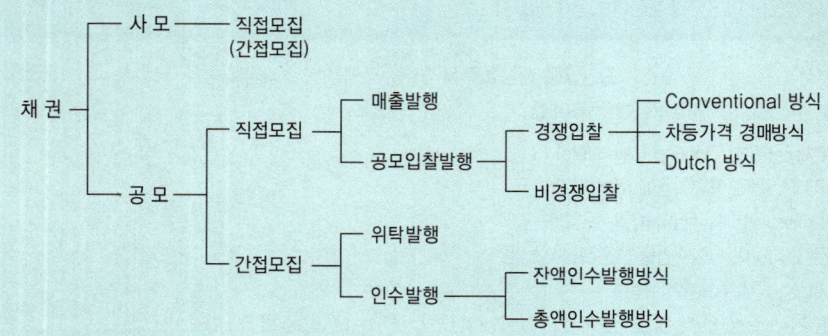

정답 | ②

06

발행시장 ★★★

채권의 발행방법에 관한 설명 중 가장 옳은 것은?

① 통화안정증권은 국채이다.
② 국채와 회사채는 총액인수방식으로 발행된다.
③ 회사채의 대부분은 총액인수방식에 의한다.
④ IMF 이후 채권자들의 원금보전에 대한 요구가 증가함에 따라 보증사채의 비중이 증대되고 있는 추세이다.

용어 알아두기

통화안정증권	한국은행이 통화량을 조절하기 위해 금융기관 또는 일반인을 대상으로 발행하는 증권이다.

TIP
① 통화안정증권은 특수채(금융채)로 분류한다.
② 국채는 주로 직접모집에 의하여 발행되며, 총액인수방식은 간접모집이다.
④ IMF 이후 회사채지급보증 금융기관들에 대한 신뢰도가 급격히 하락함에 따라 무보증사채가 차지하는 비중이 증가하고 있다.

핵심포인트 해설 　　채권의 발행방법

(1) 사모와 공모

사모	• 유동성이 낮은 회사채의 발행에 활용되는 방법 • 불특정 다수인을 대상으로 하지 않고, 소수의 특정인(보험회사, 은행, 투자·신탁회사 등의 기관투자자나 특정 개인)에 대하여 개별적 접촉을 통해 채권을 매각
공모	• 불특정 다수인에게 채권을 발행하는 방법 • 채권발행에 따른 제반·겁무 처리와 발행에 따른 위험을 누가 부담하느냐에 따라 직접모집과 간접모집으로 구분

(2) 직접발행과 간접발행
① 직접발행 : 발행자가 투자자에게 직접 채권을 매출
　㉠ 매출발행 : 발행조건은 미리 지정하고 발행총액은 사후에 결정 → 회사채 허용 (X)
　㉡ 공모입찰발행

입찰방식	• 가격입찰방식 : 높은 가격부터 순차적으로 낙찰하는 방식 • 수익률입찰방식 : 낮은 수익률부터 순차적으로 낙찰하는 방식
낙찰방식	• 복수가격 경매방식(Conventional), 단일가격 경매방식(Dutch), 차등가격 경매(낙찰)방식, 비경쟁입찰방식

② 간접발행 : 발행기관이 개입
　㉠ 위탁발행 : 발행자가 위험 부담
　㉡ 잔액인수발행방식 : 발행기관이 총액에 미달한 잔액만 인수
　㉢ 총액인수발행방식 : 발행기관이 발행채권을 모두 인수 → 대부분의 회사채가 취하는 방식

정답 | ③

발행시장 ★★★

다음 중 국채의 낙찰방식에서 낙찰된 것 중 최고 수익률(최저 가격)로 낙찰분을 통일하여 발행하는 방식은?

① Conventional 방식 ② Dutch 방식
③ 평균가격입찰방식 ④ 역입찰방식

용어 알아두기

국 채	중앙정부가 자금조달이나 정책수행을 위해 발행하는 채무증서로, 국채는 조세와 함께 중요한 국가재원의 하나이다.

TIP Dutch 방식은 응찰수익률을 낮은 수익률(높은 가격)부터 배열하여 발행예정액에 달할 때까지 순차적으로 결정하되, 가장 높은 수익률(낮은 가격)로 낙찰분을 통일하여 적용하는 방식이다.

핵심포인트 해설   직접모집(발행)

(1) 매출발행

발행조건은 사전에 지정하고, 발행총액은 사후에 결정(산업금융채권 등 금융채)

(2) 공모입찰발행

발행조건을 사후에 경매방식으로 결정
1. Conventional 방식: 복수 발행조건
2. Dutch 방식: 단일 발행조건

복수가격 경매방식 (Conventional 방식)	응찰수익률을 낮은 수익률(높은 가격)부터 배열하여 발행예정액에 달할 때까지 순차적으로 낙찰자를 결정하되, 제시한 수익률을 차등 적용하여 복수의 낙찰가격 발생
단일가격 경매방식 (Dutch 방식)	응찰수익률을 낮은 수익률(높은 가격)부터 배열하여 발행예정액에 달할 때까지 순차적으로 낙찰자를 결정하되, 가장 높은 수익률(낮은 가격)로 통일 적용하여 단일의 낙찰가격 발생
차등가격 경매(낙찰)방식	최고 낙찰수익률 이하의 응찰수익률을 일정 간격으로 그룹화하여 각 그룹별로 최고 낙찰수익률을 적용
비경쟁입찰	당일 경쟁입찰에서 가중평균 낙찰금리로 발행금리를 결정하고, 입찰자들은 희망낙찰물량만을 제시(국채경쟁입찰에 참여할 수 없는 일반투자자들을 위한 제도)

정답 | ②

08

발행시장 ★★★

우리나라의 국채시장에 관한 적절한 설명으로 모두 묶인 것은?

> ㉠ 국고채 원금·이자분리제도(STRIPS) 도입
> ㉡ 차등가격 낙찰방식 도입
> ㉢ 국채통합발행제도(Fungible Issue) 도입
> ㉣ 국고채 이자지급 단위 기간을 9개월로 변경

① ㉠
② ㉠, ㉡
③ ㉠, ㉡, ㉢
④ ㉠, ㉡, ㉢, ㉣

용어 알아두기

| STRIPS | 원금부분과 이자부분으로 나누어 각각 유통되는 채권이다. |

TIP 2003년 3월 국고채 이자지급 단위 기간이 6개월로 변경되었다.

핵심포인트 해설 — 우리나라 발행시장 현황

(1) 발행규모의 점진적 증대
  ① 국공채 위주의 성장
  ② 60 ~ 70년대는 국채, 80 ~ 90년대는 회사채, 2000년대 이후 다시 국채 중심
(2) 무보증사채의 비중 증대
  ① 90년대는 보증사채 중심이었으나 현재는 무보증사채 비중 증대
  ② 무보증사채의 발행비중 : 97년 말 14.87% ⇨ 2012년 말 99.9%
(3) 자산유동화증권(ABS)의 발행 비중 증대
(4) 만기기간의 장기화
(5) 새로운 발행방식과 제도의 도입
  ① 2000년 5월 국채통합발행제도(Fungible Issue) 도입
  ② 2003년 3월 국고채 이자지급 단위 기간이 6개월로 변경
  ③ 2006년 3월 국고채 원금·이자분리제도(STRIPS) 도입
  ④ 2007년 3월 물가연동 국고채권 도입
  ⑤ 2008년 8월 금리변동부 국고채권 도입
  ⑥ 2009년 10월 차등가격 낙찰방식 도입
  ⑦ 2012년 4월 회사채 수요예측제도 도입

정답 | ③

유통시장 ★★

다음 중 채권의 유통시장에 대한 적절한 설명으로 모두 묶인 것은?

㉠ 채권거래는 집단경쟁매매를 통한 장외거래의 비중이 높다.
㉡ 장내거래는 상장채권으로 제한되어 있다.
㉢ 전환사채 및 일부 첨가소화채권은 장내거래를 원칙으로 하고 있다.
㉣ 국채시장의 활성화를 위해 국채전문유통시장을 두고 있다.
㉤ 장외거래 시에는 당일결제가 보편적이며, 결제불이행위험을 제거하기 위해 채권동시결제제도(DVP)에 의한 결제방식이 확산되고 있다.

① ㉠, ㉡, ㉢
② ㉠, ㉣, ㉤
③ ㉡, ㉢, ㉣
④ ㉢, ㉣, ㉤

용어 알아두기

국채전문딜러 | 국채를 독점적으로 인수할 수 있는 권리를 지닌 금융회사이다.

TIP ㉠ 장외거래는 상대매매를 통한 채권거래를 말하며, 채권거래는 대부분 장외거래이다.
㉤ 장외거래 시 결제는 매도자와 매수자가 협의하여 정하나, 익일결제가 보편적으로 이루어지고 있다.

핵심포인트 해설 | **유통시장의 장내거래**

(1) 장내거래의 개요
① 집단경쟁매매를 통하여 이루어지는 거래
② 대상채권 : 상장채권 ⇨ 전환사채 및 일부 첨가소화채권은 장내거래를 원칙으로 함

(2) 장내거래 구분

국채전문유통시장(IDM)	• 국채딜러 간 경쟁매매시장(IDM : Inter-Dealer Market) • 국채에 대한 자기매매업을 허가받은 기관투자자(국채딜러), 연금·보험·기금 등의 기타 금융기관 및 일반투자자도 위탁 참여 가능 • 매매수량단위 : 10억원 • 익일결제
일반채권시장	• 불특정 다수가 참여 • 매매시간 : 평일 9시 ~ 15시 30분 • 가격폭 제한 : 없음 • 매매수량단위 : 액면 1,000원 단위로 체결 • 가격우선·시간우선 원칙 • 매매방법 : 개별경쟁매매 • 위탁수수료 : 자율 • 호가수량단위 : 액면 10,000원 기준

정답 | ③

10

유통시장 ★★

K-Bond시장에 대한 설명으로 잘못된 것은?

① 채권딜러들 간의 중개업무를 수행하기 위한 시장이다.
② 장외시장에서 시장 참여자들의 채권거래를 지원하는 시장이다.
③ 한국금융투자협회가 운영하는 전자 시스템이다.
④ 채권거래브로커, 딜러, 매니저, 트레이더 등이 주요 시장 참여자이다.

TIP 채권딜러들 간의 중개업무를 수행하기 위한 시장은 IDB(Inter-Dealer Broker)시장이다.

핵심포인트 해설   유통시장의 장외거래 및 우리나라 유통시장 현황

(1) 장외거래

대고객 상대매매	• 대상채권 : 상장 및 비상장채권 모두 가능 • 거래장소 : 증권사 영업소 내에서 상대매매함 • 결제방법 : 익일결제가 일반적, RP, 소매채권, MMF편입채권 등은 당일결제 가능 • 수수료 : 일반적으로 수수료 없음
채권딜러 간 장외시장	• Inter-Dealer Broker(채권 자기매매업자 간 중개회사)는 기관투자자 간 채권전용 중개업자 • 채권딜러들 간의 중개업무를 수행하기 위한 시장
채권전문 자기매매업자	• 매도 및 매수수익률 호가를 동시에 제시 • 채권거래를 원활하게 함 • 회사채 5종목 및 금융채 2종목 이상을 포함한 9종목 이상의 채권에 대해 시장 조성
K-Bond시장	• 장외시장에서 시장 참여자들의 채권거래를 지원하기 위해 한국금융투자협회가 운영하는 전자 시스템 • 채권거래브로커, 딜러, 매니저, 트레이더 등이 주요 시장 참여자임

(2) 우리나라 유통시장 현황
① 장외거래 중심
② 기관투자자 중심
③ 국채의 지표수익률로서의 중요성 증대
④ 새로운 채권 관련 상품의 도입

정답 | ①

11. 우리나라 채권시장의 특성 ★

우리나라의 채권시장에 대한 설명으로 잘못된 것은?

① 보험사는 고객자산의 수익성을 위해 적극적 운용성향을 가지고 있다.
② 연기금은 장기자금 운용이라는 면에서 보험사와 유사하다.
③ 은행은 안정성을 추구하는 특성을 보인다.
④ 발행주체에 따라 국채, 지방채, 특수채, 회사채로 구분한다.

TIP 보험사는 자산 부채 듀레이션 매칭과 고객자산의 안정성을 위해 우량 장기물에 대한 투자를 선호한다.

핵심포인트 해설 — 우리나라 채권시장의 특성

① 발행주체에 따라 국채, 지방채, 특수채, 회사채로 구분됨
② 우리나라 채권시장의 발행잔액은 1997년 말 이후 연 10.4% 성장을 이룸
③ 최근 국채와 회사채는 발행이 증가, 공사채는 감소되는 추세
④ 보험사는 자산 및 부채 듀레이션 매칭과 고객자산의 안정성을 위해 우량 장기물에 대한 투자를 선호
⑤ 연기금은 장기자금 운용이라는 면에서 보험사와 유사하나 보다 적극적임
⑥ 은행은 안정성을 추구하는 특성을 보임
⑦ 자산운용사들은 적극적 운용성향을 가지며, 적극적인 운용을 위해 장기채와 신용물을 운용
⑧ 외국인은 국채를 중심으로 투자하고 있음

정답 | ①

12

채권의 분류 ★★

발행주체에 따른 채권에 대한 설명으로 잘못된 것은?

① 국채는 전문딜러제도를 이용해 발행한다.
② 지방채는 규모가 크고 거래도 활발하게 이루어진다.
③ 특수채는 안정성이 높고 장기물 발행이 가능하다.
④ 회사채를 발행하기 위해서는 2곳 이상의 신용평가기관으로부터 신용등급을 평가받아야 한다.

TIP 지방채의 경우, 지방 개발의 재원은 주로 지방 공기업의 채권발행으로 이루어지기 때문에 활성화되지 못하고 있다.

핵심포인트 해설 발행주체에 따른 채권의 분류

국 채	• 국고채권, 재정증권, 외국환평형기금채권, 국민주택채권 등 • 국채전문딜러제도를 이용해 발행 • 전문딜러는 국고채 인수 등에 우선적 권리를 부여받지만 시장조성자의 의무도 부담
지방채	• 규모가 크지 않고 거래도 활발하지 않음 • 지방 개발의 재원은 주로 지방 공기업의 채권발행으로 이루어지기 때문에 활성화되지 못함
특수채	• 주체는 산업은행, 수출입은행 등 금융공기업, 한국도로공사 등 비금융공기업 그리고 지방공기업 등 • 안정성이 높고 장기물 발행이 가능 • 한국은행의 통화안정증권, 특수은행의 금융특수채, 공기업의 비금융특수채
회사채	• 민간기업이 발행 • 법적으로 금융기관채가 회사채로 분류되나, 실무적으로 금융기관채는 은행채, 카드채, 캐피탈채로 구분 • 2곳 이상의 신용평가기관으로부터 신용등급을 평가받아야 함(ABS는 1곳 이상)

정답 | ②

채권의 수익과 위험 ★★★

다음 중 채권투자자의 위험과 가장 거리가 먼 것은?

① 채무불이행 위험 ② 가격변동 위험
③ 고정성 위험 ④ 수의상환 위험

TIP 채권투자자는 유가증권을 현금화하는 데 어려움을 겪게 되는 유동성 위험을 부담한다. 고정성 위험은 잘못된 표현이다.

핵심포인트 해설 — 채권의 수익과 위험

(1) 채권의 투자수익
① 무이표채권 : 만기수익률의 변화로 인한 매입금액과 매각금액의 차이
② 이표채권 : 매각차익 + 발생이자금액 + 이자의 재투자 수익

(2) 채권투자의 위험
① 채무불이행 위험
   채무불이행 위험 또는 신용위험이 클수록 발행 시 위험프리미엄이 반영되어 발행수익률이 높아짐
② 가격 변동 위험
   ㉠ 채권투자 후 만기수익률이 상승하면 채권가격 하락, 만기수익률이 하락하면 채권가격 상승
   ㉡ 채권투자 후 만기수익률이 예상과 다르게 발생 시 가격변동 위험 발생
③ 재투자 위험
   ㉠ 만기까지 여러 번에 걸쳐 단위기간 별로 이자 지급이 이루어지는 채권은 중도에 지급받는 이자의 재투자 수익률에 따라 최종 수익률에 차이가 발생
   ㉡ 수익률변동 위험 = 가격 변동 위험 + 재투자 위험
④ 유동성 위험
   ㉠ 유가증권을 현금화하는 데 어려움 + 거래 시 가격상의 불이익
   ㉡ 소액투자는 상대적으로 유동성 위험이 큼
⑤ 인플레이션 위험
   ㉠ 채권으로부터 얻어지는 이자수입의 실질가치, 즉 구매력 감소
   ㉡ 확정금리 지급채권보다 금리연동부 이자지급채권에 대한 투자가 유리
⑥ 환율변동위험
   외화표시채권의 경우 해당 외화의 가치가 변동하면 채권의 실질가치도 변동하게 됨
⑦ 수의상환(콜) 위험
   ㉠ 만기이전 채권의 발행자가 원금을 조기상환할 수 있는 권리인 수의상환권(Call Option)이 있는 경우 발생
   ㉡ 채권발행 시 지급하기로 한 이자율보다 시장금리가 낮아질 경우 행사된다.
   ㉢ 수의상환이 되면 투자자는 상환된 원금을 과거보다 낮은 금리로 운용해야 함
   ㉣ 발행 시 결정되는 표면이율은 일반적으로 수의상환권이 없는 일반채권보다 높게 형성됨

정답 | ③

14

채권가격과 만기수익률 ★★

채권의 현금흐름을 현재 가치화하는 할인율은?

① 기대수익률
② 연환산수익률
③ 내재이자율
④ 만기수익률

TIP 채권의 현금흐름을 현재 가치화하는 할인율은 만기수익률(YTM : Yield to Maturity)이다.

핵심포인트 해설   채권가격과 만기수익률(YTM : Yield to Maturity)

① 채권가격은 미래의 만기상환금액을 일정한 할인율로 할인한 현재가치
② 채권의 현금흐름을 현재 가치화하는 할인율을 만기수익률이라고 함
③ 할인의 대상이 되는 현금흐름은 채권발행 시 이미 확정된 원리금의 지급방법과 단기까지의 잔존기간에 의해 주어짐
④ 궁극적으로 채권가격은 일정한 할인율, 즉 만기수익률에 의해 결정됨
⑤ 만기수익률은 이자율의 한 종류
⑥ 만기수익률은 거시적으로 경제 전체의 이자율 결정과정에 영향을 받음
⑦ 만기수익률은 보다 직접적으로 채권시장의 수요와 공급에 영향을 미치는 여러 가지 요인들에 의해 결정

정답 ④

제4장 채권시장

채권가격의 계산 ★★

연 단위 기간은 연 단위 복리로, 연 단위 미만 기간은 단리로 할인하여 채권가격을 구하는 채권이 아닌 것은?

① 할인채
② 이표채
③ 단리채
④ 복리채

TIP 이표채는 복수 현금흐름 채권으로써 기본적으로 만기 일시상환채권의 계산방법을 현금흐름의 회수만큼 반복적으로 시행하여 합산한다.

핵심포인트 해설 　 채권가격의 계산

(1) 정의
　만기까지 발생되는 현금흐름을 만기수익률로 할인하여 현재가치화 시키는 과정

(2) 만기 일시상환 채권(복리채, 단리채, 할인채)
　① 만기까지 남은 잔존기간에 따라 연 단위 기간은 연 단위 복리로, 나머지 연 단위 미만 기간은 단리로 할인하여 채권 가격을 계산
　② 이론적 복할인 방식과 관행적 복할인 방식 중 일반적으로 관행적 복할인 방식을 주로 사용

(3) 복수 현금흐름 채권(이표채, 거치채 등)
　① 기본적으로 만기 일시상환채권의 계산방법을 현금흐름의 횟수만큼 반복적으로 시행하여 합산함
　② 이자지급 단위기간이 1년 미만의 경우는 각 현금흐름별로 이자지급 단위기간으로 정제되는 잔존기간은 이자지급 단위기간의 복리로 현재가치화하고, 이자지급 단위기간 이하의 나머지 잔존기간에 대해서는 이자지급 단위기간에 대한 단리로 할인함

정답 | ②

16

채권가격 결정과정 ★★★

잔존만기가 2년 15일 남은 할인채의 액면가가 10,000원, 만기가 3년, 표면이율이 8%, 만기수익률이 10%일 때, 이 채권의 가격을 구하는 식으로 옳은 것은?

① 채권가격 = $\dfrac{10,000원}{(1+0.1)^2 \left(1 + 0.1 \times \dfrac{15}{365}\right)}$

② 채권가격 = $\dfrac{10,000원}{(1+0.1)^3} + \dfrac{800원}{(1+0.1)^3}$

③ 채권가격 = $\dfrac{10,800원}{(1+0.08)^2 \left(1 + 0.08 \times \dfrac{15}{365}\right)}$

④ 채권가격 = $\dfrac{10,000원}{(1+0.1)^{2 \times 15}}$

TIP 연 단위의 잔존기간은 복리로, 나머지 연 단위 미만의 잔존기간은 단리로 할인하여 채권가격을 계산한다.

핵심포인트 해설 — 만기 시 일시상환채권의 가격 계산

(1) 계산식

$$P = \dfrac{S}{(1+r)^n \left(1 + r \times \dfrac{d}{365}\right)}$$

(P : 채권가격, S : 만기금액, r : 만기수익률, n : 잔존기간)

(2) 채권가격 계산 순서 → 복리채, 할인채 중심으로 대비
 ① 채권 종류를 파악 : 이표채, 할인채, 복리채, 단리채 등
 ② 미래현금흐름을 파악 : 액면과 액면에 표면이율을 적용하여 이자 계산
 ③ 채권수익률과 잔존기간을 고려하여 현금흐름을 할인

 ④ 연 단위의 잔존기간은 복리, 연 단위 미만의 잔존기간은 단리로 할인

정답 | ①

17

채권가격 결정과정 ★★★

다음 조건을 지닌 이표채를 발행 당일에 유통수익률 8%로 매매하려고 할 때 관행적 방식에 의한 세전 단가를 구하는 식으로 옳은 것은? (단, 액면금액은 10,000원)

- 발행일 : 20X6년 6월 21일
- 이자지급 단위기간 : 매 3개월 후급
- 만기일 : 20X9년 6월 21일
- 표면이율 : 6%

① $P = \sum_{t=1}^{3} \dfrac{600}{(1+0.08)^t} + \dfrac{10,600}{(1+0.08)^3}$

② $P = \sum_{t=1}^{6} \dfrac{300}{\left(1+\dfrac{0.08}{2}\right)^t} + \dfrac{10,300}{\left(1+\dfrac{0.08}{2}\right)^6}$

③ $P = \sum_{t=1}^{12} \dfrac{150}{\left(1+\dfrac{0.08}{4}\right)^t} + \dfrac{10,150}{\left(1+\dfrac{0.08}{4}\right)^{12}}$

④ $P = \sum_{t=1}^{12} \dfrac{150}{\left(1+\dfrac{0.08}{4}\right)^t} + \dfrac{10,000}{\left(1+\dfrac{0.08}{4}\right)^{12}}$

TIP 매기의 표면이자(150원)를 이자지급 단위기간 복리로 할인하고, 만기 시 지급되는 액면도 할인하여 구한 후, 표면이자 할인액과 액면 할인액을 더한다. 이때 채권의 이자지급 단위기간이 3개월이므로 3개월 단위 복할인방식을 사용한다.

핵심포인트 해설 　 복수현금흐름채권의 가격 계산

(1) 계산식

$$P = \dfrac{C_1}{(1+r)^n \left(1 + r \times \dfrac{d}{365}\right)} + \dfrac{S}{(1+r)^n \left(1 + r \times \dfrac{d}{365}\right)}$$

* 연 단위(이자지급 단위기간)의 잔존기간은 복리, 나머지 잔존기간은 단리로 할인

(2) 채권투자의 수익
① 매매손익
　㉠ 채권의 매입(인수)금액과 채권의 매도(상환)금액과의 차이
　㉡ 투자기간과 만기수익률의 변화가 원인
② 표면이자수익 : 발생이자금액 및 이자를 재투자하여 추가로 발생하는 이자부분

정답 | ④

18 채권가격 결정과정 ★★★

다음 중 채권가격의 정리에 대한 설명으로 옳은 것은?

① 채권의 잔존만기가 길어질수록 동일한 수익률변동에 대한 가격변동폭은 작아진다.
② 채권의 수익률이 하락하면 채권가격은 상승한다.
③ 채권의 잔존만기가 길어짐으로써 증가하는 가격변동률은 체증한다.
④ 동일한 크기의 수익률변동이 발생하면 채권의 가격변동률은 수익률이 하락할 때와 상승할 때 모두 동일하다.

TIP ① 채권의 잔존만기가 길어질수록 동일한 수익률변동에 대한 가격변동폭은 커진다.
③ 채권의 잔존만기가 길어짐으로써 증가하는 가격변동률은 체감한다.
④ 동일한 크기의 수익률변동이 발생하면 채권의 가격변동률은 수익률이 하락할 때와 상승할 때가 동일하지 않다.

핵심포인트 해설 채권가격의 정리(말킬의 정리)

→ 투자전략과 연결하여 숙지해야 함

제1정리	• 채권가격과 채권수익률과의 관계 • 채권수익률이 올라가면 채권가격은 떨어지고, 채권수익률이 내려가면 채권가격은 올라감 ⇨ 채권가격은 채권수익률과 반대 방향으로 움직임
제2정리	• 만기에 따른 채권가격의 변동률 • 채권의 잔존만기가 길수록 동일한 수익률변동에 대한 채권가격의 변동폭이 큼 • 수익률이 하락할 때 장기채권에 대한 투자를 증가시켜 시세차익을 극대화
제3정리	• 수익률변동에 따른 채권가격의 변동률 • 잔존만기가 길어짐에 따라 가격의 변동률은 체감 • 채권수익률의 변동에 따른 채권가격의 변동폭은 커지지만 그 변동률은 체감 • 채권가격변동은 체감적으로 증가하므로 시세차익을 높이는 데 만기가 너무 긴 채권의 필요성이 적음
제4정리	• 수익률의 변동방향에 따른 채권가격의 변동 : 볼록성(Convexity) • 만기가 일정할 때 수익률의 하락으로 인한 가격상승폭은 같은 폭의 수익률상승으로 인한 가격하락폭보다 큼 • 시장이자율이 하락할 때 채권투자의 성과가 더욱 큼
제5정리	• 표면이자율에 따른 채권가격의 변동 • 채권가격의 변동률은 표면이율이 높을수록 작아짐 • 이자지급주기가 짧아지는 경우 채권가격의 변동률은 작아짐 • 액면이자율이 낮은 채권으로 높은 매매차익을 얻으려고 하는 경우에 유리

정답 ②

19  채권투자전략 ★★★

채권투자전략에 대한 적절한 설명으로 모두 묶인 것은?

> ㉠ 면역전략은 투자기간과 잔존만기를 일치시키는 전략이다.
> ㉡ 인덱스전략은 구성종목의 숫자가 작을수록 추적오차가 감소한다.
> ㉢ 현금흐름일치전략은 일치시켜야 할 현금흐름이 단순할수록 효과적인 포트폴리오를 구성할 수 있다.
> ㉣ 상황대응적 면역전략에서는 최소한의 포트폴리오 목표수익률을 정한다.

① ㉠, ㉡
② ㉡, ㉢
③ ㉢, ㉣
④ ㉠, ㉢, ㉣

TIP ㉠ 면역전략은 투자기간과 듀레이션을 일치시키는 전략이다.
㉡ 인덱스전략은 구성종목의 숫자가 작을수록 추적오차가 증가한다.

핵심포인트 해설

채권투자전략 (적극적 투자전략, 소극적 투자전략으로 구분)

적극적 투자전략	• 시장의 비효율성을 전제로 시장이자율을 예측하여 초과수익을 얻고자 하는 전략 • 수익률예측전략, 채권교체전략, 수익률곡선타기전략, 나비형 투자전략, 역나비형 투자전략
소극적 투자전략	• 시장의 효율성을 전제로 수익률 변동위험을 극소화시키고 투자 당초 목표 이익을 보완하려는 방어적인 투자전략 • 만기보유전략, 인덱스전략, 현금흐름일치전략, 사다리형 만기운용전략, 아령형 만기운용전략, 면역전략

정답 | ③

20 적극적 투자전략 ★★★

다음 중 금리 상승이 기대될 때 취할 수 있는 전략으로 옳은 것은?

① 변동금리채권을 고정금리채권으로 교체
② 듀레이션이 높은 채권으로 교체
③ 장기채권 매도, 단기채권 매수
④ 사다리형 포트폴리오 구축

TIP 금리 상승 시 채권가격 하락이 예상되므로 하락폭이 작은 단기채권으로 포트폴리오를 구성한다.

핵심포인트 해설 | 적극적 투자전략 (1)

(1) 수익률예측전략 → 미래 채권수익률의 예측을 통하여 채권구성을 조정하는 전략
  ① 수익률 하락 예상 시 : 채권가격은 상승하므로 듀레이션이 긴 채권에 투자
     ⇨ 장기채, 표면이자율이 낮은 채권(할인채)일수록 유리
  ② 수익률 상승 예상 시 : 채권가격은 하락하므로 듀레이션이 짧은 채권에 투자
     ⇨ 단기채, 표면이자율이 높은 채권일수록 유리

(2) 채권교체전략
  ① 동종 채권 간 교체전략 : 일시적인 가격불균형 발생 시 높은 수익률(낮은 가격)의 채권으로 교체
  ② 이종 채권 간 교체전략 : 스프레드 확대·축소 이용
     ㉠ 스프레드 일시적 확대/축소 ⇨ (낮아진)수익률 채권 매도, (높아진)수익률 채권 매수
     ㉡ 스프레드 원상회복 ⇨ 반대포지션

정답 | ③

적극적 투자전략 ★★★

수익률곡선타기전략에 대한 설명으로 잘못된 것은?

① 수익률곡선이 우상향하고, 그 모양이 투자기간 동안 불변일 경우 사용 가능한 전략이다.
② 단기채권과 장기채권만 보유하고, 중기채권은 매도하는 전략이다.
③ 롤링효과(Rolling Effect)는 잔존만기가 단축됨에 따라 수익률이 하락하는 장기채 효과이다.
④ 숄더효과(Shoulder Effect)는 각 잔존연수마다 수익률의 격차가 일정하지 않고 만기가 짧아질수록 수익률 하락폭이 커지는 단기채 효과이다.

TIP 단기채권과 장기채권만 보유하고, 중기채권은 매도하는 전략은 나비형 투자전략이다.

핵심포인트 해설 　 적극적 투자전략 (2)

(1) 수익률곡선타기전략
　① 수익률곡선이 우상향하고, 그 모양이 투자기간 동안 불변일 경우 사용 가능한 전략
　② 롤링효과(Rolling Effect) : 잔존만기가 단축됨에 따라 수익률이 하락하는 장기채 효과임
　③ 숄더효과(Shoulder Effect) : 각 잔존연수마다 수익률의 격차가 일정하지 않고 만기가 짧아질수록 수익률 하락폭이 커지는 단기채 효과임

(2) 나비형 투자전략
　① 수익률곡선이 중기물의 수익률 상승, 장·단기물의 수익률 하락 예상 시 취하는 전략
　② 단기채권과 장기채권만 보유하고, 중기채권은 매도하는 전략

(3) 역나비형 투자전략
　① 수익률곡선이 장·단기물의 수익률 상승, 중기물의 수익률 하락 예상 시 취하는 전략
　② 중기채 중심의 채권만을 보유하는 전략

정답 | ②

22

소극적 투자전략 ★★★

다음 채권투자전략 중 일정 기간마다 현금흐름이 있어서 유동성이 높고, 일정 기간이 경과한 이후부터는 이 현금흐름을 장기채권에 다시 투자할 수 있어 수익률의 평준화를 기대할 수 있는 전략은?

① Bullet형 만기전략
② Barbell형 만기전략
③ 수익률곡선타기전략
④ 사다리형 단기전략

TIP 잔존기간별로 고르게 투자하는 전략은 사다리형 만기전략이다.

핵심포인트 해설 소극적 투자전략

(1) 만기보유전략
채권을 매입하여 만기까지 보유하는 전략(투자신탁, 연기금, 보험회사 등)

(2) 인덱스전략
① 채권시장 전체의 흐름을 그대로 따르는 포트폴리오를 구성하여 채권시장 전체의 수익률을 달성하려는 전략
② 구성종목의 숫자가 작을수록 추적오차가 증가함

(3) 현금흐름일치전략
① 채권에서 발생하는 현금흐름수입이 채권투자를 위하여 조달된 부채의 상환흐름과 일치하거나 상회하도록 채권 포트폴리오를 구성하는 전략
② 일치시켜야 할 현금흐름이 단순할수록 효과적인 포트폴리오를 구성할 수 있음

(4) 사다리형 및 아령형 만기운용전략
① 사다리형 만기운용전략 : 각 잔존기간별로 채권보유량을 동일하게 유지하여 이자율 변동 시의 수익률과 위험을 평균화시키는 전략
② 아령형(바벨형) 만기운용전략 : 단기채, 장기채로만 만기를 구성하는 전략

(5) 면역전략 → 듀레이션과 만기를 일치시키는 것이 아니므로 주의할 것!
① 수익률 변동위험을 제거하고 투자목표를 달성하기 위한 전략
② 투자기간과 채권 포트폴리오의 듀레이션을 일치시킴으로써 수익률 상승(하락) 시 채권가격 하락(상승)분과 표면이자에 대한 재투자수익 증대(감소)분을 상호 상쇄시켜 채권투자 종료 시 실현수익률을 목표수익률과 일치시키는 전략

정답 | ④

자산유동화증권 ★★

다음 중 자산유동화증권(ABS : Asset·Backed Security)에 관한 설명으로 잘못된 것은?

① 자산유동화증권을 발행하는 주체를 자산보유자(Originator)라고 부른다.
② 기초자산에서 발생하는 현금을 그대로 투자자에게 이전하는 방식을 Pass-Through 방식이라 한다.
③ 자산유동화증권의 기초자산으로는 주택저당채권, 자동차 할부금융, 대출채권, 신용카드계정, 리스채권 등이 있다.
④ 자산유동화증권은 부외화의 효과를 거둘 수 있기 때문에 자기자본관리를 강화하는 방안으로 활용할 수 있다.

용어 알아두기

자산유동화증권(ABS)	금융기관이 보유하고 있는 자산을 표준화하고 특정 조건별로 집합하여 이를 바탕으로 발행한 새로운 형태의 유가증권이다.

TIP 자산유동화증권을 발행하는 주체는 유동화전문회사로, 특수목적기구(SPC)라고 부른다.

핵심포인트 해설 자산유동화증권(ABS)

(1) 발행사유
  부실자산의 조기정리, BIS비율의 증대, 유동성의 확보 등
(2) 기본구조
  ① 자산보유자(Originator) : 유동화자산을 보유한 각종 금융기관
  ② 투자자(Investor)
  ③ 유동화전문회사(SPC) : 자산유동화증권을 발행하여 투자자에게 판매하는 회사
(3) 기초자산
  ① Primary CBO : 신규로 발행된 회사채를 기초자산으로 한 ABS
  ② Secondary CBO : 기존에 발행된 회사채를 기초자산으로 한 ABS
  ③ MBS(주택저당증권) : 주택저당채권을 기초자산으로 한 ABS
(4) 신용보강
  ① 발행자의 신용상태가 아닌 기초자산의 신용상태가 중요
  ② 신용보강방법 : 선·후순위 증권의 발행, 초과담보, 현금담보 등

정답 | ①

24

기타 새로운 형태의 채무증권 ★★★

특정한 상황에 처할 경우 채권이 자본으로 전환되거나 상각되는 채권은?

① 자산유동화증권(ABS)
② 신종자본증권
③ 조건부자본증권
④ 이중상환청구권부채권

TIP 조건부자본증권은 금융회사의 심각한 재무적 위기 등 특정 상황이 발생하면 금융회사의 주식으로 전환되거나 일정한 비율의 손실이 발생한다.

핵심포인트 해설 | 새로운 형태의 채무증권 (1)

ABS	• 기초자산에서 발생하는 현금흐름으로 원리금의 상환을 표시한 증권 • 장점 : 발행사의 유동성확보, 자금조달수단 다양화, 비유동성 자산의 처분, 조달비용 감소, 규제차익 향유 • 단점 : 부대비용이 크므로 대규모 발행만 가능, 위험의 일부가 자산보유자에게 잔존, 대규모의 경우 자산의 질이 악화, 자금조달에 시간 소요 • CBO, CLO, CDO, 합성CDO, ABCP, ABSTB, MBS 등
신종자본증권	• 자본의 성격이 강한 채권 • 후순위성, 만기의 영구성, 이자지급의 임의성이 강할수록 자본성이 높아짐 • 하이브리드채권과 동일한 개념 • 은행이나 금융지주회사가 발행하는 바젤Ⅲ상 자본으로 인정받는 채권으로 코코펀드와 유사한 개념
조건부자본증권	• 특정한 상황에 처할 경우 채권이 자본으로 전환되거나 상각되는 채권을 의미 • 바젤Ⅲ상 은행자본으로 인정, BIS비율 개선에 기여함 • 신종자본증권과 후순위채로 분류됨 • 후순위성이 강해 일반채권보다 높은 금리가 보장되나 은행의 BIS비율이 낮아질 경우 지분(주식)보다 먼저 상각(손해)될 수 있음

정답 | ③

기타 새로운 형태의 채무증권 ★★★

교환사채(EB)에 대한 설명으로 잘못된 것은?

① 발행사가 보유한 주식으로 교환될 수 있는 권리가 부여된 사채이다.
② 발행사의 주식이 아닌 발행사가 보유한 주식으로 교환된다.
③ 주식 취득 시 신규자금이 지출되지 않는다.
④ 투자 여부는 패리티(Parity)로 판단한다.

TIP 패리티(Parity)로 투자판단 여부를 결정하는 것은 전환사채(CB)이다.

핵심포인트 해설 | 새로운 형태의 채무증권 (2)

이중상환청구권부채권 (커버드본드)	• 은행이 채권을 발행하면서 보유하고 있는 자산을 담보로 제공하는 채권 • 은행이 정상적인 방법으로 자금을 조달하기 어려울 경우, 보유채권의 담보를 제공하면서 자금을 조달하는 방법 • 일반적으로 담보가 제공되므로 조달금리는 일반채권보다 낮음
전환사채(CB)	• 일반채권이 일정 기간 동안 일정한 가격으로 발행기업의 주식으로 전환될 수 있는 권리가 부여된 채권 • 투자 여부는 패리티에 의해 결정
신주인수권부사채(BW)	• 일정 기간에 일정한 가격으로 발행사의 주식을 인수할 수 있는 권리가 보장된 사채 • 지분을 취득할 수 있다는 점은 전환사채와 유사 • 전환사채와는 달리 취득을 위한 신규자금이 필요
교환사채(EB)	• 발행사가 보유한 주식으로 교환될 수 있는 권리가 부여된 사채 • 발행사의 주식이 아닌 발행사가 보유한 주식으로 교환(CB와 차이) • 주식 취득 시 신규자금이 지출되지 않음(BW와 차이)
기업어음(CP)과 전자단기사채(STB)	• 기업어음 : 기업이 단기자금 조달을 위해 발행하는 융통어음 • 전자단기사채 : 전자방식으로 발행되는 만기 1년 이하의 채무증권 • 만기 3개월 이내의 STB의 경우 발행 시 증권신고서 제출이 필요 없어 발행이 용이함

정답 | ④

26

기타 새로운 형태의 채무증권 ★★★

다음 중 빈칸 안에 공통적으로 들어갈 용어는?

( )은 전환사채의 주식측면의 이론가격이다. 전환사채는 '채권 + 주식 콜옵션'인데 주식 콜옵션의 가치를 나타낸 것이라 할 수 있다. ( )은 $\frac{주가}{전환가격} \times 10,000(원)$으로 계산한다.

① 내재가격
② 전환가격
③ 패리티가격
④ 시장가격

용어 알아두기

| 전환사채 | 일정한 기간이 지나면 주식으로 전환할 수 있는 특별한 약속이 있는 회사채를 말한다. |

TIP 패리티가격(Parity Price) = $\frac{주가}{전환가격} \times 10,000(원)$

핵심포인트 해설 — 주식관련사채 용어

전환가격	• 보유채권을 주식 1주로 전환할 때의 금액
전환청구기간	• 전환사채를 주식으로 전환할 수 있는 기간 • 일반적으로 전환사채 발행일 이후 1개월이 경과한 날로부터 상환일(만기일) 1개월 전일까지
전환비율	• 전환사채 액면의 몇 %를 주식으로 전환할 수 있는지를 의미함 • 전환비율이 100%이면, 보유 전환사채 전액을 주식으로 전환한다는 의미임
패리티가격 (Parity Price)	• 전환사채의 주식 측면의 이론가격으로 전환사채는 채권 + 주식 콜옵션인데, 주식 콜옵션의 가치를 나타낸 것이라 할 수 있음 　　　패리티가격 = $\frac{주가}{전환가격} \times 10,000(원)$

정답 | ③

출제예상문제

☑ 다시 봐야 할 문제(틀린 문제, 풀지 못한 문제, 헷갈리는 문제 등)는 문제 번호 하단의 네모박스(□)에 체크하여 반복학습하시기 바랍니다.

01 중요도 ★★
채권의 기본적 특성과 거리가 먼 것은?

① 채권은 발행자격의 법적 제한 없이 이사회 결의를 통하여 자율적으로 발행할 수 있다.
② 채권은 발행 시 약속한 확정이자율 또는 이자율 결정기준에 따라 이자가 확정적으로 지급되는 채무증서이다.
③ 채권발행에 의한 자금조달은 한시적이며 원리금에 대한 상환기간이 정해져 있다.
④ 채권은 CD, CP 등에 비하여 장기 상환기간을 가지고 있다.

02 중요도 ★★
다음 중 채권에 대한 설명으로 옳은 것은?

① 채권의 단가는 액면 10,000원을 기준으로 산정·표시된다.
② 표면이율은 시장수익률, 유통수익률 또는 수익률이라고도 한다.
③ 채권의 발행으로부터 원금상환이 이루어지기까지의 기간을 잔존기간이라 한다.
④ 채권의 발행일 혹은 매출일로부터 매매일까지의 기간을 만기기간이라 한다.

03 중요도 ★
발행주체에 따라 채권을 분류한 것으로 바르게 연결된 것은?

① 국채 – 지역개발채권
② 특수채 – 신주인수권부사채권
③ 금융채 – 통화안정증권
④ 지방채 – 한국도로공사채권

04
중요도 ★★

채권의 발행방법에 대한 설명 중 옳지 않은 것으로만 묶여진 것은?

> ㉠ Dutch 방식은 경쟁입찰방식 중 하나이다.
> ㉡ 무보증회사채는 매출발행의 비중이 가장 높다.
> ㉢ Conventional 방식은 복수의 낙찰수익률이 생긴다.
> ㉣ 총액인수방식은 직접발행방식이다.

① ㉠, ㉡
② ㉡, ㉢
③ ㉡, ㉣
④ ㉢, ㉣

정답 및 해설

01 ① 채권은 발행자격의 법적 제한, 이자지급증권, 기한부증권, 장기증권이라는 특징을 갖고 있다. 채권은 누구나 발행할 수 있는 것이 아니라 발행주체의 자격요건 및 발행요건 등이 법으로 정해져 있다. 따라서 일반 차용증서와 달리 법적인 제약과 보호를 받게 된다.

02 ① ② 만기수익률에 대한 설명이다.
③ 채권의 발행으로부터 원금상환이 이루어지기까지의 기간을 만기기간이라 한다.
④ 채권의 발행일 혹은 매출일로부터 매매일까지의 기간을 경과기간이라 한다.

03 ③ 발행주체에 따른 분류

구 분	발행주체	종 류
국채	국가	제1종 및 제2종 국민주택채권, 재정증권, 국고채권(양곡기금채권, 외국환·평형기금채권 통합)
지방채	지방자치단체	서울시 도시철도채권, 상수도공채, 지역개발채권
(비금융)특수채	특별법에 의하여 설립된 법인	토지개발채권, 한국전력공사채권, 한국도로공사채권, 수자원공사채권, 가스공사채권, 예금보험기금채권
금융채	금융기관	산업금융채권, 중소기업금융채권, 통화안정증권
회사채	주식회사	보증사채, 무보증사채, 담보부사채, 전환사채·교환사채, 신주인수권부사채, 옵션부사채

04 ③ ㉡ 회사채는 간접모집의 일종인 총액인수방식에 의하여 주로 발행된다.
㉣ 총액인수방식은 발행의 위험을 인수기관이 지는 간접발행방식이다.

05 중요도 ★
다음 설명에 해당하는 채권의 직접모집방법은 무엇인가?

- 발행기관이 내부적으로 정한 내정수익률 이하에서 낮은 수익률 응찰분부터 발행예정액에 도달하기까지 순차적으로 낙찰자를 결정한다.
- 이때 모든 낙찰자에게는 낙찰된 수익률 중 가장 높은 수익률이 일률적으로 통일 적용되어 발행이 이루어진다.

① 단일가격(수익률) 경매방식 ② 복수가격(수익률) 경매방식
③ 비경쟁입찰 ④ 매출발행

06 중요도 ★★
다음 중 채권발행에 관한 설명으로 거리가 먼 것은?

① Conventional 방식은 모든 낙찰자에게 낙찰된 수익률 중 가장 높은 수익률이 일률적으로 통일 적용됨으로써 단일가격으로 발행이 이루어진다.
② Dutch 방식은 직접공모방식이다.
③ 총액인수방식은 발행기관이 총액을 인수하여 기관들의 책임하에 매출하는 방식이다.
④ 위탁모집은 발행자가 위험 부담을 진다.

07 중요도 ★
채권발행방법 중 사모발행에 대한 설명으로 잘못된 것은?

① 위탁모집, 잔액인수, 총액인수의 방법이 있다.
② 소수투자자와 사적 교섭으로 채권을 매각하는 방법이다.
③ 투자자는 주로 기관투자자이며, 공모채보다 이자율이 높고 만기가 짧은 것이 일반적이다.
④ 유동성이 낮은 회사채의 발행에 주로 활용된다.

08 중요도 ★★
만기수익률(Yield to Maturity)에 대한 설명으로 잘못된 것은?

① 현금흐름에 대한 할인율 적용에 있어서 만기까지의 복수수익률을 적용한다.
② 채권수익률, 할인율, 채권금리를 지칭하는 것이다.
③ 채권의 현재가격과 미래의 현금흐름을 일치시키도록 할인하는 수익률이다.
④ 현재가치와 미래의 현금흐름을 일치시키는 내부수익률(Internal Rate of Return)이다.

09 중요도 ★
채권발행자가 약속된 이자와 원금을 상환하지 않을 위험으로 옳은 것은?

① 채무불이행위험　　　　　　　② 가격변동위험
③ 재투자위험　　　　　　　　　④ 유동성위험

정답 및 해설

05 ① 단일가격(수익률) 경매방식인 Dutch 방식에 대한 설명이다.
06 ① Conventional 방식은 최저수익률부터 발행예정액에 달할 때까지 순차적으로 낙찰자를 결정하는 방법으로, 제시한 수익률을 차등 적용하여 복수의 낙찰가격이 생기게 된다.
07 ① 위탁모집, 잔액인수, 총액인수의 방법은 공모발행 중 간접모집의 방식이다.
08 ① 현금흐름에 대한 할인율 적용에 있어서 단기까지의 단일수익률을 적용한다.
09 ① 발행사의 경영실적 악화에 따라 원금 및 이자상환이 불가능한 위험을 채무불이행위험이라고 한다.

10 중요도 ★★

채권의 만기까지 현금흐름이 여러 번 발생하기 때문에 생기는 위험으로 투자 후 수익률의 변동성이 높을수록 증가하는 위험으로 옳은 것은?

① 채무불이행위험
② 인플레이션위험
③ 재투자위험
④ 가격변동위험

11 중요도 ★★★

다음 복리채권의 조건을 보고 시장수익률로 매매할 경우 관행적 방식에 의한 세전 매매단가를 구하면?

- 연 단위 복리채
- 잔존만기 : 2년 73일
- 만기상환금액 : 12,153원
- 시장수익률 : 10%

① 9,846원
② 10,525원
③ 10,846원
④ 11,525원

12 중요도 ★★★

만기 1년 단리채의 표면금리가 5%, 잔존만기가 200일이다. 채권수익률이 7%라고 가정할 때 이 채권의 세전 매매단가를 구하면? (단, 액면금액은 10,000원)

① $P = \dfrac{10,000}{\left(1 + 0.05 \times \dfrac{200}{365}\right)}$

② $P = \dfrac{10,000}{\left(1 + 0.07 \times \dfrac{200}{365}\right)}$

③ $P = \dfrac{10,500}{\left(1 + 0.07 \times \dfrac{200}{365}\right)}$

④ $P = \dfrac{10,700}{\left(1 + 0.05 \times \dfrac{200}{365}\right)}$

13 중요도 ★★
만기수익률(YTM : Yield to Maturity)**에 대한 설명으로 잘못된 것은?**

① 채권가격은 미래의 만기상환금액을 일정한 할인율로 할인한 현재가치이다.
② 채권의 현금흐름을 현재 가치화하는 할인율을 만기수익률이라고 한다.
③ 할인의 대상이 되는 현금흐름은 채권발행 시 이미 확정된 원리금의 지급방법과 만기까지의 잔존기간에 의해 주어진다.
④ 궁극적으로 채권가격은 재투자수익률에 의해 결정된다.

14 중요도 ★★★
다음 중 말킬(Malkiel)**의 채권가격정리**(Bond Pricing Theorem)**의 내용으로 잘못된 것은?**

① 채권가격과 채권수익률은 반비례의 관계에 있다.
② 만기가 일정할 때 수익률 하락으로 인한 가격 상승폭이, 같은 폭의 수익률 상승으로 인한 가격 하락폭보다 작다.
③ 이자율 변동에 따른 채권가격 변동폭은 만기가 길수록 증가하나 그 증가율은 체감한다.
④ 장기채가 단기채보다 일정한 수익률 변동에 대한 가격 변동폭이 크다.

정답 및 해설

10 ③ 채권의 만기까지 이자의 수령과 재투자라는 현금흐름이 있기 때문에 재투자위험이 발생한다. 수익률의 변동성이 높다면 중도에 지급받는 이자의 재투자수익률에 영향을 주게 된다.

11 ① $P = \dfrac{S}{(1+r)^n(1+r \times \dfrac{d}{365})} = \dfrac{12{,}153}{(1+0.1)^2(1+0.1 \times \dfrac{73}{365})} = 9{,}846.86$원

12 ③ 관행적 방식에 의한 만기 시 일시상환채권의 가격산정방법은 '$P = \dfrac{S}{(1+r)^n(1+r \times \dfrac{d}{365})}$'이다.

∴ $P = \dfrac{10{,}500}{(1+0.07 \times \dfrac{200}{365})}$

13 ④ 궁극적으로 채권가격은 일정한 할인율, 즉 만기수익률에 의해 결정된다.
14 ② 만기가 일정할 때 수익률 하락으로 인한 가격 상승폭이, 같은 폭의 수익률 상승으로 인한 가격 하락폭보다 크다.

15 중요도 ★★
채권의 컨벡시티(Convexity)에 대한 설명으로 가장 거리가 먼 것은?

① 듀레이션으로 측정한 채권가격과 실제 채권가격과의 오차를 말한다.
② 채권가격과 채권수익률과의 관계로서 볼록성의 정도를 의미한다.
③ 채권수익률의 변화에 따른 듀레이션의 변화율을 의미한다.
④ 컨벡시티는 항상 음(−)이다.

16 중요도 ★★★
채권투자 시 가격변동위험(Price Risk)과 거리가 먼 것은?

① 채권금리가 상승할 때 채권가격이 하락하는 위험이다.
② 채권발행사(또는 보증사)가 이미 정해진 원리금을 지급하지 않을 위험이다.
③ 채권금리(할인율)의 상승에 따른 위험은 사전예측이 가능하다.
④ 채권금리가 상승할 가능성이 매우 높을 경우 보유채권 또는 국채선물을 매도한다.

17 중요도 ★★
다음 중 채권투자의 위험에 해당하는 것을 모두 고르면?

㉠ 신용위험	㉡ 가격변동위험
㉢ 유동성위험	㉣ 콜위험
㉤ 부외거래위험	㉥ 금융기관위험

① ㉠, ㉡, ㉢
② ㉠, ㉡, ㉢, ㉣
③ ㉠, ㉡, ㉢, ㉣, ㉤
④ ㉠, ㉡, ㉢, ㉣, ㉤, ㉥

18 중요도 ★★★ 말킬의 채권가격 정리에 대한 설명으로 가장 거리가 먼 것은?

① 채권의 잔존만기가 짧을수록 동일한 수익률 변동에 대한 가격 변동률이 커진다.
② 표면이율이 낮을수록 동일한 수익률 변동에 대한 가격 변동률이 커진다.
③ 동일한 수익률 변동에 대한 채권가격의 변동률은 수익률이 상승할 때와 하락할 때가 동일하지 않다.
④ 채권가격은 수익률과 반대방향으로 움직인다.

19 중요도 ★★★ 채권가격과 채권수익률에 대한 설명으로 잘못된 것을 모두 고르면?

㉠ 채권가격은 수익률과 반대방향으로 움직인다.
㉡ 채권의 잔존만기가 길수록 동일한 수익률 변동에 대한 가격 변동률은 커진다.
㉢ 채권의 잔존만기가 길어짐으로써 발생하는 가격 변동률은 체증한다.
㉣ 동일한 크기의 수익률 변동이 발생한 경우 수익률이 하락할 때와 상승할 때가 동일하다.

① ㉠, ㉢
② ㉡, ㉢
③ ㉡, ㉣
④ ㉢, ㉣

정답 및 해설

15 ④ 일반적으로 컨벡시티는 양(+)이다.
16 ② 채권발행사(또는 보증사)가 이미 정해진 원리금을 지급하지 않을 위험은 신용위험(Credit Risk) 중 부도위험(Default Risk)이다.
17 ② 채권투자의 위험으로는 가격변동위험, 신용위험, 유동성위험, 콜위험이 있으며 이외에도 인플레이션위험, 환율변동위험, 재투자위험 등이 있다.
18 ① 채권의 잔존만기가 길수록 동일한 수익률 변동에 대한 가격 변동률이 커진다.
19 ④ ㉢ 채권의 잔존만기가 길어짐으로써 발생하는 가격 변동률은 체감한다.
㉣ 동일한 크기의 수익률 변동이 발생한 경우 수익률이 하락할 때와 상승할 때가 동일하지 않다.

20 중요도 ★★
채권가격 및 수익률에 관한 설명으로 잘못된 것은?

① 만기수익률의 변동에 따른 채권가격의 변동률은 만기가 길수록 크다.
② 만기가 일정하다면 수익률 하락으로 인한 가격 상승폭이 같은 폭의 수익률 상승으로 인한 가격 하락폭보다 크다.
③ 만기수익률이 변하면 채권가격은 표면이자율이 작을수록 작아진다.
④ 만기수익률이 변하면 채권가격의 변동폭은 만기가 길수록 커지고 변동률은 체감한다.

21 중요도 ★
일반채권의 투자손익으로 가장 거리가 먼 것은?

① 이자율 변화에 의한 가격변동이익
② 양호한 경영성과로 인한 배당수익
③ 표면이자수익
④ 표면이자의 재투자수익

22 중요도 ★★
다음 채권신용등급 중 투자등급의 최하위등급은?

① AAA
② BBB(−)
③ BB
④ B

23 중요도 ★★

채권투자전략에 대한 설명으로 잘못된 것은?

① 호황이나 금리 상승이 예상될 때 채권의 만기구성을 단기화한다.
② 수익률곡선이 상승하는 경우에는 수익률곡선타기 전략이 유효하다.
③ 이자율 하락이 예상되면 단기채를 매각하고 장기채를 매입한다.
④ 이자율 하락이 예상되면 액면이자율이 낮은 채권을 매각하고, 액면이자율이 높은 채권을 매입한다.

24 중요도 ★★★

채권가격 상승 예상 시(채권수익률 하락 예상 시) 적절한 전략은?

① 장기채 비중을 낮춘다.
② 표면이자율이 낮은 채권의 비중을 높인다.
③ 듀레이션을 짧게 한다.
④ 금리선물매도포지션(Short Position)을 취한다.

정답 및 해설

20 ③ 만기수익률이 변하면 채권가격은 표면이자율이 작을수록 커진다.
21 ② 배당수익은 채권의 수익이 될 수 없다
22 ② BBB(−) 이상을 투자등급으로 하며, BB 이하는 투기등급으로 간주한다.
23 ④ 이자율 하락이 예상되면 액면이자율이 높은 채권을 매각하고, 액면이자율이 낮은 채권을 매입한다.
24 ② ① 장기채 비중을 높인다.
　　 ③ 듀레이션을 길게 한다.
　　 ④ 금리선물매수포지션(Long Position)을 취한다.

25 중요도 ★★★
채권투자전략 중 소극적 투자전략에 속하는 것은?

① 면역전략 ② 수익률예측전략
③ 채권교체전략 ④ 수익률곡선타기전략

26 중요도 ★★★
채권투자전략에 관한 설명으로 잘못된 것은?

① 시장이자율이 상승할 것이라고 예상될 때 표면금리가 낮은 채권의 보유비중을 늘리는 것이 좋다.
② 시장이자율이 하락할 것이라고 예상될 때 단기채보다는 장기채의 보유비중을 늘리는 것이 좋다.
③ 시장이자율이 상승할 것이라고 예상될 때 이자지급횟수가 많은 채권의 비중을 늘리는 것이 좋다.
④ 시장이자율이 하락할 것이라고 예상될 때 할인채의 비중을 늘리는 것이 좋다.

27 중요도 ★★★
채권투자전략 중 수익률 변동위험을 제거하고 투자목표를 달성하기 위해 투자기간과 채권 포트폴리오의 듀레이션을 일치시키는 전략으로 옳은 것은?

① 채권교체전략 ② 인덱스전략
③ 면역전략 ④ 현금흐름일치전략

28 중요도 ★★★

현재 시중 실세금리가 낮은 수준이고 향후 금리가 서서히 상승할 것이라고 예상될 때 가장 적절한 투자방안으로 옳은 것은?

① 표면금리가 낮고, 잔존만기가 긴 채권에 투자
② 표면금리가 높고, 잔존만기가 긴 채권에 투자
③ 표면금리가 낮고, 잔존만기가 짧은 채권에 투자
④ 표면금리가 높고, 잔존만기가 짧은 채권에 투자

정답 및 해설

25 ①

적극적 투자전략	소극적 투자전략
• 수익률예측전략 • 채권교체전략 • 수익률곡선타기전략 • 나비형 투자전략 • 역나비형 투자전략	• 면역전략 • 만기보유전략 • 인덱스전략 • 현금흐름일치전략 • 사다리형 만기운용전략 • 바벨형 만기운용전략

26 ①

구 분	금리 상승 예상 시	금리 하락 예상 시	금리 예상 불분명 시
만 기	• 단기채 비중 늘림	• 장기채 비중 늘림	• 사다리형 포트폴리오 • 바벨형 포트폴리오
표면금리	• 표면금리 높은 채권을 늘림	• 표면금리 낮은 채권을 늘림	
이자지급횟수	• 이자지급 횟수 많은 채권(이표채)	• 이자지급횟수 적은 채권(복리채, 할인채)	
듀레이션	• 짧은 채권	• 긴 채권	

27 ③ 면역전략에 대한 설명이다.

[참고] 면역전략
- 수익률 변동위험을 제거하고 투자목표를 달성하기 위한 전략
- 투자기간과 채권 포트폴리오의 듀레이션을 일치시킴으로써 수익률 상승(하락) 시 채권가격 하락(상승)분과 표면이자에 대한 재투자수익 증대(감소)분을 상호 상쇄시켜 채권투자 종료 시 실현수익률을 목표수익률과 일치시키는 전략

28 ④ 금리 하락 시에는 표면금리가 낮은 장기채에 투자하여 변동성을 최대한 활용하고, 금리 상승 시에는 표면금리가 높은 단기채에 투자하여 위험을 회피한다.

29 중요도 ★★★

다음 A기업의 주식과 관련된 채권 중 채권에 부가된 권리가 실행될 때 A기업으로 현금이 유입되는 것으로 옳은 것은?

① 전환사채(CB)   ② 신주인수권부사채(BW)
③ 교환사채(EB)   ④ 어느 것도 아님

30 중요도 ★

채권에 대한 설명 중 잘못된 것으로 모두 묶인 것은?

> ㉠ 전환사채의 전환권 행사 시에는 신규로 주금을 납입하여야 한다.
> ㉡ 우리나라에서는 분리형 신주인수권부사채의 발행이 금지되어 있다.
> ㉢ 교환사채는 발행회사가 보유하고 있는 주식으로 교환할 수 있는 권리가 부여된 채권이다.
> ㉣ 수의상환채권(Callable Bond)이란 채권발행자가 채권의 보유자에게 조기에 원리금을 상환할 수 있는 권리가 부여된 채권이다.

① ㉠, ㉡   ② ㉠, ㉣
③ ㉡, ㉢   ④ ㉢, ㉣

31 중요도 ★★★

다음 중 채권에 대한 설명으로 잘못된 것은?

① 신주인수권부사채(BW)는 신주인수권 행사 이후에도 존속한다.
② 전환사채(CB)는 사채를 권리와 따로 떼어내어 거래할 수 없다.
③ 전환사채(CB)는 전환권 행사 시 추가자금이 필요 없다.
④ 비분리형 신주인수권부사채(BW)는 일반적으로 신주인수권을 분리하여 행사할 수 없다.

32 다음 중 자산유동화증권(ABS)에 대한 설명으로 잘못된 것은?

① 기업이나 금융기관이 보유하고 있는 자산을 표준화하고 특정 조건별로 집합하여 이를 바탕으로 증권을 발행하고 기초자산의 현금흐름을 상환하는 것이다.
② 유동화 대상자산은 유동성이 낮은 것이 특징이다.
③ 현금흐름의 예측과 자산의 양도가 가능하여야 한다.
④ 동질성이 적은 자산을 대규모로 집합하여 기초자산을 구성하는 것이 바람직하다.

33 다음 중 자산유동화증권(ABS)에 대한 설명으로 잘못된 것은?

① 자산보유자(Originator)는 자산유동화증권을 발행하여 투자자에게 판매하는 회사이다.
② 유동화를 통하여 자산의 부외화(Off-Balance) 효과를 거둘 수 있다.
③ 부실자산의 조기정리, BIS비율의 증대, 유동성 확보 등의 사유로 발행한다.
④ 은행 등의 신용보증기관에 의한 지급보증은 외부적 신용보강방식이다.

정답 및 해설

29 ② 신주인수권부사채(BW)의 신주인수권이 행사되는 경우 A기업으로 현금이 유입된다.
30 ① ㉠ 전환사채의 전환권 행사 시에는 주금이 사채금액으로 대체된다.
㉡ 분리형 신주인수권부사채의 발행은 우리나라에서도 가능하다.
31 ④ 신주인수권부사채(BW)의 신주인수권 행사는 항상 분리되어 이루어진다. 비분리형이란 유통 시에 분리하여 거래할 수 없다는 의미이다.
32 ④ 동질성이 높은 자산을 대규모로 집합하여 기초자산을 구성하는 것이 바람직하다. 동질성이 결여된 자산으로 구성하면 현금흐름 예측의 정확성이 감소하므로 이에 수반되는 신용보강 및 평가에 따른 비용이 증가하게 된다.
33 ① • 자산보유자(Originator) : 유동화자산을 보유한 각종 금융기관
• 유동화전문회사(SPC : Special Purpose Company) : 자산유동화증권을 발행하여 투자자에게 판매하는 회사

34 중요도 ★★★
신종자본증권에 대한 설명으로 잘못된 것은?

① 부채의 성격이 강한 채권이다.
② 후순위성, 만기의 영구성, 이자지급의 임의성이 강할수록 자본성이 높아진다.
③ 하이브리드채권과 동일한 개념이다.
④ 코코펀드와 유사한 개념이다.

35 중요도 ★★★
조건부자본증권에 대한 설명으로 잘못된 것은?

① 특정한 상황에 처할 경우 채권이 자본으로 전환되거나 상각된다.
② 바젤Ⅲ상 은행자본으로 인정된다.
③ 선순위채로 분류된다.
④ 일반채권보다 높은 금리가 보장되나 위험도 크다.

36 중요도 ★
자산유동화증권(ABS)의 장점으로 잘못된 것은?

① 발행사의 유동성확보　　② 자금조달수단 다양화
③ 비유동성 자산의 처분　　④ 위험의 완전제거

37 중요도 ★★
자산유동화증권(ABS)이 아닌 것은?

① CBO　　② CLO
③ CDO　　④ CMA

38 중요도 ★★
커버드본드에 대한 설명으로 잘못된 것은?

① 은행이나 금융지주회사가 발행하는 코코펀드와 유사하다.
② 은행이 정상적인 방법으로 자금을 조달하기 어려울 경우 이용된다.
③ 보유채권의 담보를 제공하면서 자금을 조달하는 방법이다.
④ 일반적으로 담보가 제공되므로 조달금리는 일반차권보다 낮다.

39 중요도 ★★
기업이 단기자금 조달을 위해 발행하는 융통어음은?

① 전자단기사채(STB) ② 기업어음(CP)
③ 표지어음   ④ 발행어음

정답 및 해설

34 ① 신종자본증권은 자본의 성격이 강한 채권이며, 후순위성, 만기의 영구성, 0 자지급의 임의성이 강할수록 자본성이 높아진다.
35 ③ 신종자본증권과 함께 후순위채로 분류된다.
36 ④ 자산을 유동화한다고 해서 위험이 완전히 제거되는 것은 아니다. 여전히 위험의 일부는 자산보유자에게 잔존한다.
37 ④ CMA는 유동화상품이 아니다. 자산유동화증권(ABS)은 이외에도 합성CDO, ABCP, ABSTB, MBS 등이 있다.
38 ① 커버드본드는 은행이 채권을 발행하면서 보유하고 있는 자산을 담보로 제공하는 채권이다. 은행이나 금융지주회사가 발행하는 코코펀드와 유사한 금융상품은 신종자본증권이다.
39 ② 기업어음에 관한 설명이다. 표지어음과 발행어음은 새로운 형태의 증권으로 볼 수 없는 전통적 금융상품이다.

제5장
기타 증권시장

학습전략

기타 증권시장은 제1과목 전체 30문제 중 총 2문제가 출제된다.

기타 증권시장은 코넥스시장과 K-OTC시장으로 구성되어 있다. 유가증권시장이나 코스닥시장에 비하여 아직 규모가 작고 거래량도 미미한 편이지만 점차 활성화 되어 가는 추세이다. 코넥스시장은 상장제도·공시제도·매매제도를 중심으로, K-OTC시장은 등록·지정제도·매매제도·시장관리제도 등을 중심으로 공부해야 한다.

출제예상 비중

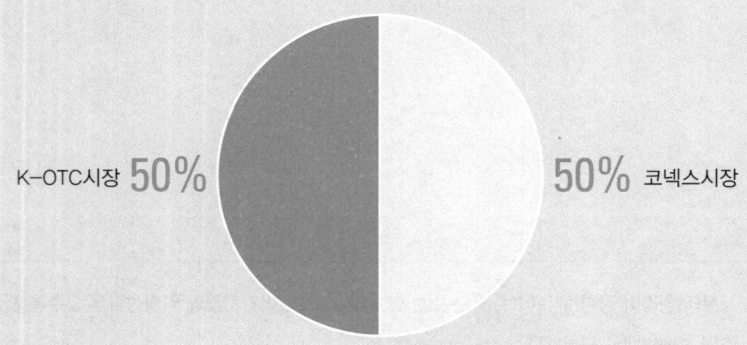

K-OTC시장 50%   50% 코넥스시장

핵심포인트

구 분	핵심포인트	중요도
코넥스시장 (50%)	01 코넥스시장 개요	★
	02 코넥스시장 상장제도	★★★
	03 코넥스시장 공시제도	★★
	04 코넥스시장 매매제도	★★
K-OTC시장 (50%)	05 K-OTC시장 등록·지정제도	★★★
	06 K-OTC시장 매매거래제도	★★
	07 K-OTC시장 공시제도	★★
	08 K-OTC시장 시장관리제도	★★
	09 K-OTC시장 등록·지정해제	★

코넥스시장 개요 ★

코넥스시장의 의의 및 특징에 대한 설명 중 옳은 것은?

① 중소기업 지원강화 및 창조경제 기반조성을 위한 중소기업 전용 시장이다.
② 금융투자협회가 개설하는 증권시장이다.
③ 유가증권시장·코스닥시장과 같은 주권상장법인의 지위를 갖는 것은 아니다.
④ 사모형태의 상장은 불가능하다.

TIP ② 한국거래소가 개설하는 증권시장이다.
③ 유가증권시장·코스닥시장과 동일하게 주권상장법인의 지위를 갖는다.
④ 공모·사모·직상장 등 다양한 형태의 상장이 가능하다.

핵심포인트 해설 코넥스시장의 의의 및 지정자문인 제도

의 의	• 중소기업 지원강화 및 창조경제 기반조성을 위한 중소기업 전용 시장 • 한국거래소가 개설하는 증권시장 • 유가증권시장·코스닥시장과 동일하게 주권상장법인의 지위를 갖게 됨
특 징	• 중소기업만 상장 가능 • 공모·사모·직상장 등 다양한 형태의 상장이 가능함 • 유가증권시장·코스닥시장에 비교하여 각종 부담을 완화시킴 • M&A 등 구조조정 지원 : 합병요건 완화, 대량매매·경매매제도 도입 • 지정자문인제도 도입 → 일반적으로 증권사가 지정자문인 역할을 함
지정자문인 제도	• 의의 : 코넥스시장에 상장하려는 기업은 지정자문인이 있어야 함 • 역할 : 상장적격성 심사, 상장 후 자문·지도·공시·신고대리, 기업의 정보생성, 시장에서 유동성 공급 등 후견인 역할을 함 • 코넥스상장기업은 상장기간 동안 지정자문인과의 선임계약을 유지해야 함(계약을 해지하는 경우에는 30영업일 이내에 다른 지정자문인과 계약을 체결해야 함)

정답 | ①

02 코넥스시장 상장제도 ★★★

일반기업의 코넥스시장 상장에 대한 설명 중 잘못된 것은?

① 거래소는 지정기관투자자를 지정한다.
② 지정자문인이 기업의 상장적격성을 판단하고 거래소에 의한 심사는 최소화하였다.
③ 코넥스시장 상장요건으로 외부감사인, 국제회계기준, 사외이사 선임의무 등이 있다.
④ 코넥스시장은 자금조달의 편의성 및 투자자금의 원활한 회수를 위하여 유가증권시장·코스닥시장과 달리 보호예수의무를 부과하고 있지 않다.

용어 알아두기

| 지정자문인 | 특정기업의 코넥스시장 진출 및 안착을 위하여 상장을 지원하고, 각종 공시업무 및 보고서 작성을 지원하는 특정기업의 자문인으로서 보통 증권사가 그 역할을 한다. |

TIP 유가증권시장·코스닥시장은 의무적으로 증선위로부터 외부감사인을 지정받고, 한국채택국제회계기준(K-IFRS)을 도입하여야 하며, 사외이사 및 상근감사 선임의무가 있다. 그러나 코넥스시장에서는 이러한 의무가 면제된다.

핵심포인트 해설 코넥스시장의 상장제도

특 징	• 지정기관투자자제도 도입 • 지정자문인의 상장적격성 판단 • 회계기준 및 지배구조 준수의무 완화 • 보호예수의무 완화 및 수수료 면제
상장요건	• 중소기업에 해당할 것 • 정관 등에 양도제한의 내용이 없을 것 • 최근사업연도 감사의견이 적정일 것 • 지정자문인 1사와 선임계약을 체결할 것(특례상장은 제외) • 액면가가 100원·200원·500원·1000원·2,500원·5,000원 중 하나일 것
상장절차 및 기간	• 상장절차 : 지정자문인 계약체결 ⇨ 외부감사 ⇨ 기업실사 ⇨ 상장적격성보고서 작성 ⇨ 신규상장 신청 ⇨ 신규상장 승인 ⇨ 매매거래 개시 • 상장소요기간 · 직상장의 경우 : 약 15영업일 · 공모·사모의 경우 : 직상장의 경우보다 소요기간이 늘어날 수 있음
특례상장제도	• 의의 : 스타트업기업·크라우드펀딩기업의 경우 지정자문인 선임 없이 코넥스시장에 상장할 수 있도록 한 제도 • 특례상장기업(스타트업기업, 크라우드펀딩기업)은 상장일로부터 1년 이내에 지정자문인 계약을 체결해야 함 • 특례상장기업은 지정자문계약 6개월 경과 후부터 신속이전상장 가능 • 벤처금융 또는 전문투자자가 2년 미만 투자한 주식 등에 대하여 이전 상장 후 1개월간 매각 제한됨

정답 | ③

코넥스시장 상장제도 ★★★

코넥스시장의 상장폐지요건에 대한 설명 중 거리가 먼 것은?

① 재무상태 및 경영성과와 관련된 상장폐지요건을 적용하지 않는다.
② 지정자문인 계약 여부를 퇴출요건에 추가하였다.
③ 특례상장 후 2개 사업연도 경과 후에도 지정자문인 선임계약을 체결하지 않으면 즉시 상장폐지된다.
④ 2반기 연속(또는 3년 내 4회 이상) 기업설명회를 개최하지 않으면 위원회 심의 후 상장폐지된다.

TIP 2반기 연속(또는 3년 내 4회 이상) 기업설명회를 개최하지 않으면 즉시 상장폐지된다.

핵심포인트 해설 　 코넥스시장의 상장폐지요건

특 징	• 재무상태 및 경영성과와 관련된 상장폐지요건을 적용하지 않음 • 지정자문인 계약 여부를 퇴출요건에 추가함
즉시 상장폐지사유	• 특례상장기업의 상장 후 1년 경과 시까지 지정자문인 미선임 • 감사의견 부적정, 의견거절, 감사범위제한으로 인한 한정 • 공시서류 미제출, 재무제표 미승인 • 2반기 연속(또는 3년 내 4회 이상) 기업설명회 미개최 • 유가증권·코스닥시장 상장을 위한 상장폐지 신청 　· 최근 사업연도말 최대주주 등의 지분을 제외한 주식이 5% 미만인 경우(분산요건 미달) 　· 상장 이후 10년 경과 법인의 자본전액잠식 발생 　· 포괄적 주식교환으로 상장법인이 다른 법인의 완전자회사가 되는 경우 • 기 타 　· 어음·수표 부도, 은행거래 정지 　· 해산사유(피흡수합병, 파산선고 등) 발생 　· 지정자문인 선임계약 해지 후 30영업일 내 미체결 　· 주식양도 제한
심의 후 상장폐지사유	• 불성실공시(최근 1년간 누계벌점이 15점 이상) • 회생절차개시 신청 • 상장 관련 서류의 허위기재 또는 누락 • 횡령, 배임, 회계부정, 주된 영업정지 등

정답 | ④

04 코넥스시장 공시제도 ★★

코넥스시장의 불성실공시 사유와 거리가 먼 것은?

① 공시의무사항을 기한 내에 신고하지 않은 경우
② 거짓 또는 잘못 공시, 주요사항을 기재하지 않고 공시한 경우
③ 조회공시 부인 후 1월 이내에 이와 상반되는 내용을 결정하는 경우
④ 공시변경을 한 경우

TIP 코넥스시장의 경우 불성실공시 사유로 공시변경은 적용하지 않는다.

핵심포인트 해설 — 코넥스시장의 공시제도

의무공시	• 투자자의 투자판단에 중요한 영향을 주는 현재 또는 미래에 대한 중요한 경영정보가 발생한 경우에는 코넥스시장 상장법인은 의무적으로 공시해야 함
조회공시	• 중요한 경영사항과 관련된 풍문 또는 보도가 있을 때 조회공시 해야 함(단, 코스닥시장과 달리 주가 및 거래량 급변에 따른 조회공시는 적용하지 않음) • 거래소의 조회공시 요구를 받은 경우 확정, 부인, 미확정으로 구분하여 답변해야 함(조회공시 요구와 동시에 매매거래 정지도 가능) • 답변시한 : 조회공시 요구시점이 오전인 경우 당일 오후까지, 요구시점이 오후인 경우 다음 날 오전까지 답변해야 함(단, 매매거래정지가 수반된 경우에는 요구시점과 관계없이 다음 날 오후 6시까지 답변 가능)
자율공시	• 상장법인은 투자판단에 영향을 미칠 수 있는 사항에 대하여 자율공시 가능 • 코넥스시장은 코스닥시장에 비하여 의무공시 대상은 축소된 반면 자율공시 대상은 확대됨
불성실공시 사유	• 공시불이행 · 공시의무사항을 기한 내에 신고하지 아니하는 경우 · 거짓 또는 잘못 공시, 주요사항을 기재하지 않고 공시한 경우 • 공시번복 · 이미 공시한 내용을 전면취소, 부인, 이에 준하는 내용 등 공시 · 조회공시 부인 후 1월 이내에 이와 상반되는 내용을 결정하는 경우 • 공시변경은 미적용

정답 ④

코넥스시장 매매제도 ★★

코넥스시장 매매제도에 대한 설명 중 잘못된 것은?

① 유동성공급자 지정을 의무화하였다.
② 호가종류를 2가지로 단순화하였다.
③ 프로그램매매제도를 도입하였다.
④ 특수한 매매의 경우 시간외종가매매 및 대량매매를 제한적으로 도입하였다.

TIP 코넥스시장에서는 프로그램매매제도가 도입되지 않았다.

핵심포인트 해설 ─ 코넥스시장의 매매제도

주요 매매제도	• 매매수량단위 : 1주 • 호가종류 : 지정가호가, 시장가호가 ±30% (x) • 가격제한폭 : ±15% (단, 시간외 대량매매의 경우 ±30%) • 체결방식 : 연속경쟁매매방식(접속매매방식)

경매매제도	• 허용요건 : 매도측이 단수(1인)이고, 매수측이 복수인 경우에 한하여 경매매 가능
	• 신청요건
	  · 최소신청수량 : 상장주식총수의 0.5% 이상 매도로서 2,500만원 이상의 매도
	  · 가격범위 : 당일 가격제한폭(±15%) 이내
	  · 최저매도희망수량 : 최저매도희망수량 미만으로 매수주문 접수 시 전량체결시키지 않음
	  · 신청방법 : 경매매 3거래일 전일에 매도인은 회원사를 통해 거래소에 경매매를 신청하고, 거래소는 해당 내용을 시장에 안내
	• 호가 및 매매체결 : 경매매는 당일 장개시 전 시간외시장 중 매매호가 접수 후 08:30에 매매체결 됨(호가 현황은 공개되지 않음)
	• 경매매 제외 사유
	  · 시가기준가종목의 매매거래 개시일
	  · 매매거래정지된 종목의 매매거래 개시일
	  · 정리매매종목
	  · 배당락, 권리락, 분배락, 주식분할(또는 병합) 종목

정답 | ③

06 코넥스시장 매매제도 ★★

다음 중 코넥스시장의 LP(유동성공급자)제도에 대한 설명이 적절하지 않은 것은?

① 원칙적으로 지정자문인이 유동성공급자 역할을 하도록 의무화 하였다.
② 코넥스시장의 LP가 되려면 투자매매업 인가를 받은 거래소 결제회원이어야 한다.
③ 코넥스시장의 LP가 되려면 최근 1년 이내에 관련 법규를 위반하여 형사제재 및 영업정지 이상의 조치를 받은 사실이 없어야 한다.
④ 코넥스시장의 LP가 되려면 유동성 공급업무를 담당하는 직원을 지정해야 한다.

TIP 유가증권·코스닥시장의 경우 LP가 되려면 유동성 공급업무를 담당하는 직원을 지정해야 하고 유동성공급업무 평가가 연속 가장 낮은 등급을 받는 경우 결격사유가 된다. 하지만 코넥스시장의 LP에게는 이러한 자격요건이 적용되지 않는다.

핵심포인트 해설 　 코넥스시장의 동시호가제도와 유동성공급자제도

동시호가제도	• 시간우선원칙의 예외로서 코넥스시장에도 도입됨 • 시가 등이 상하한가로 결정될 때 단일가매매에 참여한 상하한가 호가를 동시에 접수된 호가로 간주하여 매매체결수량을 배분하는 제도 • 전산장애, 풍문 등으로 거래 중단 후 재개시의 최초가격이 상하한가로 결정되는 경우에도 적용됨
유동성공급자제도	• 코넥스시장의 경우 원칙적으로 지정자문인이 유동성공급자 역할을 하도록 의무화 함 • 코넥스시장의 경우 유가증권·코스닥시장에 비해 자격요건이 완화됨 • 코넥스시장 LP의 자격요건 　· 투자매매업 인가를 받은 거래소 결제회원이어야 함 　· 최근 1년 이내에 관련 법규를 위반하여 형사제재 및 영업정지 이상의 조치를 받은 사실이 없어야 함

정답 | ④

K-OTC시장 등록·지정제도 ★★★

K-OTC 신규등록·지정에 대한 설명 중 잘못된 것은?

① K-OTC시장에서 주권을 거래하기 위해서는 해당 주권이 K-OTC시장에 등록 또는 지정되어야 한다.
② K-OTC시장 신규지정 시에는 해당 기업이 지정신청하고 지정신청절차를 밟아야 한다.
③ K-OTC시장 신규등록을 하려면 최근사업연도 매출액이 5억원 이상이어야 한다.
④ K-OTC시장 신규지정 요건은 신규등록요건을 모두 충족하는 것은 물론 추가요건이 있다.

용어 알아두기

| 명의개서 | 주식의 양도·상속 등으로 구소유자로부터 신소유자로 이전된 경우에 신소유자의 성명과 주소를 회사의 주주명부에 기재하는 것이다. |

TIP K-OTC시장 신규지정에는 기업의 지정신청절차가 없으며, 협회가 금융감독원의 공시정보, 한국예탁결제원의 증권정보를 통해 신규지정요건 충족 여부를 직접 확인하여 해당되는 주권을 K-OTC시장에 지정할 수 있다.

핵심포인트 해설 | K-OTC의 신규등록·지정

(1) 의의 및 혜택

의 의	• 등록 : 비상장기업의 신청에 의하여 K-OTC시장 거래자격 부여 • 지정 : 비상장기업의 신청 없이 협회가 직접 K-OTC시장 거래자격 부여
혜 택	• 기업의 혜택 : 자금조달 원활, 기업 홍보효과 및 대외 신인도 제고, 코스닥상장 심사 시 우선심사권, 상장(심사)수수료 면제, 주식 추가분산의무 경감, 매각제한규제 완화 • 투자자 혜택 : 투자자금 회수 기회, 벤처기업 소액주주의 경우 양도소득세 비과세

(2) 요건

구 분	신규 등록요건	신규 지정요건
자기자본	• 자본전액잠식 상태가 아닐 것	좌 동
매출액	• 매출액 5억원 이상일 것 (크라우드 펀딩 기업은 3억원 이상)	
감사의견	• 적정일 것	
주식유통	• 통일규격증권을 발행할 것 (또는 전자등록된 주식일 것) • 명의개서대행계약을 체결할 것 • 주식양도제한이 없을 것 • 상장폐지사유로 매매거래정지 중인 상장법인의 지분증권이 거래되는 효과가 있지 아니할 것	
신규 지정 시 추가 요건	—	• 최근사업연도 사업보고서를 금융위원회에 제출 및 공시하고 있을 것 • 해당 주권 공모실적이 있거나 K-OTC시장에 지정동의서를 제출했을 것 • 해당 주권이 증권시장에 상장되어 있지 않을 것

정답 | ②

08 K-OTC시장 매매거래제도 ★★

K-OTC시장 매매거래제도에 대한 설명 중 잘못된 것은?

① 상대매매방식으로 거래된다.
② 정규시장만 있고, 단일가 매매제도나 시간외 매매제도는 없다.
③ 신용거래제도가 없다.
④ 가격제한폭은 상하 15%이다.

TIP 가격제한폭은 상하 30%이다.

핵심포인트 해설 — K-OTC시장의 매매거래제도

특 징	• 매매방식 : 상대매매 • 거래시간 : 정규시장만 있고, 시간외시장은 없음 • 위탁증거금 : 현금 또는 주식 100%(신용거래 없음) • 결제 전 매매 : 가능

매매제도	• 호가수량단위 : 1주(호가가격단위 : 1 ~ 1,000원까지 7단계로 세분화)
	• 불리한 호가접수 제한 : 5호가 가격단위를 초과하는 매매호가 거부
	• 가격제한폭 : ±30%(단, 신규종목 최초 매매개시일에는 기준가격의 30 ~ 500% 범위 내에서 호가접수하여 매매체결 시킴)
	• 기준가격
	  · 등록·지정 후 최초 매매개시 기준가격 : 주당순자산가치
	  · 최초 매매개시 이후 기준가격 : 직전 영업일의 거래량가중평균주가
	• 기세제도 신설

매매비용	• 위탁수수료 : 금융투자회사 자율
	• 증권거래세 : 매매결제될 때 예탁결제원이 징수
	• 양도소득세 : 10 ~ 30%
	  · 중소기업 주식 : 10%
	  · 중소기업 이외의 주식 : 20%
	  · 중소기업 이외의 기업 대주주가 1년 미만 보유한 주식 : 30%
	  · 대주주의 양도차익(3억 초과분) : 25%
	  · 벤처기업 소액주주 : 양도소득세 비과세

정답 | ④

K-OTC시장 공시제도 ★★

K-OTC시장에서 공모가액이 10억원인 경우 발행시장 공시 방법으로 옳은 것은?

① 금융위원회에 증권신고서를 제출해야 한다.
② 금융위원회에 소액공모공시서류를 제출해야 한다.
③ 금융위원회에 사업보고서를 제출해야 한다.
④ 금융위원회에 사업보고서 및 감사보고서를 제출해야 한다.

TIP 공모가액이 10억원 이상이면 금융위원회에 증권신고서를 제출해야 하고, 공모가액이 10억원 미만이면 금융위원회에 소액공모공시서류를 제출해야 한다.

핵심포인트 해설   K-OTC시장의 발행시장 공시

의 의	• 누구든지 증권을 공모(모집·매출)하는 경우 증권의 발행회사는 금융위원회에 발행공시를 하여야 함 • 등록·지정법인이 부담하는 자본시장법상 공시사항임
방 법	• 공모가액 10억원 이상 : 금융위원회에 증권신고서 제출 • 공모가액 10억원 미만 : 금융위원회에 소액공모공시서류 제출 • 소액출자자의 소액매출 시 특례 : 소액매출공시서류 및 감사보고서를 매출 3일 전까지 금융위원회 및 협회에 제출하면 소액공모공시서류 제출의무를 이행한 것으로 봄

정답 | ①

10. K-OTC시장의 유통시장 공시에 대한 설명으로 잘못된 것은?

① K-OTC 등록법인은 연 2회 정기공시 해야 한다.
② K-OTC 지정법인은 협회에 대한 정기공시, 수시공시, 조회공시 의무가 있다.
③ 주요사항보고서는 K-OTC 등록법인이 협회에 신고해야 하는 법정공시로 수시공시 의무와는 성격이 다르다.
④ 사업보고서 제출대상법인에 해당하는 경우 분기보고서는 제출하지 않아도 된다.

TIP K-OTC 등록법인은 협회에 대한 정기공시, 수시공시, 조회공시 의무가 있으나 K-OTC 지정법인은 협회에 대한 정기공시, 수시공시, 조회공시 의무가 없다.

핵심포인트 해설 — K-OTC시장의 유통시장 공시

구분	내용
유형	• 협회가 등록법인에 부과하는 K-OTC시장에서의 유통공시(지정법인은 협회에 대한 정기공시, 수시공시, 조회공시 의무 없음) • 자본시장법상 사업보고서 제출대상법인이 금융위원회에 제출하는 유통공시
정기공시	• 대상 : K-OTC 등록법인은 연 2회 정기공시를 해야 함 • 방법 　· 사업보고서 제출대상법인에 해당하지 않는 경우 : 정기공시서류를 금융위원회와 협회에 제출해야 함 　· 사업보고서 제출대상법인에 해당하는 경우 : 사업보고서 제출대상에 해당하는 등록법인은 사업보고서, 반기보고서를 협회에 제출해야 함(분기보고서는 제출하지 않아도 됨) 　· 지정법인은 협회에 사업보고서 등의 제출의무가 없음
수시공시	• 주권상장법인보다는 공시사항을 축소하여 운영하고 있음 • 당일공시사항과 익일공시사항으로 구분됨
조회공시	• 등록법인에 관한 풍문·보도가 있거나 주가급변 시 공시토록 하는 제도
주요사항 보고	• 사업보고서 제출대상법인은 법인의 경영·재산 등에 대하여 중대한 영향을 미치는 사항이 발생한 경우 다음 날까지 주요사항보고서를 금융위원회에 제출해야 함 • 주요사항보고서 제도는 수시공시 의무와는 성격이 다른 법정공시임

정답 | ②

K-OTC시장 시장관리제도 ★★

K-OTC시장의 시장관리제도와 거리가 먼 것은?

① 불성실공시법인 지정제도
② 매매거래정지제도
③ 투자유의사항 공시제도
④ 단기차익 반환제도

TIP K-OTC시장의 시장관리제도에는 불성실공시법인 지정제도, 매매거래정지제도, 투자유의사항 공시제도, 안내사항 공시제도, 부정거래행위 예방활동 등이 있다.

핵심포인트 해설 K-OTC시장의 시장관리제도

불성실공시법인 지정제도	• 유형 : 공시불이행, 공시번복, 허위공시 • 제재 : 매매거래정지, 투자유의사항 공시, 등록해제 조치 등 • 지정법인은 공시의무가 없으므로 불성실공시법인 지정대상이 아님
매매거래정지제도 (정지사유)	• 등록법인의 불성실공시, 지정법인의 반기보고서 미제출 • 정기공시서류 미제출 • 등록·지정 해제사유 발생 • 등록법인에 대하여 등록해제사유에 해당하는 조회공시 요구 시 • 회생절차 개시 신청 또는 회생계획안 결의를 위한 집회 소집 시 • 주식분할·병합, 액면주와 무액면주 상호전환을 위하여 주권 제출 요구 시 • 호가 폭주 등 피할 수 없는 사유로 시장 전체에 장애발생이 우려되는 경우 • 임직원 등의 횡령·배임과 관련된 혐의가 공시를 통해 확인되는 경우
안내사항 공시제도 (안내사항)	• 소속부 변경, 신규등록·지정, 변경(추가)등록, 매매거래정지·재개 • 임시휴장, 시장 임시정지, 매매시간 변경 등
투자유의사항 공시제도 (공시사유)	• 최근사업연도 말 현재 자본잠식 상태인 경우 • 최근사업연도 매출액이 5억원 미만인 경우 • 감사의견이 부적정·의견거절·감사범위제한으로 인한 한정인 경우 • 법원에 회생절차개시를 신청한 경우·결정취소·폐지결정이 있는 경우 • 최근 결산기 정기공시서류 미제출 • 등록법인이 최근 2년간 불성실공시법인 지정이 4회 이상인 경우 • 등록법인 소액주주 주식분산기준에 미달(50인 미만 or 1% 미만)
부정거래행위 예방활동	• 협회는 부정거래행위 우려가 있는 계좌의 금융투자회사에 예방조치 요구 가능 • 금융투자회사가 예방조치한 경우 그 결과를 매분기 종료 후 다음 달 10일까지 협회에 통보해야 함

정답 | ④

12

K-OTC시장의 등록·지정해제에 대한 설명 중 잘못된 것은?

① 주권이 K-OTC시장에서 거래되지 못하도록 거래대상에서 배제하는 조치이다.
② 최근 2개 사업연도에 연속하여 매출액이 5억원 미만이 되면 등록·지정해제 사유에 해당된다.
③ 신청에 의한 해제는 지정법인만 가능하다.
④ 등록·지정해제 주권은 정리매매가 허용된다.

TIP 신청에 의한 해제는 등록법인만 가능하다.

핵심포인트 해설 — K-OTC시장의 등록·지정해제

의의	• 등록·지정법인이 발행한 주권이 K-OTC시장에서 거래되지 못하도록 거래대상에서 배제하는 조치 (상장폐지와 같은 개념)
등록·지정해제 사유	• 기업이 부실화 된 경우(자본잠식, 최근 2개 사업연도에 연속 매출액 5억원 미만 또는 최근 사업연도 매출액 1억원 미만 등) • 정기공시서류 미제출 • 조직변경·경영방침 변경 등(피흡수합병, 해산, 상장 등) • 등록법인 불성실공시법인 지정, 소액주주 수 미달 → 5인 미만 • 지정법인의 사업보고서 제출면제사유가 발생한 경우 등
등록·지정해제 방법	• 협회에 의한 직권해제 : 등록·지정법인 모두 가능 • 신청에 의한 등록해제 : 등록법인만 가능하고 지정법인은 신청에 의한 해제절차 없음
등록·지정해제 주권의 정리매매	• 등록·지정해제 주권은 3영업일간 매매거래정지 후 10영업일을 초과하지 않는 범위 내에서 정리매매가 허용됨 • 증권시장에 상장하는 경우에는 매매거래정지 절차를 거치지 않음

정답 | ③

출제예상문제

☑ 다시 봐야 할 문제(틀린 문제, 풀지 못한 문제, 헷갈리는 문제 등)는 문제 번호 하단의 네모박스(□)에 체크하여 반복학습하시기 바랍니다.

01 중요도 ★★★
코넥스시장의 상장요건과 거리가 먼 것은?

① 중소기업에 해당할 것
② 정관 등에 양도제한의 내용이 없을 것
③ 지정자문인 1개사와 선임계약을 체결할 것
④ 액면가가 500원 또는 5,000원 중 하나일 것

02 중요도 ★★
코넥스시장 특례상장제도에 대한 설명으로 잘못된 것은?

① 일정 요건을 충족하는 기술평가기업 또는 크라우드펀딩기업이 지정자문인 선임 없이 코넥스시장에 상장할 수 있도록 하는 제도이다.
② 특례상장기업은 상장일로부터 2년 이내에 지정자문인 계약을 체결해야 한다.
③ 특례상장기업은 지정자문계약 6개월 경과 후부터 신속이전상장이 가능하다.
④ 특례상장에 동의한 벤처금융 또는 전문투자자가 2년 미만 투자한 주식 등에 대하여 이전 상장 후 1개월간 매각이 제한된다. 다만, 코넥스 상장기간이 1년 이상이거나, 1년 미만이라도 코넥스시장에서 주식을 취득한 경우에는 매각제한의무가 면제된다.

03 중요도 ★★
코넥스시장의 특례상장 대상기업 요건을 모두 고른 것은?

> ㉠ 증권선물위원회로부터 외부감사인을 지정받을 것
> ㉡ 지정기관투자자가 10% 이상의 지분을 보유하거나 30억 이상 투자할 것(6개월 이상)
> ㉢ 지정기관투자자가 특례상장 및 지분 매각 제한에 동의할 것
> ㉣ 기술신용평가기관으로부터 일정 수준 이상의 기술등급을 확보할 것

① ㉠, ㉡, ㉢
② ㉠, ㉢, ㉣
③ ㉡, ㉢, ㉣
④ ㉠, ㉡, ㉢, ㉣

04
중요도 ★
코넥스시장의 공시제도와 거리가 먼 것은?

① 공정공시
② 주요경영사항 의무공시
③ 조회공시
④ 자율공시

05
중요도 ★★
코스닥시장과 코넥스시장의 매매제도에 대한 비교 설명으로 잘못된 것은?

① 코스닥시장의 가격제한폭은 ±30%이나 코넥스시장의 가격제한폭은 ±15%이다.
② 코스닥시장의 호가종류는 6가지이나 코넥스시장의 호가종류는 3가지로 제한된다.
③ 매매수량단위는 코스닥시장과 동일하게 1주이다.
④ 매매체결방식은 코스닥시장과 동일하게 연속경쟁매매방식(접속매매방식)이다.

정답 및 해설

01 ④ 액면가가 100원·200원·500원·1,000원·2,500원·5,000원 중 하나이어야 한다. (무액면 주식 발행은 불가)
02 ② 특례상장기업은 상장일로부터 1년 이내에 지정자문인 계약을 체결해야 한다.
03 ③ 코넥스시장 특례상장 대상기업의 3요건은 투자유치(ⓒ), 투자자 동의(ⓒ), 기술력(ⓔ)이다.
04 ① 코넥스시장의 공시제도에는 주요경영사항 의무공시, 조회공시, 자율공시, IR 업설명회 개최의무 등이 있다.
05 ② 코스닥시장의 호가종류는 6가지(지정가, 시장가, 최유리지정가, 최우선지정가, 조건부지정가, 경쟁대량매매 호가)이나, 코넥스시장의 호가는 2가지(지정가, 시장가)이다.

06 중요도 ★

코넥스시장의 경매매제도에 대한 설명 중 잘못된 것은?

① 코넥스시장의 경매매는 매도 측(또는 매수 측)이 단수이고 다른 한쪽은 복수일 때 이루어지는 매매에 적용된다.
② 거래소가 운영하는 대량매매네트워크(K-Blox)를 통해 최저 매도희망수량과 최저 입찰가격을 입력해야 한다.
③ 경매매는 당일 장개시 전 시간외시장 중 매매호가 접수 후 08:30에 매매체결되나 호가현황은 공개되지 않는다.
④ 매매거래정지된 종목의 매매거래 개시일에는 경매매를 신청할 수 없다.

07 중요도 ★★

증권사는 처음 코넥스 거래를 시작하는 투자자가 코넥스시장의 특성 및 위험성을 충분히 인식할 수 있도록 투자자 유의사항을 개인별 1회 고지해야 한다. 그럼에도 불구하고 다음 보기에서 투자자 유의사항 고지하지 않아도 되는 자를 모두 고른 것은?

| ㉠ 자본시장법상 전문투자자 | ㉡ 창투조합 |
| ㉢ 우리사주조합 | ㉣ 창업기획자(엑셀러레이트) |

① ㉠, ㉡
② ㉠, ㉣
③ ㉠, ㉡, ㉣
④ ㉠, ㉡, ㉢, ㉣

08 중요도 ★

코넥스상장법인의 기업설명회에 대한 설명 중 잘못된 것은?

① 코넥스상장법인은 분기마다 기업설명회를 개최해야 한다.
② 코넥스상장법인이 기업설명회를 개최하는 경우 일시, 장소, 설명회 내용 등을 공시해야 할 의무가 있다.
③ 코넥스상장법인은 기업설명회 개최 결과를 개최일 익일까지 거래소에 신고해야 한다.
④ 코넥스상장법인이 2반기 동안 연속하여 기업설명회를 개최하지 않거나, 3년 동안 4회 이상 개최하지 않은 경우 상장폐지사유에 해당한다.

09 K-OTC시장의 특징에 대한 설명 중 잘못된 것은?

중요도 ★★

① 증권시장에 상장되지 않은 주권의 장외매매거래를 위하여 운영되는 장외시장이다.
② 비상장주식의 직접금융을 통한 자금조달을 지원하고 주식의 환금성을 높인다.
③ 비상장기업에 투자한 초기 투자자금을 회수하고 재투자를 위한 자금을 조성할 수 있는 수단을 제공한다.
④ 안정적인 수익을 추구하는 투자자에게 유망주식을 상장 이전의 초기단계에서 투자할 수 있는 기회를 부여한다.

10 K-OTC시장 신규등록 절차에서 빈칸 안에 들어갈 말을 순서대로 나열한 것은?

중요도 ★

- 외부감사
- 정관정비
- (　　) 체결
- (　　) 제출
- K-OTC시장 등록 신청
- K-OTC시장 등록요건 심사 및 등록승인
- K-OTC시장에서 매매개시

① 명의개서대행계약, 소액매출신고서류
② 명의개서대행계약, 증권신고서
③ 주관사선정계약, 소액매출신고서류
④ 주관사선정계약, 증권신고서

정답 및 해설

06 ① 코넥스시장의 경매매는 매도 측이 단수(1인)이고, 매수 측이 복수인 경우에 한하여 적용된다.
07 ④ 코넥스시장의 투자자 유의고지 면제대상자에는 ㉠, ㉡, ㉢, ㉣가 모두 해당되고 그 이외에도 중소기업창업투자회사, 개인투자조합, 전문엔젤투자자, 투자일임재산, 자산관리계좌를 통해 위탁하는 자 등이 포함된다.
08 ① 코넥스상장법인은 반기마다 기업설명회를 개최해야 한다.
09 ④ 고위험·고수익을 추구하는 투자자에게 유망주식을 상장 이전의 초기단계에서 투자할 수 있는 기회를 부여한다.
10 ① K-OTC시장 신규등록절차는 '외부감사 ⇨ 정관정비 ⇨ 명의개서대행계약 체결 ⇨ 소액매출신고서류 제출 ⇨ K-OTC시장 등록 신청 ⇨ K-OTC시장 등록요건 심사 및 등록승인 ⇨ K-OTC시장에서 매매개시' 순으로 진행된다.

11 중요도 ★★★
K-OTC시장 신규등록요건과 가장 관계가 적은 것은?

① 자본전액잠식 상태가 아닐 것
② 매출액이 5억원 이상일 것
③ 통일규격증권을 발행할 것
④ 최근사업연도의 사업보고서를 금융위원회에 제출하고 공시할 것

12 중요도 ★★★
K-OTC시장 신규지정요건에 대한 설명 중 잘못된 것은?

① 증권을 모집 또는 매출(소액공모 포함)한 실적이 있거나 해당 법인이 K-OTC시장 지정동 의서를 협회에 제출했어야 한다.
② 해당 주권이 증권시장에 상장되어 있지 않아야 한다.
③ 신규등록요건은 모두 충족하지 않아도 가능하다.
④ 최근사업연도의 사업보고서를 금융위원회에 제출하고 공시해야 한다.

13 중요도 ★★
K-OTC시장의 매매제도에 대한 설명 중 잘못된 것은?

① 호가수량단위는 1주이고, 호가가격단위는 주권의 가격대별로 7단계로 세분화 되어있다.
② 매수호가 제출시점에 가장 낮은 매도호가보다 3호가 가격단위를 초과하여 높은 매수호가 에 대하여 호가접수를 거부하고 있다.
③ 신규종목의 최초 매매거래개시일에는 기준가격의 30 ~ 500% 가격범위 내에서 호가를 접 수하여 매매를 체결시킨다.
④ 장 종료 시까지 거래가 형성되지 않더라도 호가가 있는 경우 이를 기준가격에 반영하는 기 세제도를 도입하였다.

14 중요도 ★

K-OTC시장에서 거래하는 경우 매매비용에 대한 설명이 잘못된 것은?

① 위탁수수료율은 금융투자회사가 자율적으로 정한다.
② 증권거래세는 매매결제될 때 예탁결제원이 징수한다.
③ K-OTC시장에서 중소기업 주식을 매도하는 경우 양도소득세율은 20%이다.
④ 벤처기업 소액주주가 K-OTC시장에서 양도하는 경우에는 양도소득세가 비과세된다.

15 중요도 ★★

K-OTC시장의 발행시장 공시에 대한 설명 중 잘못된 것은?

① 누구든지 증권을 공모(모집·매출)하는 경우 증권의 발행회사는 금융위원회에 발행공시를 해야 한다.
② 공모가액이 10억원 이상인 경우 금융위원회에 증권신고서를 제출해야 한다.
③ 공모가액이 10억원 미만인 경우 금융투자협회에 투자설명서를 제출해야 한다.
④ 소액매출공시서류 및 감사보고서를 매출 3일전까지 금융위원회 및 협회에 제출하면 소액공모공시서류 제출의무를 이행한 것으로 본다.

정답 및 해설

11 ④ 신규지정요건에 해당한다.
12 ③ 신규등록요건을 모두 동일하게 충족해야 한다.
13 ② 매수호가 제출시점에 가장 낮은 매도호가보다 5호가 가격단위를 초과하여 높은 매수호가에 대하여 호가접수를 거부하고 있다. 또한 매도호가 제출시점에 가장 높은 매수호가보다 5호가 가격단위를 초과하여 낮은 매도호가에 대한 호가접수를 거부하고 있다. (불합리한 호가 제한)
14 ③ K-OTC시장에서 양도소득세율은 중소기업 주식은 10%, 중소기업 이외의 기업 주식은 20%이다.
15 ③ 공모가액이 10억원 미만인 경우 금융위원회에 소액공모공시서류를 제출해야 한다.

16 중요도 ★★
K-OTC시장의 유통시장 공시에 대한 설명 중 잘못된 것은?

① 사업보고서 제출대상법인에 해당하지 않는 경우 정기공시서류를 금융위원회와 협회에 제출해야 한다.
② 사업보고서 제출대상에 해당하는 등록법인은 사업보고서, 반기보고서 및 분기보고서를 협회에 제출해야 한다.
③ 지정법인은 협회에 사업보고서 등의 제출의무가 없다.
④ K-OTC 법인의 수시공시는 주권상장법인보다는 공시사항을 축소하여 운영하고 있다.

17 중요도 ★
K-OTC시장의 불성실공시에 대한 설명 중 잘못된 것은?

① 불성실공시의 유형에는 공시불이행, 공시번복, 허위공시 등이 있다.
② 불성실공시의 제재로 매매거래정지, 투자유의사항 공시, 등록해제 조치 등이 있다.
③ 등록법인뿐 아니라 지정법인도 불성실공시법인 지정대상에 해당한다.
④ 지정법인이 사업보고서, 반기보고서를 기한 내에 금융위원회에 제출하지 않은 경우 매매거래정지, 투자유의사항 공시, 지정해제 등의 조치를 할 수 있다.

18 중요도 ★
K-OTC시장에서 매매거래정지 사유와 가장 거리가 먼 것은?

① 등록법인의 불성실공시
② 지정법인의 반기보고서 미제출
③ 등록·지정해제사유 발생
④ 매출액이 5억원 미만인 경우

19 중요도 ★
K-OTC시장에서 투자유의사항 공시사유와 거리가 먼 것은?

① 등록법인이 최근 2년간 불성실공시법인 지정이 3회 이상인 경우
② 외부감사인의 감사의견이 부적정·의견거절·감사범위제한으로 인한 한정인 경우
③ 등록법인 소액주주 주식분산기준에 미달(50인 미만 또는 1% 미만)인 경우
④ 최근사업연도 말 현재 자본잠식 상태인 경우

20 중요도 ★★

K-OTC시장의 등록·지정해제에 대한 설명으로 잘못된 것은?

① 등록·지정법인이 발행한 주권이 K-OTC시장에서 거래되지 못하도록 거래대상에서 배제하는 조치로 상장폐지와 유사한 개념이다.
② 등록법인이 불성실공시법인으로 지정되거나 소액주주 수가 미달인 경우 대상이 된다.
③ 협회에 의한 직권 해제는 등록·지정법인 모두 가능하다.
④ 등록·지정해제 주권은 3영업일을 초과하지 않는 범위 내에서 정리매매가 허용된다.

21 중요도 ★

K-OTC시장의 등록·지정해제 사유로 잘못된 것은?

① 최근 2개 사업연도 연속하여 매출액 5억원 미만인 경우
② 결산기에 정기공시서류를 제출하지 않고 그 다음 날부터 30일 이내에도 제출하지 않은 경우
③ 등록법인이 과거 2년 이내에 불성실공시법인으로 지정된 횟수가 3회 이상인 경우
④ 지정법인의 사업보고서 제출면제사유가 발생한 경우

정답 및 해설

16 ② 사업보고서 제출대상에 해당하는 등록법인은 사업보고서, 반기보고서를 협회에 제출해야 하나, 분기보고서는 제출하지 않아도 된다.
17 ③ 지정법인은 공시의무가 없으므로 불성실공시법인 지정대상이 아니다.
18 ④ 투자유의사항 공시 사유에 해당한다.
19 ① 등록법인이 최근 2년간 불성실공시법인 지정이 4회 이상인 경우에 투자유의사항 공시사유에 해당한다.
20 ④ 등록·지정해제 주권은 3영업일간 매매거래정지 후 10영업일을 초과하지 않는 범위 내에서 정리매매가 허용된다. 다만 증권시장에 상장하는 경우에는 매매거래정지 절차를 거치지 않는다.
21 ③ 등록법인이 과거 2년 이내에 불성실공시 법인으로 지정된 횟수가 6회 이상인 경우 등록해제 사유에 해당한다.

금융·자격증 전문 교육기관 **해커스금융**
fn.Hackers.com

제2과목
금융상품 및 윤리

[총 50문항]

제1장 금융상품분석 〔13문항 내외〕
제2장 투자전략 〔10문항 내외〕
제3장 투자권유 및 고객관리 〔12문항〕
제4장 직무윤리·투자자분쟁예방 〔15문항〕

제1장 금융상품분석

학습전략

금융상품분석은 제2과목 전체 50문제 중 총 13문제 내외가 출제된다.
금융상품분석의 경우 우리나라의 금융회사와 금융상품으로 구성되어 있고, 전체 영역에서 암기를 필수적으로 요구하며 응용력은 그리 필요하지 않다. 시간을 들여 반복 학습을 한다면 좋은 점수를 받을 수 있을 것이다.

출제예상 비중

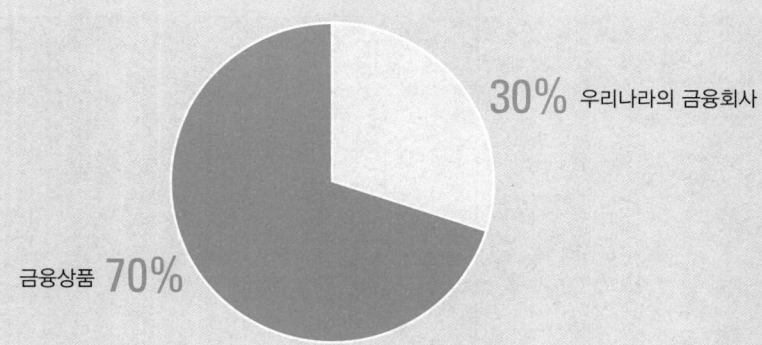

30% 우리나라의 금융회사
금융상품 70%

핵심포인트

구 분	핵심포인트	중요도
우리나라의 금융회사 (30%)	01 은 행	★★★
	02 비은행예금취급기관	★★
	03 금융투자회사	★★★
	04 기타 금융회사	★★★
금융상품 (70%)	05 예금성 금융상품	★★★
	06 투자성 금융상품	★★
	07 주식워런트증권(ELW)	★★
	08 주가지수연계증권(ELS)	★★★
	09 기타 금융투자상품	★★★
	10 보장성 금융상품	★
	11 기타 금융상품	★★★
	12 금융상품과 세금	★★
	13 예금보험제도	★★★

은 행 ★★★

다음 중 일반은행에 포함되지 않는 것은?

① 중소기업은행 ② 부산은행
③ 하나은행 ④ 외국은행 국내지점

TIP 중소기업은행은 특수은행에 포함된다.

핵심포인트 해설 — 우리나라의 금융기관

금융회사		종류
은 행	일반은행	시중은행, 지방은행, 외국은행 국내지점
	특수은행	한국산업은행, 한국수출입은행, 중소기업은행, 농협중앙회·수협중앙회
비은행예금 취급기관	상호저축은행	–
	신용협동기구	신용협동조합, 새마을금고, 상호금융
	우체국예금	–
금융투자업자	투자매매중개업자	증권회사, 선물회사
	집합투자업자	자산운용회사
	투자자문·일임업자	투자자문사
	신탁업자	은행/증권/보험/부동산 신탁회사
	종합금융회사	–
보험회사		생명보험회사, 손해보험회사, 우체국보험
기타 금융회사		금융지주회사, 여신전문금융회사, 벤처캐피탈회사, 증권금융회사, 한국무역보험공사, 한국주택금융공사, 한국자산관리공사, 한국투자공사, 한국정책금융공사
금융보조기관		한국거래소, 한국예탁결제원, 한국증권금융, 예금보험공사, 금융결제원, 신용보증기관, 신용정보회사, 자금중개회사

정답 | ①

02

은 행 ★★★

다음 중 특수은행이 아닌 것은?

① 중소기업은행　　　　② 농협중앙회
③ 한국산업은행　　　　④ 신용협동조합

용어 알아두기

| 특수은행 | 특별한 법규에 의해 세워져 특별한 업무를 수행하는 은행이다. |

TIP 특수은행에는 중소기업은행, 농·수협중앙회, 한국산업은행, 한국수출입은행이 있다.

핵심포인트 해설 　　은 행

(1) 은행의 종류

일반은행	• 시중은행 : 은행법에 의한 설립, 전국이 영업구역, 신탁업법에 따른 신탁업무도 수행, 카드업법에 따른 카드업무, 방카슈랑스 • 지방은행 : 영업구역기 특정지역으로 제한 • 외국은행 국내지점 : 은행법에 의한 규제
특수은행	• 중소기업은행, 농·수협중앙회, 한국산업은행, 한국수출입은행 • 특별법에 의하여 설립 → 은행법에 의하여 설립됨 (X) • 조합형태인 농·수협을 제외하고는 정부가 자본금의 대부분을 출자하고 업무를 직접 통제

(2) 일반은행의 업무범위

고유업무	• 예금·적금의 수입 또는 유가증권, 그 밖의 채무증서의 발행 • 자금의 대출 또는 어음의 할인 • 내국환·외국환
부수업무	• 고유업무의 수행에 수반되는 업무로서 감독당국의 별도 인허가 없이 영위할 수 있는 업무
겸영업무	• 은행이 겸영업무를 직접 운영하려는 경우 금융위원회 신고가 필요

정답 ④

제1장 금융상품분석

비은행예금취급기관 ★★

다음 중 신용협동기구가 아닌 것은?

① 상호저축은행 ② 신용협동조합
③ 새마을금고 ④ 상호금융

용어 알아두기

| 상호금융 | 농협·수협·축협의 단위조합을 통해 제한된 형태의 예금과 대출을 취급하는 것이다. |

TIP 신용협동기구에는 신용협동조합, 새마을금고, 조직된 상호금융(지역농협, 지구별 수협 및 지역산림조합), 우체국 예금이 있다.

핵심포인트 해설   비은행예금취급기관

상호저축은행	• 소규모기업 및 서민의 금융 편의와 저축증대 목적(상호저축은행법에 의한 규제) • 사실상 일반은행의 고유업무와 유사 • 신용계, 신용부금, 예금 및 적금 수입, 대출, 어음할인 • 내·외국환, 보호예수, 수납 및 지급대행 등
신용협동기구	• 조합원 상호 간의 공동이익을 추구할 목적으로 운영 • 종 류 · 신용협동조합 · 새마을금고 상호저축은행 (X) · 조직된 상호금융(지역농협, 지구별 수협 및 지역산림조합)

정답 | ①

금융투자회사 ★★★

증권회사가 수행하는 고유업무 중 성격이 다른 하나는?

① 위탁매매업무
② 매매 중개·대리업무
③ 위탁 중개·주선·대리업무
④ 자기매매업무

TIP 위탁매매, 매매 중개·대리, 위탁 중개·주선·대리업무는 모두 고객의 주문을 받아 증권사의 명의와 고객의 계산으로 금융투자상품의 매매를 행하는 위탁매매업무에 속한다. 반면, 자기매매업무는 자기명의와 계산으로 행해지므로 성격이 서로 다르다.

핵심포인트 해설 투자매매 중개업자

(1) 증권회사
직접금융시장에서 기업이 발행한 증권을 매개로 투자자의 자금을 기업에게 이전시켜 주는 기능을 수행하는 금융회사

위탁매매	• 금융투자상품의 투자중개업무, 매매주문을 성사시키고 수수료를 받는 업무 · 위탁매매 : 고객의 매매주문을 받아 증권회사의 명의와 고객의 계산으로 금융투자상품의 매매를 행하는 업무 · 매매 중개·대리 : 타인 간 금융투자상품의 매매가 성립되도록 노력하거나 고객을 대리하여 매매하고 일정 수수료를 받는 업무 · 위탁 중개·주선·대리
자기매매	• 자기명의와 계산으로 인적·물적 시설을 갖추고 지속적·반복적으로 금융투자상품을 매매하는 업무
인수·주선	• 인수 : 증권사가 신규 발행 증권을 매출할 목적으로 취득하는 업무. 모집, 사모, 매출의 3형태가 있음 • 주선 : 증권사가 제3자의 위탁에 의해 모집·매출을 주선하는 업무
펀드판매 및 자산관리	• 증권회사가 투자중개업자로서 펀드에서 발행하는 수익증권 등을 투자자에게 판매하는 업무
신용공여	• 증권회사가 증권거래와 관련하여 고객에게 금전을 융자하거나 유가증권을 대부하는 업무

(2) 선물회사
선물거래 및 해외선물거래에 대한 위탁매매 등 장내파생상품에 대한 투자매매 및 투자중개업무를 영위하는 금융회사

정답 | ④

금융투자회사 ★★★

집합투자기구에 대한 설명으로 잘못된 것은?

① 증권펀드는 집합투자재산의 50%를 초과하여 증권에 투자한다.
② 혼합자산펀드는 투자재산을 운용함에 있어서 증권, 부동산, 특별펀드 규정의 투자비율에 대한 제한을 받지 않는다.
③ 특별자산펀드는 환매가능 또는 환매금지형으로 설정할 수 있다.
④ 부동산펀드는 집합투자재산의 50%를 초과하여 부동산에 투자한다.

용어 알아두기

집합투자기구	쉽게 말해 '펀드(Fund)'로, 2인 이상에게 투자권유를 한 후 이들에게서 투자금을 유치한 뒤 투자에 의해 발생된 손익을 투자비율에 따라 나눠주는 간접투자금융상품이다.

TIP 부동산펀드, 특별자산펀드, 혼합자산펀드는 환매금지형으로만 설정할 수 있다.

핵심포인트 해설 — 집합투자기구 구분

증권펀드	• 집합투자재산의 50%를 초과하여 증권에 투자하는 펀드(채권형, 혼합형, 주식형으로 분류되며 과거의 전통적인 펀드유형)
부동산펀드	• 집합투자재산의 50%를 초과하여 부동산에 투자하는 펀드 • 환매금지형
특별자산펀드	• 집합투자재산의 50%를 초과하여 특별자산에 투자하는 펀드 • 환매금지형
단기금융펀드	• MMF라고 하며 투자재산을 주로 단기금융상품에 투자·운용하는 펀드
혼합자산펀드	• 투자재산을 운용함에 있어서 증권, 부동산, 특별펀드 규정의 투자비율에 대한 제한을 받지 않는 펀드 • 환매금지형 • 투자대상 자산에 제한을 두지 않음

정답 | ③

금융투자회사 ★★★

위탁자의 운용지시에 따라 유가증권매매에 따른 대금 및 증권의 결제를 담당하는 기관은?

① 수익회사 ② 판매회사
③ 위탁회사 ④ 수탁회사

TIP 수탁회사는 위탁자의 운용지시에 따라 유가증권매매에 따른 대금 및 증권의 결제 등 신탁재산을 보관·관리하는 기관이다.

핵심포인트 해설 — 집합투자기구(펀드)

① 구조 : 수익자(고객), 위탁자(자산운용사), 수탁자(은행), 판매자(증권, 은행, 보험 등)
② 환매지급일 : MMF(익일), 채권형(3일), 주식형 & 혼합형(4일)
③ 운용대상에 따른 분류
  ㉠ 증권집합투자기구 : 50% 초과 증권(주식, 채권)에 투자

주식형	자산총액의 60% 이상을 주식(주가지수선물·옵션 포함)에 운용하는 상품
채권형	자산총액의 60% 이상을 채권(금리선물 포함)으로 운용하는 상품 (→ 주식은 단 1%도 들어가서는 안 됨)
주식혼합형	자산총액의 50% 이상, 60% 미만을 주식에 운용하는 상품
채권혼합형	자산총액의 50% 미만을 주식에 운용하는 상품

  ㉡ 부동산집합투자기구 : 50% 초과 부동산 등에 투자
  ㉢ 특별자산집합투자기구 : 50% 초과 특별자산에 투자
  ㉣ 혼합자산집합투자기구 : 어떠한 자산이든 제한 없이 투자
  ㉤ 단기금융상품집합투자기구(MMF) : 만기 6개월의 양도성예금증서, 만기 5년 이하의 국채, 만기 1년 이하의 지방채 등 단기금융상품에 투자

정답 | ④

금융투자회사 ★★★

다음 중 자본시장법의 주요 내용으로 볼 수 없는 것은?

① 경제적 실질이 동일한 금융기능을 동일하게 규율한다.
② 투자권유대행인제도를 도입하였다.
③ 열거주의 규제방식을 도입하였다.
④ 부수업무의 Negative방식을 도입하였다.

TIP 포괄주의 규제방식을 도입하였다.

핵심포인트 해설   자본시장법의 주요 내용

기능별 규제	• 금융기능을 업무 – 상품 – 투자자로 구분 • 취급 금융기관 불문하고 경제적 실질이 동일한 금융기능을 동일하게 규율 • 진입, 건전성, 영업행위 규제를 기능별로 재정비
포괄주의 규제	• 투자성이 있는 모든 금융투자상품을 포괄 • 원칙 자유 + 예외 규제 • 실제는 예시적 열거주의
업무범위 확대	• 6개 금융투자업무의 내부겸영 허용 • 부수업무의 Negative방식 도입 • 투자권유대행인제도 도입 • 금융투자업 관련 모든 외국환업무 허용
투자자 보호강화	• 투자권유제도 도입(설명의무 신설 등) • 이해상충 방지체계 마련 • 투자자책임과 금융투자회사 책임을 동시에 강화 • 발행공시 적용범위 확대

정답 | ③

08 기타 금융회사 ★★★

다음 중 금융지주회사에 관한 설명으로 잘못된 것은?

① 금융지주회사는 주식 또는 지분의 소유를 통하여 금융업을 영위하는 회사를 지배하는 것을 주된 사업으로 하는 회사이다.
② 금융지주회사는 금융 자회사와 비금융 자회사를 동시에 보유할 수 없다.
③ 지주회사의 자회사는 다른 자회사의 주식을 소유할 수 없으나 지주회사의 주식은 소유할 수 있다.
④ 순환출자, 상호출자를 금지해 자회사 간에 위험이 전이되는 것을 방지하고 있다.

TIP 지주회사의 자회사는 다른 자회사 또는 지주회사의 주식을 소유할 수 없다. 이것은 순환출자, 상호출자를 금지하여 자회사 간에 위험이 전이되는 것을 막기 위한 것이다.

핵심포인트 해설   기타 금융기관

(1) 금융지주회사

개 요	• 주식 또는 지분의 소유를 통하여 금융업을 영위하는 회사 또는 금융업의 영위와 밀접한 관련이 있는 회사를 지배하는 것을 주된 사업으로 하는 회사
특 성	• 비금융회사를 자회사로 지배할 수 없음(금산분리 원칙) • 지주회사의 자회사는 다른 자회사 또는 지주회사의 주식을 소유할 수 없음

(2) 여신전문금융회사
① 수신기능 없이 여신업무만 취급
② 신용카드회사, 할부금융회사, 리스회사 등이 있음

(3) 벤처캐피탈회사

개 요	• 고수익·고위험 사업을 시작하는 기업에 지분인수를 대가로 투자자금을 공급하거나 기업인수·합병·구조조정 등을 통해 수익을 추구
종 류	• 신기술사업금융회사, 중소기업창업투자회사

(4) 대부업자

개 요	• 소액자금을 신용도가 낮은 소비자에게 대부하거나 중개
특 성	• 최저자본금 등 진입요건, 영업지역 제한, 자금조달 규제 없음 • 3년마다 등록 갱신, 미 등록업자는 대부중개, 채권추심 불가

(5) 증권금융회사

개 요	• 증권의 취득, 인수, 보유 및 매매와 관련하여 증권회사와 일반투자가에게 자금을 공급하거나 증권을 대여하는 증권금융업무를 전문적으로 취급하는 금융회사
특 성	• 증권인수자금대출, 증권유통금융, 증권담보대출, 금전신탁, 집합투자재산 수탁업무 등

정답 | ③

제1장 금융상품분석

예금성 금융상품 ★★★

다음 중 은행의 금융상품에 대한 설명으로 잘못된 것은?

① 보통예금은 대표적 요구불예금으로 자유로운 입출금이 가능하나 금리가 낮다.
② 가계당좌예금은 주로 일반대중의 은행이용도를 높이고 현금선호경향을 낮추기 위하여 도입했다.
③ 당좌예금은 당좌수표 및 약속어음 등의 지급을 은행에 위임하고자 개설한다.
④ 당좌예금은 저축 기간과 금리를 미리 정하여 일정 금액을 예치한다.

용어 알아두기

| 요구불예금 | 예금주의 요구가 있다면 언제든지 지급할 수 있는 예금이다. |

TIP 저축 기간과 금리를 미리 정하여 일정 금액을 예치하는 예금은 정기예금이다.

핵심포인트 해설   **금융상품**

(1) 금융상품
 ① 상품의 속성에 따라 예금성, 투자성, 보장성, 대출성 금융상품으로 나눔
 ② 원금 손실 가능성에 따라 비금융투자상품과 금융투자상품으로 나눔

(2) 요구불예금

개 요	• 입출금이 자유로우나 저리
보통예금	• 대표적 요구불예금, 자유로운 입출금, 저리
당좌예금	• 당좌수표 및 약속어음 등의 지급을 은행에 위임하고자 개설 • 당좌대월(일정 한도의 초단기 신용)은 신용창출의 원천
가계당좌예금	• 신용상태가 양호한 개인 및 개인사업자 가입 가능 • 일반대중의 은행이용도↑, 현금선호경향↓, 신용사회 정착을 위해 도입, 전금융회사 중 1인 1계좌만 가능

정답 | ④

10

예금성 금융상품 ★★★

다음 중 예금성 금융상품에 대한 설명으로 잘못된 것은?

① 정기예금은 저축 기간과 금리를 미리 정하여 일정 금액을 예치한다.
② 상호부금은 일정 기간 부금을 납입하면 대출받을 권리가 보장된다.
③ 정기예금은 저축 기간과 금리를 미리 정하여 일정 금액을 예치하는 장기 저축성 예금이다.
④ MMDA는 통상 500만원 이상 목돈을 1년 이상 장기로 운용할 때 유리하다.

TIP MMDA는 통상 500만원 이상 목돈을 1개월 이내 초단기로 운용 시 유리하다.

핵심포인트 해설 — 저축성예금

구분	내용
정기예금	• 저축 기간과 금리를 미리 정하여 일정 금액을 예치하는 장기 저축성예금
정기적금	• 가장 보편적인 장기 저축성예금. 6개월 이상 60개월 이내로 계약 기간 설정 • 일정 기간 후에 일정 금액을 지급할 것을 약정하고 일정액 적립
상호부금	• 제도상 정기적금과 유사 • 일정 기간 부금을 납입하면 대출받을 권리가 보장됨
MMDA	• 시장금리부 수시입출금식 예금 • 금액 제한 없이 통장개설, 예치금액에 따라 지급이자율을 차등 • 통상 500만원 이상 목돈을 1개월 이내 초단기로 운용 시 유리 • 가입대상 및 가입금액 : 제한 없음 ⇨ MMF·CMA와 경쟁상품

구 분	예금자보호 여부	수 익
은행 MMDA	○	확정금리
증권사 CMA	×	실적배당
종금사 CMA	○	실적배당
자산운용사 MMF	×	실적배당

정답 | ④

예금성 금융상품 ★★★

주택청약종합저축에 대한 설명으로 가장 거리가 먼 것은?

① 주택청약을 하기 위해 만들어진 목적식 저축통장이다.
② 청약예금, 청약부금, 청약저축에 대한 신규가입은 중단되었다.
③ 국민인 개인이 금융기관별 1통장 개설이 가능하다.
④ 저축방식은 일시예치식과 적금식이 모두 가능하다.

TIP 가입대상은 국민인 개인, 외국인 거주자이며, 1인 1통장만 가입이 가능하다.

핵심포인트 해설 │ 주택청약종합저축

개 요	• 민영주택 및 국민주택을 공급받기 위함
가입대상	• 국민인 개인, 외국인 거주자 • 1인 1통장
저축방식	• 일시예치식, 적금식
적립금액	• 매월 2만원 이상 50만원 이하의 금액을 자유롭게 적립
계약기간	• 입주자로 선정될 때까지(당첨 시)
소득공제	• 대상자 : 총급여액이 7,000만원 이하 근로자인 무주택 세대주 • 공제한도 : 해당 과세연도 납부분(연간 240만원 한도)의 40%(96만원)
예금자보호	• ×

정답 | ③

12

투자성 금융상품 ★★

기초자산의 가격·이자율·지표·단위 또는 이를 기초로 하는 지수 등의 변동과 연계하여 미리 정하여진 방법에 따라 지급금액 또는 회수금액이 결정되는 권리가 표시된 것은?

① 수익증권
② 파생결합증권
③ 투자계약증권
④ 증권예탁증권

TIP 파생결합증권에 대한 설명이다. 대표적인 파생결합증권으로 주식워런트증권(ELW), 주가지수연계증권(ELS) 등이 있다.

핵심포인트 해설   증권의 종류

채무증권	국채증권, 지방채증권, 특수채증권, 사채권, 기업어음증권 그 밖에 이와 유사한 것으로서 지급청구권이 표시된 것, 기업어음증권은 기업이 사업에 필요한 자금을 조달하기 위하여 발행한 약속어음
지분증권	주권, 신주인수권이 표시된 것, 법률에 의하여 직접 설립된 법인이 발행한 출자증권, 상법에 따른 합자회사·유한회사·익명조합의 출자지분, 민법에 따른 조합의 출자지분, 그 밖에 이와 유사한 것으로서 출자지분이 표시된 것
수익증권	금전신탁의 수익증권, 집합투자 투자신탁의 수익증권, 그 밖에 이와 유사한 것으로서 신탁의 수익권이 표시된 것
투자계약증권	특정 투자자가 그 투자자와 타인 간의 공동사업에 금전 등을 투자하고 주로 타인이 수행한 공동사업의 결과에 따른 손익을 귀속받는 계약상의 권리가 표시된 것
파생결합증권	기초자산의 가격·이자율·지표·단위 또는 이를 기초로 하는 지수 등의 변동과 연계하여 미리 정해진 방법에 따라 지급금액 또는 회수금액이 결정되는 권리가 표시된 것, 주가연계상품, 환율(통화)연계상품, 금리연계상품, 디지털옵션내재상품(Digital option embedded) 등으로 구분
증권예탁증권	상기 5종의 증권을 예탁받은 자가 그 증권이 발행된 국가 외의 국가에서 발행한 것으로서 그 예탁받은 증권에 관련된 권리가 표시된 것

정답 | ②

주식워런트증권(ELW) ★★

다음 내용의 빈칸 안에 들어갈 단어를 올바른 순서대로 나열한 것은?

> ㉠ 콜 워런트의 경우 기초자산 가격이 (　)하면 주식워런트증권의 가격은 (　)한다.
> ㉡ 풋 워런트의 경우 기초자산 가격이 (　)하면 주식워런트증권의 가격은 (　)한다.

	㉠	㉡
①	상승, 상승	하락, 상승
②	상승, 하락	하락, 상승
③	하락, 상승	상승, 하락
④	하락, 하락	상승, 상승

TIP ㉠ 콜 워런트의 경우 기초자산 가격이 상승하면 주식워런트증권의 가격은 상승한다.
㉡ 풋 워런트의 경우 기초자산 가격이 하락하면 주식워런트증권의 가격은 상승한다.

핵심포인트 해설 | ELW의 이해

개별 주식 및 주가지수 등의 기초자산을 만기 시점에 미리 정하여진 가격으로 사거나 팔 수 있는 권리를 나타내는 옵션(콜옵션, 풋옵션)

특징	기능
• 레버리지 효과 • 한정된 손실위험 • 위험의 헤지 • 양방향성 투자수단 • 유동성의 보장	• 투자수단의 다양화 • 저비용 소액투자 • 가격 효율성 증대

(1) ELW의 종류

종류	• 콜 워런트 : 기초자산 가격 상승 ⇨ 주식워런트증권의 가격 상승 • 풋 워런트 : 기초자산 가격 하락 ⇨ 주식워런트증권의 가격 상승
구조	• 유러피안 콜옵션과 풋옵션 • 이색옵션(exotic option) 　· 디지털옵션 : 일정 수준에 도달 시 미리 정해진 고정수익으로 확정 지급 　· 배리어옵션 : 녹아웃(knockout) 또는 녹인(knock-in)옵션

(2) ELW 권리행사

구 분	만기평가가격 > 행사가격	만기평가가격 < 행사가격
콜 ELW	권리 행사	권리 포기
풋 ELW	권리 포기	권리 행사

정답 | ①

14

주식워런트증권(ELW) ★★

주식워런트증권(ELW : Equity Linked Warrant)에 대한 설명으로 잘못된 것은?

① ELW는 특정 기초자산을 사전에 정한 일정 가격(행사가격)으로 미래 특정 시점(만기)에 사거나(Call) 팔 수 있는(Put) 권리를 갖는 증권이다.
② 콜 워런트는 기초자산의 가격 상승 시 이익이 발생할 수 있다.
③ 풋 워런트는 기초자산의 가격 하락 시 이익이 발생할 수 있다.
④ 손익분기점은 만기에 ELW 1증권을 행사하여 얻을 수 있는 기초자산의 수이다.

용어 알아두기

주식워런트증권(ELW)	특정 대상물(예를 들어 주식)을 사전에 정한 미래의 시기에 미리 정한 가격(행사가격)에 사거나(Call) 팔 수 있는(Put) 권리이다.

TIP 만기에 ELW 1증권을 행사하여 얻을 수 있는 기초자산의 수는 전환비율이다.

핵심포인트 해설 — ELW의 가격결정과 투자지표, 투자전략

(1) ELW의 가격
① 가격구조 : 가격 = 행사가치 + 시간가치
② 가격결정요인 : 투자자의 매수·매도에 의한 가격결정

가격결정요인	Call ELW	Put ELW
기초자산 시장가격	⇧	⇩
행사가격	⇩	⇧
변동성	⇧	⇧
잔존만기기간	⇧	⇧
이자율	⇧	⇩
배당수익률	⇩	⇧

(2) 투자지표
- 민감도지표(델타, 감마, 세타, 베가, 로)
- 전환비율 : 만기에 ELW 1증권을 행사하여 얻을 수 있는 기초자산의 수
- 손익분기점(콜ELW) : 행사가격 + ELW가격/전환비율
- 패리티(콜ELW) : (주식가격/행사가격) × 100

(3) 투자전략
① 레버리지전략
② 프로텍티브풋(Protective put) 전략
③ 변동성 매수전략(Straddle과 Strangle 전략)

정답 | ④

주가지수연계증권(ELS) ★★★

주가연동 금융상품에 대한 설명 중 잘못된 것은?

① ELD와 ELS는 은행과 증권사가 자체 신용을 바탕으로 원금보장구조로 발행할 수 있다.
② 원금보장형 ELS 또는 ELD는 발행사인 증권사나 은행이 파산하지 않으면 원금이 보장된다.
③ ELF는 운용사가 집합투자기구의 운용을 직접 담당하므로 제한적으로 원금보장상품을 제공할 수 있다.
④ ELD는 은행이 부도나거나 지급정지되지 않는 한 원금보장이 가능하므로 보수적인 투자자에게 적합하다.

TIP 주가지수연계펀드(ELF)는 운용사가 집합투자기구의 운용을 담당하는 대리인이므로 실적배당상품인 ELF에 대하여 '원금보장'이라는 표현을 사용할 수 없고, '원금보존추구형'으로는 가능하다.

핵심포인트 해설 　 주가지수연계증권(ELS)

① 특징 : 안정성, 수익성, 확장성, 다양성
② 수익실현 방식 : 낙아웃(Knock-Out)형, 불스프레드(Bull Spread)형, 디지털(Digital)형, RC(Reverse Convertible)형

낙아웃형	투자기간 중 사전에 정해둔 주가수준에 도달하면 확정된 수익으로 조기상환, 그 외는 만기 시 주가에 따라 수익이 정해짐
불스프레드형	만기시점의 주가수준에 비례하여 손익을 얻되, 최대수익 및 손실이 일정 수준으로 제한
디지털형	만기 시 주가가 일정 수준을 상회하는지 여부에 따라 사전에 정한 두 가지 수익 중 한 가지를 지급
RC형	미리 정한 하락폭 이하로 주가가 하락하지만 않으면 사전에 약정한 수익률 지급, 동 수준 이하로 하락 시 원금 손실 발생

③ 주가지수연동상품 비교 　 *셋 중 유일한 예금자보호상품*

구 분	ELD	ELS	ELF
취급기관	은 행	증권사	자산운용사, 투신사
투자형태	예금가입	유가증권	펀드매수
상환보장 여부	원금보장	발행사 지급보장	성과에 따른 지급
수익결정	사전 약정에 따름	원금보장형/비보장형	실적배당
예금자보호 여부	보 호	비보호	비보호

④ 파생연계증권(DLS)와 파생연계펀드(DLF)

DLS	비상장증권의 일종, 증권사발행, 기초자산가격이 정해진 범위 내에서 움직이면 약정 수익 얻음
DLF	DLS와 동일한 수익구조를 가지나 펀드상품임

정답 | ③

16 펀드상품 ★★★

다음 중 집합투자기구의 개념에 대한 설명으로 옳지 않은 것은?

① 집합투자기구는 2인 이상의 투자자로부터 자금을 모아 증권 등에 투자하는 상품이다.
② 투자신탁은 법인격이 존재하는 회사형 집합투자기구이다.
③ 사모펀드는 49인 이하의 투자자를 대상으로 모집된다.
④ 단기금융펀드는 단기금융상품에 투자하는 펀드이다.

TIP 투자신탁은 계약형으로 법인격이 존재하지 않는다.

핵심포인트 해설 — 펀드상품

(1) 집합투자기구의 개념과 형태
① 개념 : 2인 이상의 투자자로부터 자금을 모아 증권 등의 자산에 투자·운용하고 그 결과를 투자자에게 귀속시키는 상품(펀드)
② 분류
 ㉠ 법률적 명칭 : 투자신탁은 계약형(법인격 없음), 투자회사는 회사형(법인격 존재)
 ㉡ 환매 허용 여부 : 개방형 펀드, 폐쇄형 펀드(90일 이내 상장)
 ㉢ 펀드의 모집방법 : 다수인을 대상으로 하는 공모, 49인 이하를 대상으로 하는 사모

(2) 운용대상에 따른 분류
 ㉠ 증권펀드 : 펀드의 50%를 초과하여 증권(채권, 주식)에 투자하는 펀드
 ㉡ 부동산펀드 : 펀드의 50%를 초과하여 부동산 등에 투자하는 펀드
 ㉢ 특별자산펀드 : 증권 및 부동산을 제외한 대상자산에 50%를 초과하여 투자하는 펀드
 ㉣ 혼합자산펀드 : 투자비율의 적용을 받지 않는 펀드
 ㉤ 단기금융펀드(MMF) : 단기금융상품에 투자하는 펀드

정답 | ②

17

펀드상품 ★★★

다음 중 특수한 형태의 집합투자기구에 대한 설명으로 옳지 않은 것은?

① 환매금지형 집합투자기구는 펀드 자산총액의 20%를 초과하여 시장성 없는 자산에 투자할 수 있다.
② 종류형 집합투자기구는 보수나 수수료의 차이로 기준가격이 다른 집합투자증권을 발행한다.
③ 전환형 집합투자기구는 집합투자자가 소유한 집합투자증권을 다른 집합투자기구의 증권으로 전환할 수 있다.
④ 상장지수집합투자기구는 환매가 허용되지 않으며, 30일 이내에 상장되어야 한다.

TIP 상장지수집합투자기구(ETF)는 환매가 허용되며, 30일 이내에 상장되어야 한다.

핵심포인트 해설   특수한 형태의 펀드

(1) 환매금지형 집합투자기구(폐쇄형 펀드)
  ① 폐쇄형 펀드로 설립해야 하는 경우 : 집합투자기구가 부동산펀드, 특별자산펀드, 혼합자산펀드, 펀드 자산총액의 20%를 초과하여 시장성 없는 자산(부동산, 특별자산 등)에 투자하는 펀드
  ② 집합투자증권의 상장 및 등록 : 최초로 발행한 날부터 90일 이내에 상장
  ③ 펀드 존속기간의 설정 : 존속기간을 정한 집합투자기구에 한하여 폐쇄형으로 만들 수 있음

(2) 종류형 집합투자기구(Class Fund)
  집합투자기구에 부과되는 보수나 수수료의 차이로 인하여 기준가격이 다른 수종의 집합투자증권을 발행하는 집합투자기구

(3) 전환형 집합투자기구(Umbrella Fund)
  복수의 집합투자기구 간에 공통으로 적용되는 집합투자규약에 의하여 각 집합투자기구의 집합투자자가 소유하고 있는 집합투자증권을 다른 집합투자기구의 집합투자증권으로 전환할 수 있는 권리를 집합투자자에게 부여하는 구조의 집합투자기구

(4) 모자형 집합투자기구(Master-Feeder Fund)
  ① 다른 집합투자기구(모펀드)가 발행하는 집합투자증권을 취득하는 구조의 집합투자기구(자펀드)
  ② 규제
    ㉠ 자펀드가 모펀드 외의 다른 펀드에 투자하지 말 것
    ㉡ 자펀드와 모펀드의 집합투자업자가 동일할 것
    ㉢ 자펀드 외의 자가 모펀드에 투자하지 말 것

(5) 상장지수집합투자기구(ETF)
  ① 인덱스펀드의 지수추적오차 문제를 제거하기 위해 일정단위 이상의 증권 실물 설정과 환매 가능
  ② ETF 요건 : 환매가 허용될 것, 30일 이내에 상장될 것

정답 | ④

18

기타 금융투자상품 ★★★

다음 중 CMA(Cash Management Account)에 대한 설명으로 옳지 않은 것은?

① CMA는 현금 자산 관리 계좌로 입출금이 자유롭다.
② CMA는 주식, 채권, 펀드, 신탁 매입 자금으로의 이체 기능을 제공한다.
③ CMA는 예금자 보호법의 적용을 받는 상품이다.
④ CMA는 MMF, RP, MMW형, 발행어음 등 다양한 상품으로 구성된다.

용어 알아두기

CMA	고객이 맡긴 예금을 어음이나 채권에 투자하여 그 수익을 고객에게 돌려주는 실적배당 금융상품이다.

TIP CMA는 일반적으로 예금자 보호법의 적용을 받지 않으며, 원금 손실의 위험이 있다.

핵심포인트 해설   증권사 CMA

› 실적배당상품임을 잊지 말 것

(1) 정의 : CMA(Cash Management Account)는 현금 자산 관리 계좌로, 입출금이 자유롭고 다양한 금융 서비스와 결제 기능을 제공하는 상품
(2) 주요 기능 : 주식, 채권, 펀드, 신탁 매입 자금으로의 이체, 급여 이체, 카드 결제 공과금 이체 등을 지원하며, ATM을 통한 입출금 서비스도 가능
(3) 상품 종류 : MMF, RP, MMW(수시입출금 가능 랩), 발행어음 등 네 가지 주요 상품으로 나뉘며, 각 상품은 고수익을 추구하면서도 입출금의 자유로움을 제공
(4) 편리성 : CMA는 다양한 부가 서비스를 통해 사용자에게 편리함을 제공하며, 상대적으로 높은 수익률을 제시함

정답 | ③

제1장 금융상품분석

기타 금융투자상품 ★★★

자산종합관리계좌(Wrap Account)에 관한 설명 중 잘못된 것은?

① 고객과 긴밀한 관계가 형성된다.
② 매매횟수에 따라 수수료가 부과되고, 투자상담사의 독립성이 강화된다.
③ 일괄수수료 지불로 고객은 불필요한 서비스 대가에 대한 수수료를 지불할 수 있다.
④ 일반적으로 일임형·자문형·펀드형 랩어카운트 등으로 구분된다.

용어 알아두기

랩어카운트	여러 종류의 자산운용 관련 서비스를 하나로 싸서(Wrap) 고객의 기호에 적합하게 제공하는 자산종합관리계좌이다.

TIP 자산규모를 근거로 운용수수료를 부과하고, 투자상담사의 독립성이 약화된다.

핵심포인트 해설 — 랩어카운트

→ 유형 : 일임형 랩어카운트, 자문형 랩어카운트, 펀드형 랩어카운트

구 분	장 점	단 점
고 객	• 증권사 및 영업직원과의 이익상충 가능성이 적음 • 소액으로 전문가 서비스 가능 • 고객수요에 맞는 주문형 상품 가능 • 거래 많아도 단일수수료 • 영업직원에 대한 의존 탈피	• 주가하락 시 상대적으로 수수료 부담 증가 • 일괄수수료로 불필요한 서비스 대가 지불
영업직원	• 고객과의 이익상충 가능성이 없음	• 증권회사에 대한 독립성이 약화 • 거래 기준 시보다 보수가 감소
금융투자회사	• 자산규모를 근거로 운용수수료를 부과함으로써 증권회사의 전략과 일치 • 안정적인 수익기반 확보 • 고객의 신뢰획득 가능 및 이익상충이 적음 • 고객과의 관계가 긴밀해져 장기고객으로 유도할 수 있음 • 투자상담사의 독립성이 약화되고, 소속의식이 강화됨	• 영업직원에 대한 재교육이 필요함 • Wrap 계정에 대응하기 위한 체제구축 필요 • 수수료 수입이 감소할 가능성 존재
투자자문업자	• 고객저변의 확대 • 수수료에 관계없이 신축적 운용 가능 • 일부 사무비용 절감	• 운용보수의 감소 • 시장상황에 관계없이 수수료 이상의 운용성적 요구 부담

정답 | ②

20

보장성 금융상품 ★

보장기간이 평생이며 사망원인에 관계없이 사망보험금이 지급되는 대표적인 보장성보험 상품은?

① 연금보험 ② 종신보험
③ 변액보험 ④ 건강보험

TIP 종신보험에 대한 설명이다. 종신보험은 획일적으로 만들어진 상품이 아니며 고객의 개인별 수요 및 재정상태를 충분히 파악한 뒤 보장 프로그램을 설계할 수 있다.

핵심포인트 해설 주요 보장성 금융상품

(1) 연금보험
 ① 장래 노후생활 준비는 물론 장기 저축성 상품으로서도 큰 장점을 가진 상품임
 ② 10년 이상 유지 시 보험차익에 대한 0 자소득세를 비과세하는 혜택도 부여됨

(2) 종신보험
 ① 보장기간이 평생(종신)이며 사망원인에 관계없이 사망보험금이 지급되는 대표적인 보장성보험 상품임
 ② 획일적으로 만들어진 상품이 아니며 고객의 개인별 수요 및 재정 상태를 충분히 파악한 뒤 보장 프로그램을 설계함

(3) 건강보험
 ① 개인의 의료비 부담 완화를 위해 정액 의료비를 지급하거나 실의료비를 보장하는 상품임
 ② 종신보험과 마찬가지로 재무상황 및 필요성에 따라 맞춤형으로 설계해 각종 특약을 선택함으로써 다양한 보장을 받을 수 있음

(4) 변액보험
 ① 보험의 기능에 투자의 기능을 추가한 일종의 간접투자 상품으로 보장도 받으면서 투자수익도 기대할 수 있는 보험상품임
 ② 정액보험과 달리 변액보험은 지급되는 보험금이 투자수익에 따라 달라지는 것이 특징임
 ③ 다른 간접투자상품과 달리 위험보장이 기본적으로 전제되며 특약을 통해 다양한 보장을 추가로 받을 수 있음
 ④ 인플레이션으로 인한 보장자산가치 하락에 대한 보완기능이 가장 큰 특징임

(5) 연금저축보험 : 노후자금을 받을 수 있을 뿐만 아니라 시중 금리 변화를 반영하는 공시이율로 부리, 적립되어 일정한 고수익을 보장해주는 저축기능도 가지고 있음

(6) 장기저축성보험
 ① 저축기능과 보장성 기능을 겸한 실세금리연동형 또는 금리확정형 상품임
 ② 10년 이상 가입 시에는 비과세 혜택도 받을 수 있음

(7) CI보험
 ① 갑작스런 사고나 질병으로 중병상태가 계속될 때 보험금의 일부를 미리 지급받을 수 있는 보험
 ② 보험금 지급사유가 발생하면 사망보험금의 통상 50 ~ 80%를 미리 받을 수 있고, 사망 시 잔여액을 사망보험금으로 받을 수 있음

(8) 실손의료보험
 ① 상해 또는 질병으로 인하여 입원, 통원치료 시에 발생한 의료비를 보장하는 실손보상형 보험임
 ② 실제 발생한 진료비에 대해 '급여 중 환자 본인부담금 + 비급여 의료비 – 일정 수준의 본인부담금'의 금액을 실비로 보장하는 상품임

정답 | ②

기타 금융상품 ★★★

개인종합저축계좌(ISA : Individual Savings Account)**에 대한 설명으로 잘못된 것은?**

① 저금리·저성장 시대에 개인의 종합적 자산관리를 통해 재산형성을 지원하려는 취지로 도입되었다.
② 한 계좌에서 다양한 금융상품을 담아 운용할 수 있다.
③ 여러 금융상품 운용결과로 발생한 총이익을 기준으로 세제혜택이 부여된다.
④ 기존 소득공제 장기펀드(소장펀드)나 재형저축보다 가입자격이 낮다.

TIP 일정 기간 경과 후 여러 금융상품 운용결과로 발생한 이익과 손실을 통산한 후 순이익을 기준으로 세제혜택이 부여된다.

핵심포인트 해설   개인종합저축계좌(ISA : Individual Savings Account)

(1) ISA의 개요

목 적	• 재산증식
특 징	• 한 계좌에서 다양한 금융상품을 담아 운용 • 일정 기간 후 운용결과인 이익과 손실을 통산한 후 순이익 기준으로 세제혜택 • 기존 소장펀드나 재형저축보다 가입자격이 완화됨
유 형	• 중개형 • 신탁형 • 일임형
세제혜택	• 순이익 기준으로 가입자의 소득수준에 따라 200 ~ 400만원까지 비과세 • 비과세 한도를 초과하는 순이익은 저율(9.9%)로 분리과세

(2) ISA 가입요건과 세제혜택

구 분	일반형	서민형	농어민형
가입요건	만 19세 이상 또는 직전년도 근로소득 있는 15~19세 거주자	총급여 5,000만원 또는 종합소득 3,800만원 이하 거주자	종합소득 3,800만원 이하 농어민
비과세 한도	200만원	400만원	400만원
비과세 초과분	분리과세(세율 9.9%)		
의무가입기간	3년		
중도인출	납입금 한도 내에서 횟수 제한 없이 가능		
납입한도	연간 2,000만원, 최대 1억원		

(3) ISA 종류와 특징

종 류	중개형	신탁형	일임형
투자방법	투자자가 직접 상품선택		전문가 일임
보수 및 수수료	투자 상품별	신탁보수	일임수수료

정답 | ③

22 기타 금융상품 ★★★

소득공제 장기펀드(소장펀드)에 대한 설명으로 잘못된 것은?

① 직전 과세연도의 종합소득이 3,500만원 이하인 근로소득자라면 누구나 가입할 수 있다.
② 납입한도는 연간 600만원이다.
③ 소득공제를 받기 위해서는 최소 5년 이상 가입하여야 한다.
④ 납입금액에 대해 소득공제를 해주는 상품이다.

TIP 가입 당시 직전 과세연도의 총급여액이 5,000만원 이하인 근로소득자라면 누구나 가입할 수 있다.

핵심포인트 해설 — 소득공제 장기펀드(소장펀드)

구 분		소장펀드	재형저축
상품 개요	도입목적	• 2030 젊은 층과 서민·중산층의 재산형성 지원 • 주식시장의 건전한 발전	• 서민·중산층의 자산형성 지원과 저축률 제고
	가입자격	• 총급여 5,000만원 이하 근로자	• 총급여 5,000만원 이하 근로자 • 종합소득 3,500만원 이하 사업자
	납입한도	• 연간 600만원	• 연간 1,200만원(분기당 300만원)
	가입기간	• 최소 5년 ~ 최장 10년	• 최소 7년 ~ 최장 10년
	운용제한	• 국내 주식 40% 이상 투자	–
	세제혜택	• 납입액의 40% 소득공제(연 240만원 한도)	• 이자·배당소득세 비과세(농어촌특별세 1.5%는 부과)
	세제혜택 효과	• 연간 600만원 납입 시 39.6만원(납입액 대비 6.6%)	• 연간 1,200만원 납입 시 7.56만원(납입액 대비 0.63%)
	원금보장 여부	• 비보장(실적배당형)	• 보장(원금보장형)

정답 | ①

기타 금융상품 ★★★

신탁에 대한 설명으로 가장 거리가 먼 것은?

① 수탁자가 신탁계약에 의해 신탁재산인 금전의 운용방법을 위탁자에게 지시하는 법률관계이다.
② 재산신탁은 통상 금전채권신탁, 유가증권신탁, 부동산신탁 등으로 구분한다.
③ 신탁이라는 법률관계가 성립하려면 신탁관계인, 신탁행위 및 신탁재산이라는 구성요소가 필요하다.
④ 재산을 중심으로 구성된 재산관계 제도의 일종이라고 할 수 있다.

TIP 신탁은 신탁설정자(위탁자)와 신탁을 인수하는 자(수탁자)와의 특별한 신임관계에 의하여 위탁자가 특정 재산권을 수탁자에게 이전하거나 기타 처분을 하고, 수탁자로 하여금 일정한 자(수익자)의 이익 또는 특정의 목적을 위하여 그 재산권을 관리·처분하게 하는 법률관계로서, 재산을 중심으로 구성된 재산관계제도의 일종이다.

핵심포인트 해설 | **투자성금융상품**

(1) 신탁의 개요
위탁자(투자자)가 신탁계약에 의해 신탁재산인 금전의 운용방법을 수탁자(금융회사)에게 지시, 수탁자는 위탁자의 운용지시에 따라 신탁재산을 운용한 후 수익자에게 그 실적을 배당하는 상품

(2) 분류
① 금전신탁 : 금전을 신탁재산으로 인수하는 형태를 총칭(특정금전신탁, 맞춤형 특정금전신탁, 분리과세 특정금전신탁 등)
② 재산신탁 : 신탁인수 시 신탁재산으로 유가증권·금전채권·부동산 등을 수탁하여 신탁계약 내용에 따라 관리·처분·운용한 후 신탁 종료 시에 금전 또는 신탁재산의 운용 현상 그대로 수익자에게 교부하는 신탁

(3) 재산신탁
① 금전채권신탁 : 일정한 금전의 급부를 목적으로 하는 양도 가능한 채권을 신탁
② 유가증권신탁 : 고객소유의 증권을 신탁재산으로 수탁
③ 부동산신탁 : 인수하는 신탁재산의 형태가 토지 및 그 정착물인 부동산이며 신탁목적에 따라 관리, 처분, 담보, 토지신탁으로 구분

정답 | ①

24

기타 금융상품 ★★★

금전의 운용대상, 운용방법 등을 고객(위탁자)이 주체적으로 지정하는 단독 운용방식 신탁상품으로 옳은 것은?

① 금전채권신탁 ② 특정금전신탁
③ 불특정금전신탁 ④ 재산신탁

용어 알아두기

금전신탁 (Money Trust) : 신탁은행이 고객에게 금전을 예탁받아 이를 대출, 사채의 매입 등에 활용하고 일정 기간 후 원금 또는 수익을 수익자에게 내주는 것이다. 금전신탁은 특정금전신탁과 불특정금전신탁으로 나뉘며, 불특정금전신탁은 내용상 펀드와 중복되므로 2004년부터 판매되지 않고 있다.

TIP 특정금전신탁에 대한 설명이다.

핵심포인트 해설 금전신탁상품

(1) **특정금전신탁** : 금전의 운용대상, 운용방법 등을 위탁자가 지정하는 단독 운용방식
  ① 투자자에게서 받은 금전을 고객이 지시하는 자산에 운용
  ② 투자자별로 펀드를 구성하기 때문에 투자자가 직접 투자하는 효과가 있음
  ③ 실적배당상품으로 원금보전이 불가함
  ④ 계약사항에 대해 별도의 계약서 발행

(2) **불특정금전신탁** : 위탁자가 금전의 운용방법을 특정하지 않고 수탁자에게 위임하여 수탁자가 임의로 합동운용한 후 신탁종료 시에 금전으로 환급하는 방식이며 2004년 7월부터 신규취급이 중지됨

(3) **금전신탁과 재산신탁 비교**

구 분	금전신탁	재산신탁
주요기능	재산형성	재산관리
운용방식	합동운용/단독운용 (특정금전신탁은 단독운용)	단독운용만 가능
신탁재산 교부	현금교부원칙	운용현상대로 교부원칙

정답 | ②

제1장 금융상품분석

기타 금융상품 ★★★

부동산신탁에 관한 설명으로 잘못된 것은?

① 고객소유의 부동산을 수탁받아 운용한다.
② 신탁재산에 대한 강제집행 및 경매금지로 신탁재산의 안정성이 보장된다.
③ 관리, 처분, 담보목적 등으로 이용된다.
④ 신탁재산에 따른 재산세 및 종합토지세가 면제된다.

TIP 신탁재산에 따른 양도세, 등록세가 면제된다. (단, 재산세 및 종합토지세 제외)

핵심포인트 해설 — 부동산신탁

(1) 의 의
고객소유의 부동산을 수익자의 이익 또는 신탁계약에 정한 바에 따라 관리, 처분, 담보 및 개발을 목적으로 수탁받아 운용하고 신탁종료 시 그 현 상태로 교부하는 신탁상품

(2) 특 징
① 신탁재산의 안정성 : 신탁재산에 대한 강제집행 및 경매금지
② 신탁재산에 따른 양도세, 등록세 면제(재산세 및 종합토지세 제외)
③ 부동산관리의 편리성

(3) 종 류
① 부동산관리신탁
② 부동산처분신탁
③ 부동산담보신탁
④ 부동산토지신탁

정답 | ④

26

기타 금융상품 ★★★

금융상품 중 가입 시 확정된 실세금리를 보장받는 상품끼리 묶은 것은?

| ㉠ CD | ㉡ 발행어음 | ㉢ CMA | ㉣ 표지어음 | ㉤ MMF |

① ㉠, ㉡, ㉢
② ㉠, ㉡, ㉣
③ ㉡, ㉢, ㉤
④ ㉡, ㉣, ㉤

용어 알아두기

CD	정기예금에 양도성을 부여한 것으로 무기명할인식으로 발행한다.
표지어음	금융기관이 기업으로부터 매입(할인)해 보유하고 있는 상업어음이나 외상매출채권을 다시 여러 장으로 쪼개거나 한데 묶어 액면금액과 이자율을 새로이 설정해 발행하는 어음이다.
발행어음	종금사나 증권금융사가 영업자금 조달을 위해 자체 신용으로 발행, 자발어음이라고도 한다.

TIP CMA와 MMF는 가입 시 실세금리를 반영하는 것이 아니라 실적배당률에 따라 수익률이 결정된다.

핵심포인트 해설 — CD, 표지어음, 발행어음 비교

↗ 실세금리 연동형 확정금리

양도성예금증서 (CD)	• 취급기관 : 발행은 은행이 하고 유통은 종합금융회사와 증권회사가 함 • 이자지급 : 예치기간에 액면금액이자를 액면금액에서 차감하여 발행한 후 만기지급 시 증서소지인에게 액면금액을 지급(할인식) • 만기 전에 은행에서의 중도해지는 불가능하고, 유통시장을 통해서 매각하여 현금화함
표지어음	• 금융기관이 표지어음의 발행인 및 지급인이 되므로 안정성이 높은 편이며, 만기 전 중도해지가 불가능하나 배서에 의한 양도는 가능
발행어음	• 의의 : 종합금융회사나 증권금융회사가 영업자금 조달을 위해 자체 신용으로 발행하는 융통어음 • 가입한도 : 제한 없음 • 실세금리 연동형 확정금리, 예금자보호대상 • 중도환매 가능하나 일정 수준의 중도해지 이자율 적용 • 기업어음(CP)에 비해 수익률은 다소 낮음

정답 | ②

기타 금융상품 ★★★

다음 중 연금저축에 대한 설명으로 옳지 않은 것은?

① 연금저축은 개인의 노후생활을 위해 적립하는 장기 금융상품이다.
② 연금저축의 세액공제 한도는 연간 600만 원이다.
③ 연금저축은 가입 후 5년이 경과하면 언제든지 수령할 수 있다.
④ 연금소득세는 수령자의 나이에 따라 다르게 적용된다.

TIP 연금저축은 가입 후 5년이 경과한 후 55세 이상부터 수령할 수 있다.

핵심포인트 해설 　 연금저축

개 요	• 일정 금액을 적립하여 연금으로 원리금을 수령할 수 있는 장기 금융상품 • 취급기관별로 은행의 연금저축신탁(신규판매×), 보험사의 연금저축보험, 자산운용사의 연금저축펀드
가입대상	• 누구나
납입한도	• 연간 1,800만원 + ISA계좌 만기금액 + 1주택 고령가구 주택 다운사이징 차액(1억원 한도)
세액공제한도	• 연간 600만원 + ISA 만기 전환금액의 10%(연간 최대 300만원)
공제율	• 소득에 따라 16.5%, 13.2% 차등적용
연금수령	요 건	• 가입 후 5년 경과, 만 55세 이후
	과 세	• 연금 수령 시 : 연령별 차등적용 • 연금 외 수령 시(중도해지 등) 　· 기타소득세 16.5%(분리과세) 　· 부득이한 사유(특별중도해지사유) 해당 시 : 3.3 ~ 5.5%로 분리과세 　　(천재지변, 사망 또는 해외이주, 파산선고, 개인회생 등)

정답 | ③

28

기타 금융상품 ★★★

주택연금(역모기지론)에 관한 설명으로 가장 거리가 먼 것은?

① 주택소유자가 주택에 저당권을 설정하고 금융기관으로부터 연금의 방식으로 노후생활자금을 대출받는 것을 말한다.
② 종신방식, 확정기간방식, 대출상환방식 등이 있으며 대출금리는 변동금리이다.
③ 종신지급방식에서 가입자가 사망할 때까지 지급받은 주택연금 대출 원리금이 담보주택가격을 초과하는 경우에는 초과 지급된 금액에 대해서 법정상속인이 상환해야 한다.
④ 주택연금은 주택소유자 또는 배우자 중 연장자가 만 55세 이상인 경우 신청이 가능하다.

용어 알아두기

| 주택연금 | 고령자가 자신이 소유한 주택을 담보로 제공하고 금융기관으로부터 노후생활자금을 매달 연금처럼 지급받는 대출이다. |

TIP 주택연금 가입자가 사망할 때까지 지급받은 주택연금 대출 원리금이 담보주택가격을 초과하는 경우라도 지급된 금액을 법정상속인이 상환하여야 할 의무는 없다.

핵심포인트 해설 　주택연금

(1) 개요
주택을 소유하고 있으나 특별한 소득원이 없는 고령자가 주로 이용

(2) 특징
① 대상 : 부부 중 연장자가 만 55세 이상
② 대상주택 : 공시가격 9억원 이하인 주택(주거용 오피스텔도 가능)
③ 지급방식 : 종신방식, 확정기간방식, 대출상환방식 등
④ 대출금리 : 3개월 CD금리 + 1.1%, COFIX + 0.85% 고정이 아닌 변동금리임
⑤ 대출금 상환 : 계약 종료 시 담보주택 처분가격 범위 내

상환시점	상환할 금액	비고
주택가격 > 대출잔액	대출잔액	남은 돈은 상속인에게 돌려줌
주택가격 < 대출잔액	주택가격	부족한 돈을 상속인에게 청구하지 않음

정답 | ③

금융상품과 세금 ★★

다음 금융상품 중 절세유형이 비과세가 아닌 것은?

① 보험사의 저축성 보험
② 농어가목돈마련저축
③ 월 적립식 저축성보험
④ 연금저축

TIP 연금저축은 비과세가 아니라 세액공제가 되는 금융상품이다.

핵심포인트 해설 | 절세 금융상품의 종류 및 절세유형

(1) 금융상품의 세금
① 세금감면혜택이 없는 일반저축상품 : 소득세(14%) + 주민세(1.4%) = 15.4% 과세
② 절세금융상품은 세금 혜택 정도에 따라 비과세, 세액공제, 소득공제, 세금우대로 구분

(2) 절세 금융상품의 종류 및 절세유형

금융상품	판매회사	절세유형
ISA	은행, 증권사, 보험사	비과세·분리과세
비과세해외주식 투자전용펀드	은행, 증권사	비과세
연금저축(신탁/연금/보험)	은행, 증권사, 보험사	세액공제
퇴직연금(IRP/DC형) (가입자 추가 납입분)	은행, 증권사, 보험사, 근로복지공단	
주택청약종합저축	은 행	소득공제
저축성보험	보험사	비과세
저축성보험(기타)		
비과세종합저축	전 금융기관	
조합출자금	농협, 수협, 산림조합, 신협	과세특례
조합예탁금		
농어가목돈마련저축		비과세

정답 | ④

30

예금보험제도 ★★★

투자자 A는 현재 B은행에 다음과 같은 금융상품을 가지고 있다. B은행이 파산하여 금융상품을 지급할 수 없게 되었을 경우 A가 보호받을 수 있는 금액은?

- 정기예금의 원금 : 7,500만원
- 상호부금 : 3,000만원
- 양도성예금증서 : 2,000만원

① 7,500만원
② 9,500만원
③ 1억원
④ 1억 500만원

TIP 보호한도는 원금과 소정의 이자를 포함하여 1인당 1억원이며, 양도성예금증서는 예금자보호대상이 아니다.

핵심포인트 해설 — 예금보험제도

(1) 개요
① 예금보험제도 : 금융기관이 경영부실이나 파산 등으로 예금을 지급할 수 없을 때 제3자인 예금보험기관이 대신하여 예금을 지급해주는 제도
② 가입기관
  ㉠ 은행·증권회사(투자매매·중개업자), 보험회사·종합금융회사·상호저축은행 등 5개 금융권
  ㉡ 농·수협중앙회 및 은행법의 적용을 받는 외국은행의 국내지점
③ 보호금액 : 금융기관별 1인당 최고 1억원(원금 + 소정이자) ※ 법령개정 이전 보호금액은 5,000만원
   → 약정이자(×)
④ 보호상품 : 예금을 보호(실적배당상품 비보호)

보호	비보호
• 표지어음, 발행어음(자발어음)	• CD, RP, CP
• 개인연금, 퇴직연금	• 청약자예수금
• MMDA, 종금사 CMA, ELD	• MMF, 증권사 CMA, ELS, ELF
• 개인보험, 퇴직보험	• 변액보험

⑤ 보험금 지급사유 : 예금의 지급정지, 인가취소·해산·파산, 계약이전, 금융기관의 합병

(2) 예금보험금액의 한도
① 한도금액인 보호금액 1억원으로, 예금의 종류별 또는 지점별 보호금액이 아니라 동일한 금융기관 내에서 예금자 1인이 보호받을 수 있는 총금액
② 예금자 1인이라 함은 개인뿐만 아니라 법인도 대상
③ 예금의 지급이 정지되거나 파산한 금융기관의 예금자가 해당 금융기관에 대출이 있는 경우에는 예금에서 대출금을 먼저 상환(상계)시키고 남은 예금을 기준으로 보호

정답 | ③

예금보험제도 ★★★

다음 중 예금보험공사가 예금보험금을 지급하는 사유로 적절한 것은?

① 금융회사가 고객의 예금을 잘못 이체한 경우
② 금융회사가 지급불능 상태에 빠져 예금 지급이 불가능한 경우
③ 고객이 금융상품 투자로 손실을 본 경우
④ 금융회사가 예금 금리를 약속한 수준보다 낮게 지급한 경우

TIP 예금보험금은 금융회사가 파산, 영업 정지, 지급불능 등의 이유로 예금을 지급할 수 없는 경우 지급된다. 금융회사의 단순한 실수, 투자 손실, 약정 금리 미준수 등은 예금보험 지급 대상이 아니다.

핵심포인트 해설   기타 예금자보호관련 사항

(1) 예금보험금이 지급되는 경우
  ① 금융기관의 지급정지 : 경영 정상화 가능성을 조사한 후 불가능하다고 판단되면 예금보험공사가 예금을 대신 지급
  ② 금융기관이 인가 취소·해산·파산
  ③ 계약이전 : 부실 금융기관의 자산과 부채가 다른 금융기관으로 이전될 때 일부 예금이 승계되지 않으면 보호대상 예금에 한해 보험금이 지급
  ④ 금융기관의 합병 : 1년간 각각 1억원까지 보호되며 이후에는 통합 적용

(2) 예금자보호법이 적용되지 않는 기관의 예금자보호
  ① 우체국예금 : 국가가 전액 지급 보장
  ② 상호금융(지역농·축협, 지구별 수협 및 지역산림조합) : 별도 기금
  ③ 새마을금고 : 별도 기금
  ④ 신용협동조합(출자금 제외) : 별도 기금

정답 | ②

fn.Hackers.com

출제예상문제

☑ 다시 봐야 할 문제(틀린 문제, 풀지 못한 문제, 헷갈리는 문제 등)는 문제 번호 하단의 네모박스(□)에 체크하여 반복학습하시기 바랍니다.

01 중요도 ★★
다음 중 일반은행에 속하지 않는 것은?
① 시중은행
② 지방은행
③ 외국은행 국내지점
④ 산업은행

02 중요도 ★★★
다음 중 특수은행으로 모두 묶인 것은?

㉠ 농협중앙회	㉡ 한국산업은행	㉢ 한국수출입은행
㉣ 중소기업은행	㉤ 수협중앙회	㉥ 한국은행
㉦ 우체국	㉧ 새마을금고	

① ㉠, ㉡, ㉢, ㉣, ㉤
② ㉠, ㉢, ㉥, ㉦, ㉧
③ ㉡, ㉢, ㉣, ㉤, ㉥
④ ㉡, ㉤, ㉥, ㉦, ㉧

03 중요도 ★★★
다음 중 등록만으로 영위할 수 있는 금융투자업으로 옳은 것은?
① 투자매매업
② 투자일임업
③ 집합투자업
④ 신탁업

04 중요도 ★★
다음의 보기에 해당하는 금융회사로 옳은 것은?

- 금산분리의 원칙이 적용된다.
- 주식 또는 지분의 소유를 통하여 금융 관련 회사를 지배한다.
- 순환출자, 상호출자 등을 통해 자회사 간에 위험이 전이되는 것을 막는다.

① 금융투자업자
② 증권금융회사
③ 금융지주회사
④ 투자자문회사

05 중요도 ★★

고수익·고위험 사업을 시작하는 기업에 지분인수를 대가로 투자자금을 공급하거나 기업 인수·합병·구조조정 등을 통해 수익을 추구하는 금융기관으로 옳은 것은?

① 중소기업창업투자회사
② 여신전문금융회사
③ 대부업자
④ 증권금융회사

06 중요도 ★★★

대부업자에 관한 설명으로 잘못된 것은?

① 5년마다 등록을 갱신해야 한다.
② 최저자본금 등 진입요건, 영업지역 제한, 자금조달 등의 규제가 없다.
③ 미등록 대부업자는 대부중개, 채권추심이 불가하다.
④ 소액자금을 신용도가 낮은 소비자에게 대부하거나 중개한다.

07 중요도 ★★★

다음 중 요구불예금으로만 묶인 것은?

① 보통예금 – 당좌예금
② 공공예금 – 정기예금
③ 당좌예금 – 정기적금
④ 가계 당좌예금 – MMDA

정답 및 해설

01 ④ 농·수협중앙회, 기업은행, 산업은행, 수출입은행은 특별법에 의하여 설립된 특수은행에 속한다.
02 ① 특수은행은 한국산업은행, 한국수출입은행, 중소기업은행, 농·수협중앙회이다.
03 ② 투자일임업과 투자자문업은 등록대상 금융투자업이고 나머지는 모두 인가대상이다.
04 ③ 금융지주회사에 대한 설명이다.
05 ① 벤처캐피탈회사에 대한 설명이다. 벤처커피탈회사의 종류로는 신기술사업금융회사, 중소기업창업투자회사가 있다.
06 ① 3년마다 등록을 갱신해야 한다.
07 ① 정기예금, 정기적금, MMDA는 저축성예금이다.

08 중요도 ★★★
주택청약종합저축에 대한 설명으로 가장 적절한 것은?

① 소득공제의 대상자는 총급여액이 5,000만원 이하 근로자인 무주택세대주이다.
② 매월 5만원 이상 30만원 이하의 금액을 자유롭게 적립할 수 있다.
③ 계약기간은 국민주택 등을 신규청약하는 시점까지이다.
④ 주택청약종합저축은 예금자보호법에 의해 보호되지 않는다.

09 중요도 ★★
다음 중 지분증권으로 볼 수 있는 것은?

① 기업어음증권
② 유한회사의 출자지분
③ 신탁의 수익권이 표시된 증권
④ 정부에 대한 지급청구권

10 중요도 ★★★
다음 중 채무증권으로 볼 수 없는 것은?

① 신주인수권
② 사채권
③ 국채증권
④ 기업어음증권

11 중요도 ★★
다음 중 파생결합증권에 대한 설명으로 잘못된 것은?

① 공동사업의 결과에 따른 손익을 귀속받는 계약상의 권리가 표시된 것이다.
② 기초자산의 가격 등의 변동과 연계하여 지급금액 또는 회수금액이 결정되는 권리가 표시된 것이다.
③ 대표적인 상품으로 주식워런트증권(ELW)가 있다.
④ 대표적인 상품으로 주가지수연계증권(ELS)이 있다.

12 중요도 ★★
실세금리반영 금융상품과 거리가 먼 것은?

① 양도성예금증서(CD) ② 발행어음
③ 표지어음 ④ 재형저축

정답 및 해설

08 ④ ① 총급여액이 7,000만원 이하 근로자인 무주택세대주이다.
② 매월 2만원 이상 50만원 이하의 금액을 자유롭게 적립할 수 있다.
③ 계약기간은 입주자로 선정될 때까지(당첨 시)이다.

09 ② 기업어음증권, 지급청구권은 채무증권이다. 신탁의 수익권이 표시된 증권은 수익증권이다. 지분증권은 주권, 신주인수권이 표시된 것으로 법률에 의하여 직접 설립된 법인이 발행한 출자증권, 상법에 따른 합자회사·유한회사·익명조합의 출자지분, 민법에 따른 조합의 출자지분, 그 밖에 이와 유사한 것으로서 출자지분이 표시된 것이다.

10 ① 주권, 신주인수권은 지분증권이다.

11 ① 해당 설명은 투자계약증권에 해당하는 설명이다. 투자계약증권은 특정 투자자가 그 투자자와 타인 간의 공동사업에 금전 등을 투자하고 주로 타인이 수행한 공동사업의 결과에 따른 손익을 귀속받는 계약상의 권리가 표시된 증권이다.

12 ④ 실세금리반영 금융상품에는 양도성예금증서(CD), 발행어음, 표지어음, 금융채, 후순위채 등이 있다. 재형저축은 서민의 재산 형성을 돕기 위한 적립식 장기 저축상품이다.

13 중요도 ★

다음 중 은행의 예금상품에 관한 설명이 잘못된 것은?

① 보통예금은 가입대상, 예치금액, 예치기간, 입출금 횟수 등에 제한이 없다.
② 가계당좌예금은 신용상태가 양호한 개인이 수표발행을 위해 가입한다.
③ 저축예금은 개인을 대상으로 하며, 예치한도 및 예치기한에는 제한이 없다.
④ MMDA는 예치기간에 따라 이자율을 차등적용한다.

14 중요도 ★★

다음 중 특별자산펀드에 대한 설명으로 옳지 않은 것은?

① 특별자산펀드는 전체 자산의 50%를 초과하여 실물 자산에 투자하는 펀드이다.
② 특별자산펀드는 증권 및 부동산에 주로 투자하는 펀드이다.
③ 특별자산펀드는 폐쇄형으로 설정되어 환매가 일정 기간 금지된다.
④ 특별자산펀드는 항공기, 예술품, 선박 등 다양한 자산에 투자할 수 있다.

15 중요도 ★★★

다음 중 모자형 펀드에 대한 설명으로 옳지 않은 것은?

① 모자형 펀드는 여러 투자자가 자금을 모아 하나의 모펀드에 투자하는 구조이다.
② 자펀드는 모펀드에 직접 투자할 수 있으며, 모든 자산운용과 거래활동은 자펀드에서 수행된다.
③ 모자형 펀드는 세금 효율성을 높이고 운영 비용을 절감하는 데 유리하다.
④ 모펀드는 모든 투자자의 수익을 비례적으로 분배하며, 자펀드는 자펀드의 수익을 공유한다.

16 단기금융상품에 대한 설명으로 잘못된 것은? (중요도 ★★)

① 표지어음은 금융기관이 기업으로부터 매입하여 보유하고 있는 상업어음, 외상매출채권 등을 분할 또는 통합하여 새롭게 발행한 어음이다.
② 표지어음은 선이자를 지급하며, 중도해지가 가능한 상품이나 예금자보호상품은 아니다.
③ RP는 주로 국채·지방채·특수채에 투자한다.
④ RP는 예금자보호대상이 아니며, 만기 후에는 별도의 이자를 가산하여 주지 않는다.

17 신탁상품에 대한 설명으로 가장 거리가 먼 것은? (중요도 ★★)

① 위탁자와 수탁자의 특별한 신임관계에 의해 수익자의 이익을 위하여 재산권을 관리·처분하게 하는 법률관계이다.
② 재산신탁은 크게 금전채권신탁, 유가증권신탁, 부동산신탁으로 나눌 수 있다.
③ 금전신탁은 운용하는 특성에 따라 특정금전신탁과 불특정금전신탁으로 나누어진다.
④ 불특정금전신탁은 합동운용방식을, 재산신탁은 합동운용방식을 취한다.

정답 및 해설

13 ④ MMDA는 예치금액에 따라 이자율을 차등적용한다.
14 ② 특별자산펀드는 증권 및 부동산을 제외한 실물 자산에 투자하는 펀드이다.
15 ② 자펀드는 모펀드에 모든 자산을 투자하며, 모든 자산운용과 거래활동은 모펀드에서 수행된다.
16 ② 표지어음은 선이자를 지급하며, 중도해지가 불가능하고, 예금자보호상품이다.
17 ④ 금전신탁과 재산신탁의 운용방식

구 분	금전신탁	재산신탁
운용방식	합동운용/단독운용 (특정금전신탁은 단독운용)	단독운용만 가능

18. 예금과 금전신탁의 차이점에 대한 설명으로 잘못된 것은?

① 신탁은 예금과 달리 고유자산이 아니므로 은행계정이 아닌 신탁계정에 속한다.
② 예금은 계약관계인이 3면 관계이나, 신탁은 2면 관계이다.
③ 예금은 확정이자를 지급하나, 신탁은 실적배당한다.
④ 예금은 원리금 지급의무가 있으나, 신탁은 원본에 대한 보장의무가 없다.

19. 특정금전신탁에 대한 설명으로 가장 거리가 먼 것은?

① 투자자에게서 받은 금전을 고객이 지시하는 자산에 운용한다.
② 투자자별로 펀드를 구성하기 때문에 투자자가 직접 투자하는 효과가 있다.
③ 확정배당상품으로 원금보전이 가능하도록 설계한다.
④ 계약사항에 대해 별도의 계약서를 발행한다.

20. 연금저축에 대한 설명 중 가장 적절한 것은?

① 자산운용사의 연금저축신탁, 증권사의 연금저축보험, 보험사의 연금저축펀드가 있다.
② 납입한도는 연간 1,800만원에 ISA계좌 만기금액이 차감된다.
③ 세액공제한도는 연간 400만원이다.
④ 공제율은 소득에 따라 16.5%, 13.2%로 차등적용 된다.

21 중요도 ★★★

연금저축에 대한 설명으로 잘못된 것은?

① 600만원 한도에서 소득공제가 적용된다.
② 연금저축 세액공제 혜택을 받으려면 5년 이상의 의무납입기간이 지나야 한다.
③ 부득이한 사유로 특별해지하더라도 기타소득세는 징수한다.
④ 가입대상은 제한이 없으며 누구나 가능하다.

정답 및 해설

18 ② 예금의 계약관계인은 예금자·은행(2면 관계)이고, 신탁의 계약관계인은 위탁자·수탁자·수익자(3면 관계)이다.

19 ③ 실적배당상품으로 원금보전이 불가하다.

20 ④ ① 은행의 연금저축신탁, 보험사의 연금저축보험, 자산운용사의 연금저축펀드가 있다.
② 납입한도는 연간 1,800만원에 ISA계좌 만기금액이 더해진다.
③ 세액공제한도는 연간 600만원이고 ISA 만기 전환금액의 10%(연간 300만원)까지 가능하다.

21 ① 연금저축의 세제혜택은 소득공제가 아닌 세액공제 방식이다.

22 중요도 ★★★
주택연금(역모기지론)에 대한 설명으로 잘못된 것은?

① 대상 : 부부 중 연장자가 만 55세 이상
② 대상주택 : 공시가격 9억원 이하인 주택(주거용 오피스텔은 제외)
③ 지급방식 : 종신방식, 확정기간방식, 대출상환방식 등
④ 대출금리 : 고정이 아닌 변동금리

23 중요도 ★★
금융상품에 대한 설명으로 올바른 것은?

① ELS는 예금자보호법에 의하여 보호된다.
② CMA는 예탁금에 제한이 없고 인출 시 원금과 배당금을 지급한다.
③ MMDA는 만기 이전에는 인출할 수 없다.
④ CD는 중도해지가 가능하며, 유통시장을 통해서 매각하여 현금화할 수도 있다.

24 중요도 ★★★
증권회사 등이 자산금액에 대하여 일정한 비율의 수수료를 받고 투자자에게 가장 적합한 투자전략 및 유가증권 포트폴리오 구축에 관한 상담을 해주는 상품으로 옳은 것은?

① ABS   ② CMO
③ Wrap Account   ④ MBB

25 중요도 ★★
랩어카운트(Wrap Account)의 장·단점에 대한 설명 중 잘못된 것은?

① 금융투자회사는 안정적인 수익기반을 확보할 수 있으나 수수료 수입 총액은 감소할 가능성이 있다.
② 영업직원은 고객과의 이익상충 가능성이 적으며, 증권사에 대한 독립성은 강화된다.
③ 고객은 소액으로 전문가의 서비스를 받을 수 있으나 주가하락 시 수수료 부담이 상대적으로 증가한다.
④ 투자자문업자는 고객저변을 확대할 수 있으나 운용보수가 감소할 수 있다.

26 ELS에 대한 설명 중 잘못된 것은?

① 주가나 주가지수의 성과에 따라 증권의 수익률이 달라지는 금융상품이다.
② 원금의 대부분은 국·공채 등 안전자산에 투자되고, 일부분은 옵션과 같은 파생상품에 투자되는데 파생상품의 수익변동에 따라 ELS의 수익이 변동된다.
③ 투자자가 중도상환 청구 시 발행사의 허락하에 중도상환이 가능하다.
④ ELS에서 발생하는 소득은 이자소득으로 과세하고, 개인은 15.4%의 세율로 원천징수하며, 법인은 22%의 세율로 원천징수한다.

27 ELS를 수익실현방식에 따라 구분할 때 그 유형에 해당하지 않는 것은?

① 원금보장형
② 불스프레드형(Bull Spread)
③ 디지털형(Digital)
④ 낙아웃형(Knock-Out)

정답 및 해설

22 ② 대상주택은 9억원 이하인 주택으로, 주거용 오피스텔도 가능하다.
23 ② ① ELS는 예금자보호법에 의하여 보호되지 않는다.
　　③ MMDA는 수시입출금상품이므로 만기 이전에도 인출할 수 있다.
　　④ CD(양도성예금증서)의 경우, 증서의 만기 전에 은행에서의 중도해지가 불가능하며, 다만 유통시장을 통해 매각하여 현금화할 수 있다.
24 ③ Wrap Account는 증권사가 일정한 비율의 수수료를 받고 고객에게 가장 적합한 투자전략 및 유가증권 포트폴리오 구축에 대한 상담 서비스와 부수적인 업무를 일괄처리하는 종합적인 자산운용 금융상품이다.
25 ② 영업직원은 고객과의 이익상충 가능성이 적으나 증권사에 대한 독립성은 약화된다.
26 ④ ELS에서 발생하는 소득은 배당소득으로 과세하고, 개인은 15.4%의 세율로 원천징수하며, 법인은 원천징수하지 않는다.
27 ① ELS는 수익실현방식에 따라 Knock-Out형, Bull Spread형, Digital형, Reverse Convertible형으로 구분된다.

28 중요도 ★★
주가지수연계증권의 특징으로 볼 수 없는 것은?

① 유동성 : 기초자산 가격하락 시 원금 전체의 손실 가능
② 수익성 : 기초자산 실적과 연계, 초과수익 향유 가능
③ 확장성 : 주가지수 움직임에 따라 사전에 약정된 수익률 확보
④ 다양성 : 다양한 상품 구성 가능

29 중요도 ★★
다음 중 주가지수연계증권(ELS)의 특징과 투자 유의사항에 대한 설명으로 잘못된 것은?

① 기초자산 가격이 상승하더라도 변동성 감소 시에는 ELS 평가가격은 다른 움직임을 보일 수 있다.
② 중도환매 시 원금손실 가능성이 있다.
③ 주가지수 움직임에 따라 사전에 약정된 수익률을 확보할 수 있다.
④ 원금 일부보장이나 비보장형은 판매할 수 없다.

30 중요도 ★
ELS의 유형에 대한 설명 중 잘못된 것은?

① Knock-Out형 : 만기 전에 한 번이라도 사전 정해둔 주가수준에 도달 시 만기수익률이 확정된다.
② Bull Spread형 : 만기시점의 주가지수 상승률에 비례하여 수익률이 결정된다.
③ Reverse Convertible형 : 미리 정해둔 최저수익률까지 상승하지 않으면 주가지수가 일정 부분 하락하여도 약속 수익률이 지급되는 구조이다.
④ Digital형 : 만기 시 주가가 일정 수준을 상회하는지 여부에 따라 사전에 정한 두 가지 수익 중 한 가지를 지급하는 구조이다.

31 중요도 ★★★

당사자 일방의 의사표시에 의하여 특정 주권의 가격 또는 주가지수의 변동과 연계해 미리 약정된 방법에 따라 주권의 매매 또는 금전을 수수하는 권리가 부여된 증서는?

① ELD(Equity Linked Deposit)
② ELW(Equity Linked Warrant)
③ ELS(Equity Linked Securities)
④ ELF(Equity Linked Fund)

32 중요도 ★★

일정 기간 경과 후에 일정한 가격으로 동일채권을 다시 매수하거나 매도할 것을 조건으로 한 금융상품인 것은?

① 양도성예금증서
② 환매조건부채권
③ 표지어음
④ 후순위채

정답 및 해설

28 ① 안정성 : 기초자산 가격하락 시에도 원금 또는 원금의 일정 부분 보장 가능
29 ④ 원금 일부보장이나 비보장형은 판매가 가능하다.
30 ③ Reverse Convertible형은 미리 정해둔 최저수익률까지 하락하지 않으면 주가지수가 일정 부분 하락하여도 약속 수익률이 지급되는 구조이다.
31 ② ELW(Equity Linked Warrant)에 대한 설명이다.
32 ② 환매조건부채권(RP)이란 금융기관이 일정 기간 후에 다시 사는 조건으로 채권을 팔고 경과 기간에 따라 소정의 이자를 붙여 되사는 채권이다.

33 중요도 ★★
ELW의 가격결정요인에 대한 설명 중 잘못된 것은?
① ELW의 가격은 행사가치와 시간가치의 합으로 구성된다.
② 콜 ELW의 가격은 기초자산 가격이 상승할수록, 풋 ELW의 가격은 기초자산 가격이 하락할수록 상승한다.
③ 콜 ELW는 권리행사가격이 낮을수록, 풋 ELW는 권리행사가격이 높을수록 가격이 상승한다.
④ 변동성이 커지면 콜 ELW의 가격이 상승하고 풋 ELW의 가격은 하락한다.

34 중요도 ★★★
증권집합투자기구의 운용비율 연결이 잘못된 것은?
① 주식형 : 자산총액의 60% 이상
② 채권형 : 주식 10% 미만
③ 채권혼합형 : 주식 최고 50% 미만
④ 주식혼합형 : 주식 50% 이상 60% 미만

35 중요도 ★★★
집합투자기구 중 어떠한 자산이든 투자비율의 제한 없이 투자 가능한 것은?
① 증권집합투자기구
② 혼합자산집합투자기구
③ 특별자산집합투자기구
④ 부동산집합투자기구

36 중요도 ★★
집합투자기구별 상품의 특성에 대한 내용으로 잘못된 것은?
① 상장지수펀드(ETF)는 안정적인 수익률이 장점인 인덱스펀드에 환금성을 더했다.
② 단기금융상품펀드(MMF)는 최저 가입금액의 제한이 없고, 환급성이 높다.
③ 투자회사(Mutual Fund)는 주식회사로 설립되므로 실체형 회사이다.
④ 인덱스펀드는 시장평균 수익을 실현하는 것을 목표로 한다.

37 중요도 ★★★

양도성예금증서(CD)에 대한 설명으로 잘못된 것은?

① 정기예금에 양도성을 부여한 것이다.
② 중도해지가 가능하다.
③ 이미 발행된 CD의 경우 종합금융회사나 증권회사에서도 매입을 할 수 있다.
④ 이자지급은 액면금액에서 이자를 미리 차감하는 방식(할인식)으로 이루어진다.

38 중요도 ★★

변액보험에 대한 설명으로 올바르지 않은 것은?

① 보험의 기능에 투자의 기능을 추가한 일종의 간접투자 상품으로 보장도 받으면서 투자수익도 기대할 수 있는 보험상품이다.
② 정액보험과 달리 변액보험은 지급되는 보험금이 투자수익에 따라 달라지는 것이 특징이다.
③ 다른 간접투자상품과 달리 위험보장이 기본적으로 전제되며 특약을 통해 다양한 보장을 추가로 받을 수 있다.
④ 갑작스런 사고나 질병으로 중병상태가 계속될 때 보험금의 일부를 미리 지급받을 수 있다.

정답 및 해설

33 ④ 변동성이 커지면 콜·풋 ELW에 관계없이 모두 가격이 상승한다. 콜 ELW의 가격은 배당이 클수록 낮아지고, 풋 ELW의 가격은 배당이 클수록 높아진다.
34 ② 채권형 투자신탁은 자산총액의 60% 이상 채권에 투자한다.
35 ② 혼합자산집합투자기구에 대한 설명이다.
36 ③ 투자회사(Mutual Fund)는 주식회사로 설립되나 이는 서류상의 회사로 실체가 없다.
37 ② 양도성예금증서(CD)는 중도해지가 불가능하다.

참고 주요 실세금리반영 금융상품 비교

구 분	CD	RP	표지어음
취급기관	은행, 증권, 종금	은행, 증권, 종금	은행, 상호, 종금
이 자	할인식(선이자)	확정금리	할인식
중도해지	불가능	중도환매 가능	불가능
만기 후 이자	없 음	없 음	없 음
예금자보호 여부	비보호	비보호	보 호

38 ④ 갑작스런 사고나 질병으로 중병상태가 계속될 때 보험금의 일부를 미리 지급받을 수 있는 보장성 보험상품은 CI보험이다.

39 다음 중 연금보험에 대한 일반적 설명으로 잘못된 것은?
중요도 ★

① 만기 생존 시에 연금이 지급되는 것이 원칙이다.
② 일정 기간 이상 저축 시 세액공제 혜택을 받고 목돈을 마련할 수 있는 상품이다.
③ 생명보험 고유의 위험보장기능보다는 저축기능을 강화한 상품이다.
④ 대표적 장기 보장성 상품이다.

40 변액보험에 대한 설명 중 옳은 것은?
중요도 ★★

① 높은 투자수익은 기대할 수 있으나 보장혜택이 없다는 것이 단점이다.
② 투자수익에 따라 보험료가 변동된다는 점이 특징이다.
③ 인플레이션으로 인한 보장자산가치 하락에 대한 보완기능이 있다.
④ 변액보험은 수익증권(펀드)의 일종이다.

41 개인종합저축계좌(ISA : Individual Savings Account)에 대한 설명으로 잘못된 것은?
중요도 ★★★

① 순이익 기준으로 가입자의 소득수준에 따라 200 ~ 400만원까지 비과세한다.
② 신탁형 ISA는 가입자의 지시가 없어도 계좌에 편입된 상품을 교체할 수 있다.
③ 의무가입기간은 3년이며, 가입요건에 따라 일반형, 서민형, 농어민형으로 나뉜다.
④ 비과세 한도를 초과하는 순이익은 저율(9.9%)로 분리과세한다.

42 중요도 ★★★

소득공제 장기펀드(소장펀드)에 대한 설명으로 잘못된 것은?

① 서민층과 사회초년생인 2030세대가 목돈을 마련하기에 적합한 상품이다.
② 장기 적립식 투자 효과를 누리기 위해서는 시장 상황에 관계없이 꾸준히 매월 일정하게 투자하는 것이 바람직하다.
③ 가입한 후 5년이 지나지 않은 시점에 해지하는 경우 소득공제로 감면받은 세액 상당액을 추징받게 된다.
④ 이자소득 등에 대해 비과세 혜택을 주므로 큰 절세효과가 기대된다.

43 중요도 ★★★

다음 금융상품 중 총 3,000만원 한도에서 비과세 혜택이 주어지는 금융상품은?

① 비과세종합저축
② 조합출자금
③ 조합예탁금
④ 농어가목돈마련저축

정답 및 해설

39 ④ 연금보험은 보험 본래의 기능인 보장성에 중점을 두기보다는 저축성을 강조한 상품이다.
40 ③ ① 변액보험은 보장도 받으면서 높은 투자수익도 기대할 수 있는 보험상품이다.
② 변액보험은 투자수익에 따라 보험금이 변동된다는 점이 특징이다.
④ 변액보험과 수익증권은 별개의 상품이다.
41 ② 신탁형 ISA는 가입자가 ISA에 담을 금융상품을 직접 선택. 금융회사는 가입자의 지시대로 상품을 편입·교체한다. 금융회사가 가입자의 지시 없이 가입자 계좌에 편입된 상품을 다른 상품으로 교체할 수 없다.
42 ④ 재형저축은 이자소득 등에 대해 비과세 혜택을 주는 반면, 소장펀드는 납입금액에 대해 소득공제 혜택을 주는 상품이다.
43 ③ 농협, 수협, 산림조합, 신협의 조합예탁금은 거래계좌의 한도를 합산하여 3,000만원 이하인 경우 비과세 혜택이 주어진다. (2025년까지 발생한 이자소득에 한함)

44 중요도 ★★★

금융상품의 세금과 관련된 내용으로 가장 거리가 먼 것은?

① 금융소득에서 발생하는 세금은 원칙적으로 원리금이나 이자지급 시 원천징수하고 있다.
② 일반저축상품에서 발생한 금융소득은 소득세와 주민세를 합하여 16.4%의 세금이 부과되고 있다.
③ 절세 금융상품은 세금혜택의 정도에 따라 비과세, 세액공제, 소득공제, 세금우대로 구분된다.
④ 세금에 대한 감면 등의 특례는 대부분 조세특례제한법에 규정되어 있다.

45 중요도 ★★

비과세종합저축에 대한 설명으로 잘못된 것은?

① 세금우대종합저축은 신규 가입이 중단되었다.
② 이미 생계형비과세저축계좌가 있다면 유지는 가능하나 한도를 늘릴 수는 없다.
③ 1인당 5,000만원까지 가입할 수 있다.
④ 세금우대종합저축(2014년 이전 가입분)과 비과세종합저축을 중복 사용할 수 없다.

46 중요도 ★★★

다음 중 예금보험가입 금융기관에 해당하는 것은?

① 상호저축은행　　② 신용협동조합
③ 상호금융　　　　④ 우체국

47 중요도 ★★★

예금보험공사에 예금보험료를 납부하는 금융기관이 아닌 것은?

① 상호저축은행　　② 종합금융회사
③ 새마을금고　　　④ 외국은행의 국내지점

48 중요도 ★★★

예금자보호법상 예금자보호에 대한 설명으로 잘못된 것은?

① 보험사고 발생 시 2025년부터는 원금과 이자를 포함하여 1억원까지 보호된다.
② 보험회사 보험계약 가입자의 경우 사고보험금은 보장받으나 보험계약 해약 시 해약환급금은 보호받지 못한다.
③ 예금자보호법상의 보호금액은 예금종류별 또는 지점별 보호금액이 아니라 동일한 금융기관에서 예금자 1인이 보호받을 수 있는 금액이므로, 4개의 금융기관을 이용하는 고객은 최고 4억원까지 보장받을 수 있다.
④ 예금지급정지, 금융기관 인허가 취소·해산·파산, 계약이전, 합병 등의 경우에 예금보험공사가 예금대지급(보험금)을 하게 된다.

49 중요도 ★★★

투자자 A는 현재 B은행에 ELD 8,000만원, C증권사에 ELS 4,000만원, D증권사에 표지어음 1억 2,000만원을 가지고 있다. B은행, C증권사, D증권사가 모두 파산 시 투자자 A가 예금보험공사로부터 보상받을 수 있는 금액은?

① 하나도 보상받을 수 없다.   ② 8,000만원
③ 1억 8,000만원   ④ 2억 2,000만원

정답 및 해설

44 ② 일반저축상품에서 발생한 금융소득은 소득세(14%)와 주민세(1.4% : 소득세액의 10%)를 합하여 15.4%의 세금이 부과되고 있다.
45 ② 이미 생계형비과세저축계좌가 있다면 유지가 가능하며, 한도를 늘릴 수도 있다.
46 ① 예금보험가입 금융기관은 은행, 투자매매업자 또는 중개업자, 보험회사, 종합금융회사, 상호저축은행 및 농·수협중앙회, 외국은행 국내지점 등이다.
47 ③ 농·수협의 단위조합 및 새마을금고는 예금보험가입 금융기관이 아니다.
48 ② 보험회사 보험계약의 가입자는 해약환급금(사고보험금, 만기보험금 포함)에 기타 지급금을 포함하여 최고 5천만원(원금 + 이자 기준)까지 보호받는다.
49 ③ ELD와 표지어음은 보호, ELS는 비보호상품이다. 따라서 B은행에서 8,000단원, D증권사에서 1억원을 받을 수 있으므로 총 1억 8,000만원을 보상받을 수 있다.

제2장 투자전략

학습전략

투자전략은 제2과목 전체 50문제 중 총 10문제 내외가 출제된다.
투자전략의 경우 자산배분과 포트폴리오, 즉 분산투자가 주된 내용이다. 매우 이론적이고 정밀한 사고가 요구되는 영역이라고 할 수 있다.

출제예상 비중

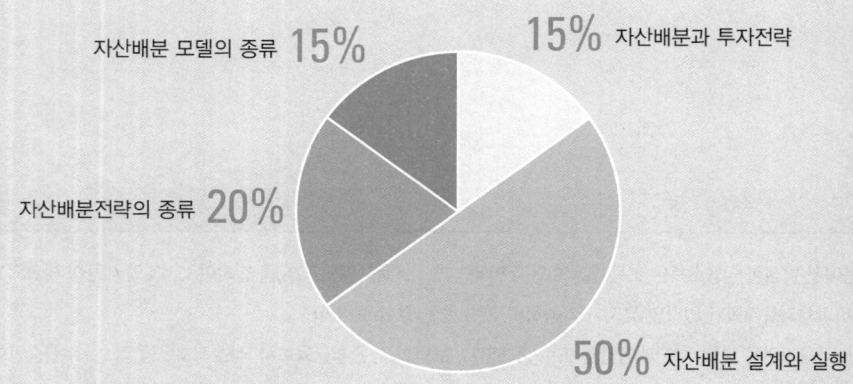

- 15% 자산배분 모델의 종류
- 15% 자산배분과 투자전략
- 20% 자산배분전략의 종류
- 50% 자산배분 설계와 실행

핵심포인트

구 분	핵심포인트	중요도
자산배분과 투자전략 (15%)	01 자산배분의 중요성	★
자산배분 설계와 실행 (50%)	02 투자목표 설정과 자산배분 설계 03 기대수익률 04 위 험 05 최적 증권의 선택 06 자산배분 실행	★ ★★ ★★ ★★★ ★★
자산배분전략의 종류 (20%)	07 전략적 자산배분전략 08 전술적 자산배분전략	★★★ ★★★
자산배분 모델의 종류 (15%)	09 마코위츠 평균-분산 모델 10 블랙리터만의 자산배분 모델 11 ESG 투자	★★ ★★ ★★

자산배분의 중요성 ★

자산배분(Asset Allocation)의 중요성이 높아지는 이유와 거리가 먼 것은?

① 투자대상 자산군이 증가하고 있기 때문이다.
② 투자위험관리의 필요성이 증대하고 있기 때문이다.
③ 투자수익률 결정에 자산배분이 절대적인 영향을 미친다는 인식이 높아지고 있기 때문이다.
④ 시장예측이나 증권선택이 총수익률에 미치는 영향이 높아지고 있기 때문이다.

용어 알아두기

| 자산배분 | 기대수익률과 위험수준이 다양한 여러 자산집단(Asset Class)을 대상으로 투자자금을 배분하여 최적의 자산 포트폴리오를 구성하는 일련의 투자과정이다. |

TIP 시장예측이나 증권선택이 총수익률에 미치는 영향은 자산배분보다 낮다.

핵심포인트 해설   자산배분

(1) 중요성
   ① 투자대상 자산군이 증가하고 있음
   ② 투자위험관리의 필요성이 증대하고 있음
   ③ 투자수익률 결정에 자산배분효과가 절대적인 영향을 미친다는 투자자들의 인식이 높아지고 있음

(2) 과 제
   ① 분산투자(자산배분)의 방법
   ② 개별종목의 선택
   ③ 투자시점의 선택
   ④ 통합적 투자관리(Integrated Investment Management)
      ㉠ 1단계 : 투자목표의 설정, 투자전략수립에 필요한 사전투자분석 실시
      ㉡ 2단계 : 투자전략적 관점에서 자산배분 실시
      ㉢ 3단계 : 투자전술적 관점에서 개별종목을 선택
      ㉣ 4단계 : 포트폴리오 수정과 투자성과의 사후통제

정답 | ④

02 투자목표 설정과 자산배분 설계

벤치마크에 관한 설명 중 잘못된 것은?

① 자산운용자의 운용계획을 표현하는 수단인 동시에 투자자와의 커뮤니케이션수단이다.
② 벤치마크는 사후에 설정되어야 한다.
③ 벤치마크의 운용성과를 운용자가 추적하는 것이 가능하여야 한다.
④ 적용되는 자산의 바람직한 운용상을 표현하고 있어야 한다.

용어 알아두기

벤치마크	기준이 되는 점, 측정기준을 말하며, 주식시장에서 벤치마크란 펀드의 수익률을 비교하는 기준수익률로 펀드매니저의 운용능력을 평가하는 잣대로 사용된다.

TIP 벤치마크는 사전에 설정되어야 한다.

핵심포인트 해설 — 투자목표 설정과 자산배분 설계

(1) 투자목표의 설정
① 재무목표 설정 : 투자목표 설정 전에 해야 함
② 투자목표 설정 : 투자시계(Time Horizon), 위험수용도(Risk Tolerance Levels), 세금관계, 법적규제(제약), 투자자금의 성격, 고객의 특별한 요구사항, 투자목표

(2) 자산집단의 선정
① 분산가능성 충족 : 자산집단 내에 분산투자가 가능하도록 충분히 많은 개별증권이 존재해야 함
② 독립성 충족 : 하나의 자산집단은 다른 자산집단과 상관관계가 충분하게 낮아서 분산투자 시 위험의 감소효과가 충분히 발휘될 수 있는 통계적인 속성을 지녀야 함

(3) 벤치마크(Benchmark)

의 의	• 포트폴리오의 평가기준 • 투자자와 운용자 사이의 의사소통수단 • 반드시 운용 이전에 설정
조 건	• 구체적인 내용(자산집단과 가중치)이 자산을 운용하기 전에 명확할 것 • 적용되는 자산의 바람직한 운용상을 표현할 것 • 벤치마크 운용성과를 운용자가 추적하는 것이 가능할 것

정답 | ②

제2장 투자전략

기대수익률 ★★

기대수익률의 측정방법에 대한 설명 중 잘못된 것은?

① 시나리오 분석법은 과거수익률을 사용하여 상관관계를 추정하는 방법이다.
② 추세분석법은 과거의 장기간수익률을 분석하여 미래의 수익률로 사용하는 방법이다.
③ 과거의 자료를 바탕으로 미래의 발생상황에 대한 기대치를 추가하여 수익률을 예측하는 방법으로 CAPM, APT 등이 있다.
④ 시장공통예측치 사용 방법은 시장 참여자들 간에 공통적으로 가지고 있는 미래수익률에 대한 추정치를 사용하는 방법으로 $\frac{1}{PER}$, 배당수익률 + EPS장기성장률 등이 사용되고 있다.

TIP 시나리오 분석법은 과거수익률을 사용하지 않고 여러 가지 경제변수의 상관관계를 고려하여 시뮬레이션함으로써 수익률을 추정하는 방법이다.

핵심포인트 해설 | 기대수익률

(1) 정의

① 포트폴리오이론에서는 자산집단들의 투자가치를 기대수익과 위험, 두 가지 요인만 고려하여 평가

$$투자가치 = f(기대수익, 위험)$$

② 기대수익률은 각각의 자산집단의 투자에 따라 실제로 실현될 가능성이 있는 수익률의 값들을 평균한 값

(2) 측정방법

추세분석법	• 자산집단의 과거 장기간수익률을 분석하여 미래의 수익률로 사용하는 방법 • 역사가 짧은 경우에는 사용이 어려움
시나리오 분석법	• 여러 가지 경제변수의 상관관계를 고려하여 시뮬레이션함으로써 수익률을 추정하는 방법
펀더멘털 분석법	• 과거의 자료를 바탕으로 미래의 발생상황에 대한 기대치를 추가하여 수익률을 예측하는 방법 • 주식기대수익률 = 무위험이자율 + 주식시장 위험프리미엄 • 과거의 결과일 뿐 미래의 기대수익률로 사용하는 데 한계가 있음
시장공통예측치 사용법	• 시장 참여자들 간에 공통적으로 가지고 있는 미래수익률에 대한 추정치를 사용하는 방법 • 주식기대수익률 = $\frac{1}{PER}$ • 주식기대수익률 = 배당수익률 + EPS장기성장률

정답 | ①

04

위험 ★★

A기업의 주식은 현재 한 주당 10,000원에 거래되고 있다. 투자자들은 연말까지 두 가지 가정 하에서 이 기업의 주가와 배당을 다음과 같이 예상하고 있다. 연말까지 보유 시 이 주식의 **표준편차**를 구한 것으로 옳은 것은?

경제상황	확률	주가	배당
호전	0.3	12,000	1,000
불변	0.7	10,000	500

① 11.5% ② 12.5%
③ 13.5% ④ 14.5%

용어 알아두기

표준편차	통계집단의 단위의 계량적 특성값에 관한 산포도를 나타내는 도수특성값이다.
위험(Risk)	실제결과가 기대예상과 다를 가능성이다.

TIP $\sqrt{0.3 \times (30\% - 12.5\%)^2 + 0.7 \times (5\% - 12.5\%)^2} = 11.5\%$

핵심포인트 해설 　　위험

(1) 정의
① 미래의 불확실성 때문에 투자로부터 발생할 것으로 예상되는 손실의 가능성
② 미래 기대수익률의 분산 및 투자수익의 변동 가능성, 기대한 투자수익이 실현되지 않을 가능성
③ 실제결과가 기대예상과 다를 가능성

(2) 위험의 측정
① 분산 혹은 표준편차로 측정함
② 분산은 평균수익률로부터의 편차의 제곱들을 평균한 값으로 변동성의 크기를 측정한 것
　㉠ 분산(σ^2) = $\sum [r_i - E(R)]^2 \times p_i$
　㉡ 표준편차(σ) = $\sqrt{\sum [r_i - E(R)]^2 \times p_i}$
③ 투자결정의 기준으로 평균기대수익률과 분산만을 고려한다는 것은 수익률의 확률분포가 정규분포인 것을 가정한 것
④ 표준정규분포의 신뢰구간
　㉠ (평균) ± 1 × (표준편차) : 68.27%
　㉡ (평균) ± 2 × (표준편차) : 95.54%
　㉢ (평균) ± 3 × (표준편차) : 99.97%

정답 | ①

최적 증권의 선택 ★★★

다음 중 평균·분산기준(Mean-variance Criterion)에 의거한 효율적 포트폴리오가 될 수 없는 것은?

포트폴리오	기대수익률	표준편차
A	14%	35%
B	6%	8%
C	9%	20%
D	11%	16%

① A   ② B   ③ C   ④ D

용어 알아두기

| 평균·분산기준 | 투자자들이 수익률의 평균(기대수익)과 분산에 의하여 투자기회를 선택한다는 가설이다. |

TIP C는 D보다 수익률은 작으면서 위험(표준편차)이 크므로 지배원리에 의하여 효율적 자산이 될 수 없다.

핵심포인트 해설   최적 증권의 선택

(1) 효율적 증권
  ① 평균·분산기준 : 투자가치는 기대수익과 위험, 두 요인에 의해서 결정되며, 평균 기대수익률과 분산을 측정하여 우열 선택
  ② 지배원리(효율적 증권·효율적 포트폴리오) : 기대수익이 동일한 투자대상들 중에서는 위험이 가장 낮은 투자대상을 선택하고, 위험이 동일한 투자대상들 중에서는 기대수익이 가장 높은 것을 선택

(2) 최적 증권
  ① 지배원리를 충족시키는 효율적 증권에서 투자자의 위험에 대한 태도로, 위험회피도에 따라 최종 선택한 투자대상
  ② 최적 포트폴리오(Optimal Portfolio)라고도 함

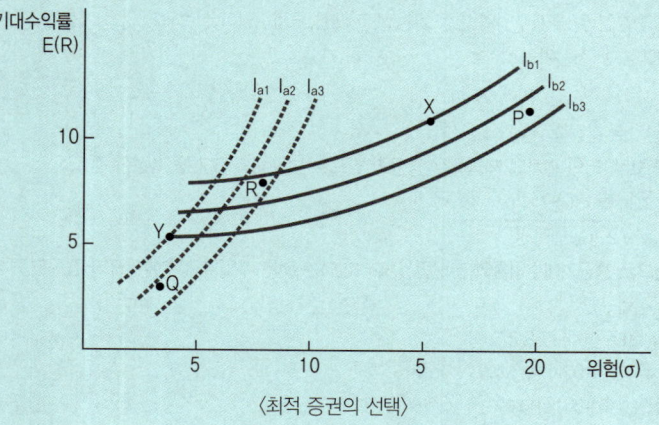

〈최적 증권의 선택〉

정답 | ③

06 최적 증권의 선택 ★★★

위험회피형 투자자의 효용함수와 무차별효용곡선에 대한 설명 중 옳은 것은?

① 효용함수는 원점에 대하여 볼록하며, 무차별효용곡선은 우상향한다.
② 효용함수는 원점에 대하여 볼록하며, 무차별효용곡선은 우하향한다.
③ 효용함수는 원점에 대하여 오목하며, 무차별효용곡선은 우하향한다.
④ 효용함수는 원점에 대하여 오목하며, 무차별효용곡선은 우상향한다.

용어 알아두기

| 무차별효용곡선 | 개인의 동일한 만족이나 효용을 나타내는 곡선이다. |

TIP 위험회피형 투자자의 효용함수는 원점에 대하여 오목하며 무차별효용곡선은 우상향한다.

핵심포인트 해설 투자자의 위험성향

① 위험회피형 : 원점에 대하여 오목한 형태(Concave)를 보이면서 투자수익의 증가가 있을 때 체감하는 모양
② 위험선호형 : 원점에 대해서 볼록한 형태(Convex)를 보이면서 투자수익의 증가가 있을 때 체증하는 모양
③ 위험중립형 : 직선형으로 표시

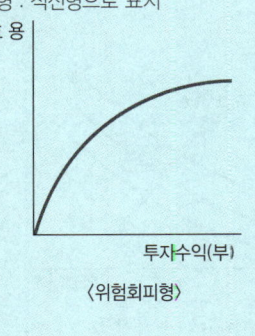
〈위험회피형〉

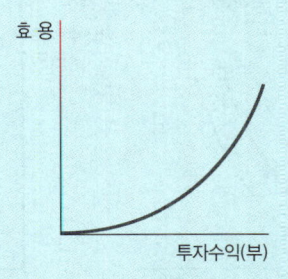
〈위험선호형〉

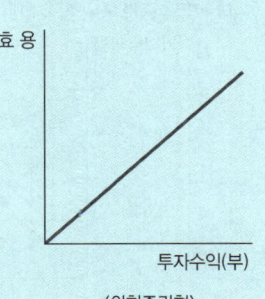
〈위험중립형〉

〈투자자의 유형에 따른 효용함수의 형태〉

정답 | ④

최적 증권의 선택 ★★★

무차별효용곡선(IUC : Indifferent Utility Curve)에 대한 설명으로 잘못된 것은?

① 평균과 분산(표준편차)의 공간에 효용함수를 나타낸다.
② 특정 투자자에게 동일한 효용을 가져다주는 기대수익과 평균의 조합을 연결한 곡선이다.
③ 보수적 투자자는 기울기가 가파르다.
④ 공격적 투자자는 기울기가 완만하다.

TIP 무차별효용곡선은 기대수익과 분산(위험)의 조합을 연결한 곡선이다.

핵심포인트 해설   무차별효용곡선

(1) 무차별효용곡선(IUC)
① 평균과 분산(표준편차)의 공간에 효용함수를 나타낸 것
② 특정 투자자에게 동일한 효용을 가져다주는 기대수익과 분산(위험)의 조합을 연결한 곡선

(2) 곡 선
① 보수적 투자자
    ㉠ 기울기가 가파른 경우
    ㉡ 일정한 위험증가가 있을 때보다 많은 기대수익의 증가를 요구하는 경우
② 공격적 투자자
    ㉠ 기울기가 덜 가파른 경우(완만한 경우)
    ㉡ 기대수익의 증가가 위험증가에 미치지 못하더라도 만족하는 경우

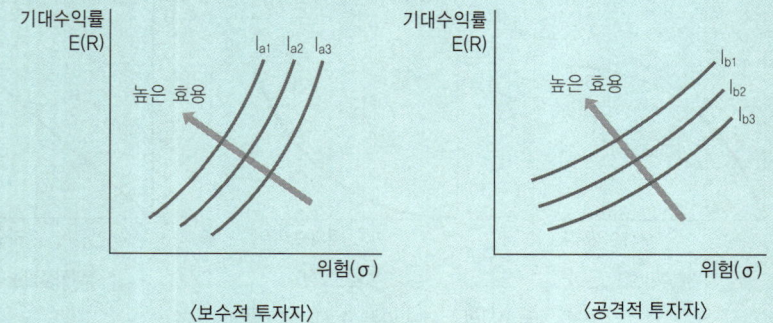

정답 | ②

자산배분 실행 ★★

자산집단의 상대가격변동에 따른 투자비율의 변화를 원래의 비율로 환원시키는 것으로 옳은 것은?

① 리밸런싱(Rebalancing)
② 업그레이딩(Upgrading)
③ 모니터링(Monitoring)
④ 피드백(Feedback)

TIP 자산집단의 상대가격변동에 따른 투자비율의 변화를 원래의 비율로 환원시키는 것은 리밸런싱이다.

핵심포인트 해설   자산배분 과정

(1) 투자전략 기준 선택
  ① 전술적 자산배분전략 : 적극적 투자관리 방법, 초과수익 추구 → 비효율적 시장을 가정
  ② 전략적 자산배분전략 : 소극적 투자관리 방법, 시장수익 추구 → 효율적 시장을 가정

(2) 자산배분 모델 선정
  ① 마코위츠의 평균-분산 모델
  ② 블랙리터만의 자산배분 모델

(3) 자산배분전략 수정

리밸런싱	• 상황변화가 있을 경우 자산 포트폴리오가 갖는 원래의 특성을 그대로 유지하고자 하는 것 • 자산집단의 상대가격변동에 따른 투자비율의 변화를 원래의 비율로 환원시키는 것
업그레이딩	• 위험에 비해 상대적으로 높은 기대수익을 얻고자 하거나, 기대수익에 비해 상대적으로 낮은 위험을 부담하도록 포트폴리오의 구성을 수정하는 것 • 리밸런싱보다 큰 폭의 조정 발생

정답 ①

자산배분 실행 ★★

다음 예시를 보고 계산한 산술평균수익률과 기하평균수익률로 옳은 것은?

> A기업의 주식에 첫 번째 해에 총 100만원을 투자하였는데 1년 후 가격상승으로 200만원이 되었다가 2년 말에는 다시 가격하락으로 100만원이 되었다.

① 25%, 0% ② 20%, 0%
③ 0%, 25% ④ 0%, 20%

용어 알아두기

| 수익률 | 투자수익률의 약칭으로, 경영학·경제학 분야에서 투자대상사업의 투자액에 대한 기대이익의 정도를 표시하는 지표이다. |

TIP 산술평균수익률(ARR) = $\frac{1}{2}(100\% + (-50\%)) = 25\%$

기하평균수익률(GRR) = $\sqrt[2]{\frac{100만원}{100만원}} - 1 = 0\%$

핵심포인트 해설   투자성과측정

금액가중수익률	• 내부수익률(IRR)과 동일, 투자자가 실제로 얻은 수익률을 의미 • 투자자의 현금 유입·유출 영향을 반영 • 개인 투자자, 펀드 가입자(본인 투자 성과 평가) • 투자 시작부터 종료까지의 전체 자금 흐름을 고려 • 실제 수익률을 반영하나 현금흐름 복잡할수록 왜곡 가능성 있음
시간가중수익률	• 개별 기간별 수익률을 평균 내어 전체 수익률을 계산 • 현금 흐름 영향을 제거하고 순수한 투자 성과 측정 • 펀드매니저, 기관투자자 (운용 성과 비교) • 기간별 수익률을 연속 복리로 연결하여 계산 • 투자·회수 시점을 조정할 경우 실제 수익률과 차이 발생
산술평균수익률 (ARR)	• 기간별 단일기간수익률을 모두 합한 다음, 이를 관찰수(기간수)로 나누어 측정 • 시간가중평균수익률이라고 함 • 미래기대수익률을 추정할 때에 이용
기하평균수익률 (GRR)	$GRR = \sqrt[n]{\frac{w_n}{w_0}} - 1$ $\sqrt[T]{(1+R_1)(1+R_2)\cdots(1+R_T)} - 1$ (w_0 : 기초 부, w_n : n년 후 기말 부) • 중도현금흐름이 재투자되어 증식되는 것을 감안한 평균수익률의 계산방법 • 산술평균수익률보다 과거수익률을 정확하게 측정

정답 | ①

10

전략적 자산배분전략 ★★★

전략적 자산배분전략(SAA : Strategic Asset Allocation)에 대한 설명으로 잘못된 것은?

① 전략적 자산배분전략에서는 장기적인 자본시장 예측치를 사용하므로 중·단기적으로는 자산의 기대수익률, 위험, 상관관계가 일정하다고 가정한다.
② 최적 포트폴리오를 구성할 때 사용한 각종 자료는 시장상황의 변화가 발생하는 경우 정기적으로 재조정해야 한다.
③ 자본시장상황의 변화에 따른 투자자의 위험허용 정도에 변화가 없다고 가정한다.
④ 전략적 자산배분전략은 투자자가 정하는 것이 원칙이다.

용어 알아두기

| 전략적 자산배분전략 | 장기적인 자산구성비율과 중기적으로 개별자산이 취할 수 있는 투자비율의 한계를 결정하는 의사결정이다. |

TIP 최적 포트폴리오를 구성할 때 사용한 각종 자료는 시장상황이 변화하여도 재조정하지 않는다.

핵심포인트 해설   전략적 자산배분전략(SAA)

(1) 가 정
① 장기적인 자본시장 예측치를 사용하므로 중·단기적으로는 자산의 기대수익률, 위험, 상관관계가 일정하다고 가정
② 자본시장상황의 변화에 따른 투자자의 위험허용 정도의 변화가 없다고 가정
③ 자산배분은 투자자가 정하거나 자산운용회사에서 정함

(2) 특 징
장기적, 소극적(정적) 전략

(3) 이론적 배경
효율적 투자기회선(Efficient Frontier)

(4) 실행방법

시장가치 접근방법	여러 가지 투자자산들의 포트폴리오 내 구성비중을 각 자산이 시장에서 차지하는 시가총액의 비율과 동일하게 포트폴리오를 구성하는 방법으로 CAPM이론에 의해 지지
위험-수익 최적화방법	기대수익과 위험 간의 관계를 고려하여, 동일한 위험수준 하에서 최대한으로 보상받을 수 있는 지배원리에 의하여 포트폴리오를 구성하는 방법
투자자별 특수상황을 고려하는 방법	운용기관의 위험, 최소요구수익률, 다른 자산들과의 잠재적인 결합 등을 고려하여 수립하는 투자전략
다른 유사한 기관투자자의 자산배분을 모방	기관투자자들의 시장에서 실행하고 있는 자산배분을 모방하여 전략적 자산구성을 하는 방법

(5) 실행과정
① 장기적인 투자를 지향하므로 단기적인 시장상황의 변화에 무관한 자산구성
② 최적 포트폴리오를 구성할 때 사용한 각종 자료는 시장상황의 변화에도 불구하고 재조정하지 않음

정답 | ②

전술적 자산배분전략 ★★★

전술적 자산배분전략(TAA : Tactical Asset Allocation)**의 실행도구와 거리가 먼 것은?**

① 위험-수익 최적화방법
② 포뮬러 플랜
③ 기술적 분석
④ 가치평가모형(기본적 분석 방법, CAPM, APT 등)

용어 알아두기

전술적 자산배분전략	시장의 변화방향을 예상하여 사전적으로 자산구성을 변동시켜 나가는 전략으로 저평가된 자산을 매수하고 고평가된 자산을 매도함으로써 펀드의 투자성과를 높이고자 한다.

TIP 위험-수익 최적화방법은 전략적 자산배분전략의 방법이다.

핵심포인트 해설   전술적 자산배분전략(TAA)

(1) 가 정
① 자산집단의 기대수익률, 위험, 상관관계의 변화를 중·단기적으로 계속하여 예측하므로 자본시장의 예측기능을 매우 강조
② 투자자의 위험허용도가 포트폴리오의 실현수익률이라는 상황변화에 영향을 받지 않는다고 가정

(2) 특 징
중·단기적, 적극적(동적) 전략

(3) 이론적 배경
① 역투자전략 : 시장가격이 내재가치 대비 고평가되면 매도, 저평가되면 매수하는 운용방법
② 증권시장의 과잉반응 현상 : 새로운 정보에 대해 지나치게 낙관적이거나 비관적인 반응으로 인하여 내재가치로부터 상당히 벗어나는 가격착오현상인 과잉반응을 활용하는 전략

(4) 실행도구
① 가치평가모형 : 기본적 분석 방법·요인모형(CAPM, APT) 방식 등 사용
② 기술적 분석
③ 포뮬러 플랜(Formula Plan) : 역투자전략으로 정액법과 정률법이 있음

정답 | ①

12

마코위츠 평균-분산 모델 ★★

자산배분 모델 중 마코위츠 평균-분산 모델에 대한 설명으로 잘못된 것은?

① 기대수익률과 위험을 가장 중요한 요소로 평가한다.
② 합리적인 투자자는 일정한 위험에서 기대수익을 최대로 하는 것, 즉 효율적 포트폴리오를 취하려고 한다.
③ 모든 증권의 상관계수가 +1이 아닌 한, 증권을 추가할수록 포트폴리오 전체의 위험은 증가한다.
④ 무차별효용곡선과 효율적 포트폴리오의 접점이 최적 포트폴리오가 되며, 투자자는 최적 포트폴리오를 소유하려고 한다.

용어 알아두기

포트폴리오 | 주식, 채권, 부동산 등 둘 이상의 자산에 분산 투자할 경우 그 투자대상을 총칭하는 것으로 경제주체가 보유하고 있는 금융자산 등 각종 자산들의 구성을 의미한다.

TIP 마코위츠 평균-분산 모델에서는 모든 증권의 상관계수가 +1이 아닌 한, 증권을 추가할수록 포트폴리오 전체의 위험은 감소한다.

핵심포인트 해설 자산배분 모델의 종류

(1) 마코위츠 평균-분산 모델
 ① 기대수익률과 위험이 가장 중요한 요소
 ② 모든 증권의 상관계수가 +1이 아닌 한, 증권을 추가할수록 포트폴리오 전체의 위험은 감소
 ③ 효용무차별곡선과 효율적 포트폴리오의 접점이 최적 포트폴리오가 되며, 투자자는 최적 포트폴리오를 소유하려고 함

(2) 블랙리터만 자산배분 모델
 ① 시장 포트폴리오에 내재된 균형기대수익률을 산출
 ② 투자자의 시장전망을 자산배분 모델에 반영하여 자산배분을 시행하는 모델

정답 | ③

마코위츠 평균-분산 모델 ★★

다음 중 마코위츠의 평균-분산 모델에 대한 설명으로 잘못된 것은?

① A주식, B주식의 수익률 간에 아무런 상관관계가 존재하지 않으면 A와 B에 분산투자를 하여도 위험절감효과가 없다.
② 증권 간의 상관관계가 주어졌을 때 투자비율의 조정에 따른 포트폴리오 기대수익률과 위험의 변화를 그림으로 나타낸 것이 포트폴리오 결합선이다.
③ 상관관계가 낮을수록 분산투자의 위험절감효과가 커진다.
④ 가능한 포트폴리오 조합 중 위험이 최소가 되는 포트폴리오를 최소분산 포트폴리오라 한다.

TIP 두 주식의 수익률 간에 상관관계가 1인 경우를 제외하면 분산투자의 위험절감효과가 존재하고, 상관계수가 작을수록 분산효과는 커진다.

핵심포인트 해설 마코위츠 평균-분산 모델

(1) 개 요
 ① 기대수익률과 위험이 가장 중요한 요소
 ② 한 증권의 수익은 다른 증권의 수익과 상관관계를 가지고 있으며 모든 증권이 완전한 상관관계를 가지고 있지 않는 한, 증권을 추가할수록 포트폴리오 전체의 위험은 감소

(2) 효율적 포트폴리오
 ① n 종목 포트폴리오의 결합선
   ㉠ 포트폴리오 결합선은 투자비율의 조정에 따른 포트폴리오의 기대수익률과 위험의 변화를 그림으로 나타낸 것
   ㉡ 최소분산 포트폴리오 집합 : 일정한 기대수익률에서 위험이 가장 적은 포트폴리오 집합
   ㉢ 효율적 포트폴리오 집합 또는 효율적 투자선 : 동일한 위험수준에서 기대수익률이 보다 높은 포트폴리오 집합
   ㉣ 최소분산 포트폴리오 : 위험이 가장 적은 포트폴리오
 ② n 종목 포트폴리오 위험측정 : 포트폴리오 위험은 투자종목수가 많을수록 감소
 ③ n 종목 포트폴리오 구성
   ㉠ 증권시장 전반의 공통적 요인에 의해서 야기되는 위험 : 체계적 위험, 분산불능 위험
   ㉡ 종목수가 증가함에 따라 감소하는 위험 : 기업고유 요인에 의해서 야기되는 위험으로 기업고유 위험, 비체계적 위험, 분산가능 위험
   ㉢ 투자위험에 대한 적절한 보상은 분산불능 위험인 체계적 위험에 한정 : 특정 증권이 포트폴리오 위험에 미치는 영향은 특정 증권의 분산의 크기가 아니라 타증권과의 공분산(상관관계)에 달려있고, 적절한 위험보상률은 수익률의 총분산이 아니라 공분산에 의해서 결정됨

정답 | ①

14 마코위츠 평균-분산 모델 ★★

다음 빈칸 안에 들어갈 말로 옳은 것은?

> 완벽하게 음의 상관관계(상관계수 : −1)를 가지는 두 자산이 있다. 이 두 자산으로 이루어진 최소분산 포트폴리오의 표준편차는 항상 (　　)

① 0과 같다.
② 0보다 크다.
③ 두 자산의 표준편차의 합과 같다.
④ 1과 같다.

용어 알아두기

최소분산 포트폴리오 | 최소분산 포트폴리오(MVP)는 포트폴리오를 기대수익률과 표준편차에 관한 좌표상에 표시하면 투자기회선을 얻을 수 있는데, 이 중 최소의 분산을 갖는 포트폴리오이다.

TIP 완전 부(−)의 상관관계는 무위험 포트폴리오를 구성하므로 최소분산 포트폴리오의 표준편차는 항상 0과 같다.

핵심포인트 해설　　공분산과 상관관계

구 분	공분산	상관관계
측정치의 성격	절대적 측정치	상대적 측정치
측정값의 범위	$-\infty \leq 공분산 \leq +\infty$	$-1 \leq 상관관계 \leq +1$
(−)의 값을 가질 경우	두 주식 간 수익률의 움직임이 반대 방향	분산효과 큼(위험 감소)
(+)의 값을 가질 경우	두 주식 간 수익률의 움직임이 같은 방향	분산효과 적음(위험 증가)
공 식	$\sigma_{xy} = [\sigma_x \times \sigma_y] \times \rho_{xy}$	$\rho_{xy} = \dfrac{Cov_{xy}}{\sigma_x \times \sigma_y}$

정답 | ①

15 마코위츠 평균-분산 모델 ★★

다음 중 비체계적 위험으로 옳은 것은?

① 고객의 기호식품에 대한 취향변화
② 원화가격 상승
③ 실업률 증가
④ 이자율변화

TIP 비체계적 위험은 개별 기업의 고유한 위험으로, 특정 상품에 대한 고객의 취향변화는 당해 기업에만 영향을 주므로 비체계적 위험이다.

핵심포인트 해설 　 위험의 종류

체계적 위험[$\beta_i^2\sigma^2(R_m)$]	비체계적 위험[$\sigma^2(\varepsilon_i)$]
• 분산불능 위험, 시장 위험 • 개별 주식수익률의 총변동 중에서 증권특성선상을 따라 움직이는 수익의 변동부분 • 개별 주식의 위험 중에서 시장 전체와 연동된 위험의 크기를 나타낸 것 • $\beta_i^2\sigma^2(R_m)$의 크기는 시장 포트폴리오 위험에 연동된 특정 주식의 변동성을 측정한 것 • 인플레이션 위험, 금리변화, 수입 원자재 가격변화 등 • 시장 전체의 공통 요인	• 분산가능 위험, 개별 위험, 잔차 위험, 고유 위험 • 개별 주식수익률의 총변동 중에서 증권특성선으로부터의 편차크기로 측정되는 수익률의 변동분 • 시장모형에서 잔차항의 분산으로 측정 가능 • 분산투자로 제거 가능(투자자가 보상을 요구하지 않는 위험) • 특정 기업의 신제품개발, 파업, 화재 등 개별 기업의 특유 요인 • 특정 기업에 국한된 요인

정답 | ①

16 마코위츠 평균-분산 모델 ★★

마코위츠 모형에 의한 분산투자효과에 대한 설명 중 옳은 것은?

① 구성종목수를 증가시켜도 줄어들지 않는 위험은 비체계적 위험이다.
② 구성종목수를 증가시킴에 따라 줄어드는 위험은 시장 위험이다.
③ 포트폴리오에 포함되는 종목의 수가 증가할수록 포트폴리오의 위험은 각 종목들 간의 공분산의 평균에 근접한다.
④ 포트폴리오에 포함되는 종목의 수가 감소할수록 개별종목의 위험이 포트폴리오의 위험에 미칠 영향은 감소한다.

TIP
① 비체계적 위험이 아니라 체계적 위험이다.
② 시장위험이 아니라 개별기업의 고유위험 또는 비체계적 위험이다.
④ 포트폴리오에 포함되는 종목의 수가 증가할수록 개별종목의 위험이 포트폴리오의 위험에 미칠 영향은 감소한다.

핵심포인트 해설 — 마코위츠 평균-분산 모델의 핵심

① 현대 포트폴리오이론의 창시자인 마코위츠에 의하여 전개
② 투자종목수와 위험분산효과
 ㉠ 포트폴리오는 투자종목수가 많을수록 위험이 감소
 ㉡ 투자종목수를 무한히 늘렸을 때 위험의 감소가 어느 시점부터는 더 이상 감소하지 않음
 ㉢ 분산투자를 통하여 감소되는 위험을 분산가능 위험·비체계적 위험·고유 위험·개별 위험이라고 하며, 분산투자를 통하여 위험을 감소시킬 수 없는 부분을 분산불능 위험·체계적 위험·시장 위험이라고 함
 ㉣ 포트폴리오 투자 위험의 적절한 보상은 분산불능 위험인 체계적 위험에 한정함

정답 | ③

17

마코위츠 평균-분산 모델 ★★

포트폴리오를 구성하는 종목수가 증가함에 따라 포트폴리오의 총위험(분산)은 어디에 수렴하는가?

① 0
② 1
③ 체계적 위험
④ 비체계적 위험

TIP 포트폴리오를 구성하는 종목수가 증가하면 비체계적 위험은 0으로 수렴하나 체계적 위험은 줄지 않으므로, 총위험은 체계적 위험으로 수렴한다.

핵심포인트 해설 최적 자산배분

(1) 효율적 포트폴리오와 최적 포트폴리오
① 일정한 기대수익률을 가지는 투자기회 중 위험이 최소인 점
② 일정한 위험수준에서 기대수익률이 최대인 점
③ 일반적으로 2차계획법(Quadratic Programming)을 사용

(2) 투입정보의 추정
n개의 자산 각각에 대하여 기대수익률 E(R)과 분산 σ^2을 추정하고, 각 자산들 간의 공분산을 $\frac{n(n-1)}{2}$ 만큼 추정

(3) 무위험자산과 최적 자산배분
① 무위험자산 : 어떠한 상황에서도 확정된 수익이 보장되어 수익률의 변동이 없기 때문에 그 위험(수익률의 표준편차)이 0인 투자자산
② 무위험자산이 포함될 때의 효율적 포트폴리오 : 무위험자산이 포트폴리오 구성 시 투자성과는 위험자산만으로 구성된 포트폴리오보다 높음

정답 | ③

18

블랙리터만의 자산배분 모델 ★★

블랙리터만의 자산배분 모델에 대한 설명 중 잘못된 것은?

① 투자자의 시장전망을 자산배분 모델에 반영하여 자산배분을 시행하는 모델이다.
② 블랙리터만 모형에서는 먼저 투자자의 기대수익률을 추정하여야 한다.
③ 평균-분산 모델의 최대 문제점인 극단적인 자산배분 비중의 문제를 해결하였다.
④ 투자자의 장기전망을 반영하여 자산배분의 비중을 조절할 수 있어 모델의 유연성을 확보하였다.

용어 알아두기

| 블랙리터만 자산배분 모델 | 시장 포트폴리오에 내재된 균형기대수익률을 산출하고, 투자자의 시장전망을 자산배분 모델에 반영하여 자산배분을 시행하는 모델이다. |

TIP 블랙리터만 모형에서는 시장 포트폴리오에 내재하고 있는 기대수익률인 균형기대수익률을 사용하며, 시장 포트폴리오의 균형점인 자산의 시가총액을 이용하여 균형기대수익률을 역산한다.

핵심포인트 해설　블랙리터만의 자산배분 모델

(1) 정 의
시장 포트폴리오에 내재된 균형기대수익률과 투자자의 시장전망을 자산배분 모델에 반영

(2) 균형기대수익률
투자자가 특별한 시장전망을 가지지 않을 경우 균형기대수익률(시가총액비중)로 자산배분을 실행

(3) 최적 투자비중의 산출
균형기대수익률에 시장전망을 반영한 전망결합기대수익률이 산출되면 기대수익률과 공분산 행렬을 투입변수로 사용하여 최적의 투자비중을 산출

(4) 장 점
① 평균-분산 모델의 최대 문제점인 극단적인 자산배분 비중을 해결
② 투자자의 장기전망을 반영하여 자산배분의 비중을 조절할 수 있어 모델의 유견성을 확보

(5) 한 계
① 자산집단의 표준화된 시가총액을 구하기 어려움
② 주관적 시장 전망치의 오류 가능성이 있음
③ 시가총액이 작은 자산집단의 비중변동이 큼

정답 ②

ESG 투자 ★★

ESG 투자와 관련된 설명으로 가장 거리가 먼 것은?

① ESG는 기존 재무정보에 포함되어 있던 환경, 사회, 지배구조를 체계화하여 평가하는 Tool이다.
② ESG 요소를 반영한 투자를 책임투자 또는 지속가능투자로 부른다.
③ 2014년 주요국 기관투자자 연합이 결성한 GSIA가 ESG의 투자방식을 7가지로 정의하였다.
④ 우리나라의 경우 책임투자의 시작은 2006년 국민연금 책임투자형 위탁펀드 운용이라 볼 수 있다.

TIP ESG는 기존 재무정보에 포함되지 않고 있었던 기업의 중장기 지속가능성에 영향을 미칠 수 있는 요인이다.

핵심포인트 해설   ESG(Environmental, Social, Governance)와 책임투자의 기본 이해

(1) ESG 기본 개념과 대두 배경
① 기존 재무정보에 포함되지 않으나 기업의 중장기 지속가능성에 영향을 미칠 수 있는 요인들을 환경, 사회, 지배구조로 나누어 체계화하여 평가하는 Tool
② 자본시장에서 기업을 평가하는 새로운 프레임워크로 발전
③ 금융기관 중심, 유럽중심으로 발전, 2006년 금융기관 이니셔티브인 PRI 결성
④ 금융위기와 COVID-19를 겪으며 ESG가 회복탄력성의 중요한 요소로 강조됨
⑤ 환경을 중심으로 ESG에 대한 중요성이 점차 확대될 전망

(2) ESG 투자방식과 시장규모
① ESG 요소를 반영한 투자를 책임투자 또는 지속가능투자로 일컬음
② 2014년 주요국 기관투자자 연합이 결성한 GSIA가 ESG의 투자방식을 7가지로 정의함
③ 7가지 중 하나 이상의 투자기준을 적용하고 있는 펀드를 책임투자로 정의
④ ESG의 분류체계 수립 및 금융기관의 ESG상품에 대한 공시의 강화가 예상
⑤ 한국의 경우 책임투자의 시작은 2006년 9월 국민연금 책임투자형 위탁펀드 운용이라 볼 수 있음
⑥ 2018년 이후 국민연금의 ESG 투자확대를 위한 정책 및 제도 정비가 빠르게 진행되고 있음
⑦ 국내주식 액티브형에 한정되어 온 ESG 거래를 국내주식 패시브형, 해외주식과 채권자산 등으로 확대하고 있음
⑧ 국민연금은 책임투자 활성화를 위한 방안으로 책임투자 대상 자산군 확대, 책임투자 추진전략 수립, 위탁운용의 책임투자 내실화, 책임투자 활성화 기반 조성을 제시하고 있음
⑨ 책임투자의 적용을 위해서는 전담조직, 외부리소스 활용 등 자원의 투자가 필요하다는 점에서 국내 ESG 펀드의 ESG반영방식은 아직 매우 기초적인 수준일 것으로 추정

정답 | ①

20 ESG 투자 ★★

금융기관 대상 상품과 정책에 대한 포괄적인 공시기준은?

① SFDR
② TCFD
③ GSIA
④ ISSB

TIP 유럽을 중심으로 한 지속가능 금융공시 규제이며, 일정규모 이상 금융기관은 주체단위, 상품단위의 ESG 정보를 공시해야 한다.

핵심포인트 해설 — ESG 정보 공시

(1) ESG 공시제도
   ① 마케팅 목적 중심의 ESG워싱(그린워싱)이 확대되고 있어 주의가 필요
   ② 국내 금융기관의 ESG 투자 및 상품관련 정보 공시 제도화에 관한 논의는 미 진함
   ③ 앞으로 기업 및 금융기관의 ESG 정보 공시 확대가 예상됨

(2) SFDR(Sustainable Finance Disclosure Regulation)
   ① (유럽)금융기관 대상 상품과 정책에 대한 포괄적인 공시기준, 지속가능 금융공시 규제
   ② 일정규모 이상 금융기관은 주체단위, 상품단위의 ESG 정보를 공시해야 함
   ③ 주체단위 : 지속가능성 리스크정책, 주요 부정적인 지속가능성 영향, 보수정책
   ④ 상품단위 : ESG 투자무관 상품, 라이트 그린 펀드, 다크 그린 펀드
   ⑤ 주요 공시 지표 : 온실가스 배출량 및 집약도, 에너지 사용량, 화석연료 노출 등
   ⑥ 인권, 이사회의 성별 다양성, 논란성 무기에 대한 노출도 등 사회지표도 포함

(3) TCFD(Task Force on Climate-Related Financial Disclosure)
   ① 파리협약 목표 이행 요구와 금융시장 참여자들로부터 기후관련 정보 수요가 증가함에 따라 2015년 설립된 이니셔티브
   ② 기후 공시 표준화 프레임 워크 역할
   ③ 지배구조, 경영전략, 리스크 관리, 지표 및 목표의 4가지 구분에 따른 정보공개 지침 제시
   ④ 금융의 4개 산업 및 비금융 4개 산업에 대해서는 보충지침 발표
   ⑤ 기후공시 주요지표 : 탄소배출량, 전환위험, 물리적 위험, 기후관련 기회, 자본배치, 내부 탄소 가격, 보상
   ⑥ 자산운용사는 포트폴리오 부합성, 자금배출지표 등 정보공시 내용 및 수준이 심화됨

정답 | ①

출제예상문제

☑ 다시 봐야 할 문제(틀린 문제, 풀지 못한 문제, 헷갈리는 문제 등)는 문제 번호 하단의 네모박스(□)에 체크하여 반복학습하시기 바랍니다.

01 중요도 ★★
시장예측 및 증권선택이 총수익률에 낮은 영향을 미치는 이유로 잘못된 것은?

① 펀드매니저가 자산시장의 높은 변동성을 지속적으로 따라가기 힘들다.
② 미래에 수익을 낼 만한 자산군이 점차 줄어들고 있기 때문이다.
③ 시장의 변동성보다 나은 성과를 내기 위하여 시장대응과 종목대응 시 들어가는 거래비용이 이익률에 마이너스(–)로 작용한다.
④ 자산시장의 단기 변동성에 대한 적극적인 대응보다 중·장기적 관점에서 자산배분전략을 세워 투자를 실행하는 것이 더 나은 성과를 낸다.

02 중요도 ★
통합적 투자관리의 과정이 바르게 연결된 것은?

㉠ 개별종목 선택   ㉡ 자산배분
㉢ 투자목표 설정   ㉣ 포트폴리오 수정
㉤ 투자성과 사후통제

① ㉠ ⇨ ㉡ ⇨ ㉢ ⇨ ㉣ ⇨ ㉤
② ㉡ ⇨ ㉠ ⇨ ㉢ ⇨ ㉣ ⇨ ㉤
③ ㉢ ⇨ ㉠ ⇨ ㉡ ⇨ ㉣ ⇨ ㉤
④ ㉢ ⇨ ㉡ ⇨ ㉠ ⇨ ㉣ ⇨ ㉤

03 중요도 ★
투자관리의 3요소와 거리가 먼 것은?

① 펀드매니저의 철학
② 분산투자(자산배분)의 방법
③ 개별종목 선택
④ 투자시점 선택

04 중요도 ★★
자산배분이 중요한 이유와 거리가 먼 것은?

① 투자대상 자산군이 증가하고 있다.
② 투자위험에 대한 관리의 필요성이 증가하고 있다.
③ 분산투자는 최고의 수익률을 달성하는 것에 중점을 둔다.
④ 수익률 결정에 자산배분의 효과가 절대적인 영향을 미친다는 인식이 높아지고 있다.

05 중요도 ★
통합적 투자관리과정 중 투자목표의 설정단계와 거리가 먼 것은?

① 투자자의 위험수용도
② 경제상황 예측
③ 투자자금의 성격
④ 투자자별 특수상황 고려

06 중요도 ★★★
벤치마크(Benchmark)에 대한 설명으로 잘못된 것은?

① 자산집단에 대한 투자성과를 측정하기 위하여 운용 직후에 설정해야 한다.
② 벤치마크의 운용성과를 운용자가 추적하는 것이 가능해야 한다.
③ 자산집단의 성과와 위험을 잘 표현할 수 있는 다른 지수를 별도로 만들어 벤치마크로 사용할 수 있다.
④ 벤치마크는 평가기준인 동시에 특별정보(효용함수값을 개선할 수 있는 정보)가 없는 경우의 바람직한 포트폴리오라고 할 수 있다.

정답 및 해설

01 ② 과거에는 주식과 채권이 주를 이루었으나 현재에는 부동산, 선박, 원자재, 파생상품 등 수익과 위험이 공존하는 자산군이 더욱 증가하고 있는 추세이다.
02 ④ 통합적 투자관리는 하향식(Top-Down) 방식으로 이루어지며, '투자목표 설정 ⇨ 자산배분 ⇨ 개별종목 선택 ⇨ 포트폴리오 수정 ⇨ 투자성과 사후통제' 순으로 진행된다.
03 ① 투자관리의 3요소는 분산투자의 방법, 개별종목 선택, 투자시점 선택이다.
04 ③ 분산투자는 최고의 수익률보다 위험을 최소화하는 데 중점을 둔다.
05 ② 경제상황 예측은 투자분석단계에 해당한다.
06 ① 자산집단에 대한 투자성과를 측정하기 위하여 사전에 설정되어야 한다.

07 중요도 ★
자산집단별 일반적인 벤치마크가 잘못 연결된 것은?
① 국내주식 : KOSPI 또는 KOSPI200
② 해외주식 : MSCI, ACWI
③ 국내채권 : KRX 채권 종합지수
④ 단기금융상품 : 1년 만기 국채수익률

08 중요도 ★★★
기대수익률을 측정하는 방법으로 잘못된 것은?
① 이동평균법
② 시나리오 분석법
③ 추세분석법
④ 시장공통예측치 사용법

09 중요도 ★★★
다음 미래수익률의 확률분포표를 보고 구한 A주식과 B주식의 기대수익률로 옳은 것은?

구 분	호 황	정 상	불 황
확률(P_i)	30%	40%	30%
A주식	100%	15%	−70%
B주식	40%	15%	−10%

① 12%, 12% ② 12%, 15%
③ 15%, 12% ④ 15%, 15%

10 중요도 ★

조건이 다음과 같을 때 X주식에 60%, Y주식에 40% 투자한다면 포트폴리오의 기대수익률로 옳은 것은?

상황	확률	기대수익률	
		X주식	Y주식
호황	50%	30%	20%
불황	50%	−10%	5%

① 10%   ② 11%   ③ 12%   ④ 13%

11 중요도 ★

X주식과 Y주식 간의 상관계수는 −1이고, X주식과 Y주식 간의 수익률의 표준편차는 각각 0.6, 0.4이다. 투자위험을 최소화하기 위해서는 두 주식에 얼마씩 투자해야 하는가?

① X주식 100%
② Y주식 100%
③ X주식 40%, Y주식 60%
④ X주식 60%, Y주식 40%

정답 및 해설

07 ④ 단기금융상품은 CD 91일물이다.
08 ① 이동평균법은 기대수익률을 측정하는 방법이 아니다.
09 ④ 투자금액의 비율로 가중평균하여 구하는 방법

$$E(R_p) = \Sigma \omega_i \times E(R_i)$$
$$E(R_p) = \omega_x \times E(R_x) + \omega_y \times E(R_y)$$
(ω_i : 개별 증권 i에 대한 투자비율, $E(R_i)$: 개별 증권 i에 대한 기대수익률)

- $E(R_A) = (0.3 \times 1.0) + (0.4 \times 0.15) + (0.3 \times -0.7) = 0.15 = 15\%$
- $E(R_B) = (0.3 \times 0.4) + (0.4 \times 0.15) + (0.3 \times -0.1) = 0.15 = 15\%$

10 ②
- $E(R_x) = (0.5 \times 0.3) + (0.5 \times -0.1) = 0.1$
- $E(R_y) = (0.5 \times 0.2) + (0.5 \times 0.05) = 0.125$

∴ 포트폴리오의 기대수익률 $E(R_p) = (0.6 \times 0.1) + (0.4 \times 0.125) = 0.11 = 11\%$

11 ③ $\sigma_p = \sqrt{\omega_x^2\sigma_x^2 + \omega_y^2\sigma_y^2 - 2\omega_x\omega_y\sigma_x\sigma_y\rho_{xy}} = \sqrt{(\omega_x\sigma_x - \omega_y\sigma_y)^2} = |\omega_x\sigma_x - \omega_y\sigma_y|$

⇒ 표준편차(σ_p)를 최소화하는 값은 0이다.

$\omega_x \times 0.6 - (1 - \omega_x) \times 0.4 = 0$ ∴ $\omega_x = 0.4$, $\omega_y = 1 - \omega_x = 0.6$

12 중요도 ★★
분산투자기법에 대한 설명으로 잘못된 것은?

① 위험의 측정은 분산 또는 표준편차를 이용한다.
② 공격적인 투자자의 무차별효용곡선 기울기는 보수적 투자자의 무차별효용곡선 기울기보다 가파르게 나타난다.
③ 투자결정기준으로 평균기대수익률과 분산만을 고려한다는 것은 수익률의 확률분포가 정규분포인 것을 가정한 것이다.
④ 효용의 크기 $U = E(R) - c \cdot \sigma^2$이다. (c : 위험회피계수)

13 중요도 ★★
포트폴리오 A의 기대수익률과 표준편차가 각각 0.2이고, 무위험이자율은 6%이다. 이때 투자자 B가 무위험자산과 포트폴리오 A를 통해 같은 만족을 느끼게 하는 위험회피계수는?

① 3   ② 3.5   ③ 4   ④ 4.5

14 중요도 ★★★
포트폴리오의 최적 투자결정방법에 대한 설명으로 거리가 먼 것은?

① 투자가치는 평균기대수익률과 분산을 측정하여 우열을 가린다.
② 지배원리에 의하여 기대수익이 동일한 투자대상 중에서 위험이 가장 낮은 것을 선택하고, 위험이 동일한 투자대상 중에서 기대수익이 가장 높은 것을 선택한다.
③ 지배원리를 충족시켜 선택된 증권을 최적 증권이라 한다.
④ 지배원리를 충족시키는 증권에 대하여 투자자의 위험회피도에 따라 최종선택한다.

15 중요도 ★★★

다음 중 주식 간의 지배관계가 가장 올바른 것은?

주 식	A	B	C	D	E
기대수익률	12%	10%	15%	10%	13%
표준편차	17%	12%	13%	9%	15%

① B주식은 A주식을 지배한다. ② C주식은 A주식을 지배한다.
③ D주식은 B주식을 지배한다. ④ E주식은 C주식을 지배한다.

16 중요도 ★★★

보기의 내용으로 볼 때 효율적 증권, 최적 증권에 대한 설명으로 옳은 것은?

주 식	A	B	C	D	E
기대수익률	12%	12%	6%	5%	9%
표준편차	15%	20%	4%	4%	12%

① A주식과 B주식을 비교할 때 B주식이 효율적 증권이다.
② C주식과 D주식을 비교할 때 D주식이 효율적 증권이다.
③ E주식은 A주식, C주식과 비교할 때 효율적 증권이 아니다.
④ 보수적 투자자는 C주식이 최적 증권이다.

정답 및 해설

12 ② 공격적인 투자자일수록 무차별효용곡선 기울기는 보수적 투자자의 무차별효용곡선 기울기보다 완만하게 나타난다.

13 ② 효용함수 U = E(R) − c × σ²(c : 위험회피계수)
0.06 = 0.2 − c × (0.2)² ∴ 위험회피계수(c)는 3.5이다.

14 ③ 지배원리를 충족시켜 선택된 증권을 효율적 증권 또는 효율적 포트폴리오라고 한다.

15 ③ 지배원리는 동일한 수익률을 가질 경우 위험이 낮은 주식이 높은 주식을 지배하게 되며 B주식, D주식은 수익률이 같으므로 위험이 낮은 D주식이 B주식을 지배하게 된다.

16 ④ 효율적 증권 A주식, C주식, E주식 중에서 최적 증권의 선택은 투자자의 위험성향에 따라 다르므로 공격적 투자자는 A주식이 최적 증권이 되고, 보수적 투자자는 C주식이 최적 증권이 된다.
① A주식과 B주식의 기대수익률은 12%로 동일하지만, A주식이 위험(표준편차)이 더 적으므로 효율적 증권이다.
② C주식과 D주식의 위험(표준편차)은 4%로 동일하지만, C주식이 기대수익률이 더 크므로 효율적 증권이다.
③ E주식은 A주식, C주식과 비교하여 지배당하는 경우가 아니므로 효율적 증권이다.

17 중요도 ★
최적증권의 선택과 관련된 내용 중 잘못된 것은?

① 무차별효용곡선은 기대수익 E(R)와 위험 σ^2의 관계를 표시한 곡선으로 특정 투자자에게 동일한 효용을 주는 기대수익과 위험(분산)의 조합을 연결한 곡선이다.
② 효용함수에 의하면 투자자들의 효용은 기대수익이 높을수록 증가하고 위험이 높을수록 감소한다.
③ 위험을 선호하는 공격적인 투자자는 일정한 위험의 증가가 있으면 보다 많은 기대수익을 요구하며, 무차별효용곡선의 기울기가 가파르다.
④ 최적 포트폴리오의 선택은 각 개인의 효용곡선 즉, 위험에 대한 태도에 달려 있기 때문에 투자자의 무차별효용곡선과 효율적 투자선의 접점에서 나타난다.

18 중요도 ★
위험성향에 따른 분산투자기법에 대한 설명 중 옳은 것은?

① 위험회피형 투자자의 효용함수는 원점에 대하여 볼록한 형태를 보인다.
② 위험회피의 정도에 따라 위험회피형의 투자자라도 무차별효용곡선의 모양은 달라진다.
③ 위험회피형 투자자의 효용함수는 투자수익의 증가가 있을 때 체증하는 모양을 보이게 된다.
④ 평균과 분산의 공간에 위험회피형의 효용함수를 나타낸 것을 효율적전선이라 한다.

19 중요도 ★★
위험회피형 투자자에 대한 설명 중 거리가 먼 것은?

① 위험회피형 투자자는 무위험자산에만 투자한다.
② 위험회피형 투자자의 효용함수는 원점에 대해서 오목한 형태를 보인다.
③ 위험회피형 투자자는 기울기가 양(+)인 평균분산 무차별효용곡선을 가진다.
④ 위험회피형 투자자는 위험보상이 양(+)인 위험자산에 투자한다.

20 투자자 유형별 효용함수의 형태 중 위험회피형으로 옳은 것은?

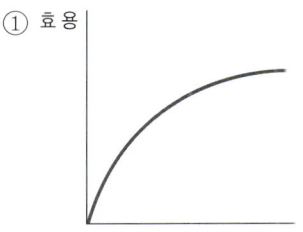
① 효용 / 투자수익(부)

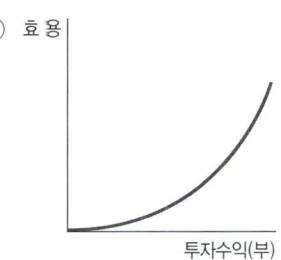
② 효용 / 투자수익(부)

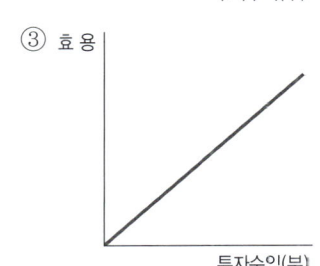
③ 효용 / 투자수익(부)

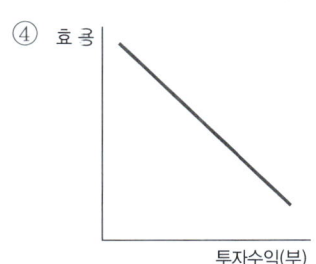
④ 효용 / 투자수익(부)

21 투자자의 위험성향에 대한 설명 중 잘못된 것은?

① 기대수익이 높을수록, 위험은 낮을수록 커진다.
② 기대수익이 높더라도 위험이 커지게 되면 투자자에 따라서 효용이 감소할 수 있다.
③ 위험회피형 투자자의 효용곡선은 원점에 대하여 오목한 형태를 보인다.
④ 위험중립형 투자자의 효용곡선은 원점에 대하여 볼록한 형태를 보인다.

정답 및 해설

17 ③ 무차별효용곡선의 기울기가 가파른 경우는 위험을 회피하는 보수적인 투자자의 예로 일정한 위험의 증가가 있으면 보다 많은 기대수익을 요구한다.

18 ② ① 위험회피형의 효용함수는 원점에 대하여 오목한 형태이다.
③ 체증이 아니라 체감하는 모양을 보이게 된다.
④ 효율적전선이 아니라 무차별효용곡선이라 한다.

19 ① 위험회피형 투자자의 투자형태는 기대수익의 증가에 따른 투자자의 효용이 증가하는 방식으로 원점에 오목한 형태로 증가하되 증가율이 체감한다. 단, 위험회피형 투자자라고 해서 무조건 위험을 피하여 무위험자산에만 투자하는 것은 아니다.

20 ① 위험회피형 투자자는 위험증가에 보수적이어서 기대수익률의 증가가 위험증가율보다 큰 경우에만 투자하는 투자자로, 효용함수는 원점에 대해서 오목하게 체감하는 형태를 갖는다.

21 ④ 위험선호형 투자자의 효용곡선은 원점에 대하여 볼록한 형태이며 투자수익의 증가가 있을 때 체증하는 모양이다.

22
중요도 ★

위험회피를 감안한 효용함수가 다음과 같을 때 가장 유리한 투자대상은 무엇인가?

> 효용함수 U = 기대수익률 E(R) − 0.06 × 분산

구 분	기대수익률	표준편차
A주식	20%	35%
B회사채	12%	20%
C국·공채	7%	0%

① A주식
② B회사채
③ C국·공채
④ 알 수 없음

23
중요도 ★

포트폴리오 수정 방법 중 업그레이딩(Upgrading)에 대한 설명으로 잘못된 것은?

① 상황변화에 따라 위험에 비하여 상대적으로 높은 기대수익을 얻고자 하거나 기대수익에 비하여 상대적으로 낮은 위험을 부담하도록 포트폴리오의 구성을 수정하는 것이다.
② 보통 높은 성과를 지닌 자산을 식별하는 것보다 큰 손실을 주는 자산을 식별하여 그 자산을 포트폴리오에서 제거하는 방법을 사용한다.
③ 고정목표수정전략이 이에 해당한다.
④ 거래비용, 정보비용, 관리비용이 소요되므로 엄격한 비용·수익 분석이 선행되어야 한다.

24
중요도 ★★

전략적 자산배분전략에 대한 설명 중 잘못된 것은?

① 장기적인 자산구성비율과 중기적인 개별자산의 투자비율한계를 결정하는 것으로 이론적 근거는 포트폴리오 이론이다.
② 장기적인 자산구성의 결정은 투자자의 투자목적과 제약조건을 충분하게 반영하여 이루어져야 한다.
③ 중·단기적으로 자본시장변화의 영향에 따라 자산의 기대수익률, 위험, 상관관계가 변화하고 이에 적극적으로 대응하는 것을 원칙으로 하고 있다.
④ 전략적 자산배분은 투자자가 정하는 경우와 자산운용회사가 정하는 경우로 나누어질 수 있다.

25 중요도 ★★★

전략적 자산배분전략의 실행 방법과 거리가 먼 것은?

① 시장가치 접근방법
② 포뮬러 플랜
③ 위험-수익 최적화방법
④ 다른 유사한 기관투자자의 자산배분을 모방하는 방법

26 중요도 ★★

역투자전략에 대한 설명으로 잘못된 것은?

① 과매도 국면으로 판단되면 펀드매니저는 주식비중을 확대한다.
② 주식의 고평가 국면에서는 주가가 오를수록 매도세가 증가하게 된다.
③ 투자자는 주가상승에 의하여 실현수익률이 높아질수록 위험감수능력이 증대된다.
④ 자산가격은 중·장기적으로 균형가격에 복귀한다는 가정을 한다.

정답 및 해설

22 ① 효용함수에 의하여 기대수익과 위험을 감안하면 A주식이 가장 유리하다.
- A주식 : $0.2 - 0.06 \times (0.35)^2 = 0.9265$
- B회사채 : $0.12 - 0.06 \times (0.2)^2 = 0.1176$
- C국·공채 : 0.07

23 ③ 고정목표수정전략은 리밸런싱에 해당한다.
24 ③ 전술적 자산배분전략에 대한 설명이다.
25 ② 포뮬러 플랜은 전술적 자산배분전략의 실행 방법이다.
26 ③ 투자자의 위험허용도는 포트폴리오의 실현수익률에 영향을 받지 않는다.

27 중요도 ★★★
전술적 자산배분전략에 대한 설명 중 잘못된 것은?

① 시장의 변화방향을 예측하여 사전에 자산구성을 변동시켜 나가는 전략이다.
② 자산집단들의 상대적 가치가 변하는 경우 이러한 가치변화로부터 투자이익을 얻기 위해 분기·월·주간 단위로 자산구성을 변경하는 적극적인 투자전략이다.
③ 전략적 자산배분에 의하여 결정된 포트폴리오를 투자전망에 따라 중·단기적으로 변경하는 전략이다.
④ 중·단기적인 가격착오는 활용하지 않는다.

28 중요도 ★★
전술적 자산배분전략에 대한 설명으로 가장 거리가 먼 것은?

① 자산가격은 중·장기간에 균형가격으로 복귀할 수 없다는 가정을 이용하는 투자전략이다.
② 시장가격이 상승하여 고평가되면 매도하고, 시장가격이 하락하여 저평가되면 매수하는 역투자전략을 이용한다.
③ 새로운 정보에 대하여 지나치게 낙관적이거나 비관적으로 반응하여 내재가치로부터 벗어나는 가격착오 또는 과잉반응을 활용하는 전략이다.
④ 자본시장의 변화가 자산집단의 기대수익률과 위험에 영향을 준다고 본다.

29 중요도 ★★
펀드매니저 A는 주식시장이 적정한 범위에서 등락을 보이는 변동성장세가 상당 기간 지속될 것으로 판단하고 정액법에 의한 포뮬러 플랜법을 활용하여 펀드를 운용하고 있다. (주식과 채권의 비율 5 : 5, 3개월마다 비율조정) 초기 1억원을 투자하여 2기에 주식에서 −10%, 채권에서 +10%의 수익을 달성하였다면 투자를 위한 비율조정은 어떻게 하여야 하는가?

① 주식 500만원 매입, 채권 500만원 매도
② 주식 500만원 매도, 채권 500만원 매입
③ 손실이 발생하였으므로 주식전액을 채권으로 전환
④ 위험허용수준 불변을 가정하므로 조정할 필요 없음

30 중요도 ★

다음과 같이 증권 A와 B에 투자하여 포트폴리오를 구성한 경우 잘못된 것은?

증 권	투자비율	베 타	잔차분산	분 산
A	60%	0.5	0.04	0.0625
B	40%	1.5	0.08	0.2825

① A증권과 B증권의 포트폴리오 베타는 0.9이다.
② 이 자료에 근거하면 시장수익률의 분산은 0.09이다.
③ A증권의 체계적 위험은 0.0225이다.
④ 포트폴리오의 잔차분산은 개별 종목의 잔차분산을 그 증권의 투자비율에 따라 가중평균한 것이다.

31 중요도 ★★

아래 조건의 X주식과 Y주식에 각각 50%씩 투자한 포트폴리오의 분산과 표준편차는?

주 식	기대수익률	표준편차	A와 B의 상관계수
X	10%	10%	0.5
Y	20%	30%	

① 0.0225, 약 15%
② 0.0325, 약 18%
③ 0.04, 약 20%
④ 0.1025, 약 32%

정답 및 해설

27 ④ 전술적 자산배분전략은 이미 정해진 자산배분을 운용자가 자산가격에 대한 예측 하에 투자비중을 변경하는 것으로 중·단기적인 가격착오를 적극적으로 활용하여 고수익을 지향하는 전략이다.

28 ① 자산가격은 단기적으로 빈번하게 균형가격 또는 적정가격을 벗어날 수 있지만, 중·장기간에 균형가격으로 복귀한다는 가정을 이용하는 투자전략이다.

29 ① 평가금액이 기존 주식 5,000만원, 채권 5,000만원에서 주식 4,500만원, 채권 5,500만원으로 변경되었으므로 다시 5 : 5로 조정하기 위해 주식의 500만원을 매입하고 채권 500만원을 매도하여 5 : 5 비율을 유지하여야 한다.

30 ④ 포트폴리오의 잔차분산은 개별 종목의 잔차분산에 그 증권에 대한 투자비율의 자승을 곱한 것이다.
① $(0.6 \times 0.5) + (0.4 \times 1.5) = 0.9$
② $\sigma^2_A = \beta^2_A \times \sigma^2_m + \sigma^2_\varepsilon \Rightarrow 0.0625 = (0.5)^2 \times \sigma^2_m + 0.04 \therefore \sigma^2_m = 0.09$
③ 체계적 위험$(\beta^2_A \times \sigma^2_m) = (0.5)^2 \times 0.09 = 0.0225$

31 ② • $\sigma_{XY} = cov(R_X, R_Y) = (\sigma_X \times \sigma_Y) \times \rho_{XY} = (0.1 \times 0.3) \times 0.5 = 0.015$
• $Var(\sigma^2_P) = w^2_x \sigma^2_x + w^2_y \sigma^2_y + 2 \times w_x \times w_y \times cov(R_X, R_Y) = (0.5)^2(0.1)^2 + (0.5)^2(0.3)^2 + 2 \times 0.5 \times 0.5 \times 0.015$
  $= 0.0325$
∴ 포트폴리오의 분산은 0.0325이며, 표준편차는 분산의 제곱근이므로 약 18%이다.

32. 주가수익률과의 상관관계에 관한 설명 중 잘못된 것은?

① 공분산은 절대적인 측정치이고, 상관계수는 상대적인 측정치이다.
② 공분산의 값은 -1과 1의 사이에 있다.
③ 상관계수가 음수이면 공분산도 음의 값을 가지고, 상관계수가 양수이면 공분산도 양의 값을 가진다.
④ 상관계수가 음수이면 수익률은 반대방향으로 움직이고, 상관계수가 양수이면 수익률은 같은 방향으로 움직인다.

33. 포트폴리오의 분산투자효과에 대한 설명 중 옳은 것은?

① 완전한 분산투자는 모든 위험을 제거한다.
② 양(+)의 상관계수를 가지는 주식들 사이에는 분산투자효과가 없다.
③ 포트폴리오에 포함된 주식의 종류가 많을수록 총위험은 줄어든다.
④ 분산투자로 포트폴리오의 기대수익률은 줄어든다.

34. 기대수익률 0.1, 표준편차 0.15인 위험자산과 무위험자산수익률 0.06인 무위험자산이 있다. 두 자산에 총 1억원을 투자하여 0.09의 수익을 기대하고자 한다면 위험자산과 무위험자산의 투자비율은?

① 50%, 50%
② 55%, 45%
③ 65%, 35%
④ 75%, 25%

35. 블랙리터만의 자산배분 모델에 대한 설명 중 잘못된 것은?

① 특정 자산집단의 기대수익률과 위험을 측정하여야 자산배분을 실행할 수 있다.
② 투자자의 시장전망을 반영하는 경우 시장전망 시의 자산그룹 간 기대수익률 차이가 균형 기대수익률 차이보다 작다면 수익률이 낮은 자산그룹에 가중치가 증가한다.
③ 이 모델은 시장 포트폴리오에 내재된 균형기대수익률을 산출하고 투자자의 시장전망을 자산배분 모델에 반영하여 자산배분을 실행하는 모델이다.
④ 균형기대수익률은 시장의 수요와 공급이 균형을 이룬 이상적인 상태에서 시장참여자들의 기대수익률을 말한다.

36 중요도 ★★

ESG 투자방식과 시장규도에 관한 설명으로 옳지 않은 것은?

① 국민연금의 ESG 투자확대를 위한 정책 및 제도 정비가 빠르게 진행되고 있다.
② ESG 요소를 반영한 투자를 책임투자 또는 지속가능투자로 일컫고 있다.
③ 국내 책임투자의 시작은 2005년 사학연금 책임투자형 직접펀드 운용이라 볼 수 있다.
④ ESG의 분류체계 수립 및 금융기관의 ESG상품에 대한 공시의 강화가 예상되고 있다.

37 중요도 ★★

TCFD(Task Force on Climate-Related Financial Disclosure)에 관한 설명으로 옳지 않은 것은?

① 기후 공시 표준화 프레임 워크 역할을 하고 있다.
② 지배구조, 경영전략, 리스크 관리, 지표 및 목표의 4가지 구분에 따른 정보공개 지침을 제시한다.
③ 자산운용사는 포트폴리오 부합성, 자금배출지표 등 정보공시 내용 및 수준이 심화된다.
④ 인권, 이사회의 성별 다양성, 논란성 무기에 대한 노출도 등 사회지표도 포함된다.

정답 및 해설

32 ② 공분산의 값은 제한이 없다.
33 ③ ① 완전한 분산투자를 하더라도 체계적 위험은 제거할 수 없다.
② 상관계수가 양(+)이더라도 +1보다 작으면 분산투자효과가 있다.
④ 기대수익률은 분산투자와는 무관하다.
34 ④ 위험자산에 대한 투자비율을 w라고 한다면, 0.09 = w × (0.1) + (1 − w) × 0.06 ⇨ w = 0.75 = 75%
무위험자산에 대한 투자비율은 (1 − w)이 므로, 1 − 0.75 = 0.25 = 25% ∴ 75%, 25%
35 ① 블랙리터만의 자산배분 모델은 특정 자산집단의 기대수익률과 위험을 몰라도 자산배분을 실행할 수 있다.
36 ③ 한국의 경우 책임투자의 시작은 2006년 9월 국민연금 책임투자형 위탁펀드 운용이라 볼 수 있다.
37 ④ SFDR(Sustainable Finance Disclosure Regulation)에 따른 사회지표이다.

제3장
투자권유 및 고객관리

학습전략

투자권유 및 고객관리는 제2과목 전체 50문제 중 **총 12문제**가 출제된다.

투자권유 및 고객관리는 영업직원이 영업하면서 접하게 되는 투자권유 및 고객상담에 대한 내용으로 구성되어 있다. 분량이 적고 내용이 쉬워서 고득점하기 좋은 과목이다. 고객관리의 필요성, 고객상담절차 및 단계별 상담포인트를 중심으로 학습하는 것이 좋다.

출제예상 비중

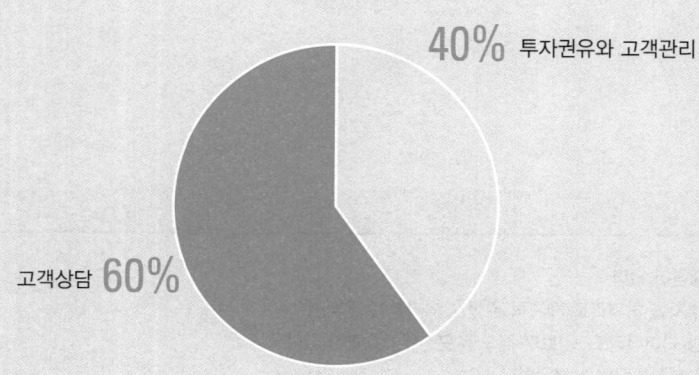

40% 투자권유와 고객관리
고객상담 60%

핵심포인트

구 분	핵심포인트	중요도
투자권유와 고객관리 (40%)	01 투자권유 02 고객관리(CRM)	★★★ ★★
고객상담 (60%)	03 고객상담 04 고객과의 관계형성 05 설득 및 해법 제시 06 고객등의 확보 및 클로징 07 고객응대와 기본매너	★★ ★★★ ★★★ ★★★ ★★

투자권유 ★★★

투자권유 전 판매직원이 알아야 할 사항에 대한 설명으로 적절하지 않은 것은?

① 투자성상품의 경우 대부업자, 투자권유대행인도 전문금융소비자로 본다.
② 금융소비자가 투자자정보를 제공하지 않는 경우에는 적정성원칙 대상상품이 제한된다.
③ 주권상장법인이 금융회사와 장외파생상품거래를 하는 경우 원칙적으로 일반금융소비자로 본다.
④ 장외파생상품거래를 하는 경우 투자권유 하는 경우에만 투자자정보를 파악해야 한다.

TIP 장외파생상품거래를 하는 경우 투자권유 여부와 상관없이 투자자정보를 파악해야 한다.

핵심포인트 해설 　 투자권유 전 준수사항

(1) 금융소비자가 투자권유 없이 특정상품을 청약하는 경우
　① 확인서 수령 및 설명의무
　　관련 확인서를 수령하고 그 '확인서의 취지'와 '유의사항'을 충분히 설명하여야 함
　② 적정성원칙 대상 상품에 대한 적용
　　㉠ 금융소비자의 투자자정보를 파악하고 부적정하면 그 사실을 알려야 함
　　㉡ 금융소비자가 투자자정보를 제공하지 않는 경우에는 적정성원칙 대상상품이 제한됨

(2) 금융소비자의 유형 확인
　① 전문금융소비자로 보는 경우
　　㉠ 투자성상품의 경우 대부업자, 투자권유대행인
　　㉡ 대출성상품의 경우 대부업자, 투자권유대행인, 상시근로자 5인 이상 법인, 겸영여신업자, 대출상품판매대리·중개업자 등
　② 장외파생상품 거래의 경우
　　㉠ 주권상장법인이 금융회사와 장외파생상품거래를 하는 경우 원칙적으로 '일반금융소비자'로 봄

(3) 투자자 정보 파악
　① 취약투자자 여부 확인
　　㉠ 취약투자자 : 투자의 위험성에 대한 인지도가 낮다고 판단되는 고령자, 은퇴자, 미성년자, 주부, 투자경험이 없는 자 등
　　㉡ 취약투자자를 선택한 소비자에게는 '취약투자자 유의사항'을 설명하고 그 확인서를 수령해야 함
　② 투자자 성향 분석
　　㉠ 대리인을 통한 투자자성향 분석도 가능(실명표 및 위임장 등 지참)
　　㉡ MMF, 국채 등 위험이 높지 않은 금융투자상품만 거래하는 경우 투자목적, 재산상황, 투자경험의 투자자정보만 간략하게 파악할 수 있음
　　㉢ 장외파생상품거래를 하는 경우 투자권유 여부와 상관없이 투자자정보를 파악해야 함

정답 | ④

02 고객관리(CRM) ★★

투자성향에 적합하지 않은 투자권유에 대한 설명으로 잘못된 것은?

① 적합성원칙에 반하는 투자권유는 금지된다.
② ①을 우회하기 위해 투자권유 희망 및 투자자 정보제공여부 확인서 또는 투자성향 부적합상품 거래확인서를 받고 판매하는 것도 금지된다.
③ 투자권유 없이 본인의 투자성향보다 위험도가 높은 금융투자상품을 스스로 청약하는 경우에는 어떠한 경우에도 판매할 수 있다.
④ 고령자에게 ELS를 판매하는 경우에는 계약체결 전에 적합성보고서를 제공해야 한다.

TIP 투자권유 없이 본인의 투자성향보다 위험도가 높은 금융투자상품을 스스로 청약하는 경우에는 '투자성향에 적합하지 않은 투자성상품 거래확인' 내용이 포함된 확인서를 받고 판매할 수 있다.

핵심포인트 해설 　 투자성향에 적합하지 않은 투자권유

(1) 적합성원칙에 반하는 투자권유
① 금융소비자보호법 제17조 3항 위반으로 금지됨
② 금융소비자에게 적합하지 않은 것으로 판단되는 투자권유는 '투자권유 희망 및 투자자 정보제공여부 확인서' 또는 '투자성향 부적합상품 거래확인서'를 받고 판매하는 것도 금지됨

(2) 투자권유 없이 금융소비자 스스로 부적합 상품을 청약한 경우
① '투자성향에 적합하지 않은 투자성상품 거래확인' 내용이 포함된 확인서를 받고 판매 가능
② 판매직원은 '확인서의 취지'와 '유의사항'을 충분히 이해할 수 있도록 설명해야 함
　㉠ 확인서의 취지 : 해당 확인서를 작성하는 경우 금융소비자에게 적합성원칙이 적용되지 않고 투자성향에 부합하는 상품에 투자하는 것보다 더 큰 손실이 있음을 고지하기 위해 사용한다는 사실을 알려야 함
　㉡ 유의사항 : 금융소비자가 해당 확인서에 서명하는 것은 향후 분쟁 또는 소송시 확인서로 인해 불리하게 작용할 수 있으므로 확인서의 법적 의미와 위험내용을 충분히 이해한 후 서명을 신중하게 결정해야 한다는 사실을 알려야 함

(3) 계약체결 전 적합성보고서를 제공해야 하는 경우
① 제공 대상 : 신규 일반금융소비자(개인, 법인), 고령자(만65세 이상), 초고령자(만80세 이상)
② 대상 상품 : ELS, ELF, ELT, DLS, DLF, DLT ⇒ 공모, 사모 모두 적용됨

정답 | ③

고객관리(CRM) ★★

고령투자자에 대한 강화된 투자자보호의 내용으로 적절하지 않은 것은?

① 금융회사는 고령투자자 보호기준을 의무적으로 만들어야 한다.
② 금융회사는 투자유의상품의 지정하고 고령투자자에게 투자권유 시 사전 확인해야 한다.
③ 고령투자자에 대한 판매과정을 녹취하면 숙려기간 부여의무가 면제된다.
④ 고령투자자의 가족 등 조력자의 연락처를 확인해야 한다.

TIP 판매과정을 녹취해야 할 뿐만 아니라 판매과정에서 2영업일 이상의 숙려기간을 부여해야 한다.

핵심포인트 해설 | 투자자 보호를 보다 강화한 경우

(1) 고령투자자에 대한 투자권유
 ① 금융회사는 〈고령투자자 보호기준〉을 의무적으로 만들어야 함
 ② 본사 전담부서 및 전담인력 지정, 영업점 전담창구 마련
 ③ 투자유의상품의 지정 및 투자권유 시 사전 확인
 ④ 상품개발 및 판매 시 고령투자자에 대한 판매위험 분석
 ⑤ 판매과정을 녹취하고, 금융소비자가 요청하는 경우 녹취파일 제공해야 함
 ⑥ 판매과정에서 2영업일 이상의 숙려기간을 부여해야 함
 ⑦ 가족 등 조력자의 연락처를 확인해야 함
 ⑧ 고령투자자에 대한 판매절차를 내규로 마련하고 정기점검 실시
 ⑨ 고령투자자 대상 마케팅에 대한 내부통제 강화

(2) 장외파생상품의 투자권유
 ① 금융회사는 장외파생상품거래의 상대방이 일반금융소비자인 경우 '위험회피목적'거래만 가능
 ② 금융회사는 장외파생상품에 대한 별도의 적합성기준을 마련해야 하며, 장외파생상품에 대한 투자권유를 하는 경우 해당 기준에 적합하지 않은 투자권유를 해서는 아니됨

정답 | ③

고객관리(CRM) ★★

다음 중 금융투자상품 판매직원의 설명의무에 대한 기술이 적절하지 않은 것은?

① 판매직원은 금융소비자 누구에게나 해당상품에 대한 설명의 정도를 동일하게 이행할 의무가 있다.
② 기본계약을 동일한 내용으로 갱신하는 경우 설명서 교부의무가 면제된다.
③ 금융소비자가 설명서의 수령을 거부하는 경우에도 설명서 교부의무가 면제된다.
④ 외화증권을 투자권유하는 경우 일반적인 설명사항 외에 투자대상국가의 경제 및 시장 상황, 환위험 및 헤지비율 등에 대한 설명을 추가로 해야 한다.

TIP 판매직원은 설명의무 이행 시 상품측면과 금융소비자 측면을 고려하여 설명의 정도를 달리할 수 있다.

핵심포인트 해설   판매직원의 설명의무

(1) 설명의무 이행 시 설명정도의 차등화
① 판매직원은 설명의무 이행 시 상품측면과 금융소비자 측면을 고려하여 설명의 정도를 달리할 수 있음
② 상품측면 : 상품의 복잡성/위험성 정도에 따라 설명의 정도를 달리할 수 있음
③ 금융소비자 측면 : 금융소비자의 투자경험/인식능력 등에 따라 설명의 정도를 달리할 수 있음

(2) 추가 설명의무가 있는 경우

구 분	추가 설명사항
외화증권 투자권유	투자대상지역의 경제/시장상황/거래제도, 환위험, 금융소비자가 직접 환위험을 헤지하는 경우 헤지비율 미조정 시 손실이 발생할 수 있다는 사실 등
해외펀드 투자권유	투자대상지역의 경제/시장현황에 따른 위험, 환위험, 환헤지 여부, 목표 환헤지 비율, 환헤지 대상통화, 주된 환헤지 수단 및 방법, 환위험 헤지가 모든 환율변동위험을 제거하지 못한다는 사실, 모자형펀드의 경우 환헤지 비율을 달리하여 판매할 수 있다는 사실 등
조건부자본증권 투자권유	일정 사유발생 시 원리금 전액상각 또는 보통주 전환특약이 있다는 사실, 상각/전환 사유 및 효과, 이자가 지급되지 않을 수 있다는 사실, 장기간 현금화가 불가능할 수 있다는 사실, 만기가 짧아질 수 있다는 사실, 사채의 순위 등

정답 | ①

고객관리(CRM) ★★

CRM에 대한 설명으로 잘못된 것은?

① CRM의 영역은 고객유지, 고객확보, 고객개발 등이다.
② CRM의 목표는 고객만족을 통한 회사의 장기적 수익 극대화에 있다.
③ 고객점유율 중심의 전략보다는 시장점유율 중심의 전략을 구사한다.
④ 고객과의 관계증진을 통하여 관리비용을 감소시킬 수 있다.

TIP 시장점유율 중심의 전략보다는 고객점유율 중심의 전략을 구사한다.

핵심포인트 해설 — 금융·투자관리(CRM)

의의 및 목표	• 의의 : 고객정보를 효과적으로 이용하여 고객관계를 유지·확대·개선함으로써 고객만족과 충성도를 제고하고 기업발전을 추구하는 고객 관련 프로세스 및 활동 • 영역 : 고객유지, 고객확보, 고객개발 • 목표 : 고객만족을 통한 회사의 장기적 수익 극대화
CRM 전략의 특징	• 고객획득 ⇨ 고객유지 • 단기적 고객유인 및 판매 중심 ⇨ 장기적 관계형성 • 판매촉진 중심 ⇨ 고객서비스 중심 • 시장점유율 ⇨ 고객점유율 • 제품차별화 ⇨ 고객차별화 • 자동화 ⇨ 정보화 • 규모의 경제 ⇨ 범위의 경제 • 사후처리 지향 ⇨ 사전대비 지향
CRM의 효과	• 고객과의 친밀한 관계를 통한 예탁자산의 증대 • 고객과의 관계증진을 통한 낮은 마케팅 관리비용 • 만족스런 관계형성을 통한 고객이탈율 감소 및 고객유지율 증대 • 만족도 높은 우량고객을 통한 구전 무료광고 효과

정답 | ③

06 고객상담 ★★

고객상담활동의 목적과 가장 거리가 먼 것은?

① 계약 성공률을 높이고 상담시간을 효율적으로 활용하기 위함이다.
② 고객관리능력을 증대시키고 문제점을 도출하여 해결의 기초로 삼기 위함이다.
③ 고객에게 상품구매의 절실함을 설득하여 성과목표를 초과달성하기 위함이다.
④ 응용과 활용을 통하여 무관심과 반감을 자연스럽게 극복하기 위함이다.

TIP 고객상담활동의 목적이 성과목표의 초과달성에 있다고 보기는 어렵다.

핵심포인트 해설 | 고객상담활동

의 의	• 영업활동수행의 핵심으로서 가장 완벽하게 실시해야 할 설득 활동
목 적	• 계약 성공률을 높이고 상담시간을 효율적으로 활용 • 고객관리능력을 증대시키고 문제점을 도출하여 해결의 기초로 삼음 • 상담표준화를 통하 판매력을 향상시키고 업무 효율성을 높음 • 응용과 활용을 통하여 무관심과 반감을 자연스럽게 극복함
요 령	• 고객의 최적시간을 적극 활용함 • 상담진척표를 고객별로 작성함 • 표준화된 상담화법 및 필요한 자료를 사전에 작성, 연습한 후 활용함 • 자신만의 화법 및 테크닉을 개발하여 공감대 형성

정답 | ③

고객과의 관계형성 ★★★

고객과 관계형성을 하기 위한 질문 시 유의사항으로 잘못된 것은?

① 정확하고 상세한 소개를 위하여 세일즈맨이 70%를 말하고, 고객이 30%만 말하게 한다.
② 고객 니즈 파악 후 그 니즈를 풀어줄 수 있는 해결사라는 믿음을 주어야 한다.
③ 고객이 원하는 것을 쉽게 거절하지 않고 대안으로 제시할 수 있는 상품 및 서비스를 찾도록 노력해야 한다.
④ 'No'라고 대답할 수 있는 폐쇄형 질문은 피한다.

TIP 고객의 니즈 및 정보를 자연스럽게 유도하기 위해 고객이 70%를 말하게 하고, 세일즈맨이 30%만 말하는 것이 바람직하다.

핵심포인트 해설 — 고객과의 관계형성

상담요령	• 최대한 고객에게 편안한 분위기를 만들고, 세일즈의 목표를 정함 • Eye Contact은 자신감의 표현이며 고객 설득의 가장 강력한 무기임 • 고객으로부터 명함을 받은 후엔 명함에 적힌 직함으로 호칭 • 첫인상이 중요하므로 매직워드를 사용하여 분위기를 부드럽게 함 • 한 번 만난 사람은 이름, 직업, 직책 등 최소한의 정보를 기억해야 함
질문 시 유의사항	• 질문은 부드럽고 상황에 맞게 할 것 • 고객이 원하는 것을 쉽게 거절하지 않고 대안으로 제시할 수 있는 상품 및 서비스를 찾도록 노력할 것 • 상담 중 중요한 사항은 메모하거나 기억할 것 • 고객 니즈 파악 후 그 니즈를 풀어줄 수 있는 해결사라는 믿음을 줄 것 • 70-30rule : 고객이 70%를 말하게 하고, 세일즈맨이 30%만 말할 것 • 'No'라고 대답할 수 있는 폐쇄형 질문은 피할 것 • 대화 후 고객이 유쾌하고 흥미로웠다는 느낌을 갖게 할 것

※ 1. Word(말) 7%
　 2. Tone of Voice(음색) 38%
　 3. Body Language(몸짓) 55%

정답 | ①

고객과의 관계형성 ★★★

다음 중 폐쇄형 질문의 타이밍과 거리가 먼 것은?

① 확대형 또는 개방형 질문을 해도 고객의 반응이 없거나 시큰둥할 때
② 새로운 화제나 보다 다른 구체적인 화제로 바꾸어서 대화의 흐름을 자신이 생각하는 방향으로 리드하고 싶을 때
③ 영업사원 또는 고객의 시간적인 제약으로 빨리 결정을 유도해야 할 때
④ 고객이 자기의 니즈에 대하여 잘 이야기할 때

TIP 고객이 자기의 니즈에 대하여 잘 이야기할 경우에는 확대형 질문의 타이밍이다.

핵심포인트 해설 | **고객의 니즈 파악을 위한 질문의 유형**

니즈의 의의	• 고객이 안고 있는 문제 • 고객이 난처해 하고 있는 일 • 고객이 원하고 있는 것·바라고 있는 점 • 니즈를 찾아가는 단계 : 군의 → 촉진 → 확인

폐쇄형 질문	• 의의 : '예' 또는 '아니오' 등 간단한 대답을 유도하는 경우의 질문
	• 타이밍
	  · 확대형 또는 개방형 질문을 해도 고객의 반응이 없거나 시큰둥할 때
	  · 대화의 흐름을 자신이 생각하는 방향으로 리드하고 싶을 때
	  · 상호 시간적 제약으로 빨리 결정을 유도해야 할 때
	• 단점 : 고객동의를 얻기 힘들고, 다음 단계로 대화를 이어가기 곤란함

개방형 질문	• 의의 : 화제나 관심사에 대해 고객이 자유로이 얘기하도록 유도하는 질문(좀 더 긴 대답을 유도하는 경우에 사용함) • 효과 : '무엇을', '왜', '어떻게' 등의 질문으로 고객 상황을 광범위하게 털어놓게 하는 효과가 있음(폐쇄형 질문을 배합함으로써 니즈 파악의 극대화 가능) • 단점 : 잘못하면 꼬치꼬치 캐묻는 느낌을 주어 불쾌할 수 있음
확대형 질문	• 의의 : 고객에게 질문을 통해 생각하게 함으로써 상호 니즈를 구체화하고 확신을 시켜주는 효과를 거둘 수 있는 질문 • 타이밍 : 고객이 자기의 니즈에 대하여 잘 이야기할 때 • 단점 : 확대형 질문에 익숙치 않은 고객은 심문당하는 느낌이나 귀찮다는 느낌을 받을 수 있음

정답 | ④

설득 및 해법 제시 ★★★

고객 설득 및 해법 제시에 대한 설명 중 잘못된 것은?

① 고객을 설득하기 위해 프레젠테이션 속으로 고객을 끌어들인다.
② 고객이 필요로 하는 상품 및 서비스에 우선순위를 두어 설명한다.
③ 영업사원이 고객에게 적합한 상품의 특성을 이점화시켜 설득하면 고객의 반감을 산다.
④ 고객이 만족하지 않는 경우 기타 상품 및 서비스를 단계적으로 설명하여 합의점을 찾는다.

TIP 영업사원은 고객에게 적합한 상품의 특성을 이점화시켜 고객의 니즈를 충족시킬 수 있다.

핵심포인트 해설   **고객 설득 및 해법 제시**

고객 설득의 방법	• 고객의 관심을 끔 • 고객의 흥미를 북돋움 • 프레젠테이션 속으로 고객을 끌어들임
해법 제시 방법	• 영업사원의 답변과 설득기술이 핵심 성공요인으로 작용함 • 고객이 필요로 하는 상품 및 서비스에 우선순위를 두어 설명함 • 고객이 만족하지 않는 경우 기타 상품 및 서비스를 단계적으로 설명하여 합의점을 찾음 • 단계별로 고객이 이해하고 있는지를 점검하면서 설득해 나감
고객의 니즈 충족	• 고객은 자신이 경험 또는 계획과 관련된 문제점을 니즈로 표출함 • 영업사원은 고객에게 적합한 상품의 특성을 이점화시켜 고객의 니즈를 충족시킴 • 고객이 영업사원으로부터 제공된 상품의 장점을 수용함으로써 설득과정이 완성됨

처리단계 : 문의 ⇨ 촉진 ⇨ 확인

정답 | ③

10

설득 및 해법 제시 ★★★

고객의 반감 처리에 대한 설명 중 잘못된 것은?

① 고객이 영업사원의 설득에 동의할 준비가 안 된 경우 반감의 형태로 표현된다.
② 반감은 또 하나의 고객의 관심표현이며 더 많은 정보에 대한 욕구이기도 하다.
③ 반감이 있는 경우에 성공 확률이 낮다.
④ 반감이 생겼다고 좌절하지 말고, 오히려 자신의 상품이 고객의 반감을 보완할 수 있다는 자신감을 갖고 상품의 특성과 장점을 강조한다.

TIP 반감이 없는 경우(성공 확률 54%)보다 반감이 있는 경우(성공 확률 64%)에 판매성공 확률이 더 높은 것으로 조사되었다.

핵심포인트 해설 — 고객의 반감 처리

반감의 발생원인	• 과거에 나쁜 경험을 한 경우 • 현재 상황에 대한 불만족이 있는 경우 • 영업사원의 설득에 동의할 준비가 안 된 경우
고객 반감 처리 시 주의사항	• 고객과 절대 논쟁하지 말고 침착하고 차분하게 응대함 • 고객을 공격하지 말고 고객 생각이 잘못된 것이라고 치부하지 말 것 • 고객 반감을 일단 인정하는 자세로 임할 것 • 고객 니즈를 파악할 수 있도록 질문할 것
반감 처리방법	• 고객의 말을 끊거나 정면으로 대응하지 말고, 정확히 경청함으로써 고객의 반감이 무엇인지 파악할 것 • 고객의 우려가 타당하다고 표현하고, 고객의 반감을 인정할 것 • 반감이 생겼다고 좌절하지 말고, 오히려 자신의 상품이 고객의 반감을 보완할 수 있다는 자신감을 갖고 상품의 특장점을 강조할 것 • 영업사원은 고객의 반감을 처리했다고 자만하지 말고 고객의 느낌을 확인할 것

1. 처리단계 : 경청 ⇨ 인정 ⇨ 응답 ⇨ 확인
2. 처리방법 : Yes, but 화법, 부메랑법, 보상법, 질문법

정답 | ③

설득 및 해법 제시 ★★★

고객의 반감 처리 화법과 거리가 먼 것은?

① 부메랑법
② 질문법
③ Yes, but법
④ 추정 승낙법

TIP 추정 승낙법은 상담 종결의 화법 중 하나다.

핵심포인트 해설 | 고객의 반감 처리 화법

Yes, but법	고객의 주장을 받아들여 고객의 마음을 부드럽게 한 다음 이쪽 주장을 내세우는 대응방법
부메랑법	Yes, but법처럼 고객의 주장을 받아들이면서도 고객이 거절한 내용을 활용하여 반전을 노리는 화법
보상법	사실을 사실대로 인정하면서 그 대신 다른 이점을 활용하여 보충하는 대응화법
질문법	고객의 거절을 질문으로 되돌려 보내는 방법

정답 | ④

12

설득 및 해법 제시 ★★★

고객이 권유상품에 별로 관심이 없을 때 설득 포인트로 적절하지 않은 것은?

① 상품을 기간별 투자수익률로 설명한다.
② 언제쯤 투자가 가능한지 계획을 물어본다.
③ 고객이 보유하고 있는 금융투자상품과 유형을 세분화하여 설명한다.
④ 팸플릿과 기타 자료를 잘 준비하여 흥미를 유발시킨다.

TIP 아직 가입의사가 없는데 투자계획을 물어보는 것은 적절하지 않다.

핵심포인트 해설 | 거절의 유형 및 설득 포인트

거절 유형	설득 포인트
권유상품에 별 관심 없다.	• 기간별 투자수익률 설명 • 고객보유 금융투자상품과 유형을 세분화하여 설명 • 팸플릿과 기타 자료를 잘 준비하여 흥미를 유발시킴
잘 알았으니 다음에 보자.	• 지금까지 설명 중 부족한 점, 의문점 여부를 물어봄 • 다음 기회가 언제쯤 될 것인지 물어봄
언젠가 가입할 것이지만 지금은 안 되겠다.	• 언제쯤 투자가 가능한지 계획을 물어봄 • 지금 가입할 수 없는 이유를 물어서 진심 확인 • 자금사정 때문인 경우 자금성향에 맞게 상담 진행
사후관리가 좋지 않다.	• 사과 후 어떤 점이 안 좋았는지 물어봄 • 과거와 달라진 점과 타사대비 CRM 서비스 설명
남들이 안 좋다고 하니까 나도 좀 그렇다.	• 확실한 정보를 눈으로 확인시켜줌(신문, 기사 활용) • 습관이나 선입견을 바꾸기 쉽지 않음을 알려주고 자사의 이미지와 상품 특징을 진지하게 설명
돈이 없다.	• 대부분 거짓일 수 있으므로 낙심하지 말 것 • 아주 없다는 의미가 아니라 예산이 부족하다는 의미도 숨어 있음 • 예산이 있더라도 상품에 대한 확신이 없는 경우 거절구실로 삼을 수 있음
배우자와 상의해 봐야 한다.	• 현재 상담자와 구매결정권자를 같이 만나서 설득 • 영업직원이 구매결정권자를 만나서 설득
거래수수료가 비싸다.	• 무엇과 비교해서 비싼지 물어봄 • 비싸다고 하는 기준이 무엇인지 물어봄 • 물어보았던 사항 중 당사의 우수한 점을 강조

정답 | ②

13

설득 및 해법 제시 ★★★

무반응 고객의 대응 및 처리 방법에 대한 설명 중 잘못된 것은?

① 말의 강약, 고저, 템포가 없으면 고객이 지루하거나 짜증날 수 있다.
② 나열식 설명은 고객을 집중시키는 데 유리하다.
③ 고객을 응대하기 전에 다양한 연습으로 영업상담 기법을 숙달시켜야 한다.
④ 설득내용과 관련된 보조자료 및 증거를 함께 제시하여 알기 쉽게 설명한다.

TIP 핵심을 찌르지 못하는 단순한 나열식 설명은 고객을 지루하게 하고, 고객의 반응을 중간중간 점검하지 않으면 고객과 공감대를 형성할 수 없다.

핵심포인트 해설 　무반응 고객의 대응 및 처리 방법

무반응의 원인	• 대화기술이 부족한 경우 • 영업직원의 예절 및 진실성이 부족한 경우 • 효과적인 질문의 결여 및 상담과정이 미숙한 경우 • 나열식으로 설명하거나 고객의 반응을 확인하지 않은 경우
무반응 고객 처리 방법	• 기법 : 사전에 다양한 연습으로 영업상담 기법을 숙달시킴 • 설명 : 자료와 증거를 제시하여 알기 쉽게 설명함 • 경청 : 고객을 진심으로 대하고 경청함 • 확인 : 중간중간 고객의 반응을 점검하고 확인함

정답 | ②

14

고객동의 확보 및 클로징 ★★★

다음 중 클로징의 요건과 가장 거리가 먼 것은?

① 바잉 시그널을 감지하는 법을 터득한다.
② 고객에게 최종 결정을 요청한 후 영업사원은 추가 질문을 통해 절실한 마음을 전달한다.
③ 각각의 고객성향에 따라 클로징을 달리한다.
④ 클로징을 하기 전에 시험클로징을 한다.

TIP 고객에게 최종 결정을 요청한 후 영업사원이 추가 질문을 하는 것은 고객의 결정을 방해할 수 있으므로 지양하는 것이 바람직하다.

핵심포인트 해설 — 고객동의 확보 및 클로징

고객동의 확보방법	• 긍정적인 마음자세와 태도를 유지할 것 • 영업사원이 고객의 속도에 맞출 것 • 공격적이지 않은 모습으로 주장할 것 • 고객투자성향에 적합한 상품을 권유할 것
클로징의 의의	• 고객의 니즈 파악과 충분한 설득 여부를 분명히 확인하는 단계 • 고객의 니즈와 고객이 이미 받아들인 상품의 이점을 상기하여 줌과 동시에 고객과의 계약을 성립시킴
클로징의 요건	• 당신이 말하는 것을 고객이 충분히 이해했는지 확인할 것 • 각각의 고객성향에 따라 클로징을 달리할 것 • 당신이 생각하고 말하는 것은 모두 고객입장에서 출발할 것 • 바잉 시그널을 감지하는 법을 터득할 것 • 클로징을 하기 전에 시험클로징(Trial Close)을 할 것 • 고객의 최종 결정을 요청한 후 영업사원은 침묵을 통해 답을 기다리는 마음을 전달할 것 • 긍정적이고 자신감 있으며 열정적인 태도로 클로징에 임할 것

정답 | ②

고객동의 확보 및 클로징 ★★★

효과적인 고객동의 확보기술에 대한 설명이 잘못된 것은?

① 직설동의 요구법 : 단순 판매, 시간이 없거나 결정이 쉬운 고객에게 유리하다.
② 이점 요약법 : 프레젠테이션 과정을 통해 보여줬던 상품의 이점을 다시 한 번 요약하여 보여줌으로써 고객이 이점에 대해 확신을 갖게 하는 방법이다.
③ T-방법(대차대조표 방법) : 고객이 이 상품을 선택했을 때의 이점과 선택하지 않았을 때의 손해를 T막대 형태의 대차대조표를 사용하여 비교 설명하는 방법이다.
④ 결과 탐구법 : 고객의 동의가 명확하다고 느껴질 때 결과를 다시 한 번 명확하게 설명하는 방법이다.

TIP 결과 탐구법은 고객이 동의를 못하고 머뭇거릴 경우 혹은 고객이 아직 미심쩍은 점이 있을 경우, 이를 되물어서 동의할 수 있도록 설명하는 방법이다.

핵심포인트 해설   상담종결화법 및 고객동의 확보기술

상담종결화법	추정 승낙법	'괜찮군' 등 긍정적 표현이 나올 경우
	실행 촉진법	긍정적 답변은 없으나 부정적이지 않은 경우
	양자 택일법	가입의사는 있으나 고객이 결정을 늦추고 있을 경우
	'기회이익 상실은 손해' 화법	수익률 차이가 있거나 특판상품인 경우, 사은품 증정 등의 혜택이 있는 경우
	가입조건 문의법	고객이 결정을 미루고 있을 때 어떻게 하면 가입하겠는지 요청하는 방법
효과적인 고객동의 확보기술	직설동의 요구법	단순한 판매, 시간이 없고 결정이 쉬운 고객에게 적합
	이점 요약법	이점을 요약 설명하여 고객이 확신을 갖게 하는 방법
	T-방법	선택 시 이점과 선택하지 않을 때의 손해를 T막대 형태의 대차대조표로 비교 설명함
	결과 탐구법	동의를 못하고 머뭇거리거나 미심쩍어 하는 경우 되물어서 동의하게 하는 방법

정답 | ④

16

고객응대와 기본매너 ★★

고객응대의 기본매너에 대한 설명 중 잘못된 것은?

① 전화는 벨이 3번 이상 울리기 전에 받도록 한다.
② 고객에게는 근무 외 시간에도 연락이 가능하도록 연락수단을 제시한다.
③ 승용차에 동승할 경우 좌측 뒷자리에 가장 상위자가 앉도록 안내한다.
④ 가능하면 상대방의 직함이나 직위를 호칭한다.

TIP 승용차에 동승할 경우 우측 뒷자리에 가장 상위자가 앉도록 안내한다.

핵심포인트 해설 　 고객응대요령

① 인사법 : 간단한 인사는 15도, 보통은 인사 30도, 정중한 인사는 45도를 숙여서 인사함
② 전화법(5단계) : 인사 ⇨ 자기소개 ⇨ 전화 목적 ⇨ 일정 약속 ⇨ 클로징(마무리) 인사
③ 고객 또는 상사와 보행 시 : 좌측에서 동행
④ 가이드 역할 시 : 우측 1보, 앞으로 1보 위치에서 안내
⑤ 승용차 좌석배치 : 최상위자(우측 뒷자리), 차상위자(좌측 뒷자리), 안내(우측 앞자리)
⑥ 가능하면 상대방의 직함을 호칭함
⑦ 심한 사투리, 복잡한 전문용어, 과도한 외래어 사용을 지양할 것
⑧ 전적으로 상대방 입장만 의존하는 자세는 탈피할 것

정답 | ③

출제예상문제

☑ 다시 봐야 할 문제(틀린 문제, 풀지 못한 문제, 헷갈리는 문제 등)는 문제 번호 하단의 네모박스(□)에 체크하여 반복학습하시기 바랍니다.

01 중요도 ★★
다음 중 적정성 원칙 적용대상 상품에 대한 설명이 잘못된 것은?

① ELS, DLS, Wrap계약 등은 적정성원칙 적용대상 상품에 포함된다.
② 금융소비자를 대상으로 적정성 원칙 적용대상 상품을 판매하는 경우에는 금융소비자의 투자자정보를 파악해야 한다.
③ 금융소비자가 투자자 정보를 제공하지 않은 경우에는 적정성 원칙 적용대상 상품의 가입은 제한된다.
④ 금융소비자가 판매직원의 투자권유 없이 스스로 특정상품에 대한 청약을 하는 경우 별도의 확인서를 받지 않아도 판매가 가능하다.

02 중요도 ★★
다음 중 전문금융소비자에 대한 설명이 적절하지 않은 것은?

① 금융상품의 전문성 또는 소유 자산규모에 비추어 위험감수능력이 있는 금융소비자를 말한다.
② 투자성상품의 경우 대부업자, 투자권유대행인도 전문금융소비자에 포함된다.
③ 대출성상품의 경우 대부업자는 전문금융소비자에 포함되나, 투자권유대행인은 포함되지 않는다.
④ 주권상장법인이 금융회사와 장외파생상품거래를 하는 경우 해당법인 전문금융소비자 대우를 받겠다는 의사를 서면으로 통지하는 경우 전문금융소비자로 본다.

03 중요도 ★★
금융소비자보호법상 부당권유행위에 대한 제재와 거리가 먼 것은?

① 위법계약해지권의 대상이 될 수 있다.
② 수입 50% 이내 범위에서 과징금 대상이 될 수 있다.
③ 1억원 이하의 과태료 부과대상이 될 수 있다.
④ 1년 이하의 징역에 처할 수 있다.

04
중요도 ★★
금융투자상품의 위험도(위험등급)에 대한 설명으로 잘못된 것은?

① 일반금융소비자에게 투자성상품을 판매하는 경우 위험등급 설명의무가 있다.
② 금융투자상품의 위험도는 최소 6단계 이상으로 분류해야 한다.
③ 개방형펀드의 위험등급은 판매하는 시점에 1회만 산정하면 된다.
④ 판매사는 설명의무 이행 시 위험등급의 의미와 유의사항뿐만 아니라 해당 위험등급이 정해진 사유도 함께 설명해야 한다.

05
중요도 ★★
다음 중 금융회사의 임직원이 방문판매 시 금지행위와 거리가 먼 것은?

① 고객을 대리하여 계약을 체결하거나 매매권한을 위탁받는 행위
② 퇴직연금의 경우 3만원을 초과하여 금전 등을 제공하는 행위
③ 청약철회에 대한 사항을 안내하는 행위
④ 야간(오후 9시~다음 날 오전 8시)에 방문판매하는 행위

정답 및 해설

01 ④ 해설금융소비자가 판매직원의 투자권유 없이 특정상품에 대한 청약을 하는 경우 관련 확인서를 수령하고, 그 확인서의 취지와 유의사항을 충분히 이해할 수 있도록 설명한 후에 판매절차를 진행할 수 있다.
02 ③ 대출성상품의 경우 대부업자, 투자권유대행인, 상시근로자 5인 이상 법인, 겸영여신업자, 대출상품판매대리·중개업자-, 특정자산의 취득 또는 자금의 조달 등 특정목적을 이해 설립된 법인 등도 전문금융소비자에 포함된다.
03 ④ 금융소비자보호법상 부당권유행위는 위법계약해지권의 행사대상, 수입 50% 이내의 과징금 대상, 1억원 이하의 과태료 대상, 손해배상책임 대상, 6개월 이내의 업무정지 대상, 기관 및 임직원의 제재 대상 등이 될 수 있다.
04 ③ 위험등급은 판매시점에 1회 산정하는 것이 원칙이나, 수시 판매 및 환매가 가능한 개방형펀드의 경우에는 연 1회 위험등급을 재산정한다.
05 ③ 방문판매 시 청약철회 대상상품일 경우 청약철회에 대한 사항을 안내하는 것은 금지행위가 아니라 의무사항이다.

06 중요도 ★★
다음 중 청약의 철회에 대한 설명이 잘못된 것은?

① 고난도상품, 비금전신탁은 청약철회가 가능한 상품이다.
② 청약철회가 가능한 투자성상품의 경우 철회의 효력은 금융소비자의 서면 등이 금융회사에 도착한 때 발생한다.
③ 금융회사는 청약철회를 접수한 날로부터 3영업일 이내에 이미 받은 금전을 금융소비자가 지정하는 입금계좌로 반환해야 한다.
④ 청약철회에 대한 특약으로 금융소비자에게 불리한 것은 무효로 본다.

07 중요도 ★★
투자매매업자 또는 투자중개업자는 금융소비자에게 과당매매의 권유가 금지된다. 이 경우 특정거래가 과도한 거래인지 여부를 판단할 때 감안해야 할 사항과 거리가 가장 먼 것은?

① 금융소비자의 재산상태 및 투자목적에 부합하는지 여부
② 금융소지비자의 투자지식이나 경험에 비추어 해당 거래에 수반되는 위험을 잘 이해하고 있는지 여부
③ 개별 매매거래 시 권유내용의 타당성 여부
④ 투자매매업자 또는 투자중개업자와 거래한 기간

08 중요도 ★
CRM의 영역에 대한 설명 중 잘못된 것은?

① 고객유지는 고객불만을 예방하는 수동적 노력과 고객에게 부가적인 혜택을 주는 능동적 노력이 효과적으로 실행될 때 좋은 결과를 기대할 수 있다.
② 고객확보를 위해 잠재고객이 어디 있는지, 어떤 니즈를 가지고 있는지 살펴봐야 한다.
③ 고객개발은 확보된 고객의 가치를 높이기 위한 전략으로 고객의 가치를 높이기 위해 교체판매나 추가판매 등을 활용할 수 있다.
④ 성공적인 CRM을 위하여 기존고객 유지보다는 신규고객 확보에 초점을 두어야 한다.

09 중요도 ★

고객서비스의 기본원칙과 거리가 먼 것은?

① 개별 서비스
② 정기적인 서비스
③ 도움을 주는 서비스
④ VIP 서비스

10 중요도 ★★

고객상담 판매과정 4단계로 올바른 것은?

| 가. 고객 니즈 파악 | 나. 설득 및 해법 제시 |
| 다. 고객과의 관계형성 | 라. 동의 확보 및 클로징 |

① 가 ⇨ 나 ⇨ 다 ⇨ 라
② 가 ⇨ 다 ⇨ 나 ⇨ 라
③ 다 ⇨ 가 ⇨ 나 ⇨ 라
④ 다 ⇨ 나 ⇨ 가 ⇨ 라

정답 및 해설

06 ② 청약철회가 가능한 투자성상품의 경우 철회의 효력은 금융소비자가 서면 등을 발송한 때 발생하므로 금융소비자는 서면 등을 발송한 때에는 지체 없이 그 발송사실을 금융회사에 알려야 한다.

07 ④ 투자매매업자 또는 투자중개업자와 거래한 기간은 과당매매 여부를 판단하는 기준과 거리가 멀다.

08 ④ 성공적인 CRM을 위하여 신규고객 확보보다는 기존고객 유지에 초점을 두어야 한다.

09 ④ 고객서비스의 기본원칙은 개별 서비스(Personal Approach), 정기적인 서비스(Periodical Approach), 도움을 주는 서비스(Benefit & Informative Approach) 등이다.

10 ③ 판매과정 4단계는 '고객과의 관계형성 ⇨ 고객 니즈 파악 ⇨ 설득 및 해법 제시 ⇨ 동의 확보 및 클로징' 순으로 진행된다.

11 중요도 ★★★
반감 처리 4단계의 내용이 잘못된 것은?

① 1단계(경청) : 진지하고 끈기있게 경청한다.
② 2단계(인정) : 이해한다는 표현으로 고객의 반감을 인정한다.
③ 3단계(응답) : 자신감을 갖고 상품의 특성과 장점을 강조한다.
④ 4단계(확인) : 고객이 판매할 상품에 관심을 갖게 되었는지 확인한다.

12 중요도 ★★★
고객의 무반응은 긍정도 하지 않고 반감도 갖지 않는 경우를 말하는데, 무반응 고객을 다루는 방법과 거리가 먼 것은?

① 무반응이 없도록 바로바로 화제를 바꾸어 설명한다.
② 설득 내용과 관련된 보조 자료 및 증거를 함께 제시하며 알기 쉽게 설명한다.
③ 진실은 진실로 통한다는 말처럼 고객을 진심으로 대하고 고객의 말을 경청한다.
④ 사전에 다양한 연습을 통하여 영업상담 기법을 숙달한다.

13 중요도 ★★★
클로징의 필수 요건과 거리가 먼 것은?

① 당신이 말하는 것을 고객이 충분히 이해했는지 확인한다.
② 클로징을 하기 전에 시험 클로징(Trial Close)을 한다.
③ 바잉 시그널을 감지하는 법을 터득한다.
④ 고객에게 최종 결정을 요청한 후 영업사원이 침묵하고 있으면 불리하다.

14 중요도 ★★★

고객 서비스는 고객과 장기적으로 좋은 관계를 형성하는 데 주안점을 두는 서비스로서 고객이 금융기관이나 직원과 인간적·사회적 관계를 맺고 싶어 하는 관계 욕구를 주 충족 대상으로 한다. 다음 중 고객 서비스의 기본원칙고- 거리가 먼 것은?

① 개별적일 것
② 주기적일 것
③ 도움이 될 것
④ 일관적일 것

15 중요도 ★★★

고객의 니즈를 찾아가는 가장 바람직한 단계는?

① 문의 ⇨ 촉진 ⇨ 확인
② 문의 ⇨ 확인 ⇨ 촉진
③ 확인 ⇨ 반복 ⇨ 강조
④ 확인 ⇨ 문의 ⇨ 촉진

정답 및 해설

11 ④ 4단계(확인) : 고객이 제공된 응답에 만족하는지 확인한다.
12 ① 중간중간 또는 단계나 화제를 바꿀 시 고객에게 반응 점검 및 확인 절차를 거친다.
13 ④ 고객에게 최종 결정을 요청한 후 영업사원은 침묵을 통해 답을 기다리는 마음을 전달한다-.
14 ④ 고객과 장기적으로 좋은 관계를 형성하기 위한 고객 서비스의 기본원칙에는 개별적일 것(Personal Approach), 주기적일 것(Periodical Approach), 도움이 될 것(Benefit & Informative Approach) 등이 있다.
15 ① 고객의 니즈를 찾아가는 가장 바람직한 단계는 '문의(Questioning) ⇨ 촉진(Encouraging) ⇨ 확인(Conforming)' 순이다.

16 중요도 ★★★
고객 니즈 파악 단계의 체크포인트에 대한 설명 중 가장 거리가 먼 것은?

① 일반적으로 고객은 대화하기 꺼리므로 대화의 70% 정도는 세일즈맨이 한다.
② 'No'로 대답할 수 있는 폐쇄형 질문은 피한다.
③ 문의하고, 경청하며, 공감하는 모습을 표현한다.
④ 상담 중 중요한 사항은 메모해두거나 기억해둔다.

17 중요도 ★★★
고객의 동의확보 및 클로징 단계에 대한 설명 중 잘못된 것은?

① 클로징은 지금까지 어느 정도는 고객의 니즈가 파악이 되어서 충분한 설득이 되었는지 안 됐는지를 분명히 확인하는 단계이다.
② 고객의 니즈와 고객이 이미 받아들여 준 상품의 이점을 상기하여줌으로써 고객으로부터 무엇인가의 약속을 성립시킨다.
③ 마무리 단계인 클로징의 타이밍은 상담의 성패와는 관계가 없다.
④ 고객의 바잉 시그널(Buying Signal)에 대한 능숙한 감지 및 판단은 경험에서 나온다.

18 중요도 ★★★
성공적인 고객동의 확보방법과 거리가 먼 것은?

① 고객의 속도에 맞춘다.
② 공격적인 모습으로 주장한다.
③ 긍정적인 태도를 유지한다.
④ 적당한 상품을 적당한 사람에게 권유한다.

19 중요도 ★★

고객과의 관계형성을 위한 활동으로 잘못된 것은?

① 명함을 받고 상담하는 경우 명함을 두는 위치는 오른손잡이는 왼쪽, 왼손잡이는 오른쪽이다.
② 명함을 건네 자기소개를 명확히 하고, 고객이 명함을 줄 경우 명함에 적힌 직책으로 호칭한다.
③ 고객이 'No'라는 대답을 할 경우 세일즈맨은 '그렇죠?' 또는 '그렇게 생각하지 않으십니까?' 등으로 끝나는 질문으로 전환하는 것이 유리하다.
④ 개방형 질문은 대화를 간결하게 이끌어 상담시간을 단축하여 대기고객이 많은 경우 신속하게 여러 고객을 처리할 수 있다.

20 중요도 ★★★

고객이 필요한 사항을 충족할 수 있는 해결책을 제시해야 할 때의 방법으로 잘못된 것은?

① 고객의 잘못된 생각을 바로잡아주는 데 집중한다.
② 고객이 필요로 하는 상품과 서비스에 대하여 우선순위를 정하여 중점적으로 설명한다.
③ 고객이 만족하지 않을 경우 기타 상품 및 서비스를 단계적으로 설명하여 합의점을 찾는다.
④ 단계별로 고객이 이해하고 있는지를 점검하면서 설득해 나간다.

정답 및 해설

16 ① 70-30 Rule에 의거하여 고객이 70%, 세일즈맨이 30% 정도 말할 수 있는 기회를 갖는 것이 바람직하다.
17 ③ 클로징을 하는 타이밍을 잘 포착하는 길은 상담의 성패를 좌우하는 중요 포인트다.
18 ② 공격적이지 않은 모습으로 주장해야 한다.
19 ④ 폐쇄형 질문은 대화를 간결하게 이끌어 상담시간을 단축하여 대기고객이 많은 경우 신속하게 여러 고객을 처리할 수 있다.
20 ① 고객의 잘못된 생각을 바로잡는 데 집중하면 고객으로부터 반감을 사기 쉽고 해결책을 찾기가 더 어려워진다.

21 중요도 ★

고객관리(CRM)의 혜택과 가장 관계가 적은 것은?

① 예탁자산의 증대
② 수수료 수입의 증대
③ 낮은 마케팅비용과 관리비용
④ 구전을 통한 무료광고

22 중요도 ★★★

고객과의 관계형성 단계에 대한 설명 중 잘못된 것은?

① 핵심기술은 고객과의 신뢰구축과 고객의 무관심을 극복하는 것이다.
② 영업사원의 기억력은 뛰어나야 한다.
③ Eye Contact을 통하여 미소 지으며 고객에게 최대한의 관심을 표한다.
④ 매직워드는 지양하는 것이 바람직하다.

23 중요도 ★★★

고객에 대한 질문의 유형에 대한 설명 중 잘못된 것은?

① 폐쇄형 질문은 '예', 또는 '아니오' 등의 간단한 대답을 유도하는 경우다.
② 개방형 질문은 '무엇을' '왜', '어떻게' 등의 질문을 통해 고객이 스스로의 상황에 대해 좀 더 광범위하게 털어 놓을 수 있게끔 하는 효과를 거두는 방법이다.
③ 확대형 질문은 고객에게 질문을 통해 생각을 하게 함으로써 제한된 시간 내에 고객과 영업사원 상호 간에 니즈를 구체화하고 확신을 시켜주는 효과를 거둘 수 있는 질문기법이다.
④ 확대형 질문은 대화시간에 비해 많은 정보를 얻을 수 없다는 점이 단점이다.

정답 및 해설

21 ② 고객관리의 혜택에는 예탁자산 증대, 낮은 마케팅·관리비용, 고객이탈 감소 및 고객유지율 증대, 구전을 통한 무료광고, 직원의 애사심 및 유지율 향상 등이 있다.
22 ④ 첫인상의 중요성을 인식하고 매직워드 등을 사용하여 분위기를 부드럽게 하기 위한 최선의 방법을 강구하는 것이 바람직하다.
23 ④ 확대형 질문은 대화시간에 비해 많은 정보를 얻을 수 있다는 장점이 있다.

24
중요도 ★
다음 중 투자권유대행인과의 위탁계약을 해지할 수 있는 경우와 거리가 먼 것은?

① 투자권유대행인 등록거부 사유 해당자
② 투자권유대행인 등록 효력이 정지되거나 말소된 자
③ 위법·부당행위로 금고 이상의 형을 받고 그 집행이 종료되거나 면제된 후 5년이 경과된 자
④ 다른 회사와의 투자권유 위탁계약이 종료 또는 해지되지 아니한 자

25
중요도 ★★★
다음 중 투자권유대행인의 금지행위와 관계가 적은 것은?

① 회사 또는 투자자를 대신하여 계약을 체결하는 행위
② 투자자로부터 계약의 이행으로서 급부를 받는 행위
③ 투자자를 대신하여 매매주문을 대리하거나 수탁하는 행위
④ 투자자의 서면동의를 받아 투자상품의 매매, 거래에 관한 정보를 열람하는 행위

26 중요도 ★

투자권유대행인에 대한 공간제공과 관련된 설명이 적절하지 않은 것은?

① 회사는 투자권유대행인이 공동으로 사용할 수 있는 별도의 공간을 제공할 수 있다.
② 투자권유대행인에게 제공되는 공간은 임직원이 사용하는 공간과 분리되어 있어야 한다.
③ 지점 내 공간일 경우 투자자가 투자권유대행인이 공동으로 사용하는 공간임을 인지할 수 있는 명패를 외부에 부착해야 한다.
④ 투자권유대행인에게 제공된 공간 내에서는 본인계좌 이외의 계좌에 대하여도 매개주문을 할 수 있다.

정답 및 해설

24 ③ 5년이 경과된 자 → 5년이 경과되지 않은 자

25 ④ 〈투자권유대행인의 금지행위〉
  ㉠ 회사를 대신하여 계약을 체결하는 행위
  ㉡ 투자자를 대신하여 계약을 체결하는 행위
  ㉢ 투자자로부터 계약의 이행으로서 급부를 받는 행위
  ㉣ 투자자로부터 투자상품 매매권한을 위임받는 행위
  ㉤ 둘 이상의 회사와 투자권유 위탁계약을 체결하는 행위
  ㉥ 투자성상품에 관한 계약의 체결과 관련하여 제3자가 투자자에게 금전을 대여하도록 권유하는 행위
  ㉦ 위탁계약을 체결한 회사가 발행한 주식의 매수 또는 매도를 권유하는 행위
  ㉧ 투자자를 대신하여 매매주문을 대리하거나 수탁하는 행위
  ㉨ 투자자의 서면동의 없이 투자상품의 매매, 거래에 관한 정보를 열람하는 행위 등

26 ④ 투자권유대행인에게 제공된 공간 내에서는 본인계좌 이외의 계좌에 대하여 매매주문을 할 수 없다.

제 4 장
직무윤리·투자자분쟁예방

학습전략

직무윤리·투자자분쟁예방은 제2과목 전체 50문제 중 **총 15문제**가 출제된다.

직무윤리·투자자분쟁예방은 내용이 쉽고 문제 난도가 낮아 고득점하기 좋은 과목이다. 하지만 학습을 소홀히 하면 다소 실점을 할 가능성이 있으므로 다른 어떤 과목보다 집중해서 학습해야 한다. 이 과목에서는 적합성 관련 원칙, 설명의무, 이해상충방지 관련 제도, 내부통제 등이 자주 출제되는 경향이 있다.

출제예상 비중

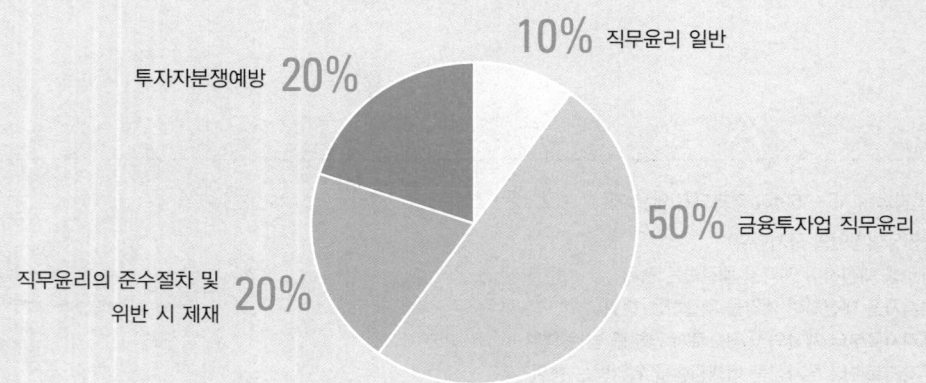

- 10% 직무윤리 일반
- 50% 금융투자업 직무윤리
- 20% 직무윤리의 준수절차 및 위반 시 제재
- 20% 투자자분쟁예방

핵심포인트

구 분	핵심포인트	중요도
직무윤리 일반 (10%)	01 직무윤리가 강조되는 이유 02 직무윤리의 기초사상 03 직무윤리의 적용대상	★★★ ★ ★
금융투자업 직무윤리 (50%)	04 신의성실의 원칙 05 본인에 대한 윤리 06 회사에 대한 윤리 07 사회에 대한 윤리	★★ ★★★ ★★★ ★★
직무윤리의 준수절차 및 위반 시 제재 (20%)	08 내부통제 09 직무윤리 위반행위에 대한 제재	★★★ ★★
투자자분쟁예방 (20%)	10 6대 판매원칙 11 손실보전 등의 금지 12 개인정보보호법 13 금융소비자보호 14 내부통제기준 15 분쟁조정제도 16 금융투자상품 관련 분쟁 17 증권투자 관련 주요 분쟁사례	★★★ ★★ ★★ ★ ★★ ★★★ ★★ ★★

직무윤리가 강조되는 이유 ★★★

최근 금융투자업 종사자의 직무윤리 중요성이 강조되고 있다. 그 이유에 대한 설명으로 잘못된 것은?

① 직무윤리 준수는 상대방의 신뢰획득 및 인적 연결강화를 통해 경쟁력 확보에 도움이 된다.
② 기업의 사회적 책임의 이행에 대한 관심이 고조됨에 따라 사회책임투자가 하나의 경향이 되고 있다.
③ 대면거래에 의한 거래방식의 특성으로 다른 산업에 비해 상대적으로 규제의 필요성이 적다.
④ 투자성을 내포한 금융투자상품의 특성상 고객과의 분쟁가능성이 상존한다.

TIP 비대면거래에 의한 거래방식의 특성으로 다른 산업에 비해 상대적으로 규제의 필요성이 크다.

핵심포인트 해설 — 직무윤리가 강조되는 이유

윤리경쟁력	• 환경변화 : 미래세계는 매우 복잡한 시스템에 의하여 운영되는 사회 • 위험과 거래비용 : 직무윤리 위반으로 인한 위험비용을 고려해야 함 • 생산성 제고를 통한 장기적 생존 목적 • 신종 자본 : 직무윤리가 공공재 내지 무형의 자본(신용) 역할을 함 • 윤리 인프라 구축 : 성장원동력, 공정한 경쟁의 조건 • 비윤리적 행동은 더 큰 사회적 비용을 초래함
금융투자산업	• 금융투자산업 속성 : 이해상충 가능성과 정보비대칭 문제를 해결해야 함 • 금융투자상품의 특성 : 투자성(원본손실 위험)을 내포하고 있음 • 금융소비자 성격의 질적 변화 : 적극적인 금융소비자보호가 중요해짐 • 안전장치 : 금융투자종사자의 대리인 문제, 도덕적 해이 문제 해결
자본시장법	• 투자자보호를 위하여 일부 직무윤리를 '법적 의무'로 제도화 • 금융투자상품의 '포괄주의' 도입으로 직무윤리가 중요해짐 • '일반투자자' 보호 강화(전문투자자에 대한 윤리적 책임까지 면제한 것은 아님) • 취급상품 및 업무영역 규제완화로 금융소비자에 대한 신뢰확보가 중요해짐
지배구조법	• 윤리경영 영역에 있던 지배구조를 법제화하여 준수의 강제성을 추가함 • 내부통제제도를 강화하고 독립성을 보장함으로써 윤리경영을 실천하도록 법적 강제성 부여

정답 | ③

02 직무윤리의 기초사상

직무윤리의 대내외적 환경에 대한 설명 중 잘못된 것은?

① 영국의 BTIC와 사회적 책임을 평가하는 CR Index가 윤리경영평가지수로 사용되고 있다.
② 2000년 OECD가 제정·발표한 국제 공통의 기업윤리강령은 강제규정이다.
③ 우리나라는 국제투명기구(TI)에서 발표하는 부패인식지수(CPI)가 경제규모에 비하여 낮게 평가되고 있다.
④ 정부는 부패방지법, 공직자윤리강령을 제정하였고, 기업도 기업윤리강령을 제정하였다.

TIP 2000년 OECD가 발표한 국제 공통의 기업윤리강령은 강제규정은 아니나 위반 시 기업에 대한 불이익이 있다.

핵심포인트 해설   직무윤리의 배경 및 환경

사상적 배경	• 마르크스 : 유물사관 • 루터 : 소명관에 의한 직업윤리 강조 • 칼뱅 : 금욕적 생활윤리(근검, 정직, 절제 강조) • 베버 : 프로테스탄티즘의 윤리와 자본주의 정신(금욕, 직업윤리강조)	
환경	대외적 환경	• New Round를 통한 국제무역 규제 • 2000년 OECD는 국제 공통의 기업윤리강령 발표(강제규정은 아니나 위반 시 기업에 대한 불이익 있음) • 기업윤리의 수준과 내용은 국제적으로 통용될 수 있는 것이어야 함 • 영국의 BTIC와 사회적 책임을 평가하는 CR Index가 윤리경영평가지수로 사용됨
	대내적 환경	• 국제투명성기구(TI)에서 발표하는 부패인식지수(CPI)가 경제규모에 비하여 낮게 평가됨 • 부패방지법, 공직자윤리강령 제정 • 개별기업도 기업윤리강령 제정 • 청탁금지법(일명 김영란법) 제정
윤리경영평가 척도	• 산업정책연구원(KoBEX) • 전경련 윤리경영자율진단지표(FKI-BEX) • 서강대 윤리경영지표(SoBEX)	

정답 ②

직무윤리의 적용대상 ★

다음 중 직무윤리의 적용대상에 대한 설명으로 잘못된 것은?

① 투자권유대행인도 직무윤리의 대상이 된다.
② 투자 관련 직무에 종사하는 자이면 회사와의 위임계약 관계 유무와는 관계없이 직무윤리를 준수해야 한다.
③ 투자 관련 직무에 종사하는 자이면 무보수로 일하는 자도 직무윤리를 지켜야 한다.
④ 아무 계약관계가 없는 잠재적 고객까지 직무윤리를 준수해야 하는 것은 아니다.

TIP 아무 계약관계가 없는 잠재적 고객에 대하여도 직무윤리를 준수해야 한다.

핵심포인트 해설 | 직무윤리의 적용 및 성격

(1) 직무윤리의 적용

적용대상	• 금융투자전문인력(투자권유자문인력, 투자권유대행인, 투자자산운용사, 금융투자분석사 등의 자격보유자) • 금융투자회사의 임직원(계약직원, 임시직원 포함) • 자격보유 이전에 관련 업무에 실질적으로 종사하는 자 • 직접 또는 간접적으로 직무와 관련이 있는 자 • 투자 관련 직무에 종사하는 일체의 자
적용범위	• 위임·고용·보수 유무와 관계없이 적용 • 잠재적 고객에 대하여도 직무윤리를 준수해야 함

(2) 직무윤리의 성격

① 성 격
  ㉠ 자율규제 원칙(실효성을 위하여 일부 타율규제도 있음)
  ㉡ 자기단속체계(내부통제기준 제정 시행)
② 직무윤리의 핵심 및 관련 원칙
  ㉠ 직무윤리의 핵심 : 자신과 상대방의 이해충돌 상황에서 상대방 이익의 입장에서 자신에 대한 상대방의 신뢰를 저버리지 않는 행동을 선택하는 것
  ㉡ 핵심원칙 : 고객우선의 원칙, 신의성실의 원칙

정답 | ④

신의성실의 원칙 ★★

직무윤리의 기본원칙에 대한 설명으로 가장 거리가 먼 것은?

① 투자 직무수행에 있어서 가장 기본적인 덕목이다.
② 신의성실의 원칙은 윤리적 의무이자 법적의무이다.
③ 금융소비자보호법은 금융소비자보호 대상이 되는 상품을 금융투자상품으로 정의하였다.
④ 금융투자업종사자는 금융회사나 주주의 이익보다 금융소비자의 이익을 우선적으로 보호해야 한다.

TIP 금융소비자보호법은 금융소비자보호 대상이 되는 상품을 금융상품으로 정의하여, 자본시장법상 투자성 있는 금융투자상품(투자성상품)뿐만 아니라 예금성 상품, 대출성 상품, 보장성 상품까지 확대 적용하였다.

핵심포인트 해설   직무윤리의 기본원칙

(1) 고객우선의 원칙
  ① 회사와 임직원은 항상 고객의 입장에서 생각하고 보다 나은 서비스를 제공하기 위해 노력하야 함
  ② 금융투자업종사자는 신임의무에 근거하여 자신(금융회사, 주주)의 이익보다 금융소비자의 이익을 우선적으로 보호해야 함
  ③ 금융소비자보호법은 금융소비자보호 대상이 되는 상품을 금융상품으로 정의하여, 자본시장법상 투자성 있는 금융투자상품(투자성상품)뿐만 아니라 예금성 상품, 대출성 상품, 보장성 상품까지 확대 적용함

(2) 신의성실의 원칙(표준윤리준칙4조)
  ① 금융투자업자는 신의성실원칙에 따라 공정하게 금융투자업을 영위해야 함
  ② 계약체결 이전 단계에서 발생하는 소비자보호의무와 계약체결 이후에 발생하는 선관주의의무에 적용되는 일반적이고 보충적인 해석원칙
  ③ 윤리적 의무이자 법적 의무

정답 ③

제4장 직무윤리·투자자분쟁예방   341

신의성실의 원칙 ★★

금융투자업자의 직무윤리 중 이해상충방지의무와 가장 관계가 적은 것은?

① 금융투자업자는 정당한 사유 없이 투자자의 이익을 해하면서 자기가 이익을 얻거나 제3자가 이익을 얻도록 해서는 안 된다.
② 과당매매는 대표적인 이해상충 사례 중 하나로 볼 수 있다.
③ 금융투자업자는 이해상충발생 가능성을 감소시키기 위해 정보교류를 허용해야 한다.
④ 금융투자업자 자신이 발행하거나 관련되어 있는 대상에 대한 조사분석자료의 공표와 제공을 원천적으로 금지하고 있다.

TIP 금융투자업자는 정보교류차단(Chinese Wall 구축) 의무가 있다. 그 내용은 정보차단(정보제공행위 금지), 직무차단(겸직행위 금지), 공간차단(사무공간 공동이용 금지), 전산차단(전산설비 공동이용 금지) 등이다.

핵심포인트 해설 　　이해상충방지의무

기본원칙 (충실의무)	• 충실의무의 의의 　· 투자자의 이익을 해하면서 자기 이익 또는 제3자 이익 도모 금지 　· 금융소비자를 위하여 최선의 이익을 추구해야 한다는 의무 • 최선의 이익 　· 소극적 이익뿐만 아니라 적극적 이익도 포함 　· 최선집행의무 : 최대수익률 실현이 아니라 실현 가능한 최대한의 이익 추구를 의미
이해상충 발생원인	• 금융투자업자 내부문제 : 공적 업무에서 사적 업무의 정보를 이용하는 경우 • 금융투자업자와 금융소비자 간 문제 : 정보비대칭 존재 • 법률적 문제 : 복수 금융투자업 간 겸영 업무 허용으로 인한 이해상충
이해상충 방지시스템 구축의무	• 금융투자업자는 인가·등록 시부터 이해상충방지체계 구축을 의무화함 • 이해상충발생 가능성 파악 등 관리 의무 • 이해상충발생 가능성 고지 및 저감 후 거래 의무 • 이해상충발생 가능성 회피 의무 • 정보교류차단(Chinese Wall 구축) 의무 • 금융투자업자 자신이 발행했거나 관련된 대상에 대한 조사분석자료의 공표·제공 금지 • 자기거래 금지

정답 | ③

신의성실의 원칙 ★★

상품판매단계의 금융소비자보호 내용으로 가장 거리가 먼 것은?

① 해피콜서비스
② 적합성 원칙
③ 불공정영업행위 금지
④ 계약서류 제공의무

TIP 해피콜서비스는 상품판매 이후 단계의 금융소비자보호 내용에 해당한다.

핵심포인트 해설 단계별 금융소비자보호의 내용

상품개발 단계	• 사전협의(개발부서, 마케팅부서, 금융소비자총괄기관) • 금융상품 개발관련 점검 • 외부의견 청취
상품판매절차 구축 단계	• 상품 판매 전 절차 : 교육체계 마련, 판매자격 관리, 판매절차 마련 • 상품 판매 후 절차 : 불온·적판매 여부 확인할 수 있는 절차 마련, 금융소비자보호절차 마련, 금융소비자에 대한 통지체계 마련
상품판매 단계	• 6대 판매원칙 준수의무 적합성 원칙, 적정성 원칙, 설명의무(청약철회권 포함), 불공정영업행위 금지, 부당권유행위 금지, 허위·부당광고 금지 • 계약서류 제공의무
상품판매 이후 단계	• 처리결과 보고의무, 기록 및 유지·관리 의무 • 정보누설 및 부당이용 금지의무 • 해피콜서비스, 미스터리쇼핑, 고객의 소리제도 • 자료열람요구권, 위법계약해지권, 소송중지제도, 분쟁조정이탈 금지제도 • 손해배상책임 제도 등

정답 | ①

신의성실의 원칙 ★★

금융투자업자의 정보교류차단(Chinese Wall)의무에 대한 설명으로 가장 거리가 먼 것은?

① 금융투자업자가 금융투자업, 겸영업무, 부수업무 등을 영위하는 경우 미공개 중요정보 등에 대한 회사내부의 정보교류차단 장치를 구축해야 한다.
② 금융투자업자는 계열회사를 포함한 제3자에게 정보를 제공하는 경우에도 내부통제기준을 마련하여 이해상충이 발생할 수 있는 정보를 차단해야 한다.
③ 표준내부통제기준에 의하면 상시 정보교류를 허용하는 임원을 지정하여서는 안 된다.
④ 표준내부통제기준은 정보교류차단을 위하여 물리적 분리뿐만 아니라 비밀정보에 대한 접근권한을 통제하는 등의 방법을 규정하고 있다.

TIP 표준내부통제기준에 의하면 상시 정보교류를 허용하는 임원을 지정할 수 있다.

핵심포인트 해설 금융투자업자의 정보교류차단(Chinese Wall)의무

정보교류차단벽 설치 의무	• 금융투자회사는 업무종사자가 업무수행에 필요한 최소한의 정보에만 접근할 수 있도록 영위하는 업무의 특성 및 규모, 이해상충 정도 등을 고려하여 정보교류를 차단할 수 있는 장치를 마련해야 함
정보교류차단의 대상	• 미공개 중요정보 • 투자자의 금융투자상품 매매 또는 소유현황에 관한 정보로서 불특정 다수인이 알 수 있도록 공개되기 전의 정보 • 집합투자재산·투자일임재산·신탁재산의 구성내역과 운용에 관한 정보로서 불특정 다수인이 알 수 있도록 공개되기 전의 정보 • 회사 내부의 정보교류차단 뿐만 아니라 계열회사를 포함한 제3자에게 정보를 제공하는 경우에도 이해상충가능성이 있는 정보는 차단해야 함 • 회사가 이해상충 우려가 없다고 판단되는 경우 스스로 차단대상 정보에서 제외 가능(예외정보를 내부통제기준에 미리 반영하여 공시해야 함)
정보교류차단의 주요 내용	• 회사는 정보교류차단 대상 부문별로 책임자를 지정해야 함 • 회사는 정보교류의 차단 및 예외적 교류의 적정성을 감독하고, 정보교류통제 담당 조직을 설치해야 함 • 회사는 상시 정보교류가 허용되는 임원을 지정할 수 있음 • 회사는 상시 정보교류 차단벽을 설치 운영해야 함 • 회사는 요건을 모두 갖춘 경우 예외적 정보의 교류를 허용할 수 있음 • 이해상충방지를 위해 필요하다고 인정하는 경우 해당 법인과 관련한 금융투자상품을 거래주의 또는 거래제한 상품 목록으로 지정할 수 있음 • 회사가 고객으로부터 개인신용정보 제공의 동의를 받거나, 개인신용정보의 전송요구를 받은 경우에는 해당 정보를 계열회사 등 제3자에게 제공할 수 있음

정답 | ③

신의성실의 원칙 ★★

다음 중 자본시장법상 이해상충방지체계에 대한 설명이 옳은 것은?

① 금융투자업자는 이해상충방지체계를 자율적으로 마련해야 한다.
② 금융투자업자는 이해상충발생 가능성을 파악·평가하고 표준투자권유준칙에 따라 관리해야 한다.
③ 이해상충발생 가능성이 있다고 인정되는 경우에 그 사실을 투자자에게 알리고, 문제가 없는 수준으로 낮춘 후 거래해야 한다.
④ 이해상충발생 가능성을 낮추기 곤란한 경우에는 투자자의 승낙을 얻어 거래해야 한다.

TIP
① 자본시장법은 금융투자업 인가·등록 시부터 이해상충방지체계를 갖추도록 의무화하였다.
② 금융투자업자는 이해상충발생 가능성을 파악·평가하고 내부통제기준에 따라 관리해야 한다.
④ 이해상충발생 가능성을 낮추기 곤란한 경우에는 그 거래를 해서는 안 된다.

핵심포인트 해설   자본시장법상 이해상충방지체계

(1) 이해상충방지 관련 규정
  ① 법 제37조 : 신의성실의 원칙과 자기거래·쌍방대리금지의 원칙
  ② 법 제44조 : 개별적 이해상충행위 유형화, 이해상충방지시스템 구축의무, 공시·거래단념의무
  ③ 법 제45조 : 정보교류차단 의무   = chinese wall
  ④ 법 제46조 : 위반 시 손해배상책임

(2) 금융투자업자의 이해상충방지체계
  ① 금융투자업 인가·등록 시 이해상충방지체계 구축을 의무화함
  ② 이해상충발생 가능성을 파악·평가하고 내부통제기준에 따라 관리해야 함
  ③ 공시의 원칙 : 이해상충발생 가능성이 있다고 인정되는 경우에는 그 사실을 투자자에게 알리고, 투자자보호에 문제가 없는 수준으로 낮춘 후 거래해야 함
  ④ 회피의 원칙 : 이해상충발생 가능성을 낮추는 것이 곤란하다고 판단되는 경우에는 매매, 그 밖의 거래를 하여서는 안 됨

정답 | ③

신의성실의 원칙 ★★

적합성 원칙에 대한 설명으로 가장 거리가 먼 것은?

① 금융소비자에게 투자를 권유하는 경우 투자목적, 투자경험, 자금력, 위험에 대한 태도 등에 비추어 가장 적합한 투자를 권유해야 한다는 원칙이다.
② 일반금융소비자에게 투자성 상품을 권유하는 경우에는 취득·처분목적, 취득·처분경험, 재산상황 등을 파악해야 한다.
③ 일반금융소비자에게 대출성 상품을 권유하는 경우에는 재산상황, 신용 및 변제계획 등을 파악해야 한다.
④ 일반사모집합투자기구의 경우에도 원칙적으로 적합성 원칙이 적용된다.

TIP 일반사모집합투자기구의 집합투자증권의 경우에는 원칙적으로 적합성 원칙이 적용되지 않는다. 다만, 적격투자자 중 일반금융소비자가 대통령령이 정하는 바에 따라 요청하는 경우에는 적합성 원칙이 적용된다.

핵심포인트 해설 — 적합성 원칙과 적정성 원칙

(1) 적합성 원칙

KYC(고객상황파악) 순서	• 투자권유 희망여부 확인 • 일반금융소비자인지 전문금융소비자인지 확인 • 일반금융소비자인 경우 면담, 질문 등을 통해 금융소비자의 정보 파악 • 투자성향 분석 결과 설명 및 확인서 제공 • 투자자금의 성향 파악
파악해야 하는 금융소비자의 정보	• 투자성상품 및 수익률변동 가능한 예금성상품 : 일반금융소비자의 해당금융상품 취득 또는 처분의 목적·경험, 재산상황 등을 파악 • 대출성상품 : 일반금융소비자의 재산상황, 신용 및 변제계획 등을 파악
적합성원칙의 적용예외	• 일반사모펀드의 경우에는 원칙적으로 적합성 원칙이 적용되지 않음 • 다만, 적격투자자 중 일반금융소비자가 대통령령이 정하는 바에 따라 요청하는 경우에는 적합성 원칙이 적용됨

(2) 적정성 원칙

투자자정보 파악의무	• 금융상품판매업자는 대통령령으로 정하는 투자성 상품, 대출성 상품, 보장성 상품에 대하여 일반금융소비자에게 계약체결을 권유하지 않고 판매계약을 체결하는 경우에는 미리 상품별 투자자정보를 파악하여야 함
고지 및 확인의무	• 금융상품판매업자는 해당 금융상품이 일반금융소비자에게 적정하지 않다고 판단되는 경우에는 그 일반금융소비자에게 그 사실을 알리고, 서명 등의 방법으로 확인받아야 함
적합성 원칙과의 차이	• 적합성 원칙은 일반금융소비자에게 계약체결을 권유할 때 적용되는 원칙인 반면 적정성 원칙은 일반금융소비자에게 계약체결을 권유하지 않고 투자성상품 등에 대하여 계약체결을 원하는 경우에 적용됨

정답 | ④

10

신의성실의 원칙 ★★

금융상품판매업자의 설명의무에 대한 기술로 가장 거리가 먼 것은?

① 금융상품판매업자의 설명의무 적용대상은 원금손실이 가능한 투자성 상품에 한한다.
② 금융소비자에게 설명을 할 때에는 사용하는 정보, 상품안내장, 약관, 광고, 홈페이지 등도 그 적정성을 갖추고 있는지 고려해야 한다.
③ 설명의무를 위반하는 경우 해당 금융상품계약으로부터 얻은 수입의 50%까지 과징금을 부과할 수 있다.
④ 설명의무를 위반하는 경우 과징금과는 별도로 1억원 이내의 과태료를 부과할 수 있다.

TIP 금융상품판매업자의 설명의무 적용대상은 투자성 상품뿐만 아니라 예금성 상품, 대출성 상품, 보장성 상품까지 확대되었다.

핵심포인트 해설 — 설명의무

설명의무의 의의	• 설명의무 : 금융상품판매업자는 일반금융소비자에게 계약체결을 권유하는 경우 및 일반금융소비자가 설명을 요청하는 경우에 금융상품에 관한 중요한 사항을 일반금융소비자가 이해할 수 있도록 설명해야 함 • 적용범위 : 투자성 상품, 대출성 상품, 예금성 상품, 보장성 상품
설명서 제공 및 확인의무	• 설명서 제공의무 : 계약체결 권유하는 경우 반드시 사전에 서면 등의 방법으로 금융소비자에게 해당 금융상품의 설명서를 제공해야 함 • 확인의무 : 설명의무 이행한 경우 일반금융소비자가 이해하였음을 서명 등의 방법으로 확인받고, 해당기록을 유지·보관할 의무가 있음
위반 시 제재	• 과징금 : 중요사항을 설명하지 않은 경우, 설명서를 사전에 제공하지 않은 경우, 설명하였음을 금융소비자로부터 확인받지 않은 경우 금융회사는 해당 계약으로부터 얻은 수입의 50%까지 과징금 부과 가능 • 과태료 : 설명의무 위반 시 1억원까지 부과 가능

정답 | ①

신의성실의 원칙 ★★

금융투자회사의 표준윤리준칙에 의한 표시의무에 대한 설명 중 잘못된 것은?

① 금융투자업자의 투자권유 시 중요한 사실에 대하여 정확하게 표시하여야 한다.
② 중요한 사실은 투자판단에 중요한 영향을 미친다고 생각되는 사실로 투자대상에 관한 중요 정보뿐만 아니라 투자수익에 영향을 주는 정보도 포함된다.
③ 정확한 표시란 중요사항이 빠짐없이 표시되고 그 내용이 충분, 명료한 것을 의미한다.
④ 회사의 위법행위 여부가 불분명한 경우 사적 화해수단으로 손실을 보상하는 행위도 금지된다.

TIP 회사의 위법행위 여부가 불분명한 경우 사적 화해수단으로 손실을 보상하는 행위는 허용된다.

핵심포인트 해설   부당권유의 금지

(1) 합리적 근거 제공의무
    금융투자업자의 투자권유 시 정밀한 조사·분석에 기초한 자료에 의하여야 하고, 합리적이고 충분한 근거를 가져야 함

(2) 중요한 사실에 대한 정확한 표시의무
    ① 중요한 사실은 투자판단에 중요한 영향을 미친다고 생각되는 사실로 투자대상에 관한 중요한 정보뿐만 아니라 투자수익에 영향을 주는 정보도 포함됨
    ② 정확한 표시란 중요사항이 빠짐없이 표시되고 그 내용이 충분, 명료한 것을 의미
    ③ 표시방법은 제한 없음(구두, 문서, 이메일 등 가능)

(3) 투자성과보장 등의 표현 금지
    ① 원칙 : 사전·사후 불문하고 투자자의 손실 전부(또는 일부) 보전·투자자에 대한 이익 보장약속 금지(법 제55조), 그 권유에 의한 위탁이 없어도 금지규정 위반으로 간주함
    ② 예외 : 손실보상(또는 손해배상)이 가능한 경우
       ㉠ 회사의 위법행위여부가 불분명한 경우 사적 화해수단으로 손실보상하는 행위
       ㉡ 회사의 위법행위로 회사가 손해를 배상하는 행위
       ㉢ 분쟁조정 또는 화해절차에 따라 손실보상 또는 손해배상을 하는 행위

정답 | ④

12

신의성실의 원칙 ★★

상품판매 이후 단계의 금융소비자보호에 대한 설명으로 가장 거리가 먼 것은?

① 금융회사는 금융소비자로부터 자료열람을 요구받은 날로부터 10일 이내에 해당 자료를 열람할 수 있게 해야 한다.
② 금융상품판매업자는 금융소비자의 위법계약 해지요구일로부터 10일 이내에 수락여부를 결정하여 금융소비자에게 통지해야 한다.
③ 조정신청사건에 대하여 소송진행 중일 때 법원은 소송절차를 중지할 수 있다.
④ 2천만원 이하의 소액분쟁사건에 대하여 조정절차가 개시된 경우 조사대상기관은 조정안 제시 전까지 소송을 제기할 수 없다.

TIP 금융회사는 금융소비자로부터 자료열람을 요구받은 날로부터 6영업일 이내에 해당 자료를 열람할 수 있게 해야 한다.

핵심포인트 해설 — 상품판매 이후 단계의 금융소비자 보호

구분	내용
처리결과 보고의무	• 매매명세 통지 : 투자매개·중개업자는 금융투자상품 매매가 체결된 경우 지체 없이 투자자에게 통지해야 함 • 매매체결 후 다음 달 20일까지 통지 사항 : 월간 매매·손익내역, 월말잔액, 미결제약정현황 등
자료열람요구권	• 금융소비자는 분쟁조정 또는 소송수행 등 권리구제를 목적으로 금융회사가 유지 관리하는 자료의 열람을 요구할 수 있음 • 금융회사는 금융소비자로부터 자료열람을 요구받은 날로부터 6영업일 이내에 해당 자료를 열람할 수 있게 해야 함(금융소비자에게 비용청구 가능)
위법계약해지권	• 금융상품판매업자가 5대 판매원칙 위반 시 금융소비자는 일정기간 내에 계약해지 요구할 수 있음 • 금융상품판매업자는 금융소비자의 해지요구일로부터 10일 이내에 수락여부를 결정하여 금융소비자에게 통지해야 함
사후구제제도	• 법원의 소송중지제도 : 조정신청사건에 대하여 소송진행 중일 때 법원은 소송절차 중지 가능 • 분쟁조정 이탈금지 제도 : 2천만원 이하의 소액분쟁사건에 대하여 조정절차가 개시된 경우 조사대상기관은 조정안 제시 전까지 소송제기 불가 • 손해배상의 입증책임전환 : 금융소비자 ⇨ 금융회사
기 타	• 정보누설 및 부당이용 금지 • 해피콜서비스 : 판매 후 7영업일 이내 모니터링 • 고객의 소리 : 금융소비자의 의견 청취 제도 • 미스터리쇼핑 : 외주전문업체를 통한 불완전판매행위 발생여부 확인 제도

정답 | ①

신의성실의 원칙 ★★

청약철회권을 행사할 수 있는 상품과 가장 거리가 먼 것은?

① 투자성 상품
② 예금성 상품
③ 보장성 상품
④ 금융상품자문에 관한 계약

TIP 금융상품판매업자와 투자성 상품, 대출성 상품, 보장성 상품, 금융상품자문에 관한 계약 청약을 한 일반금융소비자는 일정기한 내에 청약을 철회할 수 있다.

핵심포인트 해설 　 청약철회권

청약철회권의 의의	• 금융판매업자 등과 투자성·대출성·보장성상품, 금융상품자문계약 등을 체결한 일반금융소비자는 일정기간 내에 청약을 철회할 수 있음 • 청약철회권은 금융회사의 고의 또는 과실 등 귀책사유가 없더라도 일반금융소비자가 행사할 수 있는 법적 권리
금융소비자의 철회기간	• 투자성 상품 : 계약서류수령일 또는 계약체결일로부터 7일 이내 • 대출성 상품 : 계약서류수령일 또는 계약체결일로부터 14일 이내
철회 시 금융회사 조치	• 투자성 상품 : 철회접수일로부터 3영업일 이내에 금전 등을 반환 • 대출성 상품 : 소비자로부터 금전(대출금) 등을 반환받은 날로부터 3영업일 이내에 대출 관련하여 소비자로부터 받은 수수료 등을 반환
철약철회권의 대상	• 투자성 상품 : 고난도금융투자상품, 고난도투자일임계약, 고난도금전신탁계약, 신탁계약(자본시장법상 금전신탁은 제외) • 대출성 상품 : 자본시장법(제72조①)상 신용공여 및 금융위원회가 고시하는 대출성상품(예: 주식담보대출)을 제외한 금융상품

정답 | ②

14

신의성실의 원칙 ★★

투자권유에 대한 설명 중 잘못된 것은?

① 금융투자업종사자는 고객의 승낙 또는 부득이한 사유 없이 자신의 업무를 제3자에게 처리하게 할 수 없다.
② 투자권유대행인은 투자권유대행업무를 제3자에게 재위탁할 수 없다.
③ 금융투자업자가 투자자로부터 투자권유의 요청을 받지 아니하고 전화를 통하여 투자권유하는 행위는 원칙적으로 허용된다.
④ 투자권유를 받은 투자자가 이를 거부하는 취지의 의사를 표시하였음에도 불구하고 투자권유를 계속하는 행위는 금지된다.

TIP 불초청 투자권유 행위는 원칙적으로 금지된다.

핵심포인트 해설 — 재위임 및 재권유 금지

(1) 재위임 금지
① 금융투자업종사자는 고객의 승낙 또는 부득이한 사유 없이 자신의 업무를 제3자에게 처리하게 하면 안 됨
② 투자권유대행인은 투자권유대행업무를 제3자에게 재위탁하는 행위 금지

(2) 요청하지 않은 투자권유(불초청) 금지
① 원칙 : 금융투자업자가 투자자로부터 투자권유의 요청을 받지 아니하고 방문·전화 등 실시간 대화의 방법을 이용하는 행위는 부당권유행위에 해당되어 금지 됨
② 다만, 투자권유 전에 개인정보 취득경로·금융상품 등을 사전안내하고, 고객이 투자권유 받을 의사를 표시한 경우에는 투자권유 할 수 있음
③ 사전안내가 불가능한 투자성상품

일반금융소비자	고난도상품, 사모펀드, 장내파생상품, 장외파생상품
전문금융소비자	장외파생상품

(3) 재권유 금지
① 원칙 : 투자권유를 받은 투자자가 이를 거부하는 취지의 의사를 표시하였음에도 불구하고 투자권유를 계속하는 행위는 금지됨
② 예 외
 ㉠ 1개월이 지난 후에 다시 투자권유를 하는 행위
 ㉡ 다른 종류의 금융투자상품에 대하여 투자권유를 하는 행위

정답 | ③

본인에 대한 윤리 ★★★

금융투자업종사자 본인에 대한 윤리의 내용과 가장 거리가 먼 것은?

① 회사와 임직원은 업무를 수행함에 있어서 관련 법령 및 제 규정을 이해하고 준수해야 한다.
② 회사와 임직원은 경영환경 변화에 유연하게 적응하기 위해 창의적 사고를 바탕으로 끊임없이 자기혁신에 힘써야 한다.
③ 임직원은 회사의 품위나 사회적 신뢰를 훼손할 수 있는 일체의 행위를 해서는 안 된다.
④ 회사와 임직원은 공정하고 자유로운 시장경제 질서를 존중하고 이를 유지하기 위하여 노력해야 한다.

TIP 사회에 대한 직무윤리에 해당한다.

핵심포인트 해설   본인에 대한 윤리

법규준수	• 의의 : 회사와 임직원은 업무 수행 시 관련 법령 및 제 규정을 이해하고 준수해야 함 • 법에 대한 무지는 변명되지 않음(몰라도 당사자에 대한 구속력이 있음) • 적용범위 : 윤리기준, 법률과 그 하부규정, 자율단체 각종 규정, 사규, 해외에서 직무수행 시 해외 관할 구역법

자기혁신	• 의의 : 회사와 임직원은 경영환경 변화에 유연하게 적응하기 위해 창의적 사고를 바탕으로 끊임없이 자기혁신에 힘써야 함
	• 자기혁신 방법
	  · 전문지식 배양의무 : 담당업무 이론과 실무숙지 및 전문능력 배양(세미나 및 교육 프로그램 참여)
	  · 윤리경영 실천에 대한 의지를 스스로 제고하기 위해 노력

품위유지	• 의의 : 임직원은 회사의 품위나 사회적 신뢰를 훼손할 수 있는 일체의 행위를 금지함 • 품위유지는 신의성실의 원칙과도 연결된 직무윤리
공정성과 독립성 유지	• 직무 수행 시 '공정'한 입장에서 '독립'적이고 객관적으로 판단해야 함(특히 조사분석업무) • 상급자의 하급자에 대한 부당한 명령이나 지시 금지 • 부당한 명령이나 지시를 받은 직원은 이를 거절해야 함
사적이익 추구금지	• 부당한 금품수수 및 제공 금지 : 부정청탁 및 금품수수금지법 • 직무 관련 정보를 이용한 사적 거래의 제한 : 미공개중요정보 이용 금지, 시장질서교란행위 금지 및 처벌 • 직위의 사적 이용 금지

정답 | ④

16

회사에 대한 윤리 ★★★

금융투자업종사자의 회사에 대한 윤리의 내용과 가장 거리가 먼 것은?

① 회사재산은 오로지 회사 이익을 위해서만 사용되어야 하고, 회사의 이익이 아닌 사적 용도로 이용하는 일체의 행위가 금지된다.
② 소속 업무담당자가 타인에게 손해를 끼친 경우 경영진은 윤리적 책임은 있으나 법적 책임은 없다.
③ 임직원의 대외활동이 사전승인을 받았더라도 그 활동으로 인하여 고객, 주주 및 회사 등과 이해상충이 확대되는 경우 그 대외활동의 중단을 요구할 수 있다.
④ 특정한 정보가 비밀정보인지 불명확한 경우 그 정보를 이용하기 전에 준법감시인의 사전 확인을 받아야 한다.

TIP 소속 업무담당자가 타인에게 손해를 끼친 경우 관리·감독에 상당한 주의를 기울이지 않은 경영진은 법적 책임도 부담해야 한다.

핵심포인트 해설 — 회사에 대한 윤리

상호존중	• 개인 간 관계 : 동료 직원 간 및 상사와 부하 간 원활한 의사소통 및 상호 존중문화로 사내업무 효율성 제고 • 조직–개인 간 관계 : 회사는 임직원 개인의 자율과 창의 존중 • 성희롱 방지 : 상호존중 및 품위유지의무에 해당
공용재산의 사적 사용·수익금지	• 금융투자업종사자는 회사재산을 부당하게 사용하거나 정당한 사유 없이 사적용도로 사용하면 안 됨 • 회사재산은 오로지 회사 이익을 위해서만 사용되어야 하고, 회사의 이익이 아닌 사적용도로 이용하는 일체의 행위가 금지됨
경영진의 책임	• 경영진은 직원 대상 윤리교육을 실시하는 등 올바른 윤리문화 정착을 위해 노력해야 함 • 경영진 본인의 법규 준수는 물론 소속 업무종사자가 법규에 의반되지 않도록 필요한 지도·지원해야 함 • 소속 업무담당자가 타인에게 손해를 끼친 경우 법적 책임 : 민법상 사용자책임, 자본시장법상 관리·감독책임
정보보호	• 회사 업무정보와 고객정보를 안전하게 보호하고 관리해야 함(표준윤리준칙) • 관리원칙 : 정보교류차단 원칙, 필요성에 의한 제공 원칙(표준-내부통제기준)
위반행위 보고	• 임직원은 법규 등 위반 사실을 발견하거나 그 가능성을 인지한 경우에 회사가 정하는 절차에 따라 즉시 보고해야 함 • 관련 제도 : 내부제보제도
대외활동	• 회사의 공식의견이 아닌 경우 사견임을 명백히 표현할 것 • 대외활동으로 인하여 주된 업무 수행에 지장을 주어서는 안 됨 • 대외활동으로 금전보상을 받는 경우 회사에 신고해야 함 • 공정시장질서를 유지하고 건전한 투자문화 조성에 노력해야 함 • 불확실한 사항의 단정적 표현, 다른 금융투자회사 비방 등 금지
고용계약 종료 후의 의무	• 회사 비밀정보 출간, 공개, 제3자가 이용하게 하는 행위 금지 • 고용기간 종료와 동시에 기밀정보를 포함한 모든 자료는 회사에 반납 • 고용기간 동안 본인이 생산한 지적재산물은 회사에 반환

정답 ②

17

회사에 대한 윤리 ★★★

금융투자업종사자의 회사비밀정보 보호에 대한 설명 중 잘못된 것은?

① 미공개 정보는 비밀정보에 해당하지 않는다.
② 비밀정보는 필요성이 인정되는 경우에 한하여 사전승인 절차를 거쳐야 한다.
③ 비밀정보를 제공하는 자는 제공 과정 중 권한이 없는 자에게 전달되지 않도록 성실한 주의의무를 다해야 한다.
④ 비밀정보 제공을 받는 자는 비밀유지의무를 준수하고, 제공받은 목적 이외의 목적으로 사용하거나 타인에게 사용하도록 하면 안 된다.

TIP 미공개 정보는 기록 형태나 기록 유무와 관계없이 비밀정보로 본다.

핵심포인트 해설 — 금융투자업종사자의 회사비밀정보 보호

비밀정보의 범위	㉠ 회사의 재무건전성이나 경영 등에 중대한 영향을 미칠 수 있는 정보 ㉡ 고객 또는 거래상대방에 관한 신상정보, 매매거래내역, 계좌번호, 비밀번호 등에 관한 정보 ㉢ 회사의 경영전략이나 새로운 상품 및 비즈니스에 관한 정보 ㉣ 기타 ㉠ ~ ㉢에 준하는 미공개 정보(미공개 정보는 기록 형태나 기록 유무와 관계없이 비밀정보로 봄)
비밀정보의 관리원칙	• 정보교류차단 원칙(Chinese Wall Policy) : 일체의 비밀정보는 차단되어야 하고, 관련 전산시스템을 포함하여 적절한 보안장치를 구축하여 관리해야 함 • 필요성에 의한 제공 원칙(Need to Know Rule) : 업무수행을 위하여 필요한 최소한의 범위 내에서 준법감시인의 사전승인을 받아 제공해야 함
비밀정보의 제공원칙	• 필요성이 인정되는 경우에 한하여 사전승인 절차를 거칠 것 • 사전승인 절차에서 포함되어야 하는 사항 · 비밀정보 제공의 승인을 요청한 자 및 비밀정보를 제공받을 자의 소속 부서 및 성명 · 비밀정보 제공의 필요성 및 사유 · 비밀정보의 제공 방법 및 절차, 제공 일시 등 • 비밀정보를 제공하는 자는 제공 과정 중 권한이 없는 자에게 비밀정보가 전달되지 않도록 성실한 주의의무를 다해야 함 • 비밀정보 제공을 받는 자는 비밀유지의무를 준수하고, 제공받은 목적 이외의 목적으로 사용하거나 타인에게 사용하도록 하면 안 됨

정답 | ①

18

회사에 대한 윤리 ★★★

금융투자업종사자의 대외활동 시 준수사항과 가장 거리가 먼 것은?

① 대외활동 시 소속부점장, 준법감시인 또는 대표이사의 사전승인을 받아야 한다.
② 익명성이 보장되는 경우에도 비공개를 요하는 정보는 언급할 수 없다.
③ 정기적 정보제공이나 경미한 것은 준법감시인에게 사전보고를 하지 않아도 된다.
④ 사외대화방 참여는 Privacy 문제이므로 규제하지 않는다.

TIP 사외대화방 참여 시 공중포럼으로 간주하여 언론기관 접촉 시와 같이 규제한다.

핵심포인트 해설   금융투자업종사자의 대외활동 시 준수사항

(1) 대외활동 시 준수사항
  ① 회사의 공식의견이 아닌 경우 사견임을 명백히 표현할 것
  ② 부정적 결과를 야기할 수 있는 내용은 가급적 삼가할 것
  ③ 익명성이 보장되는 경우에도 비공개를 요하는 정보는 언급하지 말 것

(2) 강연, 연설 시 준수사항
  ① 사전에 강연 내용 및 원고를 회사에 보고하고 확인받음
  ② 원고 등 자료가 준수 및 금지기준에 저촉하는지 여부를 충분히 검토할 것

(3) 대외활동 시 금지사항
  ① 불확실한 사항을 단정적으로 표현하는 행위
  ② 회사가 승인하지 않은 중요자료나 홍보물 등을 배포하거나 사용하는 행위 등

(4) 전자통신활동
  ① 임직원-고객 간 이메일 : 사용 장소에 관계없이 표준내부통제기준 및 관계법령이 적용됨
  ② 사외대화방 참여 : 공중포럼으로 간주(언론기관 접촉 시와 같이 규제)
  ③ 인터넷게시판에 특정상품 분석 게시 : 사전에 준법감시인이 정하는 절차와 방법에 따름(단, 출처를 명시하고 인용하거나 기술적 분석에 따른 투자권유는 제외)

정답 | ④

회사에 대한 윤리 ★★★

금융투자업종사자의 대외활동에 대한 사전승인 시 고려해야 할 사항과 거리가 먼 것은?

① 회사, 주주 및 고객 등과의 이해상충 정도
② 대외활동의 대가로 지급받는 보수 또는 보상의 적절성
③ 대외활동을 하고자 하는 회사의 공신력, 사업내용, 사회적 평판
④ 대외활동 시 활동장소 및 대상인원 등

TIP 금융투자회사의 표준윤리준칙 31조 2항에 의하면 대외활동 시 활동장소 및 대상인원 등은 사전승인 시 고려해야 할 사항에 포함되지 않는다.

핵심포인트 해설 금융투자업종사자의 대외활동 시 준법절차

(1) 대외활동의 범위
 ① 외부강연, 연설, 교육, 기고 등의 활동
 ② 신문, 방송 등 언론매체 접촉활동
 ③ 회사가 운영하지 않는 온라인 커뮤니티, 소셜 네트워크 서비스, 웹사이트 등을 이용한 대외접촉 활동(회사내규상 활동이 금지되는 경우는 제외)

(2) 대외활동 시 허가절차
 ① 이해상충 정도에 따라 소속부점장, 준법감시인, 대표이사의 사전승인을 받아야 함
 ② 사전승인할 때 고려해야 할 사항
  ㉠ 표준내부통제기준 및 관계법령 위반 여부
  ㉡ 회사에 미치는 영향
  ㉢ 회사, 주주 및 고객 등과의 이해상충 여부 및 정도
  ㉣ 대외활동의 대가로 지급받는 보수 또는 보상의 적절성
  ㉤ 대외활동을 하고자 하는 회사의 공신력, 사업내용, 사회적 평판 등
 ③ 임직원이 대외활동을 성실하게 이행하지 못하거나 이해상충이 확대되는 경우 회사는 임직원의 대외활동 중단을 요구할 수 있으며, 이때 해당 임직원은 회사의 요구에 즉시 따라야 함

정답 | ④

20 회사에 대한 윤리 ★★★

금융투자업종사자의 비밀정보 보안처리업무에 대한 설명 중 잘못된 것은?

① 일체의 비밀정보는 보안장치를 구축하여 관리해야 한다.
② 회사의 경영전략이나 새로운 상품 및 비즈니스 관련 정보도 비밀정보에 포함된다.
③ 비밀정보를 제공할 때는 리스크관리팀장의 사전승인을 받아야 한다.
④ 비밀정보 제공자는 성실한 주의의무를 다해야 하고, 비밀정보를 제공을 받는 자는 비밀유지의무를 준수해야 한다.

TIP 비밀정보를 제공할 때는 준법감시인의 사전승인을 받아야 한다.

핵심포인트 해설 | 금융투자업종사자의 비밀정보 보안처리업무

(1) 비밀정보의 범위
① 회사의 재무건전성이나 경영 등에 중대한 영향을 미칠 수 있는 정보
② 고객 또는 거래상대방에 대한 신상정보, 매매거래내역, 계좌정보, 비밀번호 등
③ 회사의 경영전략이나 새로운 상품 및 비즈니스 관련 정보
④ 기타 이에 준하는 미공개 정보

(2) 비밀정보관리의 원칙
① 정보차단의 원칙 : 일체의 비밀정보는 보안장치를 구축하여 관리해야 한다는 원칙
② 필요성에 의한 제공 원칙 : 비밀정보 제공 시 준법감시인의 사전승인을 받고, 필요한 최소한의 범위 내에서만 제공해야 한다는 원칙

(3) 비밀정보의 제공원칙
① 필요성이 인정되는 경우에 한하여 회사가 정하는 사전승인 절차에 따를 것
② 사전승인 요청 시 포함될 사항
  ㉠ 비밀정보 제공 승인을 요청한 자·비밀정보 제공을 받을 자의 소속 및 성명
  ㉡ 비밀정보 제공의 필요성 및 사유
  ㉢ 비밀정보 제공의 방법 및 절차, 제공 일시 등
③ 비밀정보 제공자는 성실한 주의의무, 비밀정보를 제공받는 자는 비밀유지의무를 준수할 것

정답 | ③

회사에 대한 윤리 ★★★

금융투자업종사자의 고용계약 종료 후 의무에 대한 설명 중 잘못된 것은?

① 금융투자업종사자가 퇴직하는 경우라도 일정 기간 회사의 이익을 해치는 행위를 해서는 안 된다.
② 회사 비밀정보의 출간·공개·제3자 이용 등이 금지된다.
③ 고용기간이 종료되면 회사에 대한 선관주의의무도 즉시 종료된다.
④ 고용기간이 종료되더라도 본인이 생산한 지적재산물의 이용 및 처분권한은 회사가 가지는 것이 원칙이다.

TIP 고용기간 종료 후에도 회사에 대한 선관주의의무가 상당기간 지속된다.

핵심포인트 해설 — 금융투자업종사자의 고용계약 종료 후 의무

(1) 의 의
금융투자업종사자가 퇴직하는 경우에는 그에 따른 적절한 조치를 취해야 하고, 상당기간 동안 회사의 이익을 해치는 행위를 해서는 안 됨

(2) 퇴직 시 적절한 조치
① 회사 비밀정보의 출간·공개·제3자 이용 등 금지
② 기밀정보를 포함한 모든 자료에 대한 회사 반납
③ 회사명, 상표, 로고 등의 사용 금지
④ 고용기간 동안 본인이 생산한 지적재산물은 회사의 재산으로 반환해야 하고, 고용기간 종료 후라도 지적재산물의 이용 및 처분권한은 회사가 가지는 것이 원칙임

(3) 회사에 대한 선관주의의무 → 선량한 관리자로서의 주의의무
① 고용기간 종료 후에도 회사에 대한 선관주의의무가 상당기간 지속됨
② 기간이 너무 장기간이면 합리적인 기간으로 제한됨

정답 | ③

사회에 대한 윤리 ★★

금융투자업종사자의 사회에 대한 직무윤리에 대한 설명 중 잘못된 것은?

① 시장질서 교란행위의 규제대상자는 내부자, 준내부자, 1차 수령자뿐만 아니라 이를 전달한 자 모두를 제재의 대상으로 확대 적용하고 있다.
② 지수·주가에 영향을 줄 수 있는 정보의 유통행위에 신중을 기해야 한다.
③ 시장질서 교란행위에 해당하는 주문의 수탁을 거부해야 한다.
④ ETF 유동성 지원업무와 같이 본인의 업무수행으로 인한 매매의 경우 목적성이 없으면 시세에 부당한 영향을 주는지 사전에 확인할 필요가 없다.

TIP ETF 유동성 지원업무, 파생상품 헤지업무 등 본인의 업무수행으로 인한 매매의 경우 목적성이 없더라도 시세에 부당한 영향을 주는지 사전에 확인해야 한다.

핵심포인트 해설 — 사회에 대한 윤리

시장질서 존중	• 의의 : 회사와 임직원은 공정하고 자유로운 시장경제 질서를 존중하고, 이를 유지하기 위하여 노력해야 함 • 대상자 범위 확대 : 내부자, 준내부자, 1차 수령자뿐만 아니라 이를 전달한 자 모두에게 적용됨 • 대상정보 : 중대한 영향을 줄 가능성이 있고, 불특정다수인에게 공개되기 전의 정보 • 준수사항 · 지수·주가에 영향을 줄 수 있는 정보의 유통행위에 신중할 것 · 시장질서 교란행위에 해당하는 주문의 수탁을 거부해야 함 · ETF 유동성 지원업무, 파생상품 헤지업무 등 본인의 업무수행으로 인한 매매의 경우 목적성이 없더라도 시세에 부당한 영향을 주는지 사전에 반드시 확인해야 함
주주가치 극대화	• 주주 이익보호를 위해 탁월한 성과창출로 회사가치를 높일 것 • 투명하고 합리적인 의사결정과정과 절차를 마련하고 준수할 것 • 주주와 금융소비자에게 필요한 정보를 적시에 공정하게 제공할 것 • 효과적인 리스크 관리체계 및 내부통제시스템을 운영할 것
사회적 책임	• 회사의 임직원은 모두 시민사회의 일원임을 인식하고 사회적 책임과 역할을 다해야 함 • 합리적이고 책임있는 경영을 통해 국가와 사회의 발전 및 시민의 삶의 질이 향상되도록 노력해야 함

정답 | ④

내부통제 ★★★

다음 빈칸 안에 들어갈 말로 알맞은 것은?

> 금융투자업자는 법령을 준수하고, 자산을 건전하게 운용하며, 이해상충방지 등 투자자를 보호하기 위하여 그 금융투자업자의 임직원이 직무를 수행함에 있어서 준수하여야 할 적절한 기준 및 절차인 (   )을 정하여야 한다.

① 내부통제기준
② 투자권유준칙
③ 펀드판매매뉴얼
④ 영업행위규칙

TIP 내부통제기준에 대한 설명이다. 내부통제기준을 통하여 임직원의 선관의무, 고객우선의 원칙, 법규준수 여부 등을 사전적·상시적으로 감독하며, 이를 제정·개정 시 이사회 결의를 요한다. 그리고 금융투자협회는 표준내부통제기준을 작성하여 사용권고할 수 있다.

핵심포인트 해설 | 금융투자업자의 내부통제

내부통제기준	• 금융투자업자의 임직원이 직무를 수행함에 있어서 준수해야 할 적절한 기준 및 절차 • 임직원의 선관의무, 고객우선의 원칙, 법규준수 여부 등을 사전적·상시적으로 감독함 • 제정·개정 시 이사회 결의를 요함(협회는 표준내부통제기준을 작성하여 사용권고 가능)
준법감시인	• 선임은 사내이사 또는 업무집행책임자 중에서 선임하며 '내부통제업무'를 수행함 • 임면(감독원장 보고사항)은 이사회 의결로 하며, 해임의 경우 이사 2/3 이상의 찬성으로 의결함
내부통제위원회	• 원칙 : 표준내부통제기준은 대표이사를 위원장으로 하여 준법감시인, 위험관리책임자 및 내부통제담당임원을 위원으로 하는 내부통제위원회를 두도록 규정함 • 예 외 · 자산총액 7천억원 미만 상호저축은행 · 자산총액 5조원 미만 종합금융회사·보험회사·여신전문금융회사
준법감시부서	• 준법감시부서 내에 IT분야의 전문지식이 있는 전산요원 1인 이상 배치해야 함 • 준법감시직원이 수행하면 안 되는 업무 · 자산운용에 관한 업무 · 회사의 본질적 업무 및 그 부수업무 · 회사의 겸영업무 · 위험관리업무

정답 | ①

24 내부통제 ★★★

금융투자업자의 영업점별 준법감시제도에 대한 설명 중 잘못된 것은?

① 준법감시인은 독립성이 있기 때문에 준법감시업무의 일부를 임직원에게 위임할 수 없다.
② 준법감시인은 영업관리자에게 업무수행결과에 따라 적절한 보상을 지급할 수 있다.
③ 사이버룸은 직원과 분리되어 위치해야 한다.
④ 영업점장은 준법감시인이 위임하는 영업관리자가 될 수 없다.

TIP 준법감시인은 준법감시업무의 일부를 임직원에게 위임할 수 있다.

핵심포인트 해설 — 영업점에 대한 준법감시제도

(1) 영업점에 대한 준법감시업무의 위임
① 준법감시인은 준법감시업무의 일부를 임직원에게 위임 가능(범위, 한계 구분)
② 부점별 또는 수 개의 부점을 1단위로 하여 법령준수 감독자를 지명할 수 있음

(2) 영업점별 영업관리자에 의한 준법감시
① 준법감시인은 영업점에 준법감시업무를 위한 영업관리자를 둘 수 있음
  ㉠ 영업관리자 요건 : 영업점에 1년 이상 근무, 영업점장이 아닌 책임자급일 것
  ㉡ 영업관리자 임기 : 1년 이상으로 해야 함
② 준법감시인은 영업관리자에 대하여 연 1회 이상 법규·윤리 관련 교육을 실시해야 함
③ 준법감시인은 영업관리자에게 업무수행결과에 따라 적절한 보상을 지급할 수 있음

(3) 고객전용공간(사이버룸) 제공 시 준수사항
① 당해 공간은 직원과 분리되어야 하고, 영업점장 및 영업관리자의 통제가 용이한 장소에 위치할 것
② 사이버룸의 경우 사이버룸임을 명기하고 개방형 형태로 설치할 것
③ 사이버룸 사용고객에게 명패, 명칭, 개별 직통전화 등을 제공하지 말 것
④ 사이버룸에서 이뤄지는 매매의 적정성을 모니터링하고, 이상매매 발견 시 지체 없이 준법감시인에게 보고할 것

정답 | ①

내부통제 ★★★

다음 중 내부통제기준 위반자에 해당되지 않는 자는?

① 내부통제기준 위반을 지시한 자
② 다른 사람의 위반사실을 과실로 보고하지 않은 자
③ 내부통제기준 위반을 묵인한 자
④ 내부통제기준의 운영을 저해한 자

TIP 다른 사람의 위반사실을 고의로 보고하지 않은 경우 내부통제기준 위반자에 해당된다.

핵심포인트 해설   내부통제기준 위반 시 회사의 제재

(1) 내부통제기준 위반자의 범위
    ① 내부통제기준을 직접 위반한 자
    ② 내부통제기준 위반을 지시·묵인·은폐 등에 관여한 자
    ③ 다른 사람의 위반사실을 고의로 보고하지 않은 자
    ④ 기타 내부통제기준의 운영을 저해한 자

(2) 내부통제기준 위반 시 조치
    ① 개인에 대한 조치
        관계법령 적용 ⇨ 사규상 징계규정 적용
    ② 회사에 대한 조치
        ㉠ 1억원 이하의 과태료 : 내부통제기준 마련하지 않은 경우, 준법감시인을 두지 않은 경우, 사내이사 또는 업무집행책임자 중에서 준법감시인을 선임하지 않은 경우, 이사회 결의 없이 준법감시인을 임면한 경우, 금융위원회가 위법·부당한 행위를 한 회사 또는 임직원에게 내리는 제재조치를 이행하지 않은 경우
        ㉡ 3천만원 이하의 과태료 : 준법감시인에 대한 별도의 보수지급 및 평가기준을 마련·운영하지 않은 경우, 준법감시인이 자산운용업무·금융회사 본질적 업무·금융회사 경영업무·자회사 업무 등을 겸직하거나 겸직하게 한 경우
        ㉢ 2천만원 이하 과태료 : 준법감시인의 임면사실을 금융위원회에 보고하지 않은 경우

정답 | ②

26

내부통제 ★★★

다음 중 준법감시인이 준법감시 프로그램을 운영하고 이에 따른 점검결과 및 개선계획 등을 주요 내용으로 대표이사에게 정기적으로 보고하는 것은?

① 내부통제보고서
② 발행실적보고서
③ 사업보고서
④ 증권신고서

TIP 준법감시인은 준법감시 프로그램의 점검결과 및 개선계획 등을 내용으로 하는 내부통제보고서를 대표이사에게 정기적으로 보고해야 한다.

핵심포인트 해설 — 준법감시체계

(1) 준법감시체계의 의의 및 수행업무
 ① 의의 : 금융투자회사는 임직원의 위법·부당한 행위를 사전 예방을 위하여 준법감시체계를 구축하고 운영하여야 함
 ② 수행업무
  ㉠ 관계법령 준수 프로그램의 입안 및 관리
  ㉡ 임직원의 법령 준수 실태 모니터링 및 시정조치
  ㉢ 각종 위원회 부의사항에 대한 관계법령 준수 여부 사전 검토 및 정정 요구
  ㉣ 새로운 업무 개발 시 관계법령 준수 여부 및 정정 요구
  ㉤ 임직원에 대한 준법 관련 교육 및 자문
  ㉥ 금융위원회, 금융감독원, 협회, 한국거래소, 이사회, 경영진 및 유관부서 등에 대한 지원

(2) 준법감시체계 운영 및 의무
 ① 준법감시인은 임직원의 법령 준수 여부 점검을 위해 준법감시 프로그램을 구축·운영해야 함
 ② 준법감시인은 준법감시 프로그램에 따라 임직원의 법령 및 내부통제기준 준수 여부를 점검하고 그 결과를 기록·유지해야 함
 ③ 준법감시인은 점검결과 및 개선계획 등을 내용으로 하는 내부통제보고서를 대표이사에게 정기적으로 보고해야 함
 ④ 내부통제 관련 제도 : 준법서약, 윤리강령 운영, 임직원 겸직 평가·관리, 내부제보(고발)제도, 명령휴가제도, 직무분리기준 및 신상품 도입 관련 업무 절차 마련·운영

정답 | ①

직무윤리 위반행위에 대한 제재 ★★

직무윤리 위반 시 제재에 대한 설명 중 잘못된 것은?

① 금융투자협회는 영업질서 유지 및 투자자보호를 위한 자율규제를 할 수 있다.
② 회원규제뿐만 아니라 임직원에 대한 규제도 가능하다.
③ 금융투자업자에 대한 기관경고뿐만 아니라 등록취소도 가능하다.
④ 형사제재 시 행위자에게는 벌칙이 병과되어 부과될 수 있으나 행위자 외의 법인 또는 개인에게 벌칙이 병과되지 않는다.

TIP 행위자 외의 법인 또는 개인에게 벌칙이 병과하여 부과될 수도 있다.

핵심포인트 해설 — 직무윤리 위반행위에 대한 제재

제재의 형태	제재 기관	제재 내용
자율적 제재	금융투자협회	• 회원규제 : 주의, 경고, 회원자격정지, 제명요구 등 • 임직원규제 : 주의·견책·감봉·정직·면직 등의 권고
행정적 제재	금융감독원	• 금융투자업자 제재 : 감독권, 조치명령권, 승인권 등 • 임직원 제재 : 주의·경고·직무정지(6월 이내)·해임요구
민사적 제재	법 원	• 당해 행위의 효력상실 : 무효, 계약해제(해지) • 손해배상책임 : 채무불이행·불법행위에 의한 배상책임
형사적 제재	법 원	• 3년 이하의 징역(또는 1억원 이하의 벌금) : 부당권유 금지조항 위반, 등록 전 투자권유 행위, 투자권유대행인 외의 자에게 투자권유를 대행하게 한 경우, 손실보전 금지조항 위반 • 1년 이하의 징역(또는 3천만원 이하의 벌금) : 투자광고규정 위반, 투자매매업(중개업)자 여부를 밝히지 않고 주문한 경우
시장 제재	시 장	• 위반행위에 대한 법적 제재가 없을 수도 있음 • 법적 제재가 없어도 고객과 시장으로부터의 신뢰 상실 및 명예 실추

정답 | ④

28

6대 판매원칙 ★★★

다음 중 6대 판매원칙의 기준으로 볼 때 부당권유행위와 가장 관계가 적은 것은?

① 단정적 판단을 제공하는 행위
② 투자판단에 중대한 영향을 미치는 사항을 알리지 않는 행위
③ 적합성원칙을 회피할 목적으로 투자권유불원 확인서를 작성케 하는 행위
④ 우월적 지위를 이용하여 금융소비자의 권익을 침해하는 행위

TIP 우월적 지위를 이용하여 금융소비자의 권익을 침해하는 행위는 부당권유행위라기 보다는 불공정영업행위에 해당된다. 부당권유행위에는 단정적 판단의 제공, 사실과 다르게 알리는 행위, 투자판단에 중대한 영향을 미치는 사항을 알리지 않는 행위, 객관적 근거 없이 상품의 우수성을 알리는 행위, 고객 요청 없이 실시간 대화의 방법으로 투자권유 하는 행위(불초청 투자권유), 고객거절에도 지속적인 체결권유(재권유), 적합성원칙을 회피할 목적으로 투자권유불원 확인서 작성케 하는 행위 등이다.

핵심포인트 해설 — 6대 판매원칙

적합성원칙	'일반' 금융소비자의 투자정보를 파악하고 적합하지 않은 상품을 투자권유 할 수 없다는 원칙
적정성원칙	'일반' 금융소비자가 계약체결의 권유를 받지 않고 자발적으로 상품계약체결을 하려는 경우, 해당 상품이 적정한지 여부를 파악하고, 부적정한 경우 금융소비자에게 알리고 이를 확인받아야 한다는 원칙
설명의무	'일반' 금융소비자에게 계약체결을 권유하는 경우 또는 일반금융소비자가 설명을 요청하는 경우, 중요사항을 금융소비자가 이해할 수 있도록 설명하고 이를 확인받아야 한다는 원칙
불공정영업행위 금지	'모든' 금융소비자에게 우월적 지위를 이용하여 금융소비자의 권익을 침해하는 행위는 금지한다는 원칙
부당권유행위 금지	'모든' 금융소비자에 대한 부당한 계약체결을 금지한다는 원칙
허위/부당광고 금지	업무 또는 금융상품에 관한 광고 시 금융소비자를 오인하게 할 수 행위를 금지한다는 원칙

정답 | ④

6대 판매원칙 ★★★

다음 중 6대 판매원칙 위반 시 과징금 부과대상이 아닌 것은?

① 적합성원칙 위반
② 설명의무 위반
③ 부당권유행위 금지의무 위반
④ 허위·부당광고 금지의무 위반

TIP 과징금은 설명의무 위반, 불공정영업행위 금지 위반, 부당권유행위 금지의무 위반, 허위·부당광고 금지의무 위반의 경우에 부과한다.

핵심포인트 해설 | 6대 판매원칙 위반 시 책임

6대 판매원칙	위반 시 책임				
	위법계약해지	과태료	과징금	손해배상	기관/임직원 제재
적합성원칙	O	O	X	O	O
적정성원칙	O	O	X	O	O
설명의무	O	O	O	O	O
불공정영업행위 금지	O	O	O	O	O
부당권유행위 금지	O	O	O	O	O
허위/부당광고 금지	X	O	O	O	O

정답 | ①

30

손실보전 등의 금지 ★★

다음 중 자본시장법 제55조(손실보전 등의 금지)에 근거하여 금지되는 행위와 가장 관계가 적은 것은?

① 투자자가 입을 손실의 전부를 보전하여 줄 것을 사전에 약속하는 행위
② 투자자가 입은 손실의 일부를 사후에 보전하여 주는 행위
③ 투자자에게 일정한 이익을 사후에 제공하는 행위
④ 회사의 위법행위 여부가 불분명한 경우 투자자에게 사적화해의 수단으로 손실을 보상하는 행위

TIP ④는 손실보전 등의 금지 원칙의 예외로서 허용된다.

핵심포인트 해설 — 분쟁예방요령 및 손실보전 등의 금지

분쟁예방요령		• 임직원 개인계좌로 고객자산을 입금받지 말 것 • 일정범위 내에서 허용되는 일임매매의 경우 그 범위 및 취지에 맞게 업무수행 할 것 • 임직원은 금융상품거래의 조력자임을 잊지 말 것(고객과 의견이 다를 때 고객의 의사를 확인하고 업무처리) • 어떤 형태로든 손실보전 약정은 하지 말 것 • 지나치게 단정적 판단을 제공하지 말 것 • 업무 수행 중 알게 된 정보의 취급에 신중을 기할 것
손실보전 등의 금지	원칙	• 금융투자업자(또는 임직원)는 금융투자상품의 거래와 관련하여 손실보전 또는 이익보장, 그밖에 다음 중 어느 하나에 해당하는 행위를 금지함 · 투자자가 입을 손실의 전부 또는 일부를 보전하여 줄 것을 사전에 약속하는 행위 · 투자자가 입은 손실의 전부 또는 일부를 사후에 보전하여 주는 행위 · 투자자에게 일정한 이익을 보장할 것을 사전에 약속하는 행위 · 투자자에게 일정한 이익을 사후에 제공하는 행위
	예외	• 사전에 준법감시인에게 보고한 경우 예외적으로 아래의 행위가 허용됨 · 회사의 위법행위로 인하여 손해배상 하는 행위 · 회사의 위법행위 여부가 불분명한 경우 사적화해의 수단으로 손실을 보상하는 행위 · 분쟁조정 또는 재판상 화해절차에 따라 손실보상이나 손해배상을 하는 경우

정답 | ④

개인정보보호법 ★★

개인정보처리자의 개인정보보호원칙과 거리가 먼 것은?

① 개인정보처리자는 그 목적에 필요한 범위 내에서 최소한의 개인정보만 적법하고 정당하게 수집하여야 한다.
② 개인정보 처리방침 등 개인정보의 처리에 관한 사항을 공개하고, 열람청구권 등 정보주체의 권리를 보장하여야 한다.
③ 개인정보의 처리 목적 범위 내에서 개인정보의 정확성, 완전성, 최신성이 보장되도록 하여야 한다.
④ 개인정보의 익명처리가 가능한 경우라도 실명으로 처리하여야 한다.

TIP 개인정보의 익명처리가 가능한 경우에는 익명으로 처리하여야 한다.

핵심포인트 해설 | 개인정보처리자의 준수사항

(1) 개인정보 관련 주요 개념
　① 개인정보 : 성명, 주민등록번호 및 영상 등을 통하여 개인을 알아볼 수 있는 정보
　② 정보주체 : 처리되는 정보에 의하여 알아볼 수 있는 사람으로서 그 정보의 주체가 되는 사람
　③ 개인정보처리자 : 업무를 목적으로 개인정보파일을 운용하기 위하여 스스로 또는 다른 사람을 통하여 개인정보를 처리하는 공공기관, 법인, 단체 및 개인

(2) 개인정보처리자의 준수사항
　① 수집 : 목적에 필요한 범위에서 최소한의 개인정보만을 적법하게 수집해야 함
　② 처리 및 활용 : 그 목적 외의 용도로 활용하는 것은 금지됨
　③ 보장 : 개인정보의 정확성, 완전성 및 최신성이 보장되도록 해야 함
　④ 관리 : 정보주체의 권리가 침해가능성을 고려하여 안전하게 관리해야 함
　⑤ 공개 : 개인정보 처리방침 등 개인정보의 처리에 관한 사항을 공개하여야 하며, 열람청구권 등 정보주체의 권리를 보장해야 함
　⑥ 사생활 침해 : 정보주체의 사생활 침해를 최소화하는 방법으로 처리해야 함
　⑦ 익명처리 : 개인정보의 익명처리가 가능한 경우에는 익명으로 처리함

정답 | ④

32

개인정보보호법 ★★

개인정보처리자의 개인정보수집 및 이용범위와 거리가 먼 것은?

① 직속상관의 허락을 받은 경우
② 정보주체의 동의를 받은 경우
③ 생명, 신체, 재산의 이익을 위하여 필요하다고 인정되는 경우
④ 명백하게 정보주체의 권리보다 우선하는 경우

TIP 직속상관의 허락을 받았다고 하여 개인정보수집 및 이용이 무조건 가능하다고 볼 수는 없다.

핵심포인트 해설   정보주체의 권리와 정보처리자의 수집 및 이용범위

(1) 정보주체의 권리
① 개인정보의 처리에 관한 정보를 제공받을 권리
② 개인정보의 처리에 관한 동의 여부, 동의 범위 등을 선택하고 결정할 권리
③ 개인정보의 처리 여부를 확인하고 개인정보에 대한 열람(사본 포함)을 요구할 권리
④ 개인정보의 처리 정지, 정정·삭제 및 파기를 요구할 권리
⑤ 개인정보의 처리로 인하여 발생한 피해를 구제받을 권리
⑥ 완전히 자동화된 개인정보처리에 따른 결정을 거부하거나 그에 따른 설명 등을 요구할 권리

(2) 정보처리자의 개인정보수집 및 이용의 허용범위
① 정보주체의 동의를 받은 경우
② 법률에 특별한 규정이 있거나 법령상 의무를 준수하기 위하여 불가피한 경우
③ 공공기관이 법령 등에서 정하는 소관 업무의 수행을 위하여 불가피한 경우
④ 정보주체와의 계약의 체결 및 이행을 위하여 불가피하게 필요한 경우
⑤ 명백히 정보주체 또는 제3자의 급박한 생명, 신체, 재산의 이익을 위하여 필요하다고 인정되는 경우
⑥ 명백하게 정보주체의 권리보다 우선하는 경우
⑦ 공중위생 등 공공의 안전과 안녕을 위하여 긴급히 필요한 경우

정답 | ①

개인정보보호법 ★★

개인정보의 처리 및 관리에 대한 설명 중 옳은 것은?

① 개인정보에는 고유식별정보, 금융정보뿐만 아니라 민감정보도 포함된다.
② 최소한의 개인정보수집이라는 입증책임은 정보주체가 부담한다.
③ 민감정보 및 고유식별정보는 정보주체의 동의를 얻은 경우에만 처리를 허용한다.
④ 주민등록번호는 외부망의 경우에 한하여 암호화한 후 안전하게 보호하여야 한다.

TIP ② 최소한의 개인정보수집이라는 입증책임은 개인정보처리자가 부담한다.
③ 민감정보 및 고유식별정보는 정보주체의 동의를 얻거나 법령에서 구체적으로 허용된 경우에 한하여 예외적으로 처리를 허용한다.
④ 주민등록번호는 내외부망의 구분 없이 암호화하여 안전하게 보호하여야 한다.

핵심포인트 해설 개인정보의 수집·처리 제한 및 처벌

(1) 개인정보보호에 관한 법률
  ① 개인정보보호에 관한 일반법 : 개인정보보호법(개인의 존엄과 가치 구현 목적)
  ② 개인정보보호에 관한 특별법 : 신용정보법, 금융실명법, 전자금융거래법

(2) 개인정보처리자의 개인정보수집 제한
  ① 최소한의 개인정보수집이라는 입증책임은 개인정보처리자가 부담함
  ② 개인정보처리자는 정보주체가 개인정보수집에는 동의하지 아니할 수 있다는 사실을 구체적으로 알리고 개인정보를 수집하여야 함
  ③ 개인정보처리자는 정보주체가 필요한 최소한의 정보 외의 개인정보수집에 동의하지 아니한다는 이유로 정보주체에게 재화 또는 서비스의 제공을 거부하면 안 됨

(3) 개인정보의 처리 제한 및 처벌

제공행위	• 원칙 : 목적 외 용도로 이용하거나 제3자에게 제공하는 행위 금지 • 예외 : 정보주체가 동의·법률규정에 의하는 경우에만 허용
고유식별번호	• 주민등록번호는 내외부망의 구분 없이 암호화하여 안전하게 보관해야 함 • 주민등록번호는 정보주체의 동의를 받았더라도 법령근거가 없는 경우에는 원칙적으로 처리가 금지되므로 삭제해야 함
처 벌	• 징벌적 손해배상제도 : 피해액의 5배까지 손해배상액 중과 가능

정답 | ①

34

금융소비자보호 ★

금융소비자보호 관련 설명 중 잘못된 것은?

① 금융소비자보호의 대상은 현재 거래당사자뿐만 아니라 잠재적 당사자도 포함된다.
② 금융소비자보호가 필요한 이유는 금융소비자가 공급자에 비하여 교섭력이 떨어지기 때문이다.
③ 금융소비자와 금융공급자 간 교섭력의 불균형을 초래하는 가장 직접적인 원인은 상품선택의 다양성 때문이다.
④ 금융소비자보호의 목적은 금융시장을 통한 자원배분의 최적화를 달성하기 위함이다.

TIP 금융소비자와 금융공급자 간 교섭력의 불균형을 초래하는 가장 직접적인 원인은 정보의 비대칭성 때문이다.

핵심포인트 해설 — 금융소비자보호 및 필요성

(1) 금융소비자
① 금융소비자는 금융회사와 직간접적으로 금융서비스 또는 금융상품계약 체결 등의 거래를 하는 상대방을 의미함(현재 거래당사자뿐만 아니라 잠재적 당사자도 포함됨)
② 교섭력과 정보력이 부족한 금융소비자에 대한 입지를 보완할 필요가 있음

(2) 금융소비자보호
① 금융소비자 교섭력의 판단기준
  ㉠ 상품선택의 다양성
  ㉡ 가격흥정의 가능성
  ㉢ 거래교체의 용이성
  ㉣ 정보의 대칭성
② 금융소비자보호의 목적
  ㉠ 정보의 비대칭성 해소
  ㉡ 공정한 금융거래를 위한 교섭력의 균형 도모
  ㉢ 금융소비자의 권익 보호
  ㉣ 금융시장을 통한 자원배분의 최적화

정답 | ③

내부통제기준 ★★

다음 중 내부통제기준 위반 시 제재에 대한 기술이 적절하지 않은 것은?

① 벌칙으로 벌금, 과징금, 과태료 등이 부과될 수 있다.
② 업무 정지기간에 업무를 한 경우 금융위원회는 그 등록을 취소할 수 있다.
③ 금융투자협회는 판매업자의 임원에 대하여 6월 이내의 업무집행정지를 요구할 수 있다.
④ 금융상품직접판매업자는 투자권유대행인이 금융소비자에게 손해를 발생시킨 경우에는 그 손해를 배상할 책임이 없다.

TIP 금융상품직접판매업자가 그 손해를 배상할 책임 있다. 단, 선임 및 감독을 소홀하지 않은 경우 투자권유대행인에게 구상권을 청구할 수 있다.

핵심포인트 해설 ｜ 금융소비자보호법 위반 시 제재

(1) 벌칙

벌금	5년 이하의 징역 또는 2억원 이하의 벌금 부과할 수 있음(금융상품판매업 미등록, 허위/부정 등록, 금융상품판매대리·중개업자가 아닌 자에게 계약체결을 대리 한 경우)
과징금	위반행위로 얻은 수입의 50%까지 과징금 부과할 수 있음
과태료	1억원 이하/3천만원 이하/1천만원 이하 과태료 부과할 수 있음

(2) 금융위원회에 의한 행정제재

판매업자	• 등록취소 : 거짓/부정등록, 등록요건 미유지, 업무정지기간 중 업무 한 경우 • 처분조치 : 6월 이내 업무정지, 명령, 기관경고, 기관주의 등
임직원	• 임원 : 해임요구, 6월 이내 직무정지, 문책경고, 주의적 경고, 주의 • 직원 : 면직, 6월 이내 직무정지, 감봉, 견책, 주의 • 관리감독책임 : 관리감독 책임이 있는 임직원에 대한 조치를 함께 요구할 수 있음

(3) 금융투자협회에 의한 자율제재

회원 조치	• 회원제명 요구, 회원자격 정지, 협회가 회원에게 제공하는 업무의 일부/전부 정지, 제재금 부과, 경고, 주의
임직원 조치	• 임원 : 해임, 6월 이내 업무집행정지, 경고, 주의 • 직원 : 징계면직, 정직, 감동, 견책, 주의

(4) 법원에 의한 민사적 제재(손해배상책임)

금융상품 판매업자	금융상품판매업자는 고의 또는 과실로 법을 위반하여 금융소비자에게 손해를 발생시킨 경우에는 그 손해를 배상할 책임 있음
금융상품 직접판매업자	금융상품직접판매업자는 금융상품계약체결등의 업무를 대리·중개한 금융상품판매대리·중개업자가 금융소비자에게 손해를 발생시킨 경우에는 그 손해를 배상할 책임 있음. 단, 선임 및 감독을 소홀하지 않은 경우 금융상품판매대리·중개업자에게 구상권 청구 가능

정답 | ④

36
분쟁조정제도 ★★★

금융감독원의 금융분쟁조정제도에 대한 설명 중 잘못된 것은?

① 금융감독원 금융분쟁조정위원회에서 조정한다.
② 분쟁조정 신청일로부터 30일 이내 합의 불성립 시 조정위원회에 회부된다.
③ 조정위원회는 조정회부를 받을 때로부터 30일 이내에 조정안을 작성해야 한다.
④ 당사자가 조정위원회의 조정을 수락하면 재판상 화해와 동일한 효력이 있다.

용어 알아두기

임의매매	금융투자회사가 투자자로부터 금융투자상품의 매매에 관한 청약 또는 주문을 받지 아니하고 투자자의 재산으로 금융투자상품의 매매를 하는 것이다.

TIP 조정위원회는 조정회부를 받을 때로부터 60일 이내에 조정안을 작성해야 한다. 조정 진행 중에 일방이 소송을 제기한 경우 조정처리는 중지되고, 조정위원회는 그 사항을 쌍방에게 통보하여야 한다.

핵심포인트 해설 금융감독원의 분쟁조정제도

(1) 금융분쟁조정위원회 설치

설치근거	• 금융관련 분쟁의 조정을 심의·의결하기 위해 금융감독원에 금융분쟁조정위원회를 둔다.(금융소비자보호법 제33조)
위원의 구성	• 위원장 1명 포함하여 총 35명 이하의 위원으로 구성됨(위원장은 금융감독원장이 소속 부원장 중에서 지명함)
위원의 자격	• 감독원장이 지명하는 부원장보 • 다음 자격을 갖춘 자 중에서 감독원장이 위촉함 · 판·검사 또는 변호사 · 소비자단체에서 임원 또는 15년 이상 근무경력이 있는 자 · 조정대상기관 또는 금융관계기관에서 15년 이상 근무경력이 있는 자 · 금융 또는 소비자 분야에 관한 학식과 경험이 있는 자 · 전문의 자격이 있는 의사 등
위원 임기	• 임기는 2년, 공무원이 아닌 위원은 임기동안 공무원으로 봄

(2) 금융감독원(금융분쟁조정위원회)에 의한 금융분쟁조정

조정절차	• 당사자에 대하여 분쟁내용 통지 및 합의권고 • 조정위원회 회부 : 신청일로부터 30일 이내 합의 불성립 시 • 조정안 작성 : 조정회부 받을 때로부터 60일 이내 • 조정안 제시 및 수락권고 • 조정의 효력 : 재판상 화해와 동일한 효력
소송제기	• 조정 진행 중에 일방이 소송을 제기한 경우 조정처리는 중지되고, 그 사항을 쌍방에게 통보함

정답 ③

제4장 직무윤리·투자자분쟁예방

분쟁조정제도 ★★★

금융투자협회의 분쟁조정제도에 대한 설명 중 잘못된 것은?

① 분쟁당사자는 금융투자상품에 대한 전문적 지식과 경험을 갖춘 분쟁조정위원회를 이용하여 신속하고 공정한 분쟁의 해결을 기대할 수 있다.
② 분쟁조정위원회의 분쟁조정안을 수락한 경우 재판상 화해계약의 효력을 갖는다.
③ 법원 또는 다른 분쟁조정기관에 조정신청을 하면 위원회 회부 전 종결된다.
④ 분쟁조정신청의 당사자는 결과에 중대한 영향을 미치는 사실이 나타난 경우 조정결정일로부터 30일 이내에 재조정 신청이 가능하다.

TIP 분쟁조정위원회의 분쟁조정안을 수락한 경우 민법상 화해계약의 효력을 갖는다.

핵심포인트 해설   금융투자협회의 분쟁조정제도

취급업무	• 회원의 영업행위와 관련한 분쟁조정 • 회원 간 착오매매와 관련한 분쟁조정
분쟁신청방법	• 본인뿐만 아니라 대리인에 의한 신청도 가능 • 직접 방문 신청뿐만 아니라 우편 신청도 가능
위원회 회부 전 종결처리 사유	• 수사기관이 수사 중이거나 법원에 제소된 경우 • 법원 또는 다른 분쟁조정기관에 조정 신청한 경우 • 직접적인 이해관계가 없는 자가 조정을 신청한 경우 • 동일한 내용이 다시 신청되었거나 신청인 명의가 다른 경우 • 신청서의 중요내용이 허위임이 드러난 경우 • 조정신청내용이 법령·판례 등에 비추어 명백히 수용 불가한 경우 • 조정신청내용이 분쟁조정 대상으로 부적합하다고 인정되는 경우 • 당사자 주장을 통한 사실조사로써 명백히 사실관계를 확정하기 곤란한 경우 • 신청인이 조정의 신청을 취하한 경우
조정의 성립·효력	• 성립 : 당사자가 조정결정을 통지받은 날로부터 20일 이내 수락 • 효력 : 민법상 화해계약과 같은 효력
재조정 신청	• 분쟁조정신청의 당사자는 결과에 중대한 영향을 미치는 사실이 나타난 경우 조정결정일로부터 30일 이내에 재조정 신청이 가능

정답 | ②

38

금융투자상품 관련 분쟁 ★★

금융투자상품 관련 분쟁예방 요령이 잘못된 것은?

① 금융투자상품 주문거래 시에는 녹취와 서류 등의 증빙을 갖추어야 한다.
② 금융실명법 등 법규를 준수하여 고객과의 분쟁에서 불리한 상황을 미리 방지해야 한다.
③ 고객의 부당한 이익제공 요구에 대하여 명백한 거절의사를 표명해야 한다.
④ 과다 일임매매로 인한 분쟁소지를 제거하기 위하여 고객으로부터 포괄적 일임매개를 약정하는 것이 최선이다.

TIP 과다 일임매매와 관련하여 고객으로부터 포괄적 일임매매를 받지 않는 것이 최선이다. 일임의 경우에 일임매매 관련 규정을 준수하여 분쟁소지를 제거하는 것이 바람직하며, 고객을 상대로 빈번한 거래권유를 자제해야 한다.

핵심포인트 해설   금융투자상품 분쟁의 유형 및 예방 요령

부당권유 분쟁	• 직원 스스로 부당권유 행위에 대한 자제가 필요함 • 고객 투자성향에 비추어 고위험을 수반하는 권유는 자제 필요 • 고객의 부당한 이익제공 요구에 대하여 거절의사를 표명할 것
임의매매 분쟁	• 고객의 위임이 없는 거래는 금지할 것 • 위반 시 엄격한 제재를 할 것(손해배상 및 직원처벌)
일임매매 분쟁	• 분쟁소지가 많은 포괄적 일임매매를 받지 않을 것 • 일임의 경우에는 일임매매 관련 규정을 준수할 것 • 고객을 상대로 한 빈번하거나 과도한 거래권유를 자제할 것
불완전판매 분쟁	• 적합성 원칙, 적정성 원칙, 설명의무, 손실보전약정 금지 등 준수 • 위반 시 손해배상책임 부과
주문 관련 분쟁	• 착오주문, 주문권한 없는 자의 주문 등이 없도록 해야 함 • 위반 시 손해배상책임 부과

정답 | ④

증권투자 관련 주요 분쟁사례 ★★

다음 중 증권투자 분쟁에 대한 판단(판례 기준)이 가장 적절하지 않은 것은?

① 고객이 직원의 임의매매 사실을 알고도 즉시 임의매매에 대한 배상요구를 하지 않았다는 사실만으로는 임의매매를 추인한 것으로 볼 수 없다.
② 일임매매라도 일임의 본지를 벗어나 과도한 매매를 하는 경우 손해배상책임이 인정된다.
③ 고객이 과거 파생상품 투자경험이 있었더라도 증권사 직원의 주식투자 권유 시 투자자정보를 보수적이라고 기재하였다면 부당권유로 볼 수 있다.
④ 직원이 계좌명의인의 배우자로부터 주문을 받아 처리한 행위라 할지라도 명의인의 대리권 수여의사를 확인하지 않고 거래하였다가 손해가 난 경우에는 손해배상책임이 있다고 볼 수 있다.

TIP 증권사 직원의 주식투자 권유 시 고객이 투자성향을 보수적이라고 기재했더라도 과거 파생상품 및 주식투자 경험이 있었다면 부당권유로 볼 수 없다.(서울지방법원 2011.6.3.)

핵심포인트 해설 증권투자 분쟁에 대한 판단(사례기준)

구분	내용
임의매매 분쟁	• 고객이 직원의 임의매매 사실을 알고도 즉시 임의매매에 대한 배상요구를 하지 않았다는 사실만으로는 임의매매를 추인한 것으로 볼 수 없음(대법원 2002.7.23.) • 고객이 증권사 직원에게 주식매매를 포괄일임 했더라도 직원이 고객의 특정종목 매수에 대한 지시에 불응하여 동 종목을 매수한 행위는 임의매매에 해당됨(대구고등법원 2002.4.18.)
일임매매 분쟁	• 일임매매는 원칙적으로 손해배상책임이 발생하지 않으나 위임의 내용, 투자목적, 투자자금의 성격, 매매거래 양태 등을 종합적으로 고려할 때 일임의 본지를 벗어나 과도하게 매매거래하여 선관주의의무를 다하지 않은 경우 손해배상책임이 인정됨(조정번호1999-27) • 고객이 증권사 직원에게 주식매매를 일임한 기간의 일부 기간에 월 매매회전율이 1400%에 달했고, 단기매매를 해야만 하는 특별한 사정이 없었다면 과다매매가 인정되고, 고객이 당일 전부처분 지시를 하였는데도 직원의 지정가주문으로 일부 수량만 매도 되었다면 선관주의의무를 해태한 것으로 봄
부당권유 분쟁	• 직원이 '혼자만 알고 있는 호재인데, 지금당장 투자하지 않으면 시기를 놓친다' 등의 말로 매매를 권유한 것은 부당권유로 인정됨(대법원 2003.1.24.) • 증권사 직원의 주식투자 권유 시 고객이 투자성향을 보수적이라고 기재했더라도 과거 파생상품 및 주식투자 경험이 있었다면 부당권유로 볼 수 없음(서울지방법원 2011.6.3.)
주문관련 분쟁	• 직원이 계좌명의인의 대리권 수여의사를 확인하지 않은 채 그의 배우자로부터 주문을 받아 처리했다가 손실을 발생시킨 경우에는 비록 부부관계에 있는 자로부터 주문을 받아 처리한 행위라 할지라도 손해배상책임이 있다고 봄(협회합의권고 제2007-10호)

정답 | ③

fn.Hackers.com

출제예상문제

☑ 다시 봐야 할 문제(틀린 문제, 풀지 못한 문제, 헷갈리는 문제 등)는 문제 번호 하단의 네모박스(□)에 체크하여 반복학습하시기 바랍니다.

01 중요도 ★
직무윤리에 대한 설명 중 적절하지 않은 것은?

① 회사와 임직원은 정직과 신뢰를 가장 중요한 가치관으로 삼아야 한다.
② 직무윤리의 2대 기본원칙은 고객우선의 원칙과 신의성실의 원칙이다.
③ 직무윤리를 법제화한 것에는 이해상충방지의무, 금융소비자 보호의무, 본인·회사·사회에 대한 윤리 등이 있다.
④ 윤리는 반드시 지켜야 하고, 어긴 사람에게는 책임을 묻는 규범으로 인간의 외면적 행위를 평가하는 것이다.

02 중요도 ★★★
금융투자산업에서의 직무윤리가 다른 분야에 비하여 더욱 강조되는 이유와 거리가 먼 것은?

① 이익상충 가능성
② 정보비대칭 문제
③ 금융투자상품의 투자성
④ 금융투자업종사자의 기강 확립

03 중요도 ★★
금융소비자에게 제공하는 정보의 요건과 가장 거리가 먼 것은?

① 정확성
② 전문성
③ 시의성
④ 접근성

04 중요도 ★

금융투자업종사자가 준수하여야 할 직무윤리에 대한 설명으로 가장 올바른 것은?

① 투자정보 제공 시 미래의 예측이라도 확실성이 높다면 사실과 구분하여 예측임을 표시하지 않아도 무방하다.
② 장외파생상품의 투자권유 시 고객으로부터 요청이 없더라도 방문, 전화 등을 이용한 투자권유가 가능하다.
③ 업무수행에 대한 고객의 지시가 고객의 이익에 도움이 되지 않으면 그 지시에 따르지 않아도 무방하다.
④ 아직 계약을 맺지 않은 잠재적 고객에 대해서도 직무윤리를 준수하여야 한다.

05 중요도 ★★

고객정보는 유출되지 않아야 한다. 정보의 취급에 관한 설명 중 잘못된 것은?

① 고객정보를 누설하거나 고객이 아닌 자의 이익을 위하여 부당하게 이용하는 행위는 금지된다.
② 고객에 관한 어떤 사항이 비밀정보인지 여부가 불명확할 경우에는 일단 비밀이 요구되는 정보인 것으로 취급하여야 한다.
③ 임직원이 고객 또는 회사의 비밀정보를 관련 법령에 따라 제공하는 경우에는 직무수행에 필요한 최대한의 범위 내에서 제공하고 준법감시인에게 사후보고한다.
④ 고객이 동의하지 않은 상황에서 특정 고객에 대한 언급이나 확정되지 않은 기획단계의 상품 등에 대한 언급을 해서는 안 된다.

정답 및 해설

01 ④ 윤리가 아니라 법에 대한 설명이다.
02 ④ 금융투자산업에서의 직무윤리가 다른 분야에 비하여 더욱 강조되는 이유는 이익상충 가능성, 정보비대칭 문제, 금융투자상품의 투자성(원본손실위험), 금융투자상품의 전문화·다양화·복잡화, 금융투자업종사자의 안전장치 역할 등 때문이다.
03 ② 금융소비자에게 제공하는 정보의 요건은 정확성, 시의성, 접근성 및 용이성, 권익 침해 표시 금지 등이다.
04 ④ ① 투자정보 제공 시 미래 예측의 확실성이 높다하더라도 사실과 구분하여 예측임을 표시하여야 한다.
   ② 장외파생상품의 투자권유 시 고객으로부터 요청이 없다면 방문, 전화 등을 이용한 투자권유가 가능하지 않다.
   ③ 업무수행에 대한 고객의 지시가 고객의 이익에 도움이 되지 않더라도 그 지시에 따라야 한다.
05 ③ 준법감시인의 사전승인을 받아 직무수행에 필요한 최소한의 범위 내에서 제공하여야 한다.

06 중요도 ★

K펀드매니저는 A의 자금을 투자일임을 받아 운용하고 있다. 그런데 K는 자기 개인계좌에서도 A의 자금을 운용하는 동일종목에 유리한 시점에 주문하여 A보다 더 많은 수익을 내고 있다. K펀드매니저가 위반한 것은?

① 신임의무 위반
② 적합성의 원칙 위반
③ 중요사실 표시의무 위반
④ 공시의 원칙 위반

07 중요도 ★★

이해상충금지 관련 규정과 거리가 먼 것은?

① 정보비대칭으로 인한 투자자보호를 위한 규제이다.
② 자본시장법은 이해상충방지시스템 구비를 의무화하였다.
③ Chinese Wall 구축은 금지된다.
④ 자신이 발행하였거나 관련 있는 대상에 대한 조사분석자료의 공표와 제공이 금지된다.

08 중요도 ★★

일반적으로 금융투자회사와 고객과의 관계에서 이해상충이 발생할 가능성과 거리가 먼 것은?

① 스캘핑
② 선행매매
③ 위탁매매
④ 과당매매

09 중요도 ★★★

자본시장법상 이해상충방지에 대한 규제내용과 거리가 먼 것은?

① 금융투자업자는 이해상충발생 가능성을 파악·평가하고 내부통제기준에 따라 이를 관리해야 한다.
② 금융투자업자는 이해상충이 발생할 가능성을 파악·평가한 결과 이해상충이 발생할 가능성이 있다고 인정되는 경우에는 그 사실을 미리 해당 투자자에게 알리고 투자자 보호에 문제가 없는 수준으로 낮추어 거래해야 한다.
③ 브로커리지(Brokerage)의 경우는 매매회전율이 높을수록 금융투자회사의 수수료 수입이 증가하지만 고객의 수수료 부담도 증가하게 되어 이해상충관계에 있다.
④ 투자상담업무종사자는 본인이 직접 당사자가 되는 것은 안되지만 이해관계자의 대리인이 되는 것은 가능하다.

정답 및 해설

06 ① 고객에 대한 것보다 자기의 개인거래를 유리하게 처리하고 있으므로 고객거래 우선의무와 신임의무를 위반하고 있다
07 ③ 금융투자업자는 Chinese Wall 구축의무가 있다. 이에 따라 이해상충 가능성이 많은 정보제공행위, 겸직행위, 공간 및 설비의 공동이용행위 등이 금지(정보교류 차단의무)된다.
08 ③ 위탁매매 그 자체는 이해상충발생 가능성과 거리가 멀다.
09 ④ 투자상담업무종사자는 본인이 직접 당사자가 되는 것도 안되지만 이해관계자의 대리인이 되는 경우도 금지된다. 자본시장법에서는 투자매매업자 또는 투자중개업자는 금융투자상품에 관한 같은 매매에 있어 자신이 본인이 됨과 동시에 상대방의 투자중개업자가 되어서는 안된다고 하여 자기계약을 금지하는 규정을 명시적으로 두고 있다.

10
중요도 ★★★
금융투자회사(및 임직원)의 부당한 재산상 이익의 제공 및 수령 금지의무에 대한 설명 중 잘못된 것은?

① 금융투자협회 규정은 재산상 이익의 제공 및 수령에 관한 한도규제를 시행하고 있다.
② 금융투자회사의 재산상 이익의 제공 및 수령 금액이 10억원을 초과하는 즉시 인터넷 홈페이지를 통해 공시하도록 의무화하였다.
③ 금융투자회사는 재산상 이익의 제공 시 금액 초과 여부와 상관없이 전체 건수에 대해 그 제공에 대한 적정성을 평가하고 점검해야 한다.
④ 금융투자회사는 재산상 이익의 제공 및 수령을 하는 경우 해당 사항을 기록하고 5년 이상의 기간 동안 관리하고 유지할 의무가 있다.

11
중요도 ★
다음 사례의 금융투자회사가 위반한 행위로 옳은 것은?

> C금융투자회사는 고객을 자산규모에 따라 분류하여 예탁자산규모가 큰 고객에 대하여 외화표시상품과 파생상품이 혼합된 복잡한 금융상품에 투자하라고 권장하고 있다.

① 적합성의 원칙 위반   ② 적정성의 원칙 위반
③ 신의성실의무 위반   ④ 설명의무 위반

12
중요도 ★
금융투자업종사자가 증권가에 떠도는 소문을 믿고 고객에게 A기업의 장밋빛 전망을 기초로 투자를 권유했다면 어떤 의무를 위반한 것인가?

① 이해상충금지 의무
② 합리적 근거 제시의무
③ 모든 고객에 대한 평등취급 의무
④ 적합성 원칙

13 중요도 ★★★

적정성의 원칙에 대한 설명 중 잘못된 것은?

① 금융투자업자가 일반투자자에게 파생상품 등을 판매하려는 경우 면담·질문 등을 통하여 그 일반투자자의 투자목적·재산상황 및 투자경험 등의 정보를 파악하여야 한다.
② 파생상품 등에 대하여는 모든 투자자에게 평등한 투자권유준칙을 마련해야 한다.
③ 해당 파생상품 등이 그 일반투자자에게 적정하지 않다고 판단되는 경우에는 그 사실을 알리고, 서명, 기명날인, 녹취 등의 방법으로 확인을 받아야 한다.
④ 파생상품업무 책임자로 상근임원 1인 이상을 두고 이를 금융위원회에 통보해야 한다.

14 중요도 ★★

파생상품과 같은 위험이 큰 상품에 대하여 적용되는 원칙과 관계가 가장 적은 것은?

① 적합성의 원칙
② 적정성의 원칙
③ Know-Your-Customer-Rule
④ 자기매매금지의 원칙

정답 및 해설

10 ① 재산상 이익의 제공 및 수령에 관한 한도규제를 폐지하고 내부통제절차를 강화하였다.
11 ① 예탁자산이 크다고 해서 반드시 위험감수수준이 큰 것이 아니므로 고객의 채무상황, 투자경험, 투자목적 등을 고려하여 개별적으로 고객에게 적합한 투자를 권유하여야 한다. 문제의 사례는 이를 고려하지 않았으므로 적합성의 원칙에 위반된다고 할 수 있다.
12 ② 금융투자업종사자는 합리적 근거 제시의무에 따라 고객에게 객관적 근거에 기초하여 적정하게 표시하여야 한다.
13 ② 파생상품 등에 대하여는 투자자 등급별로 차등화된 투자권유준칙 마련해야 한다.
14 ④ 파생상품은 위험이 크므로 적정성의 원칙, 적합성의 원칙, 설명의무, Know-Your-Customer-Rule 등이 다른 금융투자상품에 비하여 더 중요하다.

15 중요도 ★★

투자매매업자 또는 투자중개업자가 장외파생상품을 대상으로 하여 투자매매업 또는 투자중개업을 하는 경우 준수사항으로 잘못된 것은?

① 장외파생상품의 매매 및 그 중개·주선 또는 대리의 상대방이 일반투자자인 경우에는 그 일반투자자가 위험회피목적의 거래를 하는 경우에 한할 것
② 영업용순자본에서 총위험액을 차감한 금액을 업무 단위별 자기자본 합계액으로 나눈 값이 100분의 150에 미달하는 경우 그 미달상태가 해소될 때까지 새로운 장외파생상품의 매매를 중지하고, 미종결거래의 정리나 위험회피에 관련된 업무만을 수행할 것
③ 장외파생상품의 매매를 할 때마다 파생상품업무책임자의 승인을 받을 것
④ 월별 장외파생상품(파생결합증권 제외)의 매매, 그 중개·주선 또는 대리의 거래내역을 다음 달 10일까지 금융위원회에 보고할 것

16 중요도 ★★

퇴직금 3억원을 주식형펀드에 가입하였다가 A는 현재 50% 손실을 보고 있다. 펀드 가입 시 판매직원은 자신도 가입하였고 안전하다며 1년만 지나면 큰 수익이 날 것이라며 가입을 권유했다. 하지만 A는 안전하다는 말만 믿고 투자하였다. 판매직원은 무엇을 위반하였는가?

① 투자성과보장 금지의무 위반
② 설명의무 위반
③ 기록 및 증거유지의무 위반
④ 부당한 금품수수금지의무 위반

17 중요도 ★★★

회사 업무정보 및 고객정보 보호에 대한 설명 중 잘못된 것은?

① 정보교류차단벽이 설치된 부서 내에서 발생한 정보는 우선적으로 비밀정보로 간주된다.
② Chinese Wall은 부서의 물리적 분리뿐만 아니라 비밀정보에 대한 접근권한 통제절차도 규정한다.
③ 집합투자재산, 투자일임재산 및 신탁재산의 구성내역 및 운용에 관한 정보는 정보교류차단 대상에서 제외된다.
④ 금융투자회사의 경영전략은 기록형태나 기록유무와 관계없이 비밀정보로 본다.

18 중요도 ★★★

표준투자권유준칙상 설명의무에 대한 설명 중 잘못된 것은?

① 임직원 등은 설명의무를 이행하는 경우 투자자의 이해수준을 고려하여 설명 정도를 달리 할 수 있다.

② 설명했음에도 불구하고 투자자가 주요 손익 및 위험을 이해하지 못하면 투자권유를 중지해야 한다.

③ 해외자산에 투자하는 집합투자증권 투자권유 시에도 국내자산에 투자하는 집합투자증권의 투자권유와 동일한 사항을 설명하면 된다.

④ 임직원 등은 자신의 성명, 직책, 연락처, 콜센터, 상담센터 이용방법을 알려야 한다.

정답 및 해설

15 ④ 월별 장외파생상품(파생결합증권 포함)의 매매, 그 중개·주선 또는 대리의 거래내역을 다음 달 10일까지 금융위원회에 보고해야 한다.

16 ② 투자상담업무담당자는 고객에게 투자상품을 권유함에 있어서 상품의 중요 내용(특성, 위험 등)을 고지하고 이해할 수 있도록 설명하여야 한다. 문제의 경우는 설명의무를 위반한 것으로 투자자 A씨는 설명의무 위반을 근거로 손해배상을 청구할 수 있다.

17 ③ 정보교류차단 대상이 되는 정보는 불특정 다수인이 알 수 있도록 공개되기 전의 정보로서 ㉠ 회사의 금융투자상품 매매 및 소유현황에 관한 정보, ㉡ 투자자의 금융투자상품 매매 및 소유현황에 관한 정보, ㉢ 집합투자재산, 투자일임재산 및 신탁재산의 구성내역 및 운용에 관한 정보, ㉣ 기업금융업무를 하면서 알게 된 정보 등이다.

18 ③ 해외자산에 투자하는 집합투자증권 투자권유 시에는 투자대상 국가(지역)·자산별 투자비율·경제 및 시장상황, 환헤지 여부 및 목표환위험 헤지 비율, 헤지비율 미조정 시 손실발생 가능성, 모펀드 간 판매비율조절을 통하여 헤지비율을 달리 할 수 있다는 사실 등을 추가로 설명해야 한다.

19 중요도 ★

금융투자회사(및 임직원)의 직업윤리에 대한 설명 중 잘못된 것은?

① 이메일, 대화방 등 정보통신수단을 사용하는 경우에도 직무윤리를 준수하도록 강제하고 있다.
② 시장질서 교란행위 규제는 기존의 불공정행위 규제보다 대상자의 범위가 확대되었고, 목적성이 없어도 규제한다.
③ 금융투자업종사자가 시장질서 교란행위를 하면 3억원 이하의 과징금을 부과할 수 있다.
④ 금융투자업종사자는 주주와 기타 이해관계자의 가치를 극대화하기 위해 최선을 다해야 한다.

20 중요도 ★★★

설명의무 이행과 관련한 사항 중 옳은 것은?

① 사후 투자자의 손실 일부를 보전하는 약정은 허용된다.
② 사전 투자자의 손실 일부를 보전하는 약정은 허용된다.
③ 사전 또는 사후 투자자의 손실보전 또는 이익보장을 하는 약정은 허용된다.
④ 회사가 자신의 위법행위 여부가 불분명한 경우 사적 화해의 수단으로 손실을 보상한 경우는 허용된다.

21 중요도 ★

다음 중 준법감시인에 대한 설명이 잘못된 것은?

① 이사회 및 대표이사의 지휘를 받아 금융투자회사 전반의 내부통제업무를 수행한다.
② 임면은 이사회의 의결을 거쳐야 하고, 임면 사실을 금융감독원장에게 보고해야 한다.
③ 해임하려면 이사 총수의 2/3 이상의 찬성으로 의결해야 한다.
④ 사외이사 또는 감사 중에서 준법감시인을 선임해야 하고, 임기는 1년 이상이어야 한다.

22 중요도 ★★

다음 중 금융회사의 내부통제에 대한 설명이 옳은 것은?

① 금융투자회사의 경우 내부통제기준 운영과 관련하여 대표이사를 위원장으로 하는 내부통제위원회를 두어야 한다.
② 준법감시인이 영업점에 대한 내부통제를 위하여 권한을 위임하는 영업점별 영업관리자에는 영업점장도 포함된다.
③ 준법감시인은 영업점별 영업관리자에 대하여 월1회 이상 교육을 실시해야 한다.
④ 회사는 영업점별 영업관리자의 임기를 2년 이상으로 해야 하며, 업무수행 결과에 따라 적절한 보상을 지급할 수 있다.

23 중요도 ★

금융투자회사의 내부통제에 대한 설명 중 잘못된 것은?

① 준법감시인을 위원장으로 하는 내부통제위원회를 두고 연 1회 이상 회의를 개최해야 한다.
② 준법감시부서는 자산운용업무, 회사의 본질적 업무 및 부수업무, 겸영업무, 위험관리업무 등의 업무를 수행해서는 안 된다.
③ 임직원의 위법·부당한 행위를 사전에 방지하기 위하여 명령휴가제도를 운영해야 한다.
④ 내부통제기준을 위반하는 경우 개인과 회사에 대하여 강제적인 조치가 취해질 수 있다.

정답 및 해설

19 ③ 금융투자업종사자가 시장질서 교란행위를 하면 5억원 이하의 과징금을 부과할 수 있다. 다만, 그 행위로 인한 이익(또는 손실회피액)의 1.5배에 해당하는 금액이 5억원을 초과하는 경우에는 이익(또는 손실회피액) 한도로 한다.

20 ④ 사전·사후를 불문하고 투자자의 손실 전부(또는 일부) 보전·투자자에 대한 이익 보장 약속은 금지되며, 그 권유에 의한 위탁이 없어도 금지규정 위반으로 간주한다. 다만, 사전에 준법감시인에게 보고한 행위로서 회사가 자신의 위법행위 여부가 불분명한 경우 사적 화해의 수단으로 손실을 보상한 경우, 회사의 위법행위로 인하여 회사가 손해를 배상하는 행위, 분쟁조정 또는 재판상 화해절차에 의해 손실보상 또는 손해배상하는 경우 등은 허용된다.

21 ④ 사내이사 또는 업무집행책임자 중에서 준법감시인을 선임해야 하고, 임기는 2년 이상이어야 한다.

22 ① ② 영업점장은 포함되지 않는다.
　　　③ 월1회 이상 → 연1회 이상
　　　④ 2년 이상 → 1년 이상

23 ① 대표이사를 위원장으로 하는 내부통제위원회를 두고, 매 반기별 1회 이상 회의를 개최해야 한다.

24 중요도 ★★
다음 중 과당매매 판단 시 고려사항과 거리가 먼 것은?

① 수수료 총액
② 실제 투자손실 여부
③ 일반투자자의 재산상태 및 투자목적
④ 일반투자자의 투자지식·경험에 비추어 당해 거래의 위험에 대한 이해 여부

25 중요도 ★
금융투자업종사자의 회사에 대한 의무와 관련된 설명 중 잘못된 것은?

① 고용관계 유무, 보수유무, 계약기간 장단을 불문하고 신임관계에 기초한 신의성실의무가 있다.
② 회사에 대한 선관주의의무는 퇴직하면 종료된다.
③ 성희롱 방지도 넓은 의미의 품위유지의무에 해당된다.
④ 경쟁관계, 이해상충관계, 계속성 여부를 불문하고 직무전념의무가 있다.

26 중요도 ★
금융소비자보호법상 내부통제체계와 관련된 설명으로 가장 거리가 먼 것은?

① 금융회사의 금융소비자보호 내부통제체계의 구축을 의무화하였다.
② 금융소비자보호에 관한 내부통제조직은 이사회, 대표이사, 준법감시인, 영업관리자 등으로 구성된다.
③ 이사회는 금융소비자보호에 관한 최고 의사결정기구로 금융소비자보호에 관한 기본방침과 내부통제 관련 주요사항을 심의·의결한다.
④ 대표이사로부터 금융소비자보호 업무를 위임받은 총괄책임자는 매년 1회 이상 위임이행사항을 내부통제위원회에 보고해야 한다.

27 중요도 ★
다음과 같은 권한과 의무가 있는 금융소비자보호에 관한 내부통제조직은?

> ⊙ 금융소비자보호 내부통제기준 위반 방지를 위한 예방대책 마련
> ⓒ 금융소비자보호 내부통제기준 준수여부에 대한 점검
> ⓒ 금융소비자보호 내부통제기준 위반 내용에 상응하는 조치방안 및 기준 마련
> ⓔ ⊙, ⓒ을 위해 필요한 물적자원의 지원
> ⓜ 준법감시인과 금융소비자보호 총괄책임자의 업무분장 및 조정

① 이사회
② 대표이사
③ 금융소비자보호 내부통제위원회
④ 금융소비자보호 총괄기관

28 중요도 ★★
금융소비자보호법상 내부통제조직과 관련된 설명으로 가장 거리가 먼 것은?

① 이사회는 내부통제에 영향을 미치는 경영전략 및 정책을 승인한다.
② 금융회사는 금융소비자보호 내부통제기준에 따라 금융소비자보호 총괄책임자(CCO)를 지정해야 하며, CCO는 대표이사 직속의 독립적인 지위를 갖는다.
③ 금융소비자보호 총괄기관은 금융상품 개발 및 판매 업무로부터 독립하여 업무를 수행해야 하고, 대표이사 직속기관으로 두어야 한다.
④ 금융소비자 내부통제위원회는 설치가 의무화 되어 있고, 준법감시인을 의장으로 한다.

정답 및 해설

24 ② 과당거래인지 여부는 수수료 총액, 일반투자자의 재산상태 및 투자목적, 일반투자자의 투자지식·경험에 비추어 당해 거래의 위험에 대한 이해 여부, 개별 매매거래 시 권유내용의 타당성 등을 감안하여 판단한다.
25 ② 선관주의의무는 고용계약 종료 후에도 상당기간 지속된다.
26 ② 금융소비자보호에 관한 내부통제조직은 이사회, 대표이사, 금융소비자보호 내부통제위원회, 금융소비자보호 총괄기관 등으로 구성된다.
27 ② 금융소비자보호를 위한 대표이사의 권한과 의무에 대한 내용이다.
28 ④ 금융소비자 내부통제위원회는 설치가 의무화 되어 있고, 대표이사를 의장으로 한다.

29 중요도 ★
다음 중 상품판매 절차구축단계의 금융소비자보호의 내용과 가장 거리가 먼 것은?

① 금융투자회사는 교육체계를 마련하여 임직원 대상 금융상품에 관한 집합교육 또는 온라인 교육을 실시해야 한다.
② 금융투자회사는 임직원이 금융투자상품를 판매할 수 있는 자격증을 보유하고 있는지 관리해야 한다.
③ 금융투자회사는 임직원이 자격유지를 위한 보수교육을 이수하고 있는지 관리해야 한다.
④ 주식, ELB, DLB를 판매하기 위해서는 파생상품투자권유자문인력 자격을 보유해야 한다.

30 중요도 ★★★
적합성 원칙에 따른 KYC(Know-Your-Customer-Rule)를 순서대로 나열한 것은?

㉠ 투자권유 하기 전에 해당 금융소비자가 투자권유를 원하는지 원치 않는지를 확인한다.
㉡ 해당 금융소비자가 일반금융소비자인지 전문금융소비자인지 확인한다.
㉢ 일반금융소비자인 경우 면담·질문 등을 통하여 해당 금융소비자의 정보를 파악한다.
㉣ 금융소비자의 투자성향 분석 결과를 설명하고 확인서를 제공한다.
㉤ 투자자금의 성향을 파악한다.

① ㉠ → ㉡ → ㉢ → ㉣ → ㉤
② ㉠ → ㉢ → ㉣ → ㉤ → ㉡
③ ㉡ → ㉠ → ㉢ → ㉣ → ㉤
④ ㉡ → ㉢ → ㉣ → ㉤ → ㉠

31 중요도 ★★★
적정성 원칙에 대한 설명으로 가장 거리가 먼 것은?

① 금융상품판매업자는 해당 금융상품이 일반금융소비자에게 적정하지 않다고 판단되는 경우에 그 사실을 알리고, 서명 등의 방법으로 확인을 받아야 한다.
② 일반금융소비자가 투자성상품을 체결하는 경우에 한하여 적용된다.
③ 일반사모집합투자기구를 판매하는 경우에는 적용되지 않는 것이 원칙이나, 적격투자자 중 일반금융소비자가 요청하는 경우에는 적용된다.
④ 금융투자업종사자가 일반금융소비자에게 금융상품의 계약체결을 권유하지 않고, 해당 일반금융소비자가 해당상품의 계약체결을 원하는 경우에 적용된다.

32 중요도 ★★
금융소비자의 청약철회권의 행사에 대한 설명으로 가장 적절한 것은?

① 대출성 상품의 경우에는 일반금융소비자가 청약 철회의사를 표시하기 위해 서면 등을 발송한 때 철회의 효력이 발생한다.
② 청약이 철회된 경우 금융상품판매업자는 일반금융소비자에 대하여 청약철회에 따른 손해배상을 청구할 수는 없으나 위약금을 청구할 수는 있다.
③ 금융소비자보호법상의 청약철회권 규정에 반하는 특약으로 일반금융소비자에게 불리한 것은 취소할 수 있다.
④ 금융소비자보호법상 청약철회권은 금융회사의 고의 또는 과실여부 등 귀책사유가 없더라도 일반금융소비자가 행사할 수 있다.

정답 및 해설

29 ④ 주식, ELB, DLB를 판매하기 위해서는 증권투자권유자문인력 자격을 보유해야 한다.

판매자격증	판매 가능상품
펀드투자권유자문인력	집합투자증권(주식형펀드, 채권형펀드, 혼합형펀드 등)
증권투자권유자문인력	주식, 채권, ELB, DLB, CP, RP, CMA 등
파생상품투자권유자문인력	선물, 옵션, ELW, ELS, DLS 등

30 ① KYC는 ㉠ → ㉡ → ㉢ → ㉣ → ㉤ 순으로 진행된다.
31 ② 적정성 원칙은 위험성이 높은 투자성 상품 뿐만 아니라 대출성 상품, 보장성 상품에도 적용된다.
32 ④ ① 보장성 상품, 투자성 상품, 금융상품자문의 경우에는 일반금융소비자가 청약 철회의사를 표시하기 위해 서면 등을 발송한 때 철회의 효력이 발생한다. 반면, 대출성상품의 경우에는 일반금융소비자가 청약 철회의사를 표시하기 위해 서면 등을 발송하고, 이미 공급받은 금전·재화 등을 반환한 때 철회의 효력이 발생한다.
② 청약이 철회된 경우 금융상품판매업자는 일반금융소비자에 대하여 청약철회에 따른 손해배상 또는 위약금 등 금전의 지급을 청구할 수 없다.
③ 금융소비자보호법상의 청약철회권 규정에 반하는 특약으로 일반금융소비자에게 불리한 것은 무효로 한다.

33 중요도 ★★
청약철회권 대상이 되는 상품과 가장 거리가 먼 것은?

① 자본시장법시행령에 따른 고난도금융투자상품
② 자본시장법시행령에 따른 고난도투자일임계약
③ 자본시장법에 따른 금전신탁
④ 자본시장법시행령에 따른 고난도금전신탁계약

34 중요도 ★★
금융상품판매업자의 불공정영업행위 금지의무와 가장 거리가 먼 것은?

① 업무와 관련하여 편익을 요구하거나 제공받는 행위
② 특정 대출상환방식을 강요하는 행위
③ 대출계약 성립일로부터 3년 이전에 중도상환수수료를 부과하는 행위
④ 연계제휴서비스 등이 있는 경우 이를 부당하게 축소하거나 변경하는 행위

35 중요도 ★★
금융상품판매업자의 부당권유 금지의무와 가장 거리가 먼 것은?

① 금융상품 내용의 일부에 대하여 비교대상 및 기준을 밝히지 않거나 객관적인 근거 없이 다른 금융상품과 비교하여 해당 금융상품이 우수하거나 유리하다고 알리는 행위
② 내부통제기준에 따른 직무수행교육을 받지 않은 자로 하여금 계약체결권유 관련 업무를 하게 하는 행위
③ 일반금융소비자의 정보를 조작하여 권유하는 행위
④ 전문금융소비자에게 투자성 상품에 관한 계약체결을 권유하면서 대출성 상품을 안내하는 행위

36
중요도 ★★★

6대 판매원칙 중 하나인 광고 관련 준수사항에 대한 설명으로 가장 거리가 먼 것은?

① 원칙적으로 금융상품판매업자 등만이 금융상품 또는 업무에 대한 광고가 가능하다.
② 예외적으로 업권별로 법에서 정하고 있는 협회도 금융상품 및 업무에 대한 광고가 가능하다.
③ 예외적으로 증권시장에 상장된 모든 지주회사는 금융상품 및 업무에 대한 광고가 가능하다.
④ 광고에는 계약체결 전 설명서 및 약관을 읽어볼 것을 권유하는 내용, 금융회사의 명칭과 금융상품의 내용, 상품의 위험 및 조건 등 법에서 정하고 있는 사항을 포함해야 한다.

37
중요도 ★★

금융소비자의 자료열람요구권에 대한 설명으로 가장 거리가 먼 것은?

① 분쟁조정 또는 소송수행 등 권리구제를 목적으로 부여된 권리로 금융회사가 기록 및 유지·관리하는 자료에 대하여 금융소비자가 해당 자료의 열람, 제공, 청취(녹취인 경우)를 요구할 수 있는 권리이다.
② 금융회사는 금융소비자로부터 자료열람 등을 요구받은 날로부터 6영업일 이내에 해당 자료를 열람할 수 있게 하여야 한다.
③ 금융소비자의 자료열람요구에 대하여 금융회사가 무조건 승인해야 하는 것은 아니다.
④ 금융소비자가 자료열람을 요청하더라도 금융회사는 우송료 등을 금융소비자에게 비용을 청구할 수 없다.

정답 및 해설

33 ③ 청약철회권의 대상이 되는 상품에 신탁계약이 포함되나, 자본시장법상의 금전신탁은 청약철회권 대상에서 제외된다.

34 ③ 대출계약 성립일로부터 3년 경과 후 수수료, 위약금 또는 그 밖에 어떤 명목이든 중도상환수수료를 부과하는 행위는 금지된다. 다만, 대출계약 성립일로부터 3년 이내에 상환하는 경우, 다른 법령에 따라 중도상환수수료 부과가 허용되는 경우에는 예외적으로 중도해지수수료의 부과가 가능하다.

35 ④ 일반금융소비자에게 투자성 상품에 관한 계약체결을 권유하면서 대출성 상품을 안내하거나 관련 정보를 제공하는 행위는 금지되나, 전문금융소비자에게는 가능하다.

36 ③ 예외적으로 금융회사를 자회사 또는 손자회사로 둔 지주회사만 금융상품 및 업무에 대한 광고가 가능하다.

37 ④ 금융소비자가 자료열람을 요청한 경우 금융회사는 우송료 등을 금융소비자에게 청구할 수 있다. 또한 열람 승인을 한 자료의 생성 등에 추가비용이 발생한 경우에는 해당 수수료도 금융소비자에게 청구할 수 있다.

38 중요도 ★★
금융소비자의 위법계약해지권에 대한 설명으로 가장 적절한 것은?

① 위법계약해지권은 금융회사의 귀책사유가 없어도 행사할 수 있다.
② 위법계약해지권은 금융회사가 광고규제를 위반한 경우에도 행사할 수 있다.
③ 금융회사는 위법계약해지권 행사로 계약이 해지되는 경우 별도의 수수료, 위약금 등 해지에 따라 발생하는 비용을 금융소비자에게 부과할 수 있다.
④ 금융회사는 금융소비자의 위법계약 해지요구일로부터 10일 이내에 계약해지의 수락여부를 결정하여 금융소비자에게 통지해야 한다.

39 중요도 ★
금융소비자의 위법계약해지 요구에 대하여 금융회사는 정당한 사유가 있으면 금융소비자의 해지요구를 거절할 수 있다. 금융회사가 금융소비자의 위법계약해지 요구를 거절할 수 있는 정당한 사유를 모두 고른 것은?

> ㉠ 위반사실에 대한 근거를 제시하지 않거나 거짓으로 제시한 경우
> ㉡ 계약 체결 당시에는 위반사항이 없었으나 금융소비자가 계약체결 이후의 사정변경에 따라 위반사항을 주장하는 경우
> ㉢ 금융소비자의 동의를 받아 위반사항을 시정한 경우
> ㉣ 금융상품판매업자가 계약해지요구를 받은 날로부터 10일 이내에 법 위반사실이 없음을 확인하는 데 필요한 객관적·합리적 근거자료를 금융소비자에게 제시한 경우
> ㉤ 법 위반사실 관련 자료 확인을 이유로 금융소비자의 동의를 받아 통지기한을 연장한 경우
> ㉥ 금융소비자가 금융상품판매업자의 행위에 법 위반사실이 있다는 것을 계약체결 전에 알았다고 볼 수 있는 명백한 사유가 있는 경우

① ㉠, ㉢, ㉤
② ㉠, ㉢, ㉣, ㉥
③ ㉠, ㉡, ㉢, ㉣, ㉥
④ ㉠, ㉡, ㉢, ㉣, ㉤, ㉥

40 중요도 ★★

금융소비자의 사후 구제를 위한 법적제도와 가장 거리가 먼 것은?

① 법원의 소송중지제도
② 적합성 원칙
③ 소액분쟁사건의 분쟁조정이탈금지제도
④ 손해배상책임 및 입증책임전환

정답 및 해설

38 ④ ① 위법계약해지권은 금융회사의 귀책사유가 있고 계약이 최종적으로 체결된 이후에만 행사할 수 있다.
　　　② 금융회사의 광고규제 위반은 위법계약해지권의 적용범위에 포함되지 않는다.
　　　③ 별도의 수수료, 위약금 등 해지에 따라 발생하는 비용을 금융소비자에게 부과할 수 없다.
39 ④ ㉠, ㉡, ㉢, ㉣, ㉤, ㉥ 모두 금융회사가 금융소비자의 해지요구를 거절할 수 있는 정당한 사유에 해당한다.
40 ② 금융소비자의 사후 구제를 위한 법적제도에는 법원의 소송중지제도, 분쟁조정이탈금지제도, 손해배상책임 및 입증책임전환 등이 있다.

41 중요도 ★

금융투자회사 임직원이 직무수행 과정에서 알게 된 정보에 대한 설명 중 잘못된 것은?

① 고객에 대한 어떤 사항이 비밀정보인지 여부가 불명확한 경우에는 일단 비밀이 요구되는 정보로 취급해야 한다.
② 고객의 금융거래정보는 자기 또는 제3자의 이익을 위한 이용이 금지되나, 정적인 정보 이외의 동적인 정보는 예외적으로 이용할 수 있다.
③ 회사의 정보는 회사의 재산에 속하는 것이므로 오로지 회사의 이익을 위해서만 이용되어야 한다.
④ 고객 또는 회사의 정보를 법령에 따라 제공하는 경우라도 준법감시인의 사전승인을 받아 직무수행에 필요한 최소한의 범위에서 제공해야 한다.

42 중요도 ★★

개인정보 관련 주요 개념에 대한 설명 중 잘못된 것은?

① 개인정보란 성명, 주민등록번호 및 영상 등을 통하여 개인을 알아볼 수 있는 정보이다.
② 개인정보파일은 개인정보를 쉽게 검색할 수 있도록 일정한 규칙에 따라 체계적으로 배열하거나 구성한 개인정보의 집합물이다.
③ 개인정보처리자는 처리되는 정보에 의하여 알아볼 수 있는 사람으로서 그 정보의 주체가 되는 사람이다.
④ 민감정보는 건강상태, 진료기록, 병력, 정당가입 등의 정보를 말한다.

43 중요도 ★★★

개인정보처리자의 준수사항에 대한 설명 중 잘못된 것은?

① 정보주체의 사생활 침해를 최소화하는 방법으로 개인정보를 처리해야 한다.
② 정보주체는 개인정보의 처리정지, 정정, 삭제 및 파기를 요구할 수 있다.
③ 개인정보의 처리 방법 및 종류 등에 따라 정보주체의 권리가 침해받을 가능성과 그 위험 정도를 고려하여 개인정보를 안전하게 관리해야 한다.
④ 개인정보 처리방침 등 개인정보의 처리에 관한 사항을 비밀로 해야 한다.

44 중요도 ★

개인정보보호법에 대한 설명 중 옳은 것은?

① 개인정보보호법은 개인정보에 대한 특별법이다.
② 개인정보보호법은 피해액을 입증하지 못해도 일정 금액을 보상받는 법정손해배상제도를 도입하였다.
③ 개인정보보호법은 피해액의 3배까지 배상액을 중과할 수 있는 징벌적 배상제도는 아직 도입하고 있지 않다.
④ 개인정보보호법은 금융투자법인에 대한 처벌규정관 있고 개인에 대한 처벌규정은 없다.

45 중요도 ★★

개인정보처리자의 개인정보보호원칙과 거리가 먼 것은?

① 개인정보처리자는 그 목적에 필요한 범위 내에서 최소한의 개인정보만 적법하고 정당하게 수집하여야 한다.
② 개인정보 처리방침 등 개인정보처리에 관한 사항을 공개하고, 열람청구권 등 정보주체의 권리를 보장하여야 한다.
③ 개인정보 처리목적 범위 내에서 개인정보의 정확성, 완전성, 최신성이 보장되도록 하여야 한다.
④ 개인정보의 익명처리가 가능한 경우라도 실명으로 처리하여야 한다.

정답 및 해설

41 ② 금융투자회사 임직원이 고객의 금융거래 정보를 타인에게 제공하거나 누설하지 않아야 한다. 법은 직무상 알게 된 정보로서 외부에 공개되지 않은 정보를 정당한 사유 없이 자기 또는 제3자의 이익을 위하여 이용하는 것은 금지한다고 규정함으로써 고객의 정적인 정보뿐만 아니라 고객의 매매주문 동향 등 직무와 관련하여 알게 된 정보와 같은 동적인 정보도 자기 또는 제3자를 위해 이용하는 것이 금지된다.

42 ③ 개인정보처리자는 업무를 목적으로 개인정보파일을 운용하기 위하여 스스로 또는 다른 사람을 통하여 개인정보를 처리하는 공공기관, 법인, 단체 및 개인을 말한다.

43 ④ 개인정보 처리방침 등 개인정보의 처리에 관한 사항을 공개해야 하며, 열람청구권 등 정보주체의 권리를 보장해야 한다.

44 ② ① 개인정보보호법은 특별법(신용정보법·금융실명법·전자금융거래법 등)에 정함이 없는 경우에 적용되는 일반법이다.
③ 개인정보보호법은 피해액의 5배까지 배상액을 중과할 수 있는 징벌적 배상제도를 도입하였다.
④ 개인정보보호법은 개인에 대하여도 부정한 방법으로 개인정보를 취득하여 타인에게 제공하는 자에게 징역 5년 이하 또는 5천만원 이하의 벌금에 처하도록 하고 있다.

45 ④ 개인정보의 익명 처리가 가능한 경우에는 익명으로 처리하여야 한다.

46 중요도 ★★★
정보주체의 개인정보에 대한 권리와 관계가 적은 것은?

① 개인정보처리자의 개인정보수집 및 이용을 원천봉쇄할 수 있는 권리
② 개인정보의 처리에 관한 동의 여부, 동의 범위 등을 선택하고 결정할 권리
③ 개인정보의 처리 여부를 확인하고 개인정보에 대하여 열람(사본발급 포함)을 요구할 권리
④ 개인정보의 처리 정지, 정정, 삭제, 파기를 요구할 수 있는 권리

47 중요도 ★★★
개인정보 제공 시 정보주체에게 알려야 할 사항과 거리가 먼 것은?

① 개인정보처리를 담당하는 임원 및 실무자
② 제공하는 개인정보의 항목
③ 개인정보를 제공받는 자의 개인정보 보유 및 이용 기간
④ 동의를 거부할 권리가 있다는 사실 및 동의 거부에 따른 불이익이 있는 경우에는 그 불이익의 내용

48 중요도 ★
개인정보의 처리 및 관리에 대한 설명 중 옳은 것은?

① 개인정보에는 고유식별정보, 금융정보뿐만 아니라 민감정보도 포함된다.
② 최소한의 개인정보수집이라는 입증책임은 정보주체가 부담한다.
③ 민감정보 및 고유식별정보는 정보주체의 동의를 얻은 경우에만 처리를 허용한다.
④ 주민등록번호는 외부망의 경우에 한하여 암호화를 한 후 안전하게 보호하여야 한다.

49 중요도 ★

투자자분쟁예방을 위한 자본시장법상 의무와 가장 관계가 적은 것은?

① 신의성실의무 ② 선관의무
③ 이해상충방지의무 ④ 겸업금지의무

50 중요도 ★

다음은 무엇에 대한 설명인가?

> 금융투자업자는 법령을 준수하고, 자산을 건전하게 운용하며, 이해상충방지 등 투자자를 보호하기 위하여 그 금융투자업자의 임직원이 직무를 수행함에 있어서 준수해야 할 적절한 기준 및 절차를 정해야 한다.

① 내부통제기준 ② 직무윤리
③ 자산운용지침 ④ 윤리강령행동지침

정답 및 해설

46 ① 정보주체라 하여도 법령에 근거한 개인정보처리자의 개인정보수집 및 이용은 원천봉쇄할 수 없다.

참고 개인정보처리자의 개인정보수집 및 이용 허용범위(개인정보보호법 제15조 ①)

- 정보주체의 동의를 받은 경우
- 법률에 특별한 규정이 있거나 법령상 의무를 준수하기 위하여 불가피한 경우
- 공공기관이 법령 등에서 정하는 소관 업무의 수행을 위하여 불가피한 경우
- 정보주체와의 계약의 체결 및 이행을 위하여 불가피하게 필요한 경우
- 명백히 정보주체 또는 제3자의 급박한 생명, 신체, 재산의 이익을 위하여 필요하다고 인정되는 경우
- 명백하게 정보주체의 권리보다 우선하는 경우

47 ① 개인정보 제공 시 정보주체에게 동의를 구하고 알려야 할 사항은 개인정보를 제공받는 자, 개인정보 제공받는 자의 개인정보 수집·이용 목적, 제공하는 개인정보의 항목, 개인정보 제공받는 자의 개인정보의 보유 및 이용 기간, 동의를 거부할 권리가 있다는 사실 및 동의 거부에 따른 불이익이 있는 경우에는 그 불이익의 내용 등이다. (개인정보보호법 제17조)

48 ① ② 최소한의 개인정보수집이라는 입증책임은 개인정보처리자가 부담한다.
③ 민감정보 및 고유식별정보는 정보주체의 동의를 얻거나 법령에서 구체적으로 허용된 경우에 한하여 예외적으로 처리를 허용한다.
④ 주민등록번호는 내외부망의 구분 없이 암호화하여 안전하게 보호하여야 한다.

49 ④ 투자자분쟁예방을 위한 자본시장법상 의무에는 신의성실의무, 선량한 관리자로서의 주의의무, 충실의무, 이해상충방지의무, 정확하고 충분한 정보제공의무 등이 있다.

50 ① 자본시장법 제28조의 내부통제기준에 대한 설명이다.

51
중요도 ★★
직무윤리 및 내부통제기준 위반 시 조치사항에 대한 설명 중 잘못된 것은?

① 금융위원회는 금융투자업자에 대하여 업무정지, 계약 인계명령, 시정명령, 기관경고 또는 주의 등의 행정제재 조치를 할 수 있다.
② 금융투자협회는 자율규제기관으로서 금융투자업자의 임직원에 대하여 해임, 업무정지, 경고, 주의, 정직, 감봉 등의 권고 조치를 할 수 있다.
③ 금융투자회사는 내부통제기준 위반자에 대한 처리기준을 사전에 규정화하고, 위반 시 견책, 경고, 정직, 해고 등의 조치를 할 수 있다.
④ 금융투자업자는 투자권유 시 설명을 하지 않음으로 인하여 발생한 전문투자자의 손해를 배상할 책임이 있다.

52
중요도 ★
금융소비자 교섭력 판단의 기준으로 잘못된 것은?

① 정보의 대칭성
② 금융기관의 수익성
③ 가격흥정의 가능성
④ 거래교체의 용이성

53
중요도 ★★
분쟁조정제도에 대한 설명 중 잘못된 것은?

① 금융 관련 분쟁조종에 관한 사항을 심의 의결하기 위해 금융감독원에 금융분쟁조정위원회를 두고 있다.
② 금융감독원 금융분쟁조정위원회의 조정안을 양당사자가 수락하면 민법상 화해계약과 동일한 효력이 있다.
③ 분쟁조정제도는 소송수행으로 인한 추가비용이 없이 최소한의 시간으로 합리적인 분쟁해결이 가능하다.
④ 분쟁조정의 신청은 대리인이 하는 것도 가능하고, 우편신청도 가능하다.

54 금융감독원의 금융분쟁조정절차에 대한 설명 중 잘못된 것은?
중요도 ★★

① 분쟁조정신청일로부터 60일 이내에 합의가 성립하지 않으면 조정위원회에 회부한다.
② 조정위원회는 조정 회부를 받은 때로부터 60일 이내에 조정안을 작성한다.
③ 조정안을 제시하여 양당사자가 수락하면 재판상 화해와 같은 효력이 있다.
④ 조정 진행 중에 일방이 소송제기를 한 경우 조정처리는 중지되고, 그 사항을 쌍방에게 통보해야 한다.

55 금융투자상품 관련 분쟁의 특징에 대한 설명 중 잘못된 것은?
중요도 ★

① 증권거래는 투자위험이 높기 때문에 전문성이 필요하다.
② 고객의 금융투자회사 직원에 대한 의존성이 높다.
③ 분쟁발생 시 당사자 간 분쟁해결이 쉽지 않다.
④ 금융투자상품 투자결과에 대한 책임은 금융투자회사에 있다.

정답 및 해설

51 ④ 금융투자업자의 설명의무 위반으로 인한 손해배상책임은 일반투자자에 한하고, 전문투자자에 대한 설명의무는 없다.
52 ② 금융소비자 교섭력 판단의 기준에는 상품선택의 다양성, 가격흥정의 가능성, 거래교체의 용이성, 정보의 대칭성 등이 있다.
53 ② 금융감독원 금융분쟁조정위원회의 조정안을 양당사자가 수락하면 재판상 화해와 동일한 효력이 있다. 그러나 그 밖의 기관(거래소 분쟁조정위원회, 협회 분쟁조정위원회)에 의한 조정안을 수락한 경우에는 민법상 화해계약으로서의 효력만 있다.
54 ① 분쟁조정신청일로부터 30일 이내에 합의가 성립하지 않으면 조정위원회에 회부한다.
55 ④ 금융투자상품 투자결과에 대한 책임은 투자자 본인에게 있다.

참고 금융투자상품의 내재적 특성
- 이익을 얻거나 손실을 회피할 목적
- 현재 또는 장래 특정 시점에 금전 또는 재산적 가치가 있는 것을 지급하기로 약정
- 투자성(원금손실가능성) 존재

56 중요도 ★
다음 중 금융분쟁의 발생 원인과 관계가 적은 것은?

① 위탁매매 ② 일임매매
③ 불완전판매 ④ 임의매매

57 중요도 ★
금융분쟁을 예방하는 요령으로 잘못된 것은?

① 고객이 부당한 이익의 제공을 요구하면 명백하게 거절의사를 표명한다.
② 고객으로부터 포괄적 일임매매를 받아 분쟁의 소지를 제거하는 것이 바람직하다.
③ 고객의 위임이 없는 거래는 금지해야 한다.
④ 주문거래 시 녹취와 서류 등 증빙을 갖추어 분쟁 발생에 대비하여야 한다.

58 중요도 ★
금융수요자의 금융분쟁에 대한 설명 중 잘못된 것은?

① 금융분쟁은 금융수요자가 금융업무와 관련하여 이해관계가 발생함에 따라 금융기관을 상대로 제기하는 분쟁이다.
② 금융투자업 영위과정에서 거래관계가 수반되는 권리의무에 대한 상반된 주장이 분쟁이라는 형태로 도출된다.
③ 비록 금융 관련 업무라도 금융 관련 기관이 금융 관련 기관을 상대로 제기하는 분쟁은 금융분쟁에 해당하지 않는다.
④ 금융투자 관련 금융분쟁은 주로 자본시장법령 등에서 부여하는 금융투자업자에게 부여하는 의무 이행 여부가 쟁점이 된다.

59

중요도 ★★

다음 내용과 가장 거리가 먼 것은?

> A는 주식거래 초보자이고, 증권사 직원 B는 신청인이 주식거래 경험이 없다는 것을 알면서도 매매거래를 위임받았다. 그러나 B는 위임의 본지에 반하여 미수거래를 과다하게 하였고, 신청인의 거래내역 통보요구에도 불구하고 거래내역을 거의 통보하지 않았다. 거래내역을 알려줄 때도 미수거래에 대한 언급 없이 마치 모두 현금으로 주식매매하고 손실은 거의 없는 것처럼 답변하였다. 한편 A도 직원에게 매매거래에 대하여 알아서 하도록 위임한 사실이 있고, 거래내역을 직접 확인할 수도 있었음에도 직원 B의 말만 믿고 제대로 확인하지 않았다.

① B는 선관주의의무를 위반하였다.
② B는 임의매매가 인정된다.
③ A는 손해배상을 청구할 수 있다.
④ A는 손해액 전액을 배상받을 수 있다.

정답 및 해설

56 ① 금융분쟁의 발생 원인에는 임의매대, 일임매매, 부당권유, 불완전판매, 착오매매, 전산장애 등이 있다.
57 ② 고객으로부터 포괄적 일임매매를 받지 않는 것이 최선이며, 일임의 경우에는 일임매매 관련 규정을 준수하여 분쟁소지를 제거하는 것이 바람직하다.
58 ③ 금융 관련 기관이 금융 관련 기관을 상대로 제기하는 분쟁도 금융분쟁에 해당된다.
59 ④ A는 직원에게 알아서 매매하도록 한 과실과 거래내역을 직접 확인할 수도 있었음에도 직원 B의 말만 믿고 제대로 확인하지 않은 과실이 있다. A의 과실 비율만큼 손해배상금액이 줄어들게 되므로 전액 배상은 어렵다.

60 직무윤리에 대한 설명 중 잘못된 것은?
중요도 ★

① 담당직원이 고객의 동의 없이 주식을 매매한 경우에는 임의매매가 성립하고, 이 경우에 증권회사는 사용자가 책임을 지는 것이 원칙이다.
② 증권사 직원의 부당권유로 인하여 투자결과 손실이 발생한 경우 불법행위 책임이 있다.
③ 고객계좌에 대한 증권사의 지배기간 중 일부 기간만 과다매매가 발생한 경우에도 과다일임매매를 인정할 수 있다.
④ 일임매매는 원칙적으로 손해배상책임이 발생한다.

61 부당권유로 인한 분쟁에 대한 설명 중 잘못된 것은?
중요도 ★★

① 증권사 직원이 '혼자만 알고 있는 호재인데 소문이 날까봐 밝힐 수 없다.'며 '지금 당장 투자하지 않으면 시기를 놓친다.'는 등의 말로 매매를 권유하는 것은 부당권유에 해당한다.
② 풍문에 불과한 사항을 마치 조만간 공시될 것처럼 고객을 오인케 하는 표현을 하는 행위는 부당권유에 해당한다.
③ 증권사 직원이 주식투자 권유 시 고객이 투자성향을 보수적이라고 기재하였다면 과거 파생상품 및 주식투자경험이 있었더라도 그 권유는 부당권유에 해당한다.
④ 증권사 직원이 합리적 근거 없이 고수익 및 원금보장을 약속하면서 유치한 고객자금을 시세조종에 이용한 경우 부당권유로 인정된다.

62 투자권유 시 일반준칙과 가장 거리가 먼 것은?
중요도 ★★

① 펀드 판매회사는 투자자성향과 위험도 분류기준을 참조하여 투자권유의 적합성 여부를 판단할 수 있는 기준을 정해야 한다.
② 임직원의 계열회사인 집합투자업자가 운용하는 펀드를 투자권유하는 행위는 금지된다.
③ 투자자가 투자에 수반되는 위험을 낮추거나 회피할 수 있다고 판단되는 경우에는 위험도 분류기준보다 완화된 기준을 적용하여 투자권유할 수 있다.
④ 이미 투자자정보를 알고 있는 투자자라도 기존 투자자성향을 알리고 투자권유를 해야 한다.

63 중요도 ★

개인정보처리자는 개인정보를 수집하는 경우에 그 목적에 필요한 최소한의 개인정보만 수집해야 한다. 이 경우 최소한의 개인정보 수집이라는 입증책임은 누구에게 있는가?

① 정보주체
② 개인정보처리자
③ 금융감독당국
④ 금융정보분석원

64 중요도 ★

금융소비자보호법 위반 시 제재에 대한 설명으로 적절하지 않은 것은?

① 등록을 하지 않고 금융상품판매업을 하는 경우 징역 또는 벌금에 처할 수 있다.
② 설명의무를 위반하는 경우 수익의 50% 범위 내에서 과징금을 부과할 수 있다.
③ 내부통제기준을 마련하지 않은 경우 기관경고를 할 수는 있으나 과태료를 부과할 수는 없다.
④ 금융상품판매업자의 임원뿐만 아니라 직원에 대하여도 조치할 수 있다.

정답 및 해설

60 ④ 일임매매는 원칙적으로 손해배상책임이 발생하지 않는다. 그러나 위임의 내용, 투자목적, 투자자금의 성격 및 매매거래의 양태 등을 종합적으로 고려할 때 일임의 본지를 일탈하여 과도하게 매매하였다면 부분적으로 손해배상책임을 인정하고 있다.

61 ③ 증권사 직원이 주식투자 권유 시 고객이 투자성향을 보수적이라고 기재하였더라도 과거 파생상품 및 주식투자 경험이 있었다면 부당권유로 보기 어렵다.

62 ② 임직원의 계열회사인 집합투자업자가 운용하는 펀드를 투자권유하는 행위가 금지되는 것은 아니다. 다만, 그 집합투자업자가 회사와 계열회사에 해당한다는 사실을 고지해야 하고, 계열회사 아닌 집합투자업자가 운용하는 유사한 펀드를 함께 투자권유하여야 한다.

63 ② 최소한의 개인정보 수집이라는 입증책임은 개인정보처리자가 부담한다.

64 ③ 내부통제기준을 마련하지 않은 경우 과태료를 부과할 수 있다.

65 중요도 ★★★

금융투자업종사자가 해외자산에 투자하는 집합투자기구의 집합투자증권을 투자권유하는 경우에 추가적으로 설명해야 할 사항으로 잘못된 것은?

① 투자대상 국가의 경제여건 및 시장현황에 대한 위험에 관하여 설명해야 한다.
② 환헤지 여부 및 주된 환헤지 수단 및 방법에 대하여 설명하여야 하나 환헤지 비율의 최대치가 설정된 목표 환헤지 비율까지 설명해야 하는 것은 아니다.
③ 환위험 헤지가 모든 환율 변동 위험을 제거하지 못하며 투자자가 직접 환위험을 헤지하는 경우 손실이 발생할 수 있다는 사실을 설명해야 한다.
④ 환헤지 비율을 달리하여 판매할 수 있다는 사실도 설명해야 한다.

66 중요도 ★★★

자본시장법상 내부통제기준에 대한 설명으로 가장 거리가 먼 것은?

① 한국금융투자협회는 표준내부통제기준을 작성하고 금융투자업자에게 사용을 권고할 수 있다.
② 내부통제기준의 변경은 준법감시인의 사전승인으로 가능하다.
③ 준법감시인은 내부통제기준의 준수 여부를 점검하고 이를 위반하는 경우, 이를 조사하여 감사위원회 또는 감사에게 보고하는 역할을 수행한다.
④ 자본시장법은 금융투자업자에게 내부통제기준을 작성하여 운영할 것을 법적 의무로 요구하고 있다.

67 중요도 ★

내부통제기준 준수 시스템에 대한 설명 중 잘못된 것은?

① 모든 임직원으로 하여금 준법서약서를 징구한다.
② 내부고발제도를 운영한다.
③ 내부통제 우수자에 대한 인센티브를 제공한다.
④ 감독기관 또는 주주들에게 의하여 운영되어야 한다.

68 중요도 ★
직무윤리 위반 시 제재에 대한 내용이 잘못된 것은?

① 금융투자협회에 의한 자율규제 : 직무종사자의 등록 및 관리, 회원 및 임직원 제재
② 행정제재 : 감독권, 승인권, 검사권, 시정명령, 기관경고, 중지명령권 등
③ 민사책임 : 법률행위 실효, 손해배상
④ 형사책임 : 법에서 명시적으로 규정한 것만 한정하지 않음

정답 및 해설

65 ② 환헤지 비율의 최대치가 설정된 목표 환헤지 비율도 설명해야 한다.
66 ② 내부통제기준의 변경은 이사회의 결의가 필요하다.
67 ④ 내부통제기준은 감독기관이나 주주에 의하여 피동적으로 움직이는 것보다는 준법감시체제를 뒷받침할 수 있는 회사의 분위기 조성이 중요하다. 특히 효율적인 준법감시체제의 구축 운영은 경영진의 경영방침에 의해 크게 좌우될 수 있으므로 경영진의 인식 제고가 필요하다.
68 ④ 죄형법정주의 원칙상 법에서 명시적으로 규정하고 있는 것에 한정하며, 행위자와 법인 양자 모두를 처벌하는 양벌규정을 두는 경우가 많다.

금융·자격증 전문 교육기관 해커스금융
fn.Hackers.com

제3과목
법규 및 규정

[총 20문항]

제1장 자본시장 관련 법규 〔20문항〕

제1장
자본시장 관련 법규

학습전략

자본시장 관련 법규는 제3과목 전체 20문제 중 **총 20문제**가 출제된다.
주로 시험에 출제되는 법규는 자본시장법, 금융위원회규정, 금융소비자보호법이다.
자본시장 관련 법규는 본 자격시험 과목 중 출제비중이 가장 높을 뿐만 아니라 법률용어가 많고 내용도 방대하므로 문제뿐만 아니라 핵심포인트 해설을 꼼꼼히 학습하는 것이 중요하다.

출제예상 비중

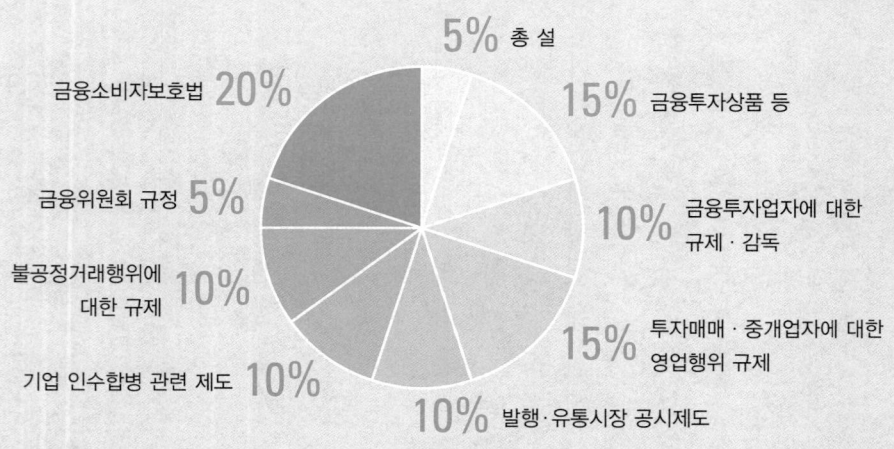

- 5% 총설
- 15% 금융투자상품 등
- 10% 금융투자업자에 대한 규제·감독
- 15% 투자매매·중개업자에 대한 영업행위 규제
- 10% 발행·유통시장 공시제도
- 10% 기업 인수합병 관련 제도
- 10% 불공정거래행위에 대한 규제
- 5% 금융위원회 규정
- 20% 금융소비자보호법

핵심포인트

구 분	핵심포인트	중요도
총 설 (5%)	01 자본시장법 개관	★
금융투자상품 등 (15%)	02 금융투자상품	★★★
	03 금융투자업	★★★
	04 투자자	★★★
금융투자업자에 대한 규제·감독 (10%)	05 금융투자업 인가 및 심사	★★
	06 금융투자업 등록 및 심사	★★
	07 건전성 규제	★★★
	08 영업행위 규칙	★★★
투자매매·중개업자에 대한 영업행위 규제 (15%)	09 매매 또는 중개업무 관련 규제	★★
	10 불건전 영업행위 금지	★★★
	11 신용공여 규제	★★
	12 투자자 재산을 위한 규제	★★
발행·유통시장 공시제도 (10%)	13 발행시장 공시제도	★★★
	14 유통시장 공시제도	★★★
기업 인수합병 관련 제도 (10%)	15 공개매수제도	★★★
	16 대량보유상황 보고제도	★★
	17 의결권 대리행사 권유제도	★★
불공정거래행위에 대한 규제 (10%)	18 내부자거래 규제	★★★
	19 시세조종행위 규제	★★
	20 시장질서 교란행위 규제	★★★
금융위원회 규정 (5%)	21 장외거래	★
	22 금융기관 검사 및 제재	★★
	23 자본시장 조사업무	★
금융소비자보호법 (20%)	24 금융소비자보호법 개관	★★
	25 금융소비자보호법 주요내용	★★★
	26 6대 판매원칙 위반 시 제재	★★★

자본시장법 개관 ★

자본시장법 제정의 의의와 거리가 먼 것은?

① 열거주의 규제체제의 도입 – 유가증권의 개념, 대상 등을 열거하여 규정
② 기능별 규제체제의 도입 – 금융투자상품·금융투자업·투자자를 각각 기능적으로 분류
③ 업무 범위의 확대 – 겸업허용 체제, 투자권유인제도 도입
④ 투자자보호 강화 – 설명의무, 적합성 원칙, 이해상충방지체제 마련

TIP 자본시장법은 금융투자상품을 투자성이 있는 모든 금융상품으로 규정하여 포괄주의로 전환하였으며, 기존에 없었던 파생결합증권과 투자계약증권의 개념도 도입하였다.

핵심포인트 해설   자본시장법의 특징 및 기대효과

특 징	• 금융투자상품 열거주의 ⇨ 포괄주의로 전환 • 기관별 규제체제 ⇨ 기능별 규제체제로 전환 • 엄격한 업무 규제 ⇨ 업무 범위 확대 • 미흡한 투자자보호 ⇨ 투자자보호 강화
기대효과	• 자본시장의 유연성과 효율성 제고 • 자본시장의 지속가능성 제고 • 종합적인 금융투자서비스 제공 가능 • 금융투자업자의 규제차익 유인 최소화

정답 | ①

02 금융투자상품 ★★★

금융투자상품에 대한 설명으로 잘못된 것은?

① 금융투자상품은 이익을 얻거나 손실을 회피할 목적이어야 한다.
② 금융투자상품은 투자금액이 회수금액을 초과하게 될 위험이 있다.
③ 판매수수료는 투자금액 산정 시 포함해야 한다.
④ 환매수수료는 회수금액 산정 시 포함해야 한다.

TIP 판매수수료는 투자금액 산정 시 제외된다.

핵심포인트 해설 　 금융투자상품의 요건

(1) 금융투자상품의 요건
　① 이익을 얻거나 손실을 회피할 목적일 것
　② 현재 또는 장래 특정 시점에 금전 등을 지급하기로 약정함으로써 취득하는 권리일 것
　③ 투자성이 있을 것

(2) 투자성 판단
　① 투자성 : 투자금액이 회수금액을 초과하게 될 위험, 원금손실 가능성을 의미함
　② 투자금액 산정 시 제외항목 : 판매수수료, 보험계약에 따른 사업비·위험보험료
　③ 회수금액 산정 시 포함항목 : 환매·해지수수료, 세금, 채무불이행으로 인한 미지급액

정답 | ③

금융투자상품 ★★★

금융투자상품의 분류에 대한 설명으로 옳은 것은?

① 증권은 추가지급의무가 없는 금융투자상품이다.
② 파생상품은 원본초과손실 가능성이 없는 금융투자상품이다.
③ 파생결합증권은 파생상품에 속한다.
④ 자본시장법상 주식매수선택권은 금융투자상품에 해당한다.

TIP ② 파생상품은 원본초과손실 가능성이 있는 금융투자상품이다.
② 파생결합증권은 증권에 속한다.
④ 주식매수선택권은 금융투자상품에서 제외된다.

핵심포인트 해설   **금융투자상품의 분류**

(1) 증 권
  ① 원금손실 가능성은 있으나 원본초과손실 가능성(추가지급의무)은 없는 금융투자상품
  ② 채무증권, 지분증권, 수익증권, 투자계약증권, 파생결합증권, 증권예탁증권

(2) 파생상품
  ① 원본초과손실 가능성(추가지급의무)이 있는 금융투자상품
  ② 장내파생상품(선물, 옵션), 장외파생상품(선도, 스왑)

(3) 금융투자상품에서 제외되는 상품
  ① 원화표시 CD
  ② 관리형신탁의 수익권
  ③ 주식매수선택권(Stock Option) → 주식매수청구권 (X)

정답 | ①

금융투자상품 ★★★

자본시장법상 증권의 유형 중 파생결합증권에 해당하지 않는 것은?

① ELS
② ELW
③ CLN
④ ETF

용어 알아두기

| ETN | ETN(Exchange Traded Note)은 거래소시장에 상장되어 주식처럼 사고 팔 수 있는 상장지수채권을 말한다. |

TIP ETF(Exchange Traded Fund)는 상장지수펀드로 수익증권에 해당한다.

핵심포인트 해설 **자본시장법상 증권의 종류**

채무증권	• 의의 : 지급청구권이 표시 된 것 • 유형 : 채권(국채, 지방채, 특수채, 사채), 기업어음
지분증권	• 의의 : 지분이 표시된 것 • 유형 : 주권, 출자증권, 출자지분, 신주인수권이 표시된 증권
수익증권	• 의의 : 수익권이 표시된 것 • 유형 : 투자신탁, 신탁의 수익권이 표시된 증권, 주택저당증권
파생결합증권	• 의의 : 기초자산 변동에 따라 손익이 결정되는 권리가 표시된 것 • 유형 : ELS, DLS, ELW, ETN, CLN(신용연계증권), CAT Bond(재해연계증권)
증권예탁증권	• 의의 : 예탁받은 증권에 대한 권리가 표시된 것 • 유형 : DR, KDR, ADR, GDR 등
투자계약증권	• 공동사업 결과에 따른 손익을 귀속받는 계약상의 권리가 표시된 것 • 유형 : 음악저작권료 참여청구권

정답 | ④

제1장 자본시장 관련 법규

금융투자상품 ★★★

다음 중 파생결합증권에서 제외하고 있는 것은?

① 주가연계 파생결합증권
② 이자연계 파생결합증권
③ 신용연계 파생결합증권
④ 재해연계 파생결합증권

TIP 이자연계 파생결합증권은 파생결합증권에서 제외한다.

핵심포인트 해설 | 파생결합증권의 기초자산 및 종류, 제외대상

파생결합증권의 기초자산	• 금융투자상품 • 통화(외국통화 포함) • 일반상품 • 신용위험 • 그 밖의 자연적·환경적·경제적 현상 등에 속하는 위험으로 합리적인 방법에 의하여 산출이나 평가가 가능한 것
파생결합증권의 종류	• 주가연계증권(ELS) • 주가연계워런트(ELW) • 파생연계증권(DLS) • 신용연계증권(CLN) • 재해연계증권(CAT Bond)
파생결합증권 제외대상	• 이자연계 파생결합증권 • 옵션파생상품의 권리 • 신종사채 발행에 따라 주권상장법인이 발행하는 사채 • 교환사채·상환사채·전환사채·신주인수권부사채 규정에 따른 사채 • 은행법에 따른 상각형 조건부자본증권, 은행주식 전환형 조건부지불증권, 은행지주회사주식 전환형 조건부 자본증권 • 금융지주회사법에 따른 상각형 조건부자본증권, 전환형 조건부 자본증권

정답 | ②

금융투자상품 ★★★

자본시장법상 파생상품에 대한 설명으로 잘못된 것은?

① 선물(Futures)은 장내시장에서 기초자산에 의해 산출된 금전 등을 장래 특정 시점에 인도할 것을 약정하는 계약이다.
② 선도(Forwards)는 장외시장에서 기초자산에 의해 산출된 금전 등을 장래 특정시점에 인도할 것을 약정하는 계약이다.
③ 파생결합증권은 기초자산에 의해 산출된 금전 등을 거래시킬 수 있는 권리를 부여하는 것을 약정하는 계약이다.
④ 스왑은 기초자산에 의히 산출된 금전 등을 일정 기간 동안 교환할 것을 약정하는 계약이다.

TIP 옵션(Option)은 기초자산에 의해 산출된 금전 등을 거래시킬 수 있는 권리를 부여하는 것을 약정하는 계약이다.

핵심포인트 해설 | 파생상품의 의의 및 종류

(1) 파생상품의 의의 및 유형
  ① 의의 : 파생상품은 금전 등의 지급시기가 장래 특정 시점이고, 투자원금 추가손실 가능성이 있는 금융투자상품
  ② 유 형
    ㉠ 장내파생상품 : 한국파생상품시장 또는 해외 정형화된 파생상품거래소에서 거래되는 파생상품
    ㉡ 장외파생상품 : 장내파생상품이 아닌 파생상품

(2) 주요 파생상품의 종류

선 물	장내에서 기초자산에 의해 산출된 금전 등을 장래 특정 시점에 인도할 것을 약정하는 계약
선 도	장외에서 기초자산에 의해 산출된 금전 등을 장래 특정 시점에 인도할 것을 약정하는 계약
옵 션	기초자산에 의해 산출된 금전 등을 거래시킬 수 있는 권리부여하는 것을 약정하는 계약
스 왑	기초자산에 의해 산출된 금전 등을 일정 기간 동안 교환할 것을 약정하는 계약

정답 | ③

금융투자업 ★★★

다음의 내용은 자본시장법상 금융투자업 중 각각 어느 것에 해당하는가?

> ㉠ 누구의 명의로 하든지 자기의 계산으로 금융투자상품 매매, 증권의 발행·인수·청약의 권유·청약·청약의 승낙을 영업으로 하는 금융투자업
> ㉡ 누구의 명의로 하든지 타인의 계산으로 금융투자상품 매매, 증권의 발행·인수·청약의 권유·청약·청약의 승낙을 중개하는 것을 영업으로 하는 금융투자업

	㉠	㉡
①	투자매매업	투자중개업
②	투자매매업	집합투자업
③	투자중개업	투자매매업
④	투자중개업	집합투자업

TIP 투자매매업과 투자중개업에 대한 내용이다.

핵심포인트 해설   자본시장법상 금융투자업

→ 타인의 계산 (X)

투자매매업	누구의 명의로 하든지 <u>자기의 계산</u>으로 금융투자상품 매매, 증권의 발행·인수·청약의 권유·청약·청약의 승낙을 영업으로 하는 금융투자업
투자중개업	누구의 명의로 하든지 타인의 계산으로 금융투자상품 매매, 증권의 발행·인수·청약의 권유·청약·청약의 승낙을 중개하는 것을 영업으로 하는 금융투자업
집합투자업	2인 이상의 투자자로부터 모은 재산에 대한 집합투자를 영업으로 하는 금융투자업
투자자문업	금융투자상품의 가치 또는 투자판단에 관한 투자자문을 영업으로 하는 금융투자업
투자일임업	투자자로부터 금융투자상품에 대한 투자판단의 전부 또는 일부를 일임받아 투자자별로 구분하여 금융투자상품을 운용하는 것을 영업으로 하는 금융투자업
신탁업	신탁을 영업으로 하는 금융투자업
종합금융투자업 (프라임 브로커)	일반 사모집합투자기구(헤지펀드)의 신용공여와 담보관리 등을 위한 금융투자업
온라인소액 투자중개업	온라인상에서 타인의 계산으로 증권 모집 또는 중개를 하는 금융투자업(크라우드 펀딩)

정답 | ①

08

금융투자업 ★★★

다음 중 투자매매업에 대한 설명으로 잘못된 것은?

① 투자매매업은 누구의 명의로 하든지 자기의 계산으로 할 것을 요한다.
② 투자매매업은 금융투자상품의 매매, 증권의 발행·인수 또는 그 청약의 권유, 청약, 청약의 승낙을 영업으로 할 것을 요한다.
③ 자기가 증권을 발행하는 경우는 투자매매업으로 보지 않는다.
④ 투자매매업자를 상대방으로 하거나 투자중개업자를 통하여 금융투자상품을 매매하는 경우는 투자매매업으로 본다.

TIP 투자매매업자를 상대방으로 하거나 투자중개업자를 통하여 금융투자상품을 매매하는 경우는 투자매매업으로 보지 않는다.

핵심포인트 해설 투자매매업의 법적 요건 및 적용배제 사유

법적 요건	• 누구의 명의로 하든지 자기의 계산으로 할 것 • 금융투자상품의 매매, 증권의 발행·인수 또는 그 청약의 권유, 청약, 청약의 승낙을 영업으로 할 것
적용배제 사유	• 자기가 증권을 발행하는 경우(단, 투자신탁의 수익증권, 투자성 있는 예금·보험, 파생결합증권을 발행하는 경우에는 해당되지 않음) • 투자매매업자를 상대방으로 하거나 투자중개업자를 통하여 금융투자상품을 매매하는 경우 • 국가·지자체가 공익을 위하여 관련 법령에 따라 금융투자상품을 매매하는 경우 • 한국은행이 공개시장조작을 하는 경우 • 특정 전문투자자 간에 환매조건부매매를 하는 경우 • 외국 투자매매업자가 일정 요건을 갖추고 국외에서 파생결합증권을 발행하는 경우 • 외국 투자매매업자가 국외에서 투자매매·중개업자를 상대로 투자매매업을 하거나 국내 거주자를 상대로 투자권유 또는 투자광고를 하지 않고 국내 거주자의 매매주문을 받아 그 자를 상대방으로 투자매매업 또는 투자중개업을 하는 행위

정답 | ④

금융투자업 ★★★

투자중개업에 대한 설명으로 잘못된 것은?

① 누구의 명의로 하든지 자기의 계산으로 할 것을 요한다.
② 금융투자상품의 매매, 그 중개나 청약의 권유, 청약, 청약의 승낙 또는 증권의 발행·인수에 대한 청약의 권유, 청약, 청약의 승낙을 중개하는 것을 영업으로 할 것을 요한다.
③ 투자권유대행인 투자권유를 대행하는 경우는 투자중개업으로 보지 않는다.
④ 거래소가 증권시장 및 파생상품시장을 개설·운영하는 경우는 투자중개업으로 보지 않는다.

TIP 누구의 명의로 하든지 타인의 계산으로 할 것을 요한다.

핵심포인트 해설   **투자중개업의 법적 요건 및 적용배제 사유**

법적 요건	• 누구의 명의로 하든지 타인의 계산으로 할 것 • 금융투자상품의 매매, 그 중개나 청약의 권유, 청약, 청약의 승낙 또는 증권의 발행·인수에 대한 청약의 권유, 청약, 청약의 승낙을 중개하는 것을 영업으로 할 것
적용배제 사유	• 투자권유대행인이 투자권유를 대행하는 경우 • 거래소가 증권시장 및 파생상품시장을 개설·운영하는 경우 • 협회가 장외 주식중개시장(K-OTC)을 개설·운영하는 경우 • 외국 투자중개업자가 국외에서 투자매매·중개업자를 상대로 투자매매업을 하거나 국내 거주자를 상대로 투자권유 또는 투자광고를 하지 않고 국내 거주자의 매매주문을 받아 그 자를 상대방으로 투자매매업 또는 투자중개업을 하는 행위

정답 | ①

10

금융투자업 ★★★

투자자문업의 적용배제 사유에 해당하는 것을 모두 고른 것은?

㉠ 불특정 다수인을 대상으로 발행 또는 송신되고, 불특정 다수인이 수시로 구입 또는 수신할 수 있는 간행물·출판물·통신물 또는 방송 등을 통하여 조언을 하는 경우
㉡ 역외영업 특례 적용에 해당하는 역외 투자자문업
㉢ 따로 대가 없이 다른 영업에 부수하여 금융투자상품의 가치나 투자판단에 관한 자문에 응한 경우
㉣ 외국투자자문업자가 국외에서 국가, 한국은행, 한국투자공사, 법률에 따라 설립된 기금 및 그 기금을 관리·운용하는 법인을 상대로 투자권유 또는 투자광고를 하지 않고 그 자를 상대방으로 투자자문업을 하는 경우

① ㉠, ㉢
② ㉠, ㉡, ㉢
③ ㉠, ㉢, ㉣
④ ㉠, ㉡, ㉢, ㉣

TIP 모두 투자자문업 적용배제 사유에 해당한다.

핵심포인트 해설   투자자문업의 법적 요건 및 적용배제 사유

법적 요건	• 금융투자상품 등의 가치 또는 투자판단에 관하여 자문할 것 • 위의 자문에 응하는 것을 영업으로 할 것
적용배제 사유	• 불특정 다수인을 대상으로 발행 또는 송신되고, 불특정 다수인이 수시로 구입 또는 수신할 수 있는 간행물·출판물·통신물 또는 방송 등을 통하여 조언을 하는 경우 • 역외영업 특례 적용에 해당하는 역외 투자자문업 • 따로 대가 없이 다른 영업에 부수하여 금융투자상품의 가치나 투자판단에 관한 자문에 응한 경우 • 집합투자기구평가회사, 신용평가업자, 변호사, 회계사, 그 밖의 법령에 따라 자문용역을 제공하고 있는 자가 해당 업무와 관련된 분석정보 등을 제공하는 경우 • 외국투자자문업자가 국외에서 국가, 한국은행, 한국투자공사, 법률에 따라 설립된 기금 및 그 기금을 관리·운용하는 법인을 상대로 투자권유 또는 투자광고를 하지 않고 그 자를 상대방으로 투자자문업을 하는 경우

정답 | ④

투자자 ★★★

다음 중 절대적 전문투자자에 해당하지 않는 자는?

① 은 행
② 집합투자기구
③ 외국정부
④ 지방자치단체

TIP 지방자치단체는 상대적 전문투자자에 해당한다.

핵심포인트 해설 | 자본시장법상 투자자 구분

전문투자자	절대적 전문투자자	• 의의 : 일반투자자 대우를 받을 수 없는 투자자 • 대상 : 국가, 한국은행, 금융기관, 예금보험공사, 한국자산관리공사, 금융투자협회, 한국거래소, 금융감독원, 집합투자기구, 외국정부, 외국중앙은행, 국제기구 등		
	상대적 전문투자자	• 의의 : 일반투자자 대우를 받겠다는 의사를 서면으로 통지하면 일반투자자로 간주되는 투자자 • 대상 : 주권상장법인, 지방자치단체, 기금관리·운용법인, 공제사업법인, 자발적 전문투자자 • 주권상장법인 등이 장외파생상품거래를 하는 경우 별도의 의사표시가 없으면 일반투자자로 대우해야 함(전문투자자 대우를 받기 위해서는 서면으로 금융투자업자에게 통지해야 함 → 서면 요청 시 거부 불가)		
	자발적 전문투자자	• 의의 : 전문투자자 대우를 받고자 하는 법인 및 개인(금융위원회에 신고하면 금융위원회 확인 후 2년간 전문투자자 대우) • 대 상		
			법 인	금융투자상품 잔고 100억원(외부감사법인은 50억원) 이상인 법인
			개 인	금융투자상품 잔고 5천만원 이상인 개인 중 아래 3가지 중 한 가지를 충족한 자 • 소득 : 연소득 1억원 이상(또는 부부합산 1.5억원 이상) • 자산 : 총자산 중 부동산 및 부채를 차감한 금액이 5억원 이상 • 전문성 : 전문분야(회계사, 변호사, 투자운용인력 등)에서 1년 이상 종사
일반투자자		• 의의 : 투자경험 및 지식 등이 적어서 투자자보호가 필요한 자 • 대상 : 전문투자자가 아닌 투자자 • 일반투자자에게는 적합성원칙, 적정성원칙, 설명의무 등이 적용됨		

정답 | ④

12 금융투자업 인가 및 심사 ★★

다음 중 인가대상 금융투자업이 아닌 것은?

① 투자매매업
② 투자중개업
③ 투자일임업
④ 집합투자업

TIP 투자일임업과 투자자문업은 등록대상 금융투자업이다.

핵심포인트 해설 — 금융투자업의 인가

대 상	• 금융투자업자가 투자매매업, 투자중개업, 집합투자업, 신탁업을 하려면 금융위원회의 인가를 받아야 함

요 건	• 법인격 요건 : 상법상 주식회사, 금융기관 및 외국금융투자업자로서 지점 또는 영업소를 설치한 자
	• 자기자본 요건 : 인가업무 단위별 5억원과 대통령령으로 정하는 금액 중 큰 금액 이상
	• 인력 요건
	  - 임원 : 미성년자, 피성년후견인 또는 피한정후견인이 아닐 것, 형 집행 후 5년이 경과한 자 등
	  - 최소전문인력 : 2년 이상 업무 종사자(집합투자업, 신탁업), 투자권유자문인력 5인 이상(투자매매업, 투자중개업)
	• 물적시설 요건 : 전산설비 및 그 밖의 물적설비 갖출 것
	• 사업계획 요건 : 경영건전성 기준 유지, 내부통제장치 마련 등
	• 대주주 요건 : 출자능력, 건전한 재무상태, 사회적 신용 갖출 것
	• 이해상충방지체계 요건 : 이해상충방지를 위한 장치를 마련하여야 함

유지요건	• 위반 시 제재 : 인가 요건을 유지하지 못하면 금융위원회가 인가 취소 가능
	• 자기자본 요건 : 인가업무 단위별 최저 자기자본의 70% 이상을 유지해야 함
	• 대주주 요건
	  - 최대주주의 경우 최근 5년간 5억원 이상의 벌금형을 받지 않을 것
	  - 부실금융기관의 최대주주, 주요주주 또는 그 특수관계인이 아닐 것

정답 | ③

금융투자업 등록 및 심사 ★★

금융투자업의 등록에 대한 설명으로 잘못된 것은?

① 금융투자업자가 투자자문업, 투자일임업을 영위하려면 금융위원회에 등록해야 한다.
② 임원의 요건은 인가대상 금융투자업의 임원 요건과 동일하다.
③ 투자자문업의 경우 금융투자전문인력이 3인 이상 있어야 한다.
④ 일반사모집합투자업도 등록대상 금융투자업에 포함된다.

TIP 금융투자전문인력은 투자자문업의 경우 1인 이상, 투자일임업의 경우 2인 이상이어야 한다.

핵심포인트 해설   금융투자업의 등록

대 상	• 투자자문업, 투자일임업, 온라인소액투자중개업, 일반사모집합투자업

요 건	• 법인격 요건 : 상법상 주식회사, 금융기관 및 외국금융투자업자로서 투자자문업(또는 투자일임업)의 수행에 필요한 지점, 그 밖의 영업소를 설치한 자
	• 자기자본 요건 : 등록업무 단위별로 일정 수준 이상의 자기자본을 갖출 것(둘 이상의 등록업무 단위 영위 시 각각의 최저자기자본을 합산함)
	• 인력 요건
	  · 임원 : 인가대상 금융투자업 임원의 요건과 동일
	  · 금융투자전문인력 : 투자자문업 1인 이상, 투자일임업 2인 이상, 투자자문업 및 투자일임업 둘 다 영위할 경우 3인 이상
	• 대주주 요건
	  · 최근 5년간 금융 관련 법령을 위반하여 벌금형 이상의 처벌사실이 없을 것
	  · 최근 5년간 채무불이행 등으로 건전한 신용질서를 해친 사실이 없을 것
	  · 부실금융기관 또는 인허가가 취소된 금융기관의 대주주 또는 특수관계인이 아닐 것
	  · 그 밖에 금융위원회가 정하는 금융거래질서를 해친 사실이 없을 것
	• 이해상충방지체계 요건 : 다양한 업무를 겸영함에 따라 발생할 수 있는 이해상충방지를 위한 장치를 구비해야 함

정답 | ③

14 금융투자업 등록 및 심사 ★★

온라인소액투자중개업자의 등록 요건과 거리가 먼 것은?

① 상법상 주식회사 또는 영업소를 설치한 외국 온라인투자중개업자일 것
② 3억원 이상 자기자본 있을 것
③ 사업계획이 타당하고 건전할 것
④ 투자자보호가 가능하고 그 영위하고자 하는 업을 수행하기에 충분한 인력, 전산장비, 그 밖의 물적장비를 갖추고 있을 것

TIP 5억원 이상 자기자본금이 있어야 한다.

핵심포인트 해설 — 온라인소액투자업 등록

온라인소액투자업의 의의	• 온라인상에서 누구의 명의로 하든지 타인의 계산으로 소액투자중개를 영업으로 하는 것(증권형 크라우드펀딩) • 소액투자 중개대상 : 채무증권·지분증권·투자계약증권의 모집 또는 사모에 대한 중개
등록 요건	• 상법상 주식회사 또는 영업소를 설치한 외국 온라인투자중개업자일 것 • 5억원 이상 자기자본 있을 것 • 사업계획이 타당하고 건전할 것 • 투자자보호 가능 & 인력·물적설비·전산설비 등 갖출 것
온라인소액투자중개업자의 영업행위 규제	• 자신이 중개하는 증권을 자기계산으로 취득하거나 증권의 발행 또는 그 청약주선 금지 • 증권 발행자의 신용 또는 투자 여부에 대한 투자자의 판단에 영향을 미칠 수 있는 자문이나 경영자문 금지 • 청약의 의사표시 수령 제한 • 발행인의 요청에 의하여 투자자 자격 등 제한 가능 • 투자자가 청약의사를 표시하지 않은 상태에서 투자자의 재산으로 증권을 청약하는 행위 금지 • 허용되는 청약권유 행위 4가지 · 투자광고를 자신의 홈페이지에 게시하는 행위 · 발행인이 게재하는 내용을 자신의 홈페이지에 게시하는 행위 · 자신의 홈페이지를 통한 투자자 의견교환 관리 행위 · 사모의 경우 발행인이 게재한 내용을 특정 투자자에게 전송하는 행위
투자광고 특례	• 대상 : 온라인소액투자중개업자, 온라인소액증권발행인 • 특례 : 개설 인터넷 홈페이지 이외의 수단을 통한 투자광고 금지
투자한도	• 1년간 동일발행인에 대한 누적투자금액 한도는 대통령령으로 정하는 요건을 갖춘 자는 1천만원 이하, 대통령령으로 정하는 요건을 갖추지 못한 자는 5백만원 이하

정답 | ②

건전성 규제 ★★★

금융투자업자의 자산건전성 분류에 대한 설명으로 잘못된 것은?

① 금융투자업자는 매 분기마다 자산건전성을 5단계로 분류해야 한다.
② 매 분기 말 현재 요주의 이하로 분류된 채권에 대해 적정 회수예상가액을 산정해야 한다.
③ 금융투자업자는 회수의문 또는 추정손실로 분류된 자산을 조기에 상각하여 자산건전성을 확보해야 한다.
④ 정형화된 거래로 발생하는 미수금은 대손충당금을 적립하지 않을 수 있다.

TIP 매 분기 말 현재 고정 이하로 분류된 채권에 대해 적정 회수예상가액을 산정해야 한다.

핵심포인트 해설   자산건전성 분류 및 대손충당금 적립

(1) 자산건전성 분류의 개요
  ① 의의 : 금융투자업자는 매 분기마다 자산건전성을 5단계(정상, 요주의, 고정, 회수의문, 추정손실)로 분류해야 함
  ② 매 분기 말 현재 고정 이하로 분류된 채권에 대해 적정 회수예상가액을 산정해야 함
  ③ 금융투자업자는 회수의문 또는 추정손실로 분류된 자산(부실자산)을 조기에 상각하여 자산건전성을 확보해야 함
  ④ 금융감독원장은 금융투자업자의 자산건전성 분류 및 충당금의 적정성을 점검하고 부적정하다고 판단되는 경우에 시정을 요구할 수 있음
  ⑤ 금융투자업자는 자산건전성 분류기준의 설정, 변경, 동 기준에 따른 자산건전성 분류 결과 및 충당금적립 결과를 금융감독원장에게 보고해야 함

(2) 대손충당금 적립
  ① 적립기준
    ㉠ 정상 : 0.5%
    ㉡ 요주의 : 2%
    ㉢ 고정 : 20%
    ㉣ 회수의문 : 75%(부실자산)
    ㉤ 추정손실 : 100%(부실자산)
  ② 대손충당금을 적립하지 않을 수 있는 경우
    ㉠ 정형화된 거래로 발생하는 미수금
    ㉡ 정상으로 분류된 대출채권 중 콜론, 환매조건부매수, 당기손익인식 금융자산이나 매도가능 금융자산으로 지정하여 공정가치로 평가한 금융자산
  ③ 특례 : 채권중개전문회사 및 다자간매매체결회사에 대하여는 자산건전성 분류 및 대손충당금의 적립기준에 관한 규정을 적용하지 않음

정답 | ②

16

건전성 규제 ★★★

금융투자업자에 대한 순자본비율 규제에 대한 설명으로 잘못된 것은?

① 순자본비율은 금융투자업자의 재무건전성을 도모함으로써 궁극적으로 투자자를 보호한다.
② 순자본비율은 적기시정조치의 기준비율이 된다.
③ 순자본비율은 금융투자업자의 체계적인 리스크관리를 촉진하는 역할을 한다.
④ 순자본비율은 개별적인 자산운용을 사전규제한다는 단점이 있다.

TIP 순자본비율은 개별적인 자산운용에 대한 사전규제를 배제함에 따라 경영자의 자율적인 판단에 따른 자산운용이 가능하며 나아가 금융투자업자의 전문화 및 차별화도 가능하게 한다.

핵심포인트 해설 — 금융투자업자에 대한 순자본비율 규제

의의 및 역할	• 금융투자업자의 재무건전성 도모 & 투자자보호 • 적기시정조치의 기준비율 • 금융투자업자의 체계적 리스크관리 촉진 & 자산운용 자율성 제고
산정방식	• 순자본비율 = $\dfrac{\text{영업용순자본} - \text{총위험액}}{\text{필요유지 자기자본}}$ · 영업용순자본 : (자산 − 부채) − 차감항목 + 가산항목 · 총위험액 : 시장위험액 + 신용위험액 + 운영위험액 · 필요유지 자기자본 : 인가(또는 등록)업무 단위별로 요구되는 자기자본을 합계한 금액
특수관계인	• 특수관계인에 대한 금전 또는 증권에 관한 청구권과 특수관계인이 발행한 증권은 전액 영업용순자본에서 차감함
산정주기 및 보고시기	• 산정주기 : 최소한 일별로 순자본비율을 산정해야 함 · 순자본비율과 산출내역을 매월 말 기준 1개월 이내에 업무보고서를 통하여 금융감독원장에게 제출해야 함 · 분기별 업무보고서 제출 시 순자본비율에 대한 외부감사인의 검토보고서를 첨부해야 함 • 순자본비율이 100% 미만이 된 경우 지체 없이 금융감독원장에게 보고해야 함

정답 | ④

17

건전성 규제 ★★★

금융위원회의 경영개선권고 사유와 거리가 먼 것은?

① 순자본비율 100% 미만
② 경영실태평가 결과 종합평가등급이 3등급 이상으로서 자본적정성 부문 평가등급이 4등급 이하로 판정받은 경우
③ 2년 연속 적자이면서 레버리지비율이 500%를 초과한 경우
④ 레버리지비율이 1,100%를 초과한 경우

TIP 2년 연속 적자이면서 레버리지비율이 900%를 초과한 경우에 경영개선권고 사유에 해당한다.

핵심포인트 해설   금융위원회의 적기시정조치

적기시정조치	조치사유	조치내용
경영개선 권고	• 순자본비율 100% 미만(㉠) • 평가등급 3등급 이상 & 자본적정성 4등급 이하(㉡) • 금융사고 또는 부실채권 발생으로 ㉠, ㉡에 해당되는 것이 명백하다고 판단되는 거액 • 2년 연속 적자 & 레버리지비율 900% 초과 • 레버리지비율 1,100% 초과	• 인력·조직운용 개선 • 점포관리 효율화 • 부실자산 처분 • 신규업무 진출 제한 • 자본금 증액 or 감액 • 특별대손충당금 설정
경영개선 요구	• 순자본비율 50% 미만(㉠) • 평가등급이 4등급 이하(㉡) • 금융사고 또는 부실채권 발생으로 ㉠, ㉡에 해당되는 것이 명백하다고 판단되는 거액 • 2년 연속 적자 & 레버리지비율 1,100% 초과 • 레버리지비율 1,300% 초과	• 고위험자산 보유제한·처분 • 점포폐쇄·통합·신설제한 • 조직축소·자회사 정리 • 임원 교체 요구 • 영업 일부 정지 • 합병·영업양도·자회사편입
경영개선 명령	• 순자본비율 0% 미만 • 부실금융기관에 해당	• 주식 일부·전부 소각 • 임원 직무 정지·관리인 선임 • 합병·영업양도·자회사편입 • 제3자 당해 금융투자업 인수 • 6개월 이내 영업정지 • 계약 전부·일부 이전

정답 | ③

18

건전성 규제 ★★★

금융투자업자의 건전성 규제에 대한 설명으로 잘못된 것은?

① 금융투자업자는 매 분기마다 자산 및 부채의 건전성에 대하여 정상, 요주의, 고정, 회수의문, 추정손실 등 5단계로 분류해야 한다.
② 고정분류자산의 대손충당금 적립비율은 20%이다.
③ 금융투자업자는 최소한 일별로 순자본비율을 산정해야 한다.
④ 순자본비율 50% 이상 ~ 100% 미만인 경우 경영개선명령 조치를 받게 된다.

TIP 순자본비율 50% 이상 ~ 100% 미만인 경우 경영개선권고 조치를 받게 된다.

핵심포인트 해설 — 순자본비율 규제

적기시정조치 기준	• 순자본비율 50% 이상 ~ 100% 미만인 경우 : 경영개선권고 • 순자본비율 0% 이상 ~ 50% 미만인 경우 : 경영개선요구 • 순자본비율 0% 미만인 경우 : 경영개선명령
기본원칙	• 자산, 부채, 자본은 연결재무제표에 계상된 장부가액을 기준으로 함 • 시장위험과 신용위험을 동시에 내포하는 자산에 대하여는 시장위험액·신용위험액을 모두 산정함 • 영업용순자본 차감항목은 원칙적으로 위험액을 산정하지 않음 • 위험회피효과가 있는 자산은 위험액 산정대상 자산의 위험액을 감액할 수 있음 • 원칙적으로 부외자산과 부외부채에 대해서도 위험액을 산정함
산정방식	• 순자본 = 영업용순자본 − 총위험액 · 영업용순자본 = (자산 − 부채) − 차감항목 + 가산항목 · 총위험액 = 시장위험액 + 신용위험액 + 운영위험액 • 순자본비율 = $\dfrac{\text{영업용순자본} - \text{총위험액}}{\text{필요유지 자기자본}}$

정답 | ④

19

건전성 규제 ★★★

금융투자업자의 대주주와의 거래 제한에 대한 설명으로 잘못된 것은?

① 금융투자업자는 대주주 또는 특수관계인이 발행한 증권을 소유할 수 없다.
② 금융투자업자는 계열사가 발행한 주식, 채권 및 약속어음을 자기자본의 3%를 초과하여 소유할 수 없다.
③ 금융투자업자는 대주주 또는 그 특수관계인에 대하여 신용공여를 하는 것이 금지될 뿐만 아니라 그들로부터 신용공여를 받는 것도 금지된다.
④ 대주주가 통상적인 거래 조건과 다른 조건으로 대주주 자신이나 제3자와의 거래를 요구하는 행위는 금지된다.

TIP 금융투자업자는 계열사가 발행한 주식, 채권 및 약속어음을 자기자본의 8%를 초과하여 소유할 수 없다.

핵심포인트 해설 　 금융투자업자의 대주주와의 거래 제한

금융투자업자의 증권 소유 제한	• 대주주 또는 특수관계인이 발행한 증권을 소유할 수 없음(예외 : 담보권 실행, 시장조성 안정조작, 대주주 아닌 자가 대주주가 되는 경우 등) • 계열사가 발행한 주식, 채권 및 약속어음을 자기자본의 8%를 초과하여 소유할 수 없음 • 대주주 또는 그 특수관계인에 대한 신용공여가 금지될 뿐만 아니라 그들로부터 신용공여를 받는 것도 금지됨
계열회사 발행 증권의 예외 취득	• 금융투자업자가 계열회사 발행 증권을 한도 내에서 예외 취득하거나 대주주 및 대주주의 특수관계인에 대하여 신용공여하는 경우에는 재적이사 전원 찬성의 이사회 결의를 요함 • 단, 단일거래금액이 자기자본의 0.1%와 10억원 중 적은 금액 범위인 경우에는 이사회 결의 불필요 • 예외적 취득 시 금융위원회 보고 및 홈페이지 공시 요함
금융위원회의 자료제출명령	• 금융위원회는 금융투자업자가 대주주의 부당한 영향력 행사 금지 사항을 위반한 혐의가 있다고 인정될 경우에는 금융투자업자 또는 그의 대주주에게 필요한 자료의 제출을 명할 수 있음

정답 | ②

20

영업행위 규칙 ★★★

자본시장법에서 규율하는 금융투자업자의 공통 영업행위 규칙에 대한 설명으로 잘못된 것은?

① 금융투자업자가 아닌 자는 금융투자, 증권, 파생, 선물 등의 상호를 쓰면 안 된다.
② 금융투자업자는 자기명의를 대여하여 타인에게 금융투자업을 영위하게 해서는 안 된다.
③ 금융투자업자는 금융투자업·겸영업무·부수업무 등의 일부를 제3자에게 위탁할 수 있다.
④ 제3자에게 업무를 위탁하는 경우 투자자의 금융투자상품 매매 등에 관한 정보를 제공해서는 안 된다.

TIP 금융투자업자는 위탁업무 범위 내에서 투자자의 금융투자상품 매매 등에 관한 정보를 제공할 수 있다.

핵심포인트 해설 — 금융투자업자의 공통 영업행위 규칙

상호 규제	• 금융투자업자가 아닌 자는 금융투자업자로 오인될 수 있는 문자의 상호 사용이 금지됨 • 금융투자, 증권, 파생, 선물, 집합투자, 투자자문, 투자일임, 신탁 등의 상호 사용이 제한됨
명의대여 규제	• 금융투자업자는 자기명의를 대여하여 타인에게 금융투자업을 영위하게 해서는 안 됨
겸영 규제	• 신고의무 : 금융투자업자가 다른 금융업무를 겸영하고자 하는 경우 시작한 날로부터 2주 이내 금융위원회에 신고해야 함 • 겸영범위 : 인가·등록을 요하는 금융업무, (전자)자금이체업무 등
업무위탁 규제	• 금융투자업자는 금융투자업·겸영업무·부수업무 등의 일부를 제3자에게 위탁할 수 있음 • 금융투자업의 본질적 업무(인가·등록과 직접 관련된 필수업무)를 위탁하는 경우에는 위탁받은 자가 당해 업무 수행에 필요한 인가·등록한 자이어야 함 • 준법감시인 및 위험관리책임자의 업무 등 내부통제업무는 위탁이 금지됨
이해상충 규제	• 일반규제 : 자기 또는 제3자의 이익도모 금지, 직무 관련 정보이용 금지, 선관주의의무 • 직접규제 : 선행매매 금지, 과당매매 금지, 이해관계인과의 거래 제한

정답 | ④

21

영업행위 규칙 ★★★

금융투자업자의 외환건전성 규제에 대한 설명으로 잘못된 것은?

① 외화자산 및 외화부채를 각각 잔존만기별로 구분하여 관리해야 한다.
② 잔존만기 3개월 이내 부채에 대한 잔존만기 3개월 이내 자산의 비율이 50% 이상이어야 한다.
③ 총자산에 대한 외화부채비율이 1%에 미달하는 금융투자업자에게는 외화유동성비율 규정을 적용하지 않는다.
④ 종합매입(매각)초과포지션의 한도는 각 외국통화별 초과포지션의 합계액을 기준으로 전월 말 자기자본의 50%에 상당하는 금액이다.

TIP 잔존만기 3개월 이내 부채에 대한 잔존만기 3개월 이내 자산의 비율이 80% 이상이어야 한다.

핵심포인트 해설   금융투자업자의 외환건전성 규제

외화유동성비율	• 외화자산 및 외화부채를 각각 잔존만기별로 구분하여 관리할 것
	• 잔존만기 3개월 이내 부채에 대한 잔존만기 3개월 이내 자산의 비율이 80% 이상일 것
	• 외화자산 및 외화부채의 만기 불일치비율을 유지할 것
	  · 잔존만기 7일 이내 : 자산이 부채를 초과하는 비율이 0% 이상
	  · 잔존만기 1개월 이내 : 부채가 자산을 초과하는 비율 10% 이내
	• 총자산에 대한 외화부채비율이 1%에 미달하는 금융투자업자에게는 적용하지 않음

외국환 포지션 한도	• 종합매입(매각)초과포지션 : 각 외국통화별 초과포지션의 합계액을 기준으로 전월 말 자기자본의 50%에 상당하는 금액 • 선물환매입(매각)초과포지션 : 각 외국통화별 초과포지션의 합계액을 기준으로 전월 말 자기자본의 50%에 상당하는 금액 • 적용기준 : 자기자본은 미 달러화 환산금액을 기준으로 하며, 이때 적용되는 대미 달러환율은 금융감독원장이 정함 • 별도한도 인정 : 외국환포지션 한도의 초과가 필요하다고 인정되는 외국환취급금융투자업자에 대하여 위에서 정한 한도 외에 별도의 한도를 인정할 수 있음(별도한도 인정기간은 2년)
한도관리	• 금융투자업자는 외국환포지션 한도 준수 여부를 매 영업일 잔액기준으로 확인해야 함 • 외국환포지션 한도를 위반한 경우 위반한 날부터 3영업일 이내에 금융감독원장에게 보고해야 함

정답 | ②

22

영업행위 규칙 ★★★

금융투자업자의 경영공시사항과 가장 거리가 먼 것은?

① 동일 기업집단별로 금융투자업자의 직전 분기 말 자기자본의 3%에 상당하는 금액을 초과하는 부실채권이 발생한 경우
② 금융사고 등으로 직전 분기 말 자기자본의 2%에 상당하는 금액을 초과하는 손실이 발생하였거나 손실이 예상되는 경우
③ 민사소송의 패소로 직전 분기 말 자기자본의 1%에 상당하는 금액을 초과하는 손실이 발생한 경우
④ 회계기간의 변경을 결정한 경우

TIP 동일 기업집단별로 금융투자업자의 직전 분기 말 자기자본의 10%에 상당하는 금액을 초과하는 부실채권이 발생한 경우에 경영공시사항에 해당한다.

핵심포인트 해설   금융투자업자의 보고 및 공시

업무보고서 제출	• 업무보고서 작성의무 : 개 사업연도 개시일부터 3·6·9·12가월간의 업무보고서를 작성해야 함 • 업무보고서 제출의무 : 해당 작성기간 경과 후 45일 이내에 금융위원회에 업무보고서를 제출해야 함
결산서류 제출	• 금융투자업자는 감사보고서, 재무제표 및 부속명세서, 수정재무제표에 따라 작성한 순자본비율보고서 또는 영업용순자본비율보고서 및 자산부채비율보고서, 해외점포의 감사보고서 및 재무제표를 금융감독원장이 요청할 경우 제출해야 함 • 회계감사인의 감사보고서가 업무보고서의 내용과 다른 경우 그 내역 및 사유를 감사보고서와 함께 즉시 제출해야 함
경영공시사항	• 동일 기업집단별로 금융투자업자의 직전 분기 말 자기자본의 10%에 상당하는 금액을 초과하는 부실채권이 발생한 경우 • 금융사고 등으로 직전 분기 말 자기자본의 2%에 상당하는 금액을 초과하는 손실이 발생하였거나 손실이 예상되는 경우 • 민사소송의 패소로 직전 분기 말 자기자본의 1%에 상당하는 금액을 초과하는 손실이 발생한 경우 • 적기시정조치, 인가 또는 등록 취소 등의 조치를 받은 경우 • 회계기간의 변경을 결정한 경우 • 상장법인이 아닌 금융투자업자에게 재무구조·채권채무관계 경영환경·손익 구조 등에 중대한 변경을 초래하는 사실이 발생하는 경우

정답 | ①

영업행위 규칙 ★★★

금융투자업자의 대주주와의 거래 제한에 대한 설명으로 잘못된 것은?

① 원칙적으로 금융투자업자는 대주주가 발행한 증권을 소유할 수 없다.
② 원칙적으로 금융투자업자는 그 계열사가 발행한 주식, 채권 및 약속어음을 자기자본의 10%를 초과하여 소유할 수 있다.
③ 원칙적으로 금융투자업자는 대주주 및 그 특수관계인에 대한 신용공여가 금지되고, 대주주 및 그 특수관계인은 금융투자업자로부터 신용공여를 받는 것이 금지된다.
④ 금융투자업자는 계열사 발행증권을 한도 내에서 예외적으로 취득하려면 재적이사 전원의 찬성에 의한 이사회 결의를 거쳐야 한다.

TIP 원칙적으로 금융투자업자는 그 계열사가 발행한 주식, 채권 및 약속어음을 자기자본의 8%를 초과하여 소유할 수 없다.

핵심포인트 해설   금융투자업자의 대주주와의 거래 제한

대주주 발행증권의 소유 제한	• 원칙 : 금융투자업자는 대주주가 발행한 증권을 소유할 수 없음 • 예외 : 담보권 실행 등 권리행사, 시장조성 안정조작, 대주주가 아닌 자가 대주주가 되는 경우, 인수, 보증사채 특수채증권의 경우는 가능
계열사 발행증권의 소유 제한	• 원칙 : 금융투자업자는 그 계열사가 발행한 주식, 채권 및 약속어음을 자기자본의 8%를 초과하여 소유할 수 없음 • 예외 : 담보권 실행 등 권리행사, 시장조성 안정조작, 계열사가 아닌 자가 계열사가 되는 경우, 인수, 보증사채 특수채증권, 경영참여목적의 출자, 차익거래, 투자위험회피거래, 자기자본 변동 등의 사유로 인한 한도 초과 등
대주주 신용공여의 제한	• 원칙 : 금융투자업자는 대주주 및 그 특수관계인에 대한 신용공여가 금지되고, 대주주 및 그 특수관계인은 금융투자업자로부터 신용공여를 받는 것이 금지됨 • 예외 : 임원에 대한 제한적 신용공여, 해외현지법인에 대한 채무보증, 담보권 실행 등의 권리행사
계열사 발행증권의 예외 취득	• 재적이사 전원 찬성 원칙 : 금융투자업자는 계열사 발행증권을 한도 내에서 예외적으로 취득하거나 대주주 및 그 특수관계인에 대하여 예외적으로 신용공여하려면 재적이사 전원의 찬성에 의한 이사회 결의를 거쳐야 함 • 예외 : 단일거래금액이 자기자본의 0.1%와 10억원 중 적은 금액의 범위인 경우에는 이사회 결의가 불필요함
금융위의 자료제출명령 (법 제36조)	금융위원회는 금융투자업자의 대주주가 법 제35조(부당한 영향력 행사 금지)를 위반한 혐의가 있다고 인정될 경우에는 금융투자업자 또는 그의 대주주에게 필요한 자료의 제출을 명할 수 있음

정답 | ②

24 매매 또는 중개업무 관련 규제 ★★

투자매매업자(또는 투자중개업자)의 최선집행의무가 적용되는 금융투자상품은?

① 주 권
② 채무증권
③ 파생결합증권
④ 투자계약증권

TIP 채무증권, 파생결합증권, 투자계약증권은 최선집행의무의 적용이 제외되는 상품이다.

핵심포인트 해설 — 투자매매업자·투자중개업자의 규제

매매형태 명시의무	• 투자매매·중개업자는 투자자로부터 금융투자상품 매매에 관해 주문받을 경우, 자기가 투자매매업자인지 투자중개업자인지 밝혀야 함 • 알리는 방법은 제한 없음
자기계약 금지의무	• 원칙 : 투자매매·중개업자는 금융투자상품 매매 시 자신이 본인이 됨과 동시에 상대방의 투자중개업자가 될 수 없음(자기계약 금지) • 예 외 · 공개시장(증권시장·파생상품시장·다자간매매체결회사)을 통하여 매매가 이루어지도록 한 경우 · 자기가 판매하는 집합투자증권을 매수하는 경우 · 종합금융투자사업자가 금융투자상품의 장외매매가 이뤄지 도록 한 경우 · 그 밖에 금융위원회가 정하여 고시하는 경우
최선집행의무	• 원칙 : 최선집행기준에는 상품가격, 수수료 및 비용, 최선의 거래조건으로 집행하기 위한 방법과 그 이유 등이 포함되어야 함 • 예외 : 투자자가 주문어 관하여 별도의 지시를 하였을 경우에는 최선집행기준과 달리 처리할 수 있음
자기주식의 예외취득	• 투자자로부터 증권시장의 매매거래단위 미만에 해당하는 투자매매업자의 자기주식에 대한 매도청약을 받은 경우 이를 증권시장 밖에서 취득할 수 있음 • 예외 취득한 자기주식은 취득일로부터 3개월 내에 처분해야 함
임의매매 금지의무	• 투자자나 그 대리인으로부터 금융투자상품 매매의 청약이나 주문을 받지 않고 매매하는 행위는 금지됨 (임의매매 금지) • 임의매매는 위탁 또는 위임이 없다는 점에서 일임매매와 구분됨

정답 | ①

매매 또는 중개업무 관련 규제 ★★

투자매매업자 또는 투자중개업자는 자신이 본인이 됨과 동시에 상대방의 투자중개업자가 될 수 없는 것이 원칙이다. 다음 중 예외적으로 가능한 경우에 해당하지 않는 것은?

① 투자매매업자 또는 투자중개업자가 증권시장 또는 파생상품시장을 통하여 매매가 이루어지도록 한 경우
② 투자매매업자 또는 투자중개업자가 다자간매매체결회사를 통하여 매매가 이루어지도록 한 경우
③ 투자자매업자 또는 투자중개업자가 자기가 판매하는 집합투자증권을 매수하는 경우
④ 투자자보호에 우려가 없는 경우로서 금융투자협회가 정하여 고시하는 경우

TIP 공정한 가격형성과 매매, 거래의 안정성과 효율성 도모 및 투자자보호에 우려가 없는 경우로서 금융위원회가 정하여 고시하는 경우에 자기매매가 예외적으로 허용된다.

핵심포인트 해설 투자매매업자(또는 투자중개업자)의 자기계약 및 불건전 영업행위 금지

자기계약 금지	• 원칙 : 투자매매(중개)업자는 자기계약이 금지됨 • 예외 : 증권시장·파생상품시장·다자간매매체결회사를 통해 매매가 이루어지는 경우, 자기가 판매하는 집합투자증권을 매수하는 경우, 그 밖의 투자자보호 및 거래질서를 해할 우려가 없는 경우
자본시장법상 금지되는 불건전 영업행위 (제71조)	• 고객 주문 체결 전 선행매매 • 조사분석자료 공표 후 24시간 경과 전 매매(스캘핑) • 조사분석자료 작성자의 기업금융업무와 연동된 성과보수 (성과보수 연동이 금지되는 기업금융업무 : 인수업무, 모집·매출·주선업무, M&A중개·주선·대리·조언업무, 사모펀드운용업무, 프로젝트금융업무 등) • 모집·매출과 관련된 조사분석자료의 공표 및 제공 • 투자권유대행인·투자권유자문인력이 아닌 자에 의한 투자권유 • 일임매매
자본시장법 시행령 (제68조)상 금지행위	㉠ 일반투자자와 같은 대우를 받겠다는 전문투자자의 요구에 정당한 사유 없이 동의하지 아니하는 행위 ㉡ 금융투자상품의 매매, 그 밖의 거래와 관련하여 결제가 이행되지 아니할 것이 명백하다고 판단되는 경우임에도 정당한 사유 없이 그 매매, 그 밖의 거래를 위탁받는 행위 ㉢ 투자자에게 해당 투자매매업자·투자중개업자가 발행한 자기주식의 매매를 권유하는 행위 ㉣ 투자자로부터 집합투자증권(상장된 집합투자증권 제외)을 매수하거나 그 중개·주선 또는 대리하는 행위 ㉤ 법 제55조 및 제71조에 따른 금지 또는 제한을 회피할 목적으로 하는 행위로서 장외파생상품거래, 신탁계약, 연계거래 등을 이용하는 행위 ㉥ 채권자로서 그 권리를 담보하기 위하여 백지수표나 백지어음을 받는 행위 ㉦ 집합투자증권의 판매업무와 집합투자증권의 판매업무 외의 업무를 연계하여 정당한 사유 없이 고객을 차별하는 행위 ㉧ 투자자정보를 파악한 결과 판매상품이 부적합하다고 판단되는 사람 또는 65세 이상인 사람을 대상으로 금융투자상품을 판매하는 경우, 판매과정을 녹취하지 않거나 숙려기간을 주지 않는 행위

정답 | ④

26

불건전 영업행위 금지 ★★★

투자매매업자 또는 투자중개업자의 불건전 영업행위와 가장 거리가 먼 것은?

① 증권의 모집 또는 매출과 관련된 계약체결일로부터 그 증권이 최초 상장된 후 40일 이내에 그 증권에 대한 조사분석자료를 공표하거나 특정인에게 제공하는 행위
② 조사분석자료 작성담당자에 대하여 일정한 기업금융업무와 연동된 성과보수를 지급하는 행위
③ 투자자에게 해당 투자매매업자 또는 투자중개업자가 발행한 자기주식의 매매를 권유하는 행위
④ 투자자로부터 상장 집합투자증권을 매수하거나 그 중개·주선 또는 대리하는 행위

TIP 투자자로부터 상장 집합투자증권을 매수하거나 그 중개·주선 또는 대리하는 행위는 허용된다.

핵심포인트 해설   투자매매업자 또는 투자중개업자의 불건전 영업행위

조사분석자료 관련 금지행위	· 조사분석자료 작성자에 대한 성과보수 금지 · 모집·매출과 관련된 조사분석자료의 공표 및 제공 금지
기타 불건전 영업행위 금지사항	· 투자권유대행인·투자권유자문인력 이외의 자에 의한 투자권유 행위는 금지됨 · 투자자정보를 파악한 결과 판매상품이 부적합하다고 판단되는 사람 또는 65세 이상인 사람을 대상으로 금융투자상품을 판매하는 경우, 판매과정을 녹취하지 않거나 숙려기간을 주지 않는 행위는 금지됨 · 투자자에게 해당 투자매매업자 또는 투자중개업자가 발행한 자기주식의 매매를 권유하는 행위는 금지됨 · 투자자로부터 집합투자증권(상장 집합투자증권은 제외)을 매수하거나 그 중개·주선 또는 대리하는 행위는 금지됨

정답 | ④

불건전 영업행위 금지 ★★★

투자권유대행인의 금지행위와 거리가 먼 것은?

① 위탁한 금융투자업자를 대리하여 계약을 체결하는 행위
② 투자권유대행업무를 제3자에게 재위탁하는 행위
③ 위탁계약을 체결한 금융투자업자가 이미 발행한 주식의 매수 또는 매도를 권유하는 행위
④ 금융투자상품 매매에 관한 정보를 금융투자업자가 관리하고 있다고 알리는 행위

TIP 투자권유대행인의 금지행위가 아니라 투자권유대행인이 투자자에게 알려야 할 고지사항이다.

핵심포인트 해설   투자권유대행인

자격요건	• 투자권유자문인력·투자운용인력 시험에 합격한 자 또는 보험모집에 종사하고 있는 보험설계사·중개사·대리점 등록 요건을 갖춘 자로서 협회 교육 이수자일 것 • 1사 전속일 것 • 등록이 취소된 경우 취소된 날부터 3년이 경과했을 것
금지행위	• 위탁한 금융투자업자를 대리하여 계약을 체결하는 행위 • 투자자로부터 금전·증권 등의 재산을 수취하는 행위 • 투자권유대행업무를 제3자에게 재위탁하는 행위 • 둘 이상의 금융투자업자와 투자권유 위탁계약을 체결하는 행위 • 보험설계사가 소속보험사가 아닌 보험사와 투자권유 위탁계약을 체결하는 행위 • 위탁계약을 체결한 금융투자업자가 이미 발행한 주식의 매수 또는 매도를 권유하는 행위 등

정답 | ④

28

불건전 영업행위 금지 ★★★

투자매매업자 또는 투자중개업자의 스캘핑은 금지되는 것이 원칙이나 예외적으로 허용되는 경우가 있다. 다음 중 예외적으로 허용되는 경우와 거리가 먼 것은?

① 고객의 매수주문 정보를 이용하여 고객의 주문 체결 전에 제3자에게 해당 주식의 매수를 권유한 경우
② 조사분석자료의 내용이 직·간접으로 특정 금융투자상품의 매매를 유도하는 것이 아닌 경우
③ 조사분석자료의 공표로 인한 매매유발이나 가격변동을 의도적으로 이용했다고 볼 수 없는 경우
④ 해당 조사분석자료가 이미 공표한 조사분석자료와 비교하여 새로운 내용을 담고 있지 않은 경우

TIP 선행매매로 금지되는 행위이다.

핵심포인트 해설 | 불건전 영업행위

선행매매	• 원칙 : 투자매매·중개업자의 선행매매 금지 • 예 외 　- 투자자의 매매주문정보를 이용하지 않았음을 입증하는 경우 　- 차익거래, 그 밖에 이에 준하는 거래로 투자자 정보를 의도적으로 이용하지 않았다는 사실이 객관적으로 명백한 경우
스캘핑	• 원칙 : 투자매매·중개업자의 스캘핑 금지 (조사분석자료 공표 후 24시간이 경과하기 전에 자기계산으로 매매하는 행위) • 예 외 　- 조사분석자료의 내용이 직·간접으로 특정 금융투자상품의 매매를 유도하는 것이 아닌 경우 　- 조사분석자료의 공표로 인한 매매유발이나 가격변동을 의도적으로 이용했다고 볼 수 없는 경우 　- 공표된 조사분석자료의 내용을 이용하여 매매하지 않았음을 증명하는 경우 　- 해당 조사분석자료가 이미 공표한 조사분석자료와 비교하여 새로운 내용을 담고 있지 않은 경우
일임매매	• 원칙 : 투자매매·중개업자의 일임매매 금지 • 예 외 　- 투자일임업의 형태로 하는 경우 　- 투자중개업자가 투자자의 매매주문을 받아 이를 처리하는 과정에서 투자판단의 전부나 일부를 일임받을 필요가 있는 경우

정답 | ①

신용공여 규제 ★★

투자매매업자(또는 투자중개업자)의 신용공여 규제에 대한 설명으로 잘못된 것은?

① 신용공여의 구체적인 기준, 담보비율, 징수방법 등은 금융위원회 규정으로 정한다.
② 신용공여 행위는 투자매매업자(또는 투자중개업자)의 고유업무는 아니지만, 증권과 관련된 경우 예외적으로 허용한다.
③ 증권의 인수일부터 3개월 이내에 투자자에게 그 증권을 매수하게 하기 위하여 그 투자자에게 신용공여를 하는 것은 허용된다.
④ 위반 시 금융위원회는 회사 및 임직원에 대하여 행정조치를 할 수 있으나 투자매매업자(또는 투자중개업자)에 대한 형사처벌은 할 수 없다.

TIP 증권의 인수일부터 3개월 이내에 투자자에게 그 증권을 매수하게 하기 위하여 그 투자자에게 신용공여를 하는 것은 금지된다.

핵심포인트 해설 　 투자매매업자(또는 투자중개업자)의 신용공여 규제

의의 및 종류	• 의의 : 증권과 관련하여 금전의 융자 또는 증권 대여의 방법으로 투자자에게 신용을 공여하는 것 • 종류 : 청약자금대출, 신용거래융자 및 신용거래대주, 예탁증권담보융자
약정체결	• 투자자와 신용공여에 관한 약정을 체결해야 하고 서명 및 본인확인을 요함 • 신용거래 수탁 시 신용거래계좌를 설정해야 함
공여한도	• 총 신용공여규모 한도는 자기자본 범위 이내로 함 • 신용공여 종류별 구체적인 한도는 금융위원장이 따로 정할 수 있음
담보징구	• 청약자금대출 : 청약하여 배정받은 증권을 담보로 징구 • 신용거래융자 : 매수한 주권 또는 ETF를 담보로 징구 • 신용거래대주 : 매도대금을 담보로 징구 • 예탁증권담보융자 : 예탁증권을 담보로 징구
담보비율	• 신용공여금액의 140%
임의상환	• 사유 : 채무 미상환, 추가담보 미납, 수수료 미납의 경우 • 조치 : 그 다음 영업일에 투자계좌에 예탁된 현금을 채무변제에 우선 충당하고, 담보증권, 그 밖의 증권의 순서로 임의처분하여 채무변제에 충당할 수 있음
신용거래 제한	• 신용거래 가능증권 : 상장주권(증권예탁증권 포함), ETF • 투자경고종목, 투자위험종목, 관리종목으로 지정된 증권 등은 신용거래 불가 • 투자매매업자는 증권의 인수일부터 3개월 이내에 투자자에게 그 증권을 매수하게 하기 위해 그 투자자에게 신용공여를 할 수 없음

정답 | ③

30 신용공여 규제 ★★

투자매매업자 또는 투자중개업자의 신용공여에 대한 설명으로 잘못된 것은?

① 투자매매업자 또는 투자중개업자의 총신용공여 규모는 총자산 범위 이내로 한다.
② 신용거래대주 시 매도대금을 담보로 징구한다.
③ 담보비율은 신용공여금액의 140% 이상에 상당하도록 설정한다.
④ 정한 납입기일까지 신용공여와 관련한 이자·매매수수료 및 제세금 등을 납입하지 않았을 때 담보증권을 임의처분하여 채무변제에 충당할 수 있다.

TIP 투자매매업자 또는 투자중개업자의 총신용공여 규모는 자기자본 범위 이내로 한다.

핵심포인트 해설 — 투자매매업자 또는 투자중개업자의 신용공여에 대한 규제

담보징구 (제4-24조)	• 신용거래융자 시 : 매수한 주권을 담보로 징구 • 신용거래대주 시 : 매도대금을 담보로 징구 • 담보비율 : 신용공여금액의 140% 이상에 상당하는 담보를 징구
담보증권의 평가 (제4-26조)	• 청약하여 취득하는 주식 : 취득가액 • 상장주권(증권예탁증권 포함) 또는 ETF : 당일 종가 • 상장채권 및 공모 파생결합증권(주가연계증권에 한함) : 2 이상의 채권평가회사가 제공하는 가격정보를 기초로 투자매매업자 또는 투자중개업자가 산정한 가격 • 집합투자증권 : 당일에 고시된 기준가격

임의상환방법	• 임의처분하여 채무변제에 충당할 수 있는 경우
	  · 상환기일 이내에 상환하지 않았을 때
	  · 정한 납입기일까지 담보를 추가로 납입하지 않았을 때
	  · 정한 납입기일까지 신용공여와 관련한 이자·매매수수료 및 제세금 등을 납입하지 않았을 때
	• 증권을 처분하는 경우에는 투자자와 사전에 합의한 방법에 따라 호가를 제시해야 함
	• 처분대금은 처분제비용, 연체이자, 이자, 채무원금의 순서로 충당함

정답 | ①

투자자 재산을 위한 규제 ★★

투자자예탁금의 별도예치에 대한 설명으로 잘못된 것은?

① 투자매매업자 등은 투자자예탁금을 고유재산과 구분하여 증권금융회사에 예치 또는 신탁해야 한다.
② 누구든지 투자자예탁금을 상계 또는 압류할 수 없다.
③ 예치금융투자업자의 인가취소는 투자자예탁금의 우선지급 사유에 해당한다.
④ 투자매매업자는 금융투자상품의 매매에 따라 보관하게 되는 투자자 소유의 증권을 증권금융에 지체 없이 예탁해야 한다.

용어 알아두기

| 상 계 | 채무자가 채무뿐만 아니라 채권도 가지고 있는 경우에 채무금액에 해당하는 금액만큼 채권금액을 소멸시키는 것을 말한다. |

TIP 투자자 소유의 증권을 예탁결제원에 지체 없이 예탁해야 한다.

핵심포인트 해설   투자매매업자(또는 투자중개업자)의 투자자예탁금 관리

별도예치 의무	• 투자매매업자 등은 투자자예탁금을 고유재산과 구분하여 증권금융회사에 예치 또는 신탁해야 함 • 겸영금융투자업자 중 은행 및 보험회사는 신탁업자에게 신탁 가능
상계·압류 금지	• 누구든지 투자자예탁금을 상계 또는 압류할 수 없음 • 예탁기관에 예탁된 투자자예탁금은 양도 또는 담보제공이 불가능함
투자자예탁금의 우선지급 사유	• 예치금융투자업자가 인가취소, 해산결의, 파산선고 등 • 금융투자업 전부 양도가 승인된 경우 • 금융투자업 전부 폐지가 승인된 경우 • 금융투자업 전부의 정지명령을 받은 경우
투자자예탁 증권의 예탁	• 투자매매업자(또는 투자중개업자)는 금융투자상품의 매매, 그 밖의 거래에 따라 보관하게 되는 투자자 소유의 증권을 예탁결제원에 지체 없이 예탁해야 함

정답 | ④

32

투자자 재산을 위한 규제 ★★

의무예치해야 하는 투자자예탁금에 해당하지 않는 것은?

① 위탁자예수금
② 장내파생상품거래예수금
③ 조건부예수금
④ 증권 등의 매매 등에 따른 현금예탁필요액

TIP 의무예치액에서 제외될 수 있는 것은 증권 등의 매매 등에 따른 현금예탁필요액, 투자전용외화계정에 외화로 예치된 금전, 장내파생상품거래와 관련하여 거래소, 해외파생상품시장, 다른 장내파생상품의 투자중개업자, 해외에서 장내파생상품의 투자매매업 또는 투자중개업을 영위하는 자 및 외국환은행 등에 예치 또는 신탁한 금전 등이다.

핵심포인트 해설   투자자예탁금의 관리(제4-39조)

투자자예탁금의 범위 (의무예치액)	• 위탁자예수금 및 장내파생상품거래예수금 • 집합투자증권 투자자예수금 • 조건부예수금

예치비율 및 기한	• 예치비율 : 100%
	• 예치기한
	  · 위탁자예수금, 장내파생상품거래예수금, 조건부예수금 : 익영업일
	  · 집합투자증권 투자자예수금 : 해당 영업일

예치금의 인출사유	• 투자자예탁금이 대량으로 지급청구되거나 대량으로 지급청구될 것이 예상되는 경우 • 거래소시장 또는 다자간매매체결회사를 통해서 체결된 투자자의 주문결제(장내파생상품거래의 정산 포함)를 위하여 필요한 경우 • 투자자보호 및 건전한 거래질서유지를 위하여 필요한 경우
예치기관 및 명시의무	• 예치기관 : 투자매매(중개)업자는 투자자예탁금을 '증권금융회사 또는 신탁업자'에게 예탁해야 함 • 명시의무 : 예탁하는 경우 투자자예탁금이 '투자자 재산'이라는 점을 명시해야 함
상계 및 압류 금지	• 누구든지 예탁된 투자자예탁금을 상계 또는 압류할 수 없음 • 투자매매(중개)업자는 투자자예탁금을 양도하거나 담보로 제공할 수 없음(단, 시행령으로 정한 경우에는 예외)

정답 | ④

투자자 재산을 위한 규제 ★★

금융투자업자의 임직원이 특정 금융투자상품을 매매하는 경우 하나의 투자중개업자를 통하여 자기명의로 해야 하는 등의 규제가 있다. 다음 중 이러한 규제가 적용되는 특정 금융투자상품과 거리가 먼 것은?

① 집합투자증권
② 상장지분증권
③ 주권관련사채권
④ 장외파생상품

TIP 집합투자증권은 금융투자업자의 임직원 매매 시 규제 적용대상과 거리가 멀다.

핵심포인트 해설 — 금융투자업자의 계약서류 교부 등

계약서류 교부	• 원칙 : 투자자와 계약체결 후 지체 없이 교부해야 함 • 예 외 · 기본계약을 체결하고 그 계약내용에 따라 금융투자상품을 계속적·반복적으로 거래하는 경우 · 투자자가 거부의사를 서면으로 표시한 경우 · 투자자의 서면의사 표시에 따라 우편이나 전자우편으로 제공하는 경우
계약의 해제	• 투자자문계약을 체결한 투자자는 계약서류 교부일부터 7일 이내에 계약을 해제할 수 있음
임직원의 특정 금융투자상품 매매	• 하나의 투자중개업자를 자기명의로 통해 매매해야 함 • 매매명세를 분기별(주요직무종사자는 월별)로 소속회사에 통지해야 함 • 적용범위 : 상장지분증권, 협회중개시장 지분증권, 상장 DR, 주권관련사채권, 파생결합증권, 장내파생상품, 장외파생상품
외국 금융투자업자의 특례	• 외국 금융투자업자의 지점·영업소의 영업기금 및 전입금을 자본금으로 보고, 자본금·적립금·이월이익잉여금 합계액은 자기자본으로 보며, 국내 대표자는 임원으로 봄 • 외국 금융투자업자의 지점·영업소는 영업기금과 부채액의 합계액에 상당하는 자산을 국내에 두어야 함 • 외국 금융투자업자의 지점·영업소가 청산·파산하는 경우 국내 자산은 국내 채무변제에 우선 충당해야 함

정답 | ①

34 발행시장 공시제도 ★★★

증권신고서제도에 대한 설명으로 잘못된 것은?

① 유통시장 공시에 해당한다.
② 불특정 다수인을 상대로 모집·매출되는 증권 및 발행인에 관한 사항을 투자자에게 알리는 제도이다.
③ 모집은 50인 이상의 투자자에게 새로 발행되는 증권 취득의 청약을 권유하는 것이다.
④ 매출은 50인 이상의 투자자에게 이미 발행된 증권 매도의 청약을 하거나 매수의 청약을 권유하는 것이다.

TIP 증권신고서는 발행시장 공시에 해당한다.

핵심포인트 해설 — 증권신고서제도

의의	• 증권신고서 : 불특정 다수인을 상대로 모집·매출되는 증권 및 발행인에 관한 사항을 투자자에게 알리는 제도 • 모집 : 50인 이상의 투자자에게 새로 발행되는 증권 취득의 청약을 권유하는 것 • 매출 : 50인 이상의 투자자에게 이미 발행된 증권 매도의 청약을 하거나 매수의 청약을 권유하는 것
적용면제 증권	→ 주로 원금손실 가능성이 없는 증권 • 국채, 지방채, 특수채 • 국가 또는 지자체가 원리금을 지급보증한 채무증권 • 국가 또는 지자체가 소유한 증권을 미리 금융위원회와 협의하여 매출의 방법으로 매각하는 경우 그 증권 • 도시철도·주택건설사업을 목적으로 설립된 지방공사가 발행한 채권 • 국제금융기구가 금융위원회와 협의를 거쳐 기획재정부 장관의 동의를 받아 발행하는 증권 • 원리금을 지급보증하는 주택저당증권 또는 학자금대출증권 • 전자단기사채로서 만기가 3개월 이내인 증권
신고대상	• 과거 1년간 모집·매출가액의 합계액이 10억원 이상인 경우 • 6개월간 행위를 합산하여 모집·매출을 결정하는 경우 청약의 권유 합계액이 10억원 이상인 경우

특수한
신고제도
	• 일괄신고서제도
	  · 같은 종류의 증권을 지속적으로 발행하는 경우 발행예정증권을 일괄적으로 신고하고, 실제 추가발행 시 추가 서류만 제출하는 제도
	  · 대상증권 : 주권, 주권관련사채권, 사채권, 파생결합증권, 개방형펀드
	• 정정신고서제도
	  · 제출사유 : 이미 제출한 증권신고서의 기재사항을 정정하고자 하는 경우 또는 금융위원회로부터 정정요구를 받은 경우
	  · 정정신고서가 수리된 날에 증권신고서가 수리된 것으로 봄

정답 | ①

35

발행시장 공시제도 ★★★

금융위원회가 따로 정하는 효력발생시기가 다른 하나는?

① 사채권의 정정신고서
② 일괄신고서의 정정신고서
③ 보증사채권, 담보부사채권 발행신고서
④ 파생결합증권 정정신고서

TIP ①은 수리된 다음 날, ②③④는 3일이다.

핵심포인트 해설 | 금융위원회가 정하는 효력발생시기의 특례(공시규정 2-3조)

신고서 구분	효력발생시기
일괄신고서의 정정신고서	3일
보증사채권, 담보부사채권 발행신고서	3일
파생결합증권 정정신고서	3일
집합투자기구 간 합병을 위한 신고서	3일
무보증사채권 발행신고서	5일
사채권의 정정신고서	수리된 다음 날

정답 | ①

36 발행시장 공시제도 ★★★

투자설명서제도에 대한 설명으로 잘못된 것은?

① 투자설명서는 법적 투자권유문서이다.
② 증권신고의 효력이 발생하는 날에 금융위원회에 제출해야 한다.
③ 이미 취득한 것과 같은 집합투자증권을 계속 추가로 취득하려는 자에게도 투자설명서를 교부해야 한다.
④ 집합투자증권의 경우 간이투자설명서만 가지고 사용할 수 있다.

TIP 이미 취득한 것과 같은 집합투자증권을 계속 추가로 취득하려는 자에게는 투자설명서 교부의무가 면제된다.

핵심포인트 해설 — 투자설명서제도

의 의	• 투자설명서는 법적 투자권유문서임 • 증권신고서에 기재된 내용과 다른 내용을 표시하거나 그 기재사항을 누락할 수 없음
제출 및 공시	• 제출 : 증권신고의 효력이 발생하는 날에 금융위원회에 제출 • 공시 : 금융위원회, 거래소, 본점 및 청약취급장소에 비치·공시해야 함
전자문서에 의한 교부요건	• 수신자가 전자문서에 의한 투자설명서 수령에 동의할 것 • 전자문서수신자가 문서를 받을 전자전달매체의 종류와 장소를 지정할 것 • 전자문서수신자가 그 전자문서를 받은 사실이 확인될 것 • 전자문서의 내용이 서면에 의한 투자설명서의 내용과 동일할 것
교부가 면제되는 자	• 전문투자자 등 전문가 • 투자설명서 수령 거부의사를 서면 등(전화, 전신, 모사전송, 전자우편, 기타 이와 비슷한 전자통신 등)으로 제출한 자 • 이미 취득한 것과 같은 집합투자증권을 계속 추가로 취득하려는 자
유형 및 사용	• (정식)투자설명서 : 증권신고 효력 발생 후 사용 • 예비투자설명서 : 신고서 수리 후 효력 발생 전에 사용 • 간이투자설명서 : 신고서 수리 후 효력 발생 전후에 광고·홍보 시 사용

정답 | ③

유통시장 공시제도 ★★★

정기공시 제출대상 법인과 거리가 먼 것은?

① 주권상장법인
② 파생결합증권을 증권시장에 상장한 발행인
③ 증권을 모집 또는 매출한 발행인
④ 증권소유자 수가 300인 이상인 외부감사대상법인

TIP 증권소유자 수가 500인 이상인 외부감사대상법인이어야 한다.

핵심포인트 해설 정기공시

의 의	• 정기공시 제출대상 법인은 사업보고서, 반기보고서, 분기보고서를 일정 기간 내에 금융위원회와 거래소에 제출해야 함
제출대상 법인	• 주권상장법인 • 다음 증권을 증권시장에 상장한 발행인 · 주권 외의 지분증권, 신주인수권이 표시된 것, 증권예탁증권, 파생결합증권 · 주식관련사채권(CB, BW, EB), 이익참가부사채권, 무보증사채권 • 증권을 모집 또는 매출한 발행인 • 증권소유자 수가 500인 이상 외부감사대상법인
제출기한	• 사업보고서 : 사업연도 경과 후 90일 이내 • 반기·분기보고서 : 반기·분기 종료일부터 45일 이내

정답 | ④

38 유통시장 공시제도 ★★★

수시공시에 대한 설명으로 잘못된 것은?

① 수시공시에는 주요경영사항 신고·공시, 자율공시, 조회공시 등이 있다.
② 주요경영사항 신고·공시는 의무공시에 해당한다.
③ 기업의 주요경영사항 또는 그에 준하는 사항에 관한 풍문 또는 보도가 있는 경우에는 조회공시를 할 수 있다.
④ 공정공시를 이행하면 다른 수시공시의무가 면제된다.

TIP 공정공시는 수시공시제도를 보완하기 위해 마련된 제도이므로 공정공시를 이행하였다고 하여 다른 수시공시의무가 무조건 면제되는 것은 아니다.

핵심포인트 해설 　 수시공시

의 의		• 투자자들의 정확한 투자판단을 위해 기업에 관한 중요한 변화가 발생한 경우 이를 지체 없이 거래소에 신고하게 하는 제도
유 형	주요경영사항 신고·공시	• 공시 사유 : 거래소 공시규정에서 정하는 주요경영사항에 해당하는 사실 또는 결정이 있는 경우 • 공시 기한 : 사유발생 당일 또는 다음 날까지 거래소에 신고하는 의무공시
	자율공시	• 공시 사유 : 주요경영사항 외에 투자판단에 중대한 영향을 미칠 수 있거나 투자자에게 알릴 필요가 있는 사항이 발생한 경우 • 공시 기한 : 사유발생일 다음 날까지 거래소에 신고하는 자율공시
	조회공시	• 공시 사유 　· 기업의 주요경영사항 또는 그에 준하는 사항에 관한 풍문 또는 보도가 있는 경우 　· 주식가격이나 거래량에 현저한 변동(시황)이 있는 경우 • 공시 조치 : 공시사유에 해당하는 경우 거래소는 상장기업에게 중요한 정보의 유무에 대한 답변을 요구하고, 해당 기업은 이에 응하여 공시하도록 한 제도 • 공시 기한 　· 요구시점이 오전인 경우 : 당일 오후까지 답변해야 함 　· 요구시점이 오후인 경우 : 다음 날 오전까지 답변해야 함 　· 시황급변 관련 요구 시 : 요구일부터 1일 이내에 다음 날까지 답변해야 함
	공정공시	• 의의 : 중요정보를 특정인(애널리스트, 기관투자자 등)에게 선별적으로 제공하고자 하는 경우 모든 시장참가자들이 동 정보를 알 수 있도록 그 특정인에게 제공하기 전에 공시하게 하는 제도 • 수시공시제도를 보완하기 위한 제도(공정공시를 이행하였다고 하여 다른 수시공시의무가 무조건 면제되는 것은 아님)

정답 | ④

유통시장 공시제도 ★★★

주요사항보고서 공시의 대상과 거리가 먼 것은?

① 영업활동의 전부 또는 중요한 일부가 정지되거나 그에 관한 이사회 결의가 있는 경우
② 자본의 증가 또는 자본의 감소에 대한 이사회 결의가 있는 경우
③ 조건부자본증권의 발행에 따른 부채의 증가
④ 공개매수에 의한 주식 취득

TIP 회사존립, 조직재편성, 자본증감 등 주요사항보고에 해당하면 그 사실 발생일부터 3일 이내에 금융위원회에 주요사항보고서를 제출해야 하나, 공개매수에 의한 주식 취득은 주요사항보고 대상에서 제외되는 사항이다.

핵심포인트 해설 유통시장 공시(공시규정)

사업보고서 제출대상	• 외부감사대상법인으로서 증권의 소유자 수(500인 이상) 산정기준 · 주권 : 주주명부 및 실질주주명부상 주주 수 · 주권 외 증권 : 모집 또는 매출에 의해 증권을 취득한 수(2회 이상 모집 또는 매출한 경우 각각의 수를 더하고 중복자를 공제함)
주요사항보고서 공시	• 주요사항보고 대상에서 제외되는 것 · 상품·원재료·저장품 또는 재고자산의 매입·매출 등 일상적인 영업활동으로 인한 자산의 양수·양도 · 영업활동에 사용되는 기계, 설비, 장치 등의 주기적 교체를 위한 자산의 취득 또는 처분(교체주기가 1년 미만인 경우에 한함) · 법에 의한 자기주식의 취득 또는 처분 · 법에 의한 검사대상기관과의 거래로서 약관에 따른 정형화된 거래 · 법에 의한 자산유동화 · 공개매수에 의한 주식 취득, 공개매수청약에 의한 주식 처분 · 국채·지방채·특수채 또는 법률에 의해 설립된 법인이 발행한 출자증권의 양수·양도
외국법인 공시	• 한글로 작성하여 제출해야 함(단, 금융위원회가 필요하다고 인정하는 경우에는 영문으로 제출 가능) • 공시서류 제출 시 그 사본 및 한글 요약본 2부를 금융위원회에 제출 • 공시서류는 원칙적으로 전자문서로 제출함 • 국내에 주소 또는 거소를 두고 발행인을 대리할 권한을 가진 자를 지정해야 함 • 기재사항, 서식 및 첨부서류 등은 발행인의 특성에 맞게 변형하여 작성할 수 있음

정답 | ④

40

공개매수제도 ★★★

공개매수 적용대상 증권과 거리가 먼 것은?

① 주 권
② 수익증권
③ 파생결합증권
④ 신주인수권이 표시된 것

TIP 수익증권은 공개매수 적용대상 증권이 아니다.

핵심포인트 해설 — 공개매수제도

의 의	• 불특정 다수인에 대하여 의결권이 있는 주식 등의 매수의 청약을 하거나 매도의 청약을 권유하고 증권시장 및 다자간매매체결회사 밖에서 그 주식 등을 공개적으로 매수하는 것
공개매수의무 요건	• 증권시장 밖에서 10인 이상의 자로부터 매수 등을 할 것 • 본인과 특별관계자의 주식 등의 총수가 5% 이상일 것
적용대상 증권	• 주권상장법인이 발행한 증권으로 다음 중 하나에 해당하는 증권 · 주권, 신주인수권이 표시된 것 · 주식관련사채권(전환사채권, 신주인수권부사채권, 교환사채권) · 파생결합증권 • 주권상장법인 이외의 자가 발행한 증권으로 다음 중 하나에 해당하는 증권 · 주권상장법인이 발행한 증권과 관련된 증권예탁증권 · 주권상장법인이 발행한 증권과 교환청구할 수 있는 교환사채권 · 주권상장법인이 발행한 증권을 기초자산으로 하는 파생결합증권
공개매수 적용면제	• 소각을 목적으로 하는 주식 등의 매수 • 주식매수청구에 응한 주식의 매수 • 주식관련사채권의 권리행사에 따른 주식 등의 매수 • 파생결합증권의 권리행사에 따른 주식 등의 매수 • 특수관계인으로부터 주식 등의 매수

정답 ②

제1장 자본시장 관련 법규

공개매수제도 ★★★

공개매수 절차에 대한 설명으로 잘못된 것은?

① 공개매수자는 공개매수에 관한 사항을 둘 이상의 신문에 공고해야 한다.
② 공개매수자는 공고일부터 매수기간 종료일까지 해당 주식을 공개매수에 의하지 않고는 매수할 수 없다.
③ 공개매수자는 응모주주가 응모를 취소한 경우 손해배상 또는 위약금의 지급을 청구할 수 있다.
④ 공개매수자는 대항공개매수가 있는 경우 철회할 수 있다.

TIP 응모주주는 언제든지 응모를 취소할 수 있다. 공개매수자는 응모주주의 응모 취소에 대하여 손해배상 또는 위약금의 지급을 청구할 수 없다.

핵심포인트 해설   공개매수 절차

공개매수 공고	• 공개매수를 하고자 하는 자는 공개매수에 관한 사항을 전국을 보급지역으로 하는 둘 이상의 신문에 공고해야 함
발행인 의견표명	• 공개매수신고서가 제출된 주식의 발행인은 공개매수에 관한 의견(찬성·반대·중립의견에 대한 입장과 이유)을 표명
공개매수 실시	• 공개매수기간 : 20일 이상 60일 이내 • 설명서 교부의무 : 공개매수자는 공개매수설명서를 작성하여 일반인이 열람할 수 있도록 해야 하고, 매도자에게 교부해야 함 • 별도매수 금지의무 : 공개매수기간 중 공개매수 이외의 방법으로 매수하는 행위 금지 • 전부매수의무 : 공개매수자는 공개매수신고서상 주식을 전부 매수해야 함
공개매수 철회 (단, 공고일 이후에는 철회 불가)	• 철회 사유 · 대항공개매수가 있는 경우 · 공개매수자의 사망·해산·파산한 경우 · 공개매수대상회사에 일정 사유가 발생한 경우 공개매수를 철회할 수 있다는 조건을 공개매수신고서에 기재한 경우 그 기재한 사유가 발생한 때 • 철회 방법 : 철회신고서를 금융위원회와 거래소에 제출 및 공고하고, 그 사본을 해당 주식 발행인에게 송부해야 함 • 응모주주의 철회 : 응모주주는 언제든지 응모 취소 가능
공개매수 결과보고서 제출	• 공개매수자는 공개매수가 종료된 때에 지체 없이 공개매수결과보고서를 금융위원회와 거래소에 제출해야 함

정답 | ③

42. 대량보유상황 보고제도 ★★

주식 등의 대량보유상황 보고제도(5% Rule)에 대한 설명으로 잘못된 것은?

① 5% Rule은 M&A와 관련된 주식 등의 보유상황을 공시하게 하는 제도이다.
② 보고사유 발생일부터 5일 이내에 보고해야 한다.
③ 발행인의 경영권에 영향을 주기 위한 목적으로 보고하는 자는 보고한 날 이후 5일까지 주식 등을 추가로 취득할 수 있다.
④ 주식 수에 따라 신주를 배정하는 경우 배정된 주식만 취득하는 경우에는 보고의무가 면제된다.

TIP 5% 보고 시 보유목적을 발행인의 경영권에 영향을 주기 위한 것으로 보고하는 자는 보고사유 발생일부터 보고한 날 이후 5일까지 그 발행인의 주식 등을 추가로 취득하거나 보유주식 등에 대하여 그 의결권을 행사할 수 없다. (이 기간을 냉각기간이라고 함)

핵심포인트 해설   주식 등의 대량보유상황 보고제도(5% Rule)

의의 및 목적	• 의의 : M&A와 관련된 주식 등의 보유상황을 공시하게 하는 제도 • 목적 : 시장투명성 제고, 기업지배권의 공정경쟁 유도 • 적용대상 증권 : 공개매수제도의 적용대상 증권과 동일함
보고의무자	• 본인과 특별관계자의 합계 기준 · 주권상장법인의 주식 등을 5% 이상 보유하게 된 자 · 주권상장법인의 주식 등을 5% 이상 보유하고 있는 자
보고사유	• 신규보고 : 주권상장법인의 주식 등을 발행주식총수의 5% 이상 보유하게 된 경우 • 변동보고 : 5% 이상 보유자의 보유비율이 1% 이상 변동되는 경우 • 변경보고 : 신규보고 및 변동보고자의 보유목적 변경, 보유주식 등의 신탁·담보계약, 기타 주요계약의 변경, 보유형태의 변경 등이 있는 경우
보고의무 면제	• 보유주식 등의 수가 변동되지 않은 경우 • 주식 수에 따라 신주를 배정하는 경우 배정된 주식만 취득하는 경우 • 배정받은 신주인수권에 의해 발행된 신주인수권증서를 취득하는 것만으로 보유주식의 수가 증가하는 경우 • 자기주식 취득(처분)으로 보유비율이 변동된 경우 • 자본감소로 보유비율이 변동된 경우 • 주식관련사채의 권리행사로 발행 또는 교환되는 주식의 발행가격 또는 교환가격의 조정만으로 보유주식 수가 증가하는 경우

정답 ③

대량보유상황 보고제도 ★★

취득한도를 초과하여 공공적법인의 주식을 취득하고자 하는 자는 대량주식취득신청서에 의하여 금융위원회의 승인을 받아야 하나, 일정한 사유에 해당하는 경우 금융위원회 승인을 얻어 취득한 것으로 간주하는 경우가 있다. 이러한 경우에 해당하는 사유가 아닌 것은?

① 합병, 상속, 유증
② 준비금의 자본전입 또는 주식배당
③ 유상증자
④ 무상증자

TIP 금융위원회 승인간주 사유에 무상증자는 해당되지 않는다.

핵심포인트 해설   주식의 대량취득 승인

승인대상	• 취득한도를 초과하여 공공적법인의 주식을 취득하고자 하는 자는 금융위원회에 그 승인을 신청해야 함
금융위원회 승인간주 사유	• 합병, 상속, 유증 • 준비금의 자본전입 또는 주식배당 • 유상증자 • 대주주 이외의 주주가 실권한 주식의 인수 • 정부 소유주식에 대한 정보로부터의 직접 취득 • 정부의 취득 • 상장 당시 10% 이상 소유한 주주 외의 주주가 취득한도를 초과하여 소유한 주식
대량취득보고	• 금융위원회의 승인을 얻어 주식을 취득한 자는 취득기간 종료일부터 10일 이내에 대량주식취득보고서를 제출해야 함

정답 | ④

의결권 대리행사 권유제도의 적용대상자와 거리가 먼 것은?

① 법률관계에 의하여 타인 명의로 주식을 소유하는 자가 그 타인에게 해당 주식의 의결권 대리행사의 권유를 하는 경우 타인 명의 주식소유자
② 자기 또는 제3자에게 의결권을 대리시키도록 권유하는 행위를 하고자 하는 자
③ 의결권 행사 또는 불행사를 요구하거나 의결권 위임의 철회를 요구하는 행위를 하고자 하는 자
④ 의결권 확보 또는 그 취소 등을 목적으로 주주에게 위임장 용지를 송부하거나 그 밖의 방법으로 의견을 제시하는 행위를 하고자 하는 자

TIP 의결권 대리행사 권유제도의 적용이 제외되는 경우에 해당한다.

핵심포인트 해설 　의결권 대리행사 권유제도

의 의	• 회사경영진 등이 주주총회에서 다수의 의결권 확보를 목적으로 기존 주주에게 의결권 행사의 위임을 권유하는 경우 그 절차 및 방법 등을 규정하고 그 내용을 공시하도록 하는 제도임
적용대상자 (의결권 권유자)	• 자기 또는 제3자에게 의결권을 대리시키도록 권유하는 행위를 하고자 하는 자 • 의결권 행사 또는 불행사를 요구하거나 의결권 위임의 철회를 요구하는 행위를 하고자 하는 자 • 의결권 확보 또는 그 취소 등을 목적으로 주주에게 위임장 용지를 송부하거나 그 밖의 방법으로 의견을 제시하는 행위를 하고자 하는 자
적용제외	• 의결권 대리행사 권유로 보지 않는 경우 · 10인 미만에게 그 주식의 의결권 대리행사의 권유를 하는 경우 · 타인 명의로 주식을 소유하는 자가 그 타인에게 해당 주식의 의결권 대리행사의 권유를 하는 경우 · 신문, 방송 등 불특정 다수인에 대한 광고를 통한 대리행사 권유에 해당하는 경우로서 그 내용이 발행인의 명칭, 광고 이유, 주주총회의 목적사항과 위임장 용지, 참고서류를 제공하는 장소만을 표시하는 경우

정답 ①

내부자거래 규제 ★★★

다음 해당 회사에 근무하는 직원 중 미공개 중요정보를 알 수 있는 자에 해당하지 않는 자는?

① 재무를 담당하는 과장
② 생산을 담당하는 차장
③ 기획을 담당하는 부장
④ 연구개발을 담당하는 팀장

TIP 미공개 중요정보를 알 수 있는 자는 해당 회사의 모든 임직원이 아니라 해당 회사에 근무하는 직원 중 재무, 회계, 기획, 연구개발, 공시 담당부서에서 근무하는 직원만 인정된다.

핵심포인트 해설   내부자거래 규제

의 의	• 협의 : 상장법인 내부자 등이 회사의 미공개 중요정보를 당해 회사의 증권거래에 이용하는 것 • 광의 : 협의 + 미공개 중요정보의 사적 이용행위를 예방할 수 있는 제반 공시제도
자본시장법상 내부자거래 규제	• 미공개 중요정보 이용행위 금지 • 공개매수 관련 정보 이용행위 금지 • 대량취득·처분 관련 정보 이용행위 금지 • 단기매매차익 반환제도 • 임원 및 주요주주의 특정증권 등 상황보고제도 • 장내파생상품 대량보유 보고제도

규제대상자	• 내부자
	  ㉠ 해당법인(계열사 포함)·그 임직원·대리인으로서 미공개 중요정보를 알게 된 자
	  ㉡ 해당법인(계열사 포함)의 주요 주주로서 미공개 중요정보를 알게 된 자
	• 준내부자
	  ㉢ 해당법인에 대하여 법령에 따른 인허가 등 권한을 가진 자로서 미공개 중요정보를 알게 된 자
	  ㉣ 해당법인과 계약체결하고 있거나 체결을 교섭하고 있는 자로서 미공개 중요정보를 알게 된 자
	  ㉤ ㉡ ~ ㉣에 해당하는 자의 대리인·사용인·그 밖의 종업원으로서 미공개 중요정보를 알게 된 자
	• 정보수령자 : ㉠ ~ ㉣에 해당하는 자로부터 미공개 중요정보를 받은 자

정답 | ②

46 내부자거래 규제 ★★★

내부자의 단기매매차익 반환제도에 대한 설명으로 잘못된 것은?

① 내부자에 대하여 미공개 중요정보를 이용한 경우에 한하여 특정증권 등의 단기매매차익을 회사에 반환하도록 하는 제도이다.
② 반환대상자에 그 법인의 연구개발에 관련된 업무에 종사하는 직원도 포함된다.
③ 반환대상은 특정 증권 등을 매수 후 6월 이내에 매도하여 얻은 이익 또는 특정 증권 등을 매도 후 6개월 이내에 매수하여 얻은 이익이다.
④ 주권상장법인이 모집·매출하는 특정 증권 등을 인수한 투자매매업자에 대하여 단기매매차익 반환제도를 준용한다.

TIP 내부자에 대하여 미공개 중요정보 이용 여부와 관계없이 특정증권 등의 단기매매차익을 회사에 반환하도록 하는 제도이다.

핵심포인트 해설   내부자의 단기매매차익 반환제도(법 제172조)

의 의	• 내부자에 대하여 미공개 중요정보 이용 여부와 관계없이 특정증권 등의 단기매매차익을 회사에 반환하도록 하는 제도
반환 대상자	• 주요주주, 임원 • 다음에 해당하는 직원 · 그 법인에서 주요보고사항을 수립·변경·추진·기타 이에 관련된 업무에 종사하고 있는 직원 · 그 법인의 재무·회계·기획 연구개발에 관련된 업무에 종사하는 직원
반환대상	• 특정 증권 등을 매수 후 6개월 이내에 매도하여 얻은 이익 • 특정 증권 등을 매도 후 6개월 이내에 매수하여 얻은 이익
공시대상	• 증권선물위원회는 단기매매차익의 발생사실을 알게 된 경우 이를 해당 법인에 통보 • 이 경우 그 법인은 통보받은 내용을 인터넷 홈페이지에 공시해야 함
준 용	• 주권상장법인이 모집·매출하는 특정 증권 등을 인수한 투자매매업자에 대하여 당해 투자매매업자가 인수계약을 체결한 날부터 3개월 이내에 매수 또는 매도하여 그날부터 6개월 이내에 매도 또는 매수하는 경우에 준용함

정답 | ①

내부자거래 규제 ★★★

자본시장법상 미공개 중요정보 이용행위 금지에 대한 설명으로 잘못된 것은?

① 내부자가 업무와 관련된 미공개 중요정보를 특정 증권 등의 매매, 그 밖의 거래에 이용하거나 타인에게 이용하게 하는 행위는 금지된다.
② 내부자규제 적용대상 특정 증권에는 파생결합증권도 포함된다.
③ 적용대상 법인은 상장법인뿐만 아니라 6개월 내 상장이 예정된 법인도 포함된다.
④ 규제대상자는 내부자뿐만 아니라 준내부자, 정보수령자도 포함된다.

TIP 특정 증권 등에 채무증권, 수익증권, 파생결합증권 등은 제외된다.

핵심포인트 해설   미공개 중요정보 이용행위 금지(법 제174조①)

의 의	• 내부자가 업무와 관련된 미공개 중요정보를 특정 증권 등의 매매, 그 밖의 거래에 이용하거나 타인에게 이용하게 하는 행위는 금지됨
미공개 중요정보의 의미	• 투자자의 투자판단에 중대한 영향을 미칠 수 있는 정보 • 대통령령으로 정하는 방법에 따라 불특정 다수인이 알 수 있도록 공개되기 전의 것
적용대상 법인	• 상장법인 • 6개월 내 상장이 예정된 법인
적용대상 증권	• 적용대상 특정 증권 · 상장법인 발행 증권(채무증권, 수익증권, 파생결합증권 제외)(㉠) · 상장법인 발행 증권과 관련된 증권예탁증권(㉡) · 상장법인 외의 자가 발행한 것으로서 ㉠ 또는 ㉡의 증권과 교환을 청구할 수 있는 교환사채권(㉢) · ㉠ ~ ㉢의 증권만을 기초자산으로 한 금융투자상품
규제대상자	• 내부자, 준내부자, 정보수령자

정답 | ②

48

내부자거래 규제 ★★★

자본시장법상 공개매수 관련 정보의 이용행위 금지규정이 적용되는 대상자와 거리가 먼 것은?

① 공개매수예정자의 계열사
② 공개매수예정자의 주요주주
③ 공개매수예정자의 종업원
④ 공개매수예정자의 4촌 이내 친인척

TIP 공개매수예정자의 4촌 이내 친인척이라고 하여 규제대상자가 되는 것은 아니다.

핵심포인트 해설 공개매수 관련 정보의 이용행위 금지(법 제174조②)

의 의	주식 등에 대한 공개매수 실시 또는 중지에 관한 미공개 정보를 특정증권 등의 매매, 그 밖의 거래에 이용하거나 타인에게 이용하게 하는 행위는 금지됨
규제대상자	아래에 해당하는 자로서 공개매수 관련 미공개정보를 알게 된 자 ㉠ 공개매수예정자(계열사 포함) 및 공개매수예정자의 임조원·대리인 ㉡ 공개매수예정자의 주요주주 ㉢ 공개매수예정자에 대하여 법령에 따른 허가·인가·지도·감독, 그 밖의 권한을 가지는 자 ㉣ 공개매수예정자와 계약을 체결하고 있거나 체결을 교섭하고 있는 자 ㉤ ㉡ ~ ㉣에 해당하는 자의 대리인, 사용인, 그 밖의 종업원 ㉥ ㉠ ~ ㉤에 해당하는 자로부터 공개매수 실시·중지에 관한 미공개 정보를 받은 자

정답 ④

49 내부자거래 규제 ★★★

자본시장법상 장내파생상품의 대량보유 보고에 대한 설명으로 잘못된 것은?

① 동일 품목의 장내파생상품을 금융위원회가 정하여 고시하는 수량 이상 보유하게 된 자는 그날부터 5영업일 이내에 그 보유 상황을 금융위원회와 거래소에 보고해야 한다.
② 보유 수량이 금융위원회가 정하여 고시하는 수량 이상으로 변동된 경우에도 보고해야 한다.
③ 보고내용에 해당 장내파생상품을 보유하게 된 시점이나 가격은 포함되지 않는다.
④ 장내파생상품의 기초자산의 중개·유통 또는 검사와 관련된 업무에 종사하는 자는 정보 누설금지 대상자에 포함된다.

TIP 보고내용에는 해당 장내파생상품을 보유하게 된 시점, 가격도 포함된다.

핵심포인트 해설   장내파생상품의 대량보유 보고(법 제173조2①)

의 의	• 동일 품목의 장내파생상품을 금융위원회가 정하여 고시하는 수량 이상 보유하게 된 자는 그날부터 5영업일 이내에 그 보유 상황, 그 밖에 대통령령으로 정하는 사항을 대통령령으로 정하는 방법에 따라 금융위원회와 거래소에 보고해야 함 • 그 보유 수량이 금융위원회가 정하여 고시하는 수량 이상으로 변동된 경우에는 그 변동된 날부터 5일 이내에 그 변동 내용을 대통령령으로 정하는 방법에 따라 금융위원회와 거래소에 보고해야 함
보고내용	• 대량보유자 및 그 위탁을 받은 금융투자업자에 관한 사항 • 해당 장내파생상품의 품목 및 종목 • 해당 장내파생상품을 보유하게 된 시점, 가격, 수량 • 위와 관련된 사항으로 금융위원회가 정하는 사항
파생상품 관련 정보의 누설금지 대상자	• 장내파생상품의 시세에 영향을 미칠 수 있는 정책을 입안·수립 또는 집행하는 자 • 장내파생상품의 시세에 영향을 미칠 수 있는 정보를 생성·관리하는 자 • 장내파생상품의 기초자산의 중개·유통 또는 검사와 관련된 업무에 종사하는 자

정답 | ③

50 시세조종행위 규제 ★★

자본시장법상 시세조종행위의 유형과 거리가 먼 것은?

① 통정매매
② 안정조작
③ 현·선연계 시세조종
④ 헤지거래

용어 알아두기

통정매매	주식매매당사자가 주식의 가격과 수량에 미리 담합하여 매매함으로써 주가를 상승시키는 것을 말한다.

TIP 헤지거래는 정상적인 거래로 시세조종행위와 거리가 멀다.

핵심포인트 해설 — 시세조종행위 유형 및 규제(법 제176조)

의 의	• 시장에서 자연스럽게 형성되어야 할 상장증권 또는 장내파생상품의 가격과 거래동향을 인위적으로 변동시킴으로써 부당이득을 추구하는 행위를 금지함
위장거래에 의한 시세조종	• 통정매매(서로 짜고 하는 증권 또는 장내파생상품의 매매) 금지 • 가장매매(권리이전을 목적으로 하지 않고 거짓으로 꾸민 매매) 금지
현실거래에 의한 시세조종	• 매매가 성황을 이루는 듯이 잘못 알게 하는 행위 금지 • 그 시세를 변동시키는 매매, 위탁, 수탁 행위 금지
허위표시에 의한 시세조종	• 시세가 자기 또는 타인의 시장조작에 의해 변동한다는 말을 유포하는 행위 금지 • 매매 시 중요한 사실에 관하여 거짓의 표시 또는 오해를 유발시키는 표시를 하는 행위 금지
가격고정 또는 안정조작	• 상장증권 또는 장내파생상품의 시세를 고정시키는 매매·위탁·수탁 금지 • 상장증권 또는 장내파생상품의 시세를 안정시키는 매매·위탁·수탁 금지
현·선 / 현·현연계 시세조종	• 장내파생상품 매매에서 부당한 이익을 얻기 위해 기초자산 시세를 변동 또는 고정시키는 현·선연계 시세조종 행위 금지 • 증권 매매에서 부당한 이익을 얻기 위해 그 증권과 연계된 증권의 시세를 변동 또는 고정시키는 현·현연계 시세조종 행위 금지

정답 | ④

제1장 자본시장 관련 법규

시장질서 교란행위 규제 ★★★

자본시장법상 시세관여 교란행위 규제에 대한 설명으로 잘못된 것은?

① 매매유인이나 부당이득의 목적으로 시세에 부당한 영향을 줄 우려가 있는 경우에만 규제할 수 있다.
② 거래 성립 가능성이 희박한 호가를 대량으로 제출하거나 호가를 제출한 후 해당 호가를 반복적으로 정정·취소하는 것도 시세관여 교란행위에 해당한다.
③ 권리이전을 목적으로 하지 않더라도 거짓으로 꾸민 매매는 시세관여 교란행위에 해당한다.
④ 시세관여 교란행위에 대하여 5억원 이하의 과징금을 부과할 수 있고, 위반행위로 얻은 이익의 1.5배가 5억원이 넘는 경우에는 그 금액 이하로 과징금을 부과할 수 있다.

TIP 매매유인이나 부당이득의 목적이 없다고 할지라도 시세에 부당한 영향을 줄 우려가 있다고 판단되면 과징금을 부과할 수 있다.

핵심포인트 해설   시장질서 교란행위 규제(법 제178조2)

의 의	• 시장질서 교란행위를 정보이용 교란행위와 시세관여 교란행위로 구분하여 위반 시 과징금을 부과할 수 있도록 함
정보이용 교란행위	• 규제대상자 확대 : 2차 이상의 다차 정보수령자의 미공개정보 이용, 외부정보 이용, 해킹 등 부정한 방법으로 취득한 정보이용 등을 규제함 • 규제대상 행위 : 상장증권, 장내파생상품 또는 이를 기초자산으로 하는 파생상품의 매매, 그 밖의 거래에 미공개정보를 이용하거나 타인에게 이용하는 행위를 금지함 • 규제대상자 · 내부자로부터 나온 미공개 중요정보 또는 미공개정보인 것을 알면서 이를 받거나 전득한 자(㉠) · 직무와 관련하여 미공개정보를 생산하거나 알게 된 자(㉡) · 해킹, 절취, 기망, 협박 등 부정한 방법으로 정보를 알게 된 자(㉢) · ㉡과 ㉢의 자들로부터 나온 정보인 점을 알면서 이를 받거나 전득한 자
시세관여 교란행위	• 규제범위 확대 : 매매유인이나 부당이득의 목적이 없다고 할지라도 시세에 부당한 영향을 줄 우려가 있다고 판단되면 과징금을 부과할 수 있음 • 규제대상 행위 · 거래 성립 가능성이 희박한 호가를 대량으로 제출하거나 호가를 제출한 후 해당 호가를 반복적으로 정정·취소 · 권리의 이전을 목적으로 하지 않지만 거짓으로 꾸민 매매 · 손익이전·조세회피 목적으로 타인과 서로 짜고 하는 매매 · 풍문유포·거짓계책으로 가격에 오해유발 또는 왜곡할 우려가 있는 행위
과징금	• 5억원 이하의 과징금을 부과할 수 있음

정답 | ①

52

장외거래 ★

투자매매업자(또는 투자중개업자)의 장외파생상품 매매에 대한 설명으로 잘못된 것은?

① 장외파생상품 거래의 상대방이 일반투자자인 경우에는 그 일반투자자가 위험회피목적의 거래를 하는 경우에만 가능하다.
② 장외파생상품의 매매를 할 때마다 파생상품업무책임자의 승인을 받아야 한다.
③ 장외파생상품에 대한 투자권유 시 적정성 원칙은 일반투자자에게만 적용되고 전문투자자에게는 적용되지 않는다.
④ $\dfrac{\text{영업용순자본} - \text{총위험액}}{\text{업무 단위별 자기자본합계액}}$ 이 150%에 미달하는 경우에는 그 미달상태가 해소될 때까지 위험회피에 관련된 업무를 수행할 수 없다.

TIP $\dfrac{\text{영업용순자본} - \text{총위험액}}{\text{업무 단위별 자기자본합계액}}$ 이 150%에 미달하는 경우에는 그 미달상태가 해소될 때까지 새로운 장외파생상품의 매매를 중지하고, 미종결거래의 정리나 위험회피에 관련된 업무만을 수행해야 한다.

핵심포인트 해설   투자매매업자(또는 투자중개업자)의 장외파생상품 매매

구분	내용
장외거래 시 준수사항 (법 제166조2)	• 장외파생상품 거래의 상대방이 일반투자자인 경우에는 그 일반투자자가 위험회피목적의 거래를 하는 경우에 한할 것 • 장외파생상품 매매에 따른 위험액이 금융위원회가 정한 한도를 초과하지 않을 것 • $\dfrac{\text{영업용순자본} - \text{총위험액}}{\text{업무 단위별 자기자본합계액}}$ 이 150%에 미달하는 경우에는 그 미달상태가 해소될 때까지 새로운 장외파생상품의 매매를 중지하고 미종결거래의 정리나 위험회피에 관련된 업무만을 수행할 것 • 장외파생상품의 매매를 할 때마다 파생상품업무책임자의 승인을 받을 것(다만, 금융위원회가 정하여 고시하는 기준을 충족하는 계약으로서 거래당사자 간에 미리 합의된 계약조건에 따라 장외파생상품을 매매하는 경우는 제외) • 월별 장외파생상품(파생결합증권 포함)의 매매, 그 중개·주선 또는 대리의 거래내역을 다음 달 10일까지 금융위원회에 보고할 것
장외거래의 청산의무 (법 제166조3)	• 금융투자업자는 다른 금융투자업자와 청산의무거래를 하는 경우 청산회사에게 청산의무거래에 따른 자기와 거래상대방의 채무를 채무인수, 경개, 그 밖의 방법으로 부담하게 해야 함
장외파생상품 차액결제거래	• 투자매매(중개)업자가 장외파생상품을 차액결제거래하는 경우에는 '증거금'을 징구해야 함 • 증거금은 대용증권으로 대신할 수 있음
개인인 전문투자자의 장외파생상품 투자요건	• 개인이라도 전문투자자에 해당하면 위험회피목적이 아닌 장외파생상품거래를 할 수 있음 • 단, 최근 5년 중 1년 이상의 기간 동안 지분증권·파생상품·고난도파생결합증권의 월말평균잔고가 3억원 이상이어야 함

정답 | ④

장외거래 ★

환매조건부매매를 하는 경우 준수사항과 거리가 먼 것은?

① 국채, 지방채, 특수채, 그 밖에 금융위원회가 정하여 고시하는 증권을 대상으로 할 것
② 매매가격은 시장에서 정해지는 시가로 할 것
③ 환매수 또는 환매도하는 날을 정할 것
④ 환매조건부매도를 한 증권의 보관 및 교체에 관하여 금융위원회가 정하여 고시하는 기준을 따를 것

TIP 금융위원회가 정하여 고시하는 매매가격으로 매매해야 한다.

핵심포인트 해설   채권의 장외거래

(1) 채권중개전문회사가 증권시장 외에서 중개업무를 하는 경우 준수사항
　① 전문투자자, 체신관서, 그 밖에 금융위원회가 고시한 자 간의 매매의 중개일 것
　② 동시에 다수의 자를 각 당사자로 하여 당사자가 매매하고자 제시하는 채무증권의 종목, 매수·매도호가와 그 수량을 공표할 것
　③ 채무증권의 종목별로 당사자 간의 매도·매수호가가 일치하는 가격으로 매매를 체결시킬 것
　④ 업무방법 등이 금융위원회가 정하여 고시하는 기준을 충족할 것

(2) 환매조건부매매를 하는 경우 준수사항
　① 국채, 지방채, 특수채, 그 밖에 금융위원회가 정하여 고시하는 증권을 대상으로 할 것
　② 금융위원회가 정하여 고시하는 매매가격으로 매매할 것
　③ 환매수 또는 환매도하는 날을 정할 것
　④ 환매조건부매도를 한 증권의 보관 및 교체에 관하여 금융위원회가 정하여 고시하는 기준을 따를 것

정답 | ②

54 금융기관 검사 및 제재 ★★

금융감독원의 금융기관 검사에 대한 설명으로 잘못된 것은?

① 대부분의 종합검사는 서면검사로 실시한다.
② 농협의 신용사업부문도 검사대상기관에 포함된다.
③ 자본시장법에 의한 조치 및 명령은 증권선물위원회의 사전심의를 거쳐 조치한다.
④ 검사결과의 조치는 금융위원회의 심의 및 의결을 거쳐 조치하고, 금융감독원장 위임사항은 금융감독원장이 직접 조치한다.

TIP 대부분의 종합검사는 현장검사로 실시한다.

핵심포인트 해설   금융감독원의 금융기관 검사

대상기관	• 은행, 금융투자업자, 증권금융회사, 종합금융회사, 명의개서대행회사 • 보험사, 상호저축은행, 신협, 여신전문금융사 및 겸영여신업자, 농·수협 신용사업부문 등
검사방법	• 검사구분 : 종합검사, 부분검사 • 검사방법 : 현장검사(대부분 종합검사는 현장검사로 실시), 서면검사
검사절차	• 사전조사 : 검사를 위한 자료파악 • 검사실시 : 관련문서 징구, 관련자 진술 청취 등 • 결과보고 : 위법, 부당한 사항 적출 보고 • 검사결과 조치 : 경고, 문책 등 • 사후관리 : 시정사항 이행보고 등
검사결과의 처리	• 금융감독원장은 검사결과를 검사서에 의하여 금융기관에 통보하고 필요한 조치를 취하거나 금융기관의 장에게 이를 요구할 수 있음 • 검사결과 조치는 금융위원회의 심의 및 의결을 거쳐 조치하고, 금융감독원장 위임사항은 금융감독원장이 직접 조치함 • 금융투자업자 또는 그 임직원에 대한 과태료 부과 가능 • 자본시장법에 의한 조치 및 명령은 증권선물위원회의 사전심의를 거쳐 조치함

정답 | ①

금융기관 검사 및 제재 ★★

금융감독원의 금융기관 제재절차에 대한 설명으로 잘못된 것은?

① 감독원장은 제재심의를 위해 제재심의위원회를 설치하여 심의해야 하나 금융감독원장이 필요하다고 인정하는 때에는 심의회의 심의를 생략할 수도 있다.
② 감독원장은 제재하고자 할 경우 제재내용을 예외 없이 제재대상자에게 사전에 통지해야 한다.
③ 감독원장은 상당한 기간을 정해 제재대상자에게 구술 또는 서면에 의한 의견진술의 기회를 주어야 한다.
④ 감독원장은 증거서류 오류·누락, 법원의 무죄판결 등으로 그 제재의 위법·부당함을 발견하였을 때 직권으로 재심하여 조치할 수 있다.

TIP 감독원장은 제재하고자 할 경우 제재내용을 사전에 통지해야 하나 처분의 성질상 불필요하다고 인정되는 사유가 있으면 사전통지를 하지 않을 수도 있다.

핵심포인트 해설   금융감독원의 금융기관 제재절차

심의회 설치	• 감독원장은 제재심의를 위해 제재심의위원회 설치 및 운영 • 감독원장이 필요하다고 인정하는 때에는 심의회의 심의 생략 가능
사전통지	• 감독원장은 제재하고자 할 경우 제재내용을 사전에 통지해야 함 • 처분의 성질상 불필요하다고 인정되는 사유가 있으면 사전통지를 하지 않을 수 있음
의견진술	• 감독원장은 상당한 기간을 정해 제재대상자에게 구술 또는 서면에 의한 의견진술 기회를 주어야 함 • 금융업관련법에서 의견청취의 방법을 청문 등으로 별도로 정하고 있는 경우에는 그에 따름
불복절차	• 이의신청·행정심판·행정소송 등
이의신청	• 당해 제재처분(또는 조치요구)이 위법 또는 부당하다고 인정되는 경우에는 금융위원회 또는 감독원장에게 이의신청 가능 • 감독원장이 당해 이의신청이 이유가 없다고 인정하는 경우에는 이를 기각하고, 이유가 있다고 인정하는 경우에는 당해 처분을 취소 또는 변경해야 함 • 이의신청 처리결과에 대하여 다시 이의신청을 할 수 없음 • 감독원장은 증거서류 오류·누락, 법원의 무죄판결 등으로 그 제재의 위법·부당함을 발견하였을 때 직권으로 재심하여 조치 가능
이사회 보고	• 금융기관의 장은 제재조치를 받은 경우 감독원장이 정하는 바에 따라 이사회 앞으로 보고 또는 주주총회 등 필요한 절차를 취해야 함

정답 | ②

56 금융기관 검사 및 제재 ★★

금융사고 예방과 관련하여 금융기관이 금융감독원장에게 보고해야 하는 사항과 거리가 먼 것은?

① 민사소송에서 패소확정된 경우
② 소송물 가액이 최근 분기 말 현재 자기자본의 1%를 초과하는 민사소송에 피소된 경우
③ 소송물 가액이 최근 분기 말 현재 50억원을 초과하는 민사소송에 피소된 경우
④ 금융사고에는 해당하지 않으나 금융기관이 보고할 필요가 있다고 판단하는 중요한 사항

TIP 소송물 가액이 최근 분기 말 현재 100억원을 초과하는 민사소송에 피소된 경우 감독원장에게 보고해야 한다.

핵심포인트 해설 — 금융기관의 금융사고 예방제도

내부통제	• 금융기관은 금융사고 예방을 위한 내부통제제도를 수립·운영해야 함
자체감사	• 금융기관은 연간 감사계획을 수립하여 자체감사를 실시해야 함 • 금융감독원장이 요구하는 경우 연간 또는 분기 감사계획을 제출해야 함
금융사고 발생 시	• 금융기관은 금융사고 발생 시 즉시 감독원장에게 보고해야 함 • 금융기관은 사고와 관련 있는 임직원에 대하여 지체 없이 책임소재를 규명하고 징계 등 필요한 조치를 해야 함(금융사고 보고를 고의로 지연하거나 숨긴 자에 대하여도 금융사고 관련 임직원에 준하여 처리) • 금융사고 보고의 대상 및 보고시기는 금융감독원장이 따로 정함
주요정보사항 보고	• 금융기관은 아래에 해당하는 사유 발생 시 감독원장에게 보고해야 함 · 민사소송에서 패소확정된 경우 · 소송물 가액이 최근 분기 말 현재 자기자본의 1% 또는 100억원을 초과하는 민사소송에 피소된 경우 · 금융사고에는 해당하지 않으나 금융기관이 보고할 필요가 있다고 판단하는 중요한 사항 또는 사건

정답 | ③

57 자본시장 조사업무

자본시장 조사업무 규정에 의한 조사대상이 되는 행위와 거리가 먼 것은?

① 미공개정보 이용 행위
② 내부자 단기매매차익 행위
③ 상장법인 공시의무 위반 행위
④ 임직원의 회사재산횡령 행위

TIP 임직원의 회사재산횡령 행위는 조사업무규정의 조사대상이 아니라 형법상 조사대상이다.

핵심포인트 해설 — 자본시장 조사업무

의의	• 협의 : 시세조종 등 불공정행위에 대한 조사업무 • 광의 : 법령·규정 위반 여부 또는 투자자보호를 위해 필요하다고 인정되는 사항을 조사하여 필요한 조치를 취하는 업무
조사대상	• 금융위원회 및 금융감독원 업무와 관련하여 위법행위 혐의가 발견된 경우 • 한국거래소로부터 위법행위 혐의사실을 이첩받은 경우 • 각 급 검찰청의 장으로부터 위법행위에 대한 조사를 요청받거나 그 밖의 행정기관으로부터 위법행위의 혐의사실을 통보받은 경우 • 위법행위에 관한 제보를 받거나 조사를 의뢰하는 민원을 접수한 경우 • 기타 공익 및 투자자보호를 위하여 조사의 필요성이 인정되는 경우 • 주요대상 : 미공개정보 이용 행위, 불공정거래 행위, 내부자 단기매매차익, 상장법인 공시의무 위반, 특정 증권 등 소유 및 변동사항 보고 위반, 주식대량보유보고 위반 등
면제대상	• 당해 위법행위에 대한 충분한 증거가 확보되어 있고 다른 위법행위가 발견되지 않은 경우 • 당해 위법행위와 함께 다른 위법행위의 혐의가 있으나 그 혐의내용이 경미하여 조사의 실익이 없다고 판단되는 경우 • 공시자료, 언론보도 등에 의하여 알려진 사실이나 풍문만을 근거로 조사를 의뢰하는 경우 • 당해 위법행위에 대한 제보가 익명 또는 가공인 명의의 진정·탄원·투서 등에 의해 이루어지거나 그 내용이 조사단서로서의 가치가 없다고 판단되는 경우 • 당해 위법행위와 동일한 사안에 대하여 검찰이 수사를 개시한 사실이 확인된 경우
조사결과조치	• 형사제재 : 고발 또는 수사기관에 통보 • 금융위원회의 시정명령 또는 처분명령 • 과태료 또는 과징금 부과 • 1년 이내의 증권발행 제한, 임원 해임 권고, 등록취소 등

정답 | ④

58 금융소비자보호법 개관 ★★

금융소비자보호법의 규제체계에 대한 설명 중 잘못된 것은?

① 동일기능-동일규제의 원칙이 적용될 수 있도록 금융상품 및 판매업의 유형을 재분류하였다.
② 금융상품은 예금성 상품, 투자성 상품, 보장성 상품, 대출성 상품으로 분류하였다.
③ 금융상품판매업을 영위하더라도 금융관계법상 금융상품판매업 관련 인허가 또는 등록하지 않은 경우에는 금융상품판매업자에 해당되지 않는다.
④ 일반사모집합투자업자도 금융상품 직접판매업자이 해당된다.

TIP 금융관계법상 금융상품판매업 관련 인허가 또는 등록하지 않은 경우라도 금융상품판매업을 영위하도록 규정한 경우에는 금융상품판매업자에 해당된다. 원칙적으로 모든 집합투자업자가 금융상품판매업자에 해당된다.

핵심포인트 해설 | 금융소비자보호법상 기능별 규제체계

(1) 금융상품 분류

예금성 상품	은행법상 예금, 적금, 부금 등
투자성 상품	자본시장법상 금융투자상품, 투자일임계약, 신탁계약(관리형신탁 및 투자성 없는 신탁은 제외) 등
보장성 상품	보험업법상 보험상품 및 이와 유사한 것(생명보험, 손해보험 등)
대출성 상품	신용거래융자, 신용대주, 증권담보대출, 청약자금대출 등

(2) 금융상품판매업자 분류

직접판매업자	자신이 직접 계약의 상대방으로서 금융상품에 관한 계약체결을 영업으로 하는 자(예 은행, 보험사, 저축은행 등)
판매 대리·중개업자	금융회사와 금융소비자의 중간에서 금융상품 판매를 중개하거나 금융회사의 위탁을 받아 판매를 대리하는 자(예 투자권유대행인, 보험설계·중개사, 보험대리점, 카드·대출모집인 등)
자문업자	금융소비자가 본인에게 적합한 상품을 구매할 수 있도록 자문을 제공하는 자(예 투자자문업자)

정답 ③

금융소비자보호법 주요내용 ★★★

금융소비자의 권익 강화제도에 대한 설명 중 잘못된 것은?

① 청약철회권은 보장성 상품과 대출성 상품에만 가능하다.
② 금융분쟁조정이 신청된 사건에 대하여 소송이 진행 중일 경우 법원은 그 소송을 중지할 수 있다.
③ 소비자가 신청한 소액분쟁이 있는 경우 분쟁조정 완료 시까지 금융회사의 제소가 금지된다.
④ 금융소비자가 분쟁조정·소송 등 대응 목적으로 금융회사 등이 유지·관리하는 자료의 열람 요구 시 금융회사는 수용할 의무가 있다.

TIP 청약철회권은 보장성·대출성·투자성 상품 및 자문 등까지 확대되어 적용된다.

핵심포인트 해설   금융소비자 권익강화를 위한 제도

(1) 청약철회권
① 의의 : 일정기간 내 금융소비자가 금융상품 계약을 철회하는 경우 판매자는 이미 받은 금전·재화 등을 반환해야 함(보장성·대출성·투자성 상품 및 자문에 확대적용)
② 청약철회 가능기간

투자성 상품	계약서류 제공일 또는 계약체결일로부터 7일 이내
대출성 상품	계약서류 제공일 또는 계약체결일로부터 14일 이내

(2) 계약서류 제공의무 및 기록 유지·관리의무

계약서류 제공의무	• 금융상품판매업자는 소비자와 계약체결 시 계약서, 약관, 설명서 등 계약서류를 지체 없이 교부해야 함
자료기록·유지·관리의무	• 금융상품판매업자는 업무관련 자료를 기록하고 유지·관리해야 함 • 유지관리기간 : 원칙 10년

(3) 사후구제 제도

금융분쟁조정제도	소비자는 금융분쟁 발생 시 금융감독원에 분쟁조정 신청할 수 있으며, 분쟁의 당사자가 조정안을 수락한 경우 재판상 화해와 같은 효력이 있음
소송중지제도	분쟁조정이 신청된 사건에 대하여 소송이 진행 중일 경우 법원이 그 소송을 중지할 수 있도록 한 제도
조정이탈금지제도	소비자가 신청한 소액분쟁(2천만원 이하의 분쟁)이 있는 경우 분쟁조정 완료 시까지 금융회사의 제소를 금지하는 제도
자료열람요구권	금융소비자가 분쟁조정·소송 등 대응 목적으로 금융회사 등이 유지·관리하는 자료의 열람 요구 시 금융회사는 수용할 의무가 있음
손해배상책임	금융상품판매업자가 설명의무를 위반하여 소비자에게 손해를 입힌 경우, 자신의 고의 또는 과실을 입증하지 못하면 손해배상책임을 면할 수 없음(입증책임을 금융소비자에서 금융상품판매업자로 전환시킴)

정답 | ①

60

금융소비자보호법 주요내용 ★★★

금융소비자보호법상 금융소비자의 위법계약해지권에 대한 설명으로 가장 적절한 것은?

① 금융상품판매업자가 광고규제를 위반한 경우에도 적용된다.
② 위법계약해지권이 적용되는 상품에 금융상품자문계약은 포함되지 않는다.
③ 계약체결일로부터 5년 이내의 범위에서 위법사실을 안 날로부터 1년 이내에 해지요구가 가능하다.
④ 위법계약의 해지는 소급적 효력이 있기 때문에 금융상품판매업자는 원상회복의무가 있다.

TIP
① 위법계약해지권은 5대 판매규제(적합성 원칙, 적정성 원칙, 설명의무, 불공정영업행위금지, 부당권유행위금지) 위반 시 적용된다.
② 위법계약해지권이 적용되는 상품에는 투자일임계약, 금전신탁계약, 금융상품자문계약 등이 있고, 적용되지 않는 상품에는 P2P업자와 체결하는 계약, 양도성예금증서, 표지어음 등이 있다.
④ 위법계약해지의 효력은 장래에 대하여만 효력이 있으므로 금융상품판매업자의 원상회복의무는 없다.

핵심포인트 해설 — 금융소비자의 위법계약해지권

행사요건	• 5대 판매규제 위반(적합성 원칙, 적정성 원칙, 설명의무, 불공정영업행위 금지, 부당권유행위 금지) • 적용상품 : 투자일임계약, 금전신탁계약, 금융상품자문계약 • 적용제외상품 : P2P업자와 체결하는 계약, 양도성예금증서, 표지어음
해지요구기간	• 계약체결일로부터 5년 이내의 범위에서 위법사실을 안 날로부터 1년 이내
수락통지	• 금융상품판매업자는 10일 이내에 소비자의 해지요구에 대한 수락여부를 통지해야 함 • 해지요구를 거절할 경우 거절사유를 함께 통지해야 함
위법계약해지의 효력	• 장래효(비소급효) : 금융상품판매업자의 원상회복의무는 없음 • 금융소비자에 대한 해지관련 비용 요구 불가

정답 | ③

6대 판매원칙 위반 시 제재 ★★★

금융소비자보호법상 6대 판매원칙에 대한 설명 중 잘못된 것은?

① 적합성 원칙에 의하여 재산상황, 금융상품 취득·처분 경험 등에 비추어 적합하지 아니하다고 인정되는 금융상품 계약체결의 권유를 금지한다.
② 적정성 원칙은 파생상품, 파생결합증권, 파생상품펀드 등에만 적용된다.
③ 금융상품 계약체결을 권유하거나 소비자가 설명을 요청하는 경우 상품의 중요사항을 소비자가 이해할 수 있도록 설명해야 한다.
④ 금융상품 계약체결 권유 시 소비자가 오인할 우려가 있는 허위 사실 등을 알리는 행위를 금지한다.

TIP 금융소비자보호법상 적정성 원칙은 파생상품 관련 상품뿐만 아니라 대출성·보장성 상품에도 확대 적용된다.

핵심포인트 해설 금융소비자보호법상 6대 판매원칙

적합성 원칙	• 투자성상품에만 도입되었던 적합성 원칙을 대출성·보장성 상품까지 확대 • 금융소비자의 재산상황, 금융상품취득·처분경험 및 목적 등에 비추어 투자성향에 부적합한 상품의 계약체결의 권유를 금지함
적정성 원칙	• 파생상품 등에만 도입되었던 적정성 원칙을 일부 대출성·보장성 상품에도 확대적용 • 위험도가 높은 투자성·대출성 상품은 투자권유가 없는 경우에도 소비자의 투자성향을 파악하고, 해당투자의 적정성 여부를 해당 소비자에게 알려야 함
설명의무	• 은행법·자본시장법 등에 각각 규정된 설명의무를 금융소비자보호법으로 통합·이관함 • 금융상품 계약체결을 권유하거나 소비자가 설명을 요청하는 경우 상품의 중요사항을 소비자가 이해할 수 있도록 설명해야 함
불공정영업행위 금지	• 판매업자가 금융상품 판매 시 우월적 지위를 이용하여 소비자의 권익을 침해하는 행위 금지함 • 제3자 연대보증 요구, 업무 관련 편익요구, 연계·제휴서비스 부당하게 축소·변경하는 행위, 대출실행 후 3년 경과 시 중도상환수수료 부과 등이 금지됨
부당권유행위 금지	• 금융상품 계약체결 권유 시 소비자가 오인할 우려가 있는 허위 사실 등을 알리는 행위를 금지함 • 불확실한 사항에 대한 단정적 판단을 제공하는 행위, 내부통제기준에 따른 교육을 받지 않은 자로 하여금 계약체결 권유와 관련된 업무를 하게 하는 행위 등 금지
광고 규제	• 금융상품 또는 판매업자등의 업무에 관한 광고 시 필수 포함사항 및 금지행위 등을 규정함 • 필수 포함사항 : 설명서·약관을 읽어볼 것을 권유하는 내용, 판매업자 명칭, 금융상품 내용, 운용실적이 미래수익률을 보장하지 않는다는 사실, 보험료인상 및 보장내용 변경 가능여부

정답 | ②

62

6대 판매원칙 위반 시 제재 ★★★

금융소비자보호법상 6대 판매원칙 위반에 대한 제재와 가장 거리가 먼 것은?

① 금융소비자는 위법계약해지권을 행사할 수 있다.
② 금융위원회는 판매제한 명령을 할 수 있다.
③ 금융상품판매업자에 대하여 수입의 50%까지 과징금을 부과할 수 있다.
④ 금융소비자는 설명의무위반에 따른 손해배상청구 소송 시 판매업자의 고의·과실에 대한 입증책임이 있다.

TIP 설명의무위반에 따른 손해배상청구 소송 시 고의·과실 입증책임을 금융소비자에서 금융회사로 전환하여 금융소비자의 입증부담을 완화하였다.

핵심포인트 해설 | 판매원칙 위반에 대한 제재

금융소비자의 위법계약해지권	• 위법한 계약체결에 대하여 소비자의 해지 요구 시 금융회사가 정당한 사유를 제시하지 못하는 경우에 소비자가 일방적으로 계약해지 할 수 있음 • 위법계약해지권 행사기간 : 계약체결 후 5년 안에 위법사실을 안 날로부터 1년 이내에 행사해야 함
금융위원회의 판매제한 명령	• 시정·중지 명령 : 금융소비자의 권익 보호 및 건전한 거래질서를 위해 필요하다고 인정하는 경우 명령가능 • 판매제한 명령 : 금융상품으로 인하여 금융소비자의 재산상 현저한 피해가 발생할 우려가 있다고 명백히 인정되는 경우에 명령가능
징벌적 과징금	• 주요 판매원칙(설명의무, 불공정영업행위·부당권유행위 금지, 광고규제) 위반 시 징벌적 과징금 부과 • 판매업자가 주요 판매원칙 등을 위반한 경우, 그로 인해 얻은 수익의 50%까지 과징금 부과 가능
과태료	• 1억원 이하 과태료를 부과하는 경우 : 설명의무, 불공정영업행위 금지, 부당권유행위 금지, 광고규제 위반 등 • 3천만원 이하 과태료를 부과하는 경우 : 적합성·적정성 원칙 미준수 등

정답 | ④

출제예상문제

☑ 다시 봐야 할 문제(틀린 문제, 풀지 못한 문제, 헷갈리는 문제 등)는 문제 번호 하단의 네모박스(□)에 체크하여 반복학습하시기 바랍니다.

01 중요도 ★★
다음 중 자본시장법상 증권의 연결이 적절하지 않은 것은?
① 채무증권 – 기업어음증권
② 지분증권 – 주택저당증권
③ 수익증권 – 투자신탁
④ 증권예탁증권 – KDR

02 중요도 ★★
자본시장법상 증권의 개념에 대한 설명으로 잘못된 것은?
① 파생결합증권의 기초자산 범위는 금융투자상품 통화, 일반상품, 신용위험, 그 밖에 자연적, 환경적 현상 등에 속하는 위험으로서 평가가 가능한 것은 모두 가능하다.
② 특정 투자자가 그 투자자와 타인과의 공동사업에 금전 등을 투자하고 주로 타인이 수행한 공동사업의 결과에 따른 손익을 귀속받는 계약상의 권리는 투자계약증권에 해당한다.
③ 증권의 발행주체에 내국인과 외국인을 모두 포함함으로써 자본시장법에 역외적용을 실행하고 있다.
④ 해외예탁증권은 자본시장법상 증권의 대상에 포함되지 않는다.

03
중요도 ★
파생상품의 정의에 대한 설명으로 잘못된 것은?

① 파생결합증권은 기초자산의 가격·이자율·지표·단위 또는 이를 기초로 하는 지수 등의 변동과 연계하여 미리 정해진 방법에 따라 지급금액(회수금액)이 결정되는 권리가 표시된 파생상품이다.

② 선도(Forwards) 또는 선물(Futures)은 기초자산이나 기초자산의 가격·이자율·지표·단위 또는 이를 기초로 하는 지수 등에 의하여 산출된 금전 등을 장래의 특정 시점에 인도할 것을 약정하는 계약이다.

③ 스왑(Swap)은 장래의 일정 기간 동안 미리 정한 가격으로 기초자산이나 기초자산의 가격·이자율·지표·단위 또는 이를 기초로 한 지수 등에 의하여 산출된 금전 등을 교환할 것을 약정하는 계약이다.

④ 옵션(Option)은 당사자 어느 한쪽의 의사표시에 의하여 기초자산이나 기초자산의 가격·이자율·지표·단위 또는 이를 기초로 하는 지수 등에 의하여 산출된 금전 등을 수수하는 거래를 성립시킬 수 있는 권리를 부여하는 것을 약정하는 계약이다.

정답 및 해설

01 ② 지분증권에는 주권, 신주인수권이 표시된 증권 등이 있다. 주택저당증권은 수익증권에 속한다.
02 ④ 해외예탁증권도 증권의 대상에 포함하고 있다.
03 ① 파생결합증권은 자본시장법상 증권에 속하는 것으로 파생상품의 범주에 속하지 않는다.

04 중요도 ★★
서면통지로 의사표시를 하면 일반투자자 대우를 받을 수 있는 전문투자자는?
① 보험회사　　　　　　　　　② 여신전문 금융회사
③ 산림조합중앙회　　　　　　 ④ 지방자치단체

05 중요도 ★★★
자본시장법상 금융투자상품에서 배제한 것과 거리가 먼 것은?
① 양도성예금증서(CD)　　　　② 자산담보부증권(ABS)
③ 관리형신탁의 수익권　　　　④ 주식매수선택권(Stock Option)

06 중요도 ★
금융투자업 중 투자매매업 적용이 배제되는 경우와 거리가 먼 것은?
① 자기가 증권을 발행하는 경우
② 투자매매업자를 상대방으로 하거나 투자중개업자를 통해 금융투자상품을 매매하는 경우
③ 특정 전문투자자 간에 환매조건부매매를 하는 경우
④ 투자권유대행인이 투자권유를 대행하는 경우

07 중요도 ★★
다음 중 금융투자업자의 자산건전성 분류에 대한 기술 중 적절하지 않은 것은?
① 금융투자업자는 매 분기마다 자산 및 부채에 대한 건전성을 정상, 요주의, 고정, 회수의문, 추정손실의 5단계로 분류해야 한다.
② 정상으로 분류된 자산은 대손충당금을 적립하지 않아도 된다.
③ 매 분기말 현재 고정이하로 분류된 채권에 대하여 적정한 회수예상가액을 산정해야 한다.
④ 금융투자업자는 자산건전성 분류기준의 설정 및 변경, 동 기준에 따른 자산건전성 분류 결과 및 대손충당금 적립결과를 감독원장에게 보고해야 한다.

08 다음 중 자본시장법상 금융투자업에 대한 설명이 적절하지 못한 것은?

① 투자매매업은 누구의 명의로 하든지 자기의 계산으로 금융투자상품의 매매 등을 영업으로 하는 금융투자업이다.
② 투자중개업은 누구의 명의로 하든지 타인의 계산으로 금융투자상품의 매매 등을 영업으로 하는 금융투자업이다.
③ 집합투자업은 2인 이상에게 투자권유를 하여 모은 금전 등을 운용하고 그 결과를 투자자에게 배분하여 귀속시키는 금융투자업이다.
④ 투자자문업은 금융투자상품의 가치 또는 금융투자상품에 대한 투자판단에 관하여 자문에 응하는 것을 영업으로 하는 금융투자업이다.

정답 및 해설

04 ④ ①②③ 어떠한 경우에도 일반투자자 대우를 받을 수 없는 절대적 전문투자자이다.
05 ② 자본시장법은 원화표시 CD, 관리형신탁의 수익권, 주식매수선택권(Stock Option) 등을 정책적으로 금융투자상품에서 배제하였다.
06 ④ 투자중개업 적용이 배제되는 경우에 해당한다.

> 참고 투자매매업 적용이 배제되는 경우
>
> • 자기가 증권을 발행하는 경우(단, 수익증권, 파생결합증권, 투자성 있는 예금 및 보험의 발행은 투자매매업에 해당)
> • 투자매매업자를 상대방으로 하거나 투자중개업자를 통해 금융투자상품을 매매하는 경우
> • 국가·지자체가 공익을 위해 법령에 따라 금융투자상품을 매매하는 경우
> • 한국은행이 공개시장조작을 하는 경우
> • 특정 전문투자자 간에 환매조건부매매를 하는 경우

07 ② 대손충당금 적립기준은 정상 분류자산은 0.5%, 요주의 분류자산은 2%, 고정 분류자산은 20%, 회수의문 분류자산은 75%, 추정손실 분류자산은 100%이다.
08 ③ 집합투자업은 2인 이상의 투자자로부터 모은 금전 등을 운용하고 그 결과를 투자자에게 배분하여 귀속시키는 금융투자업이다. 집합투자업을 정의할 때 과거에는 '2인 이상에게 투자권유를 하여 모은'이라고 정하고 있었으나 '2인 이상의 투자자로부터 모은'으로 개정되어 수익자가 1인인 사모단독펀드의 설정을 제한하고 있다.

제1장 자본시장 관련 법규

09 중요도 ★★

영업용순자본 규제의 기본원칙과 거리가 먼 것은?

① 순자본비율 산정의 기초가 되는 금융투자업자의 자산, 부채, 자본은 연결재무제표에 계상된 장부가액을 기준으로 한다.
② 시장위험과 신용위험을 동시에 내포하는 자산에 대하여는 시장위험액과 신용위험액을 모두 산정한다.
③ 영업용순자본 산정 시 차감항목에 대하여는 원칙적으로 위험액을 산정하지 않는다.
④ 영업용순자본의 차감항목과 위험액 산정대상 자산 사이에 위험회피효과가 있는 경우에는 위험액 산정대상 자산의 위험액을 산정하지 않는다.

10 중요도 ★★

다음 중 〈다자간 매매체결회사〉에 대한 설명이 적절하지 않은 것은?

① 정규거래소 이외의 매수자와 매도자 간 매매를 체결시켜주는 대체거래시스템이다.
② 의결권 있는 발행주식총수의 10%를 초과하여 소유할 수 없다.
③ 주식소유한도를 위반한 경우 그 초과분은 의결권을 행사할 수 없다.
④ 투자매매업의 경우 자기자본 300억원, 투자중개업의 경우 200억원이 있어야 한다.

11 중요도 ★★

자본시장법상 투자자에 대한 설명으로 잘못된 것은?

① 상호저축은행중앙회는 절대적 전문투자자이므로 전문투자자로 대우받겠다는 취지의 서면 없이도 장외파생상품 거래를 할 수 있다.
② 비상장법인은 금융위원회로부터 전문투자자로 확인받아도 자발적 전문투자자이므로 장외파생상품거래 시 일반투자자로 대우받는다.
③ 일반투자자는 금융위원회의 전문투자자 확인을 받았더라도 적정성 원칙을 적용하여 파생결합증권에 투자할 수 있다.
④ 불초청권유금지 원칙은 전문투자자와 일반투자자 구분 없이 적용되므로 전문투자자라도 장외파생상품은 실시간 대화 등의 방법으로 투자권유 요청 없이는 투자권유를 할 수 없다.

12 중요도 ★★
자본시장법상 금융투자업의 진입규제에 대한 설명으로 잘못된 것은?

① 투자자에게 노출되는 위험의 크기에 따라 인가제와 등록제를 차별적으로 적용한다.
② 상품의 특성상 위험이 높은 장외파생상품 등을 대상으로 하는 인가는 진입요건을 강화하였다.
③ 투자자보호를 위해 투자중개업보다 투자일임업의 진입요건을 더 강화하였다.
④ 투자자의 위험감수능력에 따라 일반투자자를 상대로 하는 경우에는 전문투자자를 상대하는 경우보다 진입요건을 강화하였다.

13 중요도 ★★
다음 중 금융위원회의 적기시정조치 중 경영개선명령에 대한 설명이 적절하지 않은 것은?

① 경영실태평가 결과 종합평가등급을 4등급 이하로 판정받은 경우에 경영개선명령의 조치를 할 수 있다.
② 순자본비율이 0% 미만인 경우 경영개선명령의 조치를 할 수 있다.
③ 부실금융기관에 해당되는 경우 주식의 일부 또는 전부소각 조치를 할 수 있다.
④ 금융위원회는 해당 금융기관 임원의 직무집행정지 및 관리인 선임을 할 수 있다.

정답 및 해설

09 ④ 영업용순자본의 차감항목과 위험액 산정대상 자산 사이에 위험회피효과가 있는 경우에는 위험액 산정대상 자산의 위험액을 감액할 수 있다.
10 ② 원칙적으로 의결권 있는 발행주식총수의 15%를 초과하여 소유할 수 없다. 다만, 예외적으로 1) 집합투자기구가 소유하는 경우, 2) 정부가 소유하는 경우, 3) 그밖에 금융위로부터 승인을 받은 경우에는 15%를 초과하여 소유할 수 있다.
11 ③ 일반투자자라도 금융위원회의 전문투자자 확인 시 적정성 원칙과 무관하게 파생결합증권에 투자할 수 있다.
12 ③ 자본시장법은 금융위원회 인가대상 금융투자업(투자매매업, 투자중개업, 집합투자업, 신탁업)의 진입요건을 금융위원회 등록대상 금융투자업(투자자문업, 투자일임업)의 진입요건보다 더 강화하였다.
13 ① 경영실태평가 결과 종합평가등급을 4등급 이하로 판정받은 경우 금융위원회는 경영개선요구 조치를 할 수 있다.

14 중요도 ★★
금융투자업자가 되기 위한 인가요건과 거리가 먼 것은?

① 상법상 주식회사이거나 대통령령이 정하는 금융기관이어야 한다.
② 인가업무 단위별로 5억원과 대통령령에서 정하는 금액 중 큰 금액 이상의 자기자본을 보유해야 한다.
③ 투자자보호를 위하여 인적설비뿐 아니라 물적설비도 모두 충족해야 한다.
④ 대주주 요건은 면제되었다.

15 중요도 ★★
금융투자업을 영위하려면 인가 또는 등록이 되어야 한다. 다음 중 등록만 하면 되는 것으로 모두 묶인 것은?

┌───┐
│ ㉠ 투자자문업   ㉡ 투자일임업   │
│ ㉢ 온라인소액투자중개업   ㉣ 투자중개업   │
└───┘

① ㉠
② ㉠, ㉡
③ ㉠, ㉡, ㉢
④ ㉠, ㉡, ㉢, ㉣

16 중요도 ★★
건전한 경영을 유지하기 위한 금융투자업자의 거래제한 내용을 모두 고르면?

┌───┐
│ ㉠ 대주주 발행증권의 소유 금지   │
│ ㉡ 계열회사 발행 주식·채권·약속어음의 소유 제한 │
│ ㉢ 신용공여의 제한   │
│ ㉣ 건전한 자산운용을 해할 수 있는 행위 금지   │
└───┘

① ㉠, ㉡
② ㉢, ㉣
③ ㉠, ㉡, ㉢
④ ㉠, ㉡, ㉢, ㉣

17 금융투자업자의 위험관리에 대한 설명으로 잘못된 것은?

중요도 ★★

① 금융투자업자는 부서별, 거래별 또는 상품별 위험부담한도, 거래한도 등을 적절히 설정·운영해야 한다.
② 금융투자업자의 준법감시인은 위험관리 기본방침을 수립하고 위험관리지침의 제정 및 개정에 관한 심의와 의결을 한다.
③ 금융투자업자는 리스크평가 및 관리를 최우선과제로 인식하고 독립적인 리스크평가와 통제를 위한 리스크 관리체제를 구축해야 한다.
④ 장외파생상품에 대한 투자매매업을 인가받은 금융투자업자는 경영상 발생할 수 있는 위험을 실무적으로 종합관리하고 이사회와 경영진을 보조할 수 있는 전담조직을 두어야 한다.

정답 및 해설

14 ④ 대주주는 충분한 출자능력, 건전한 재무상태 및 사회적 신용을 구비해야 하는 등의 요건을 갖추어야 한다.
15 ③ 금융투자업 중 투자매매업, 투자중개업, 집합투자업, 신탁업은 인가를 받아야 하고(인가제), 투자일임업, 투자자문업, 온라인소액투자중개업은 등록만 하면 가능하여(등록제) 보다 완화된 진입규제가 적용된다.
16 ④ 건전한 경영을 위하여 금융투자업자에 대한 대주주 발행증권의 소유 금지, 계열회사 발행 주식·채권·약속어음의 소유 제한, 신용공여의 제한, 건전한 자산운용을 해할 수 있는 행위 금지 등의 규제가 있다.
17 ② 금융투자업자의 이사회는 위험관리 기본방침을 수립하고 위험관리지침의 제정 및 개정에 관한 심의와 의결을 한다.

18 중요도 ★

외국환업무취급 금융투자업자의 위험관리에 대한 설명으로 잘못된 것은?

① 외국환업무취급 금융투자업자는 외국환파생상품거래 위험관리기준을 자체적으로 설정·운영해야 한다.
② 외국환업무취급 금융투자업자는 외환파생상품, 통화옵션 및 외환스왑 거래를 체결할 경우 거래상대방에 대하여 그 거래가 위험회피목적인지 여부를 확인해야 한다.
③ 외국환업무취급 금융투자업자는 거래상대방별로 거래한도를 설정해야 하며 이미 체결된 외환파생상품의 거래잔액을 감안하여 운영해야 한다.
④ 금융투자협회장은 외국환업무취급 금융투자업자의 건전성을 위하여 외국환파생상품거래 위험관리기준의 변경 및 시정을 요구할 수 있다.

19 중요도 ★★

다음 중 금융투자업자의 공통영업행위규칙에 대한 설명이 잘못된 것은?

① 금융투자업자가 아닌 자는 금융투자라는 문자를 상호에 사용할 수 없다.
② 금융투자업자가 제3자에게 업무를 위탁하는 경우 위탁업무 범위 내에서 투자자의 금융투자상품 매매 등에 관한 정보를 제공할 수 있다.
③ 금융투자업자는 다른 금융업무를 겸영하고자 하는 경우 그 업무를 영위하기 시작한 날로부터 2주 이내에 금융위원회에 보고해야 한다.
④ 금융투자업자는 금융투자업에 부수하는 업무를 영위하고자 하는 경우 그 업무를 영위하기 전 14일 이내에 금융위원회에 보고해야 한다.

20 중요도 ★★★

금융투자업자의 경영개선을 위한 금융위원회의 적기시정조치 기준에 대한 설명으로 잘못된 것은?

① 순자본비율이 100% 미만인 경우 경영개선권고를 한다.
② 순자본비율이 50% 미만인 경우 경영개선요구를 한다.
③ 순자본비율이 10% 미만인 경우 경영개선명령을 한다.
④ 자본확충, 자산매각 등의 경우에 일정 기간 적기시정조치를 유예할 수 있다.

21 중요도 ★★

금융위원회로부터 적기시정조치를 받은 금융투자업자는 경영개선계획을 제출하고 이행해야 한다. 이에 대한 설명으로 잘못된 것은?

① 당해 조치일부터 2개월 범위 내에서 당해 조치권자가 정하는 기간 내에 경영개선계획을 금융감독원장에게 제출해야 한다.
② 금융위원회는 당해 경영개선계획을 제출받은 날부터 1개월 이내에 승인 여부를 결정해야 한다.
③ 경영개선계획의 이행기간은 경영개선권고의 경우 승인일부터 3개월 이내이다.
④ 금융투자업자는 매 분기 말부터 10일 이내에 계획의 분기별 이행실적을 감독원장에게 제출해야 한다.

정답 및 해설

18 ④ 금융투자협회장 → 금융감독원장
19 ④ 금융투자업자는 금융투자업에 부수하는 업무를 영위하고자 하는 경우 그 업무를 영위하기 시작한 날로부터 2주 이내에 금융위원회에 보고해야 한다(사후보고).
20 ③ 순자본비율이 0% 미만인 경우 경영개선명령을 한다.
21 ③ 경영개선계획의 이행기간은 경영개선권고의 경우 승인일부터 6개월 이내(부동산신탁업자의 경우는 1년), 경영개선요구의 경우 승인일부터 1년 이내(부동산신탁업자의 경우는 1년 6개월), 경영개선명령의 경우에는 금융위원회가 승인하면서 그 이행기한을 정한다. 경영개선권고를 받은 금융투자업자가 그 경영개선계획 이행 중 경영개선요구를 받은 경우에는 경영개선권고에 따른 경영개선계획의 승인일부터 1년(부동산신탁업자의 경우는 1년 6개월) 이내로 한다.

22 중요도 ★

금융투자업자의 외환건전성에 대한 설명으로 옳은 것은?

① 구분관리 : 외국환업무취급 금융투자업자는 외화자산 및 외화부채를 각각 잔존만기별로 구분하여 관리하고 일정 비율을 유지해야 한다.
② 외화유동성비율 : 잔존만기 3개월 이내 부채에 대한 잔존만기 3개월 이내 자산의 비율은 50% 이상이어야 한다.
③ 외국환포지션한도 : 종합매입초과포지션은 각 외국통화별 종합매입초과포지션의 합계액 기준으로 전월 말 자기자본의 30%에 상당하는 금액이어야 한다.
④ 총자산에 대한 외화부채의 비율이 3%에 미달하는 외국환업무취급 금융투자업자에 대하여는 외화유동성비율을 적용하지 않는다.

23 중요도 ★★

자본시장법에 의하면 조사분석자료 작성자에 대해서 일정한 기업금융업무와 연동된 성과보수를 지급할 수 없다. 다음 보기에서 자본시장법상 성과보수 연동이 금지되는 기업금융업무에 해당되는 것을 바르게 묶은 것은?

> (가) 인수업무
> (나) 모집·사모·매출의 주선업무
> (다) 기업의 인수 및 합병의 중개·주선 또는 대리업무
> (라) 기업의 인수·합병에 관한 조언업무
> (마) 사모집합투자기구 집합투자재산 운용업무
> (바) 프로젝트금융의 자문·주선업무

① (가), (나), (다)
② (가), (나), (다), (라)
③ (가), (나), (다), (라), (마)
④ (가), (나), (다), (라), (마), (바)

24
중요도 ★★★
투자권유대행인의 금지행위와 거리가 먼 것은?

① 금융투자상품의 매매
② 위탁계약을 체결한 금융투자업자가 이미 발행한 주식의 매수 또는 매도를 권유하는 행위
③ 금융투자상품의 가치에 중대한 영향을 미치는 사항을 사전에 알고 있으면서 이를 투자자에게 알리지 않고 당해 금융투자상품의 매수 또는 매도를 권유하는 행위
④ 주식투자비중이 90% 이상인 금융투자상품의 투자권유를 대행하는 행위

25
중요도 ★★
투자매매업자 및 투자중개업자의 매매 관련 규제에 대한 설명으로 옳은 것은?

① 금융투자업자가 고객에지 주문을 받은 경우에는 사후에 투자매매업자인지 투자중개업자인지를 구두나 문서로 밝혀야 한다.
② 투자매매업자나 중개업자가 증권시장이나 파생상품시장을 통하여 거래를 하는 경우에는 자기계약 금지 규정이 적용된다.
③ 투자매매업자가 예외적으로 취득한 자기주식이라도 취득일부터 1개월 이내에 처분해야 한다.
④ 임의매매는 투자자의 위탁이 없다는 점에서 위법성이 강하므로 명문으로 금지하고 있다.

정답 및 해설

22 ① ② 50% → 80%
③ 30% → 50%
④ 3% → 1%
23 ④ 성과보수 연동이 금지되는 기업금융업무에는 인수업무, 모집·사모·매출의 주선업무, 기업의 인수 및 합병의 중개·주선 또는 대리업무, 기업의 인수·합병에 관한 조언 업무, 사모집합투자기구 집합투자재산 운용업무, 프로젝트금융의 자문·주선업무 등이다.
24 ④ 주식투자비중이 90% 이상인 금융투자상품의 투자권유를 대행하는 행위는 가능하다.
25 ④ ① 사후 → 사전
② 적용된다. → 적용되지 않는다.
③ 1개월 → 3개월

26 중요도 ★★
자본시장법은 금융투자업자의 대주주와 그 특수관계인에 대한 신용공여를 엄격히 제한하고 있다. 그러나 건전성을 해할 우려가 없는 경우에는 허용하고 있는데, 다음 중 허용되는 신용공여의 범위에 속하지 않는 것은?

① 금전·증권 등 경제적 가치가 있는 재산의 대여
② 임원에 대하여 연간 급여액과 1억원 중 적은 금액의 신용공여
③ 금융위원회가 정하여 고시하는 해외현지법인에 대한 채무보증
④ 계열회사가 발행한 주식 등을 자기자본 8% 이내로 소유하는 경우로서 신용공여에 해당하는 경우

27 중요도 ★★
금융투자업자의 투자자예탁자산 관리에 대한 설명으로 잘못된 것은?

① 의무예치액은 각 예수금의 100% 이상에 해당하는 금액의 합계액이다.
② 의무예치액을 영업일 단위로 산정하여 영업일 또는 다음 영업일에 증권금융에 예치해야 한다.
③ 예치금은 안정성의 원칙에 입각해야 하므로 주식관련사채로 운용할 수 없다.
④ 별도로 예치된 투자자예탁금은 어떤 경우에도 인출할 수 없다.

28 중요도 ★★
자본시장법상 불건전 영업행위에 대한 규제의 내용이 아닌 것은?

① 선행매매는 원칙적으로 금지되나 차익거래와 같이 투자자정보를 의도적으로 이용했다고 볼 수 없는 경우에는 예외적으로 인정된다.
② 조사분석자료 작성자(애널리스트)는 기업금융업무와 연동된 성과보수 지급이 금지된다.
③ 주권의 모집·매출과 관련된 조사분석자료는 그 계약체결일부터 최초 상장 후 40일 이내에 공표·제공할 수 없다.
④ 자본시장법은 모든 일임매매에 대하여 금지하고 있다.

29 중요도 ★

투자매매업자 또는 투자중개업자의 투자자예탁금 별도예치에 대한 설명으로 잘못된 것은?

① 투자중개업자의 고유재산과 구분하여 한국예탁결제원에 예치 또는 신탁해야 한다.
② 투자자예탁금이 투자자의 재산이라는 것을 밝혀야 한다.
③ 누구든지 투자자예탁금을 양도하거나 담보로 제공해서는 안 된다.
④ 예치기관은 투자자예탁금의 안정적 운용을 해할 우려가 없는 것으로서 대통령령으로 정하는 방법으로 운용해야 한다.

30 중요도 ★★

다음 빈칸에 들어갈 내용을 순서대로 나열한 것은?

> 금융투자업자는 고객의 예탁금을 (　　)에 예치해야 하며, 고객의 유가증권은 (　　)에 예탁해야 한다.

① 한국증권금융, 한국예탁결제원
② 한국증권금융, 증권거래소
③ 한국예탁결제원, 증권금융
④ 한국예탁결제원, 증권회사

정답 및 해설

26 ① 금융투자업자는 대주주(특수관계인 포함)에 대하여 신용공여(금전·증권 등 경제적 가치가 있는 재산의 대여, 채무이행의 보증, 자금 지원적 성격의 증권의 매입, 그 밖에 거래상의 신용위험을 수반하는 직접적·간접적 거래로서 대통령령으로 정하는 거래)를 해서는 안 되며, 대주주는 그 금융투자업자로부터 신용공여를 받아서는 안 된다. (자본시장법 34조②)

27 ④ 예치 금융투자업자는 감독원장이 인정하는 사유로서 투자자예탁금이 대량으로 지급청구되거나 지급청구될 것이 예상되는 경우, 증권시장·파생상품시장 또는 증권중개회사를 통해서 체결된 투자자의 주문결제를 위해 필요한 경우, 투자자보호 및 건전한 거래질서 유지를 위해 필요한 경우에 한하여 투자자의 예탁금을 인출할 수 있다.

28 ④ 자본시장법은 투자자로부터 금융투자상품에 대한 투자판단의 전부 또는 일부를 일임받아 투자자별로 구분하여 금융투자상품을 취득·처분, 그 밖의 방법으로 운용하는 행위를 금지한다. 다만, 투자일임업으로 행하는 경우, 투자중개업자가 투자자의 매매주문을 받아 이를 처리하는 과정에서 금융투자상품에 대한 투자판단의 전부 또는 일부를 일임받을 필요가 있는 경우로서 별도의 대가 없이 투자판단의 전부 또는 일부를 일임받는 경우에는 예외적으로 허용한다.

29 ① 투자자예탁금은 투자매매업자 또는 투자중개업자의 고유재산과 구분하여 증권금융회사에 예치 또는 신탁해야 한다.

30 ① 금융투자업자는 고객의 예탁금을 한국증권금융에 예치해야 하며, 고객의 유가증권은 한국예탁결제원에 예탁해야 한다.

31 중요도 ★★
주권상장법인의 자기주식 취득 및 처분에 대한 설명으로 잘못된 것은?

① 자본시장법은 원칙적으로 주권상장법인의 자기주식 취득을 허용한다.
② 자기주식의 취득·처분은 금융위원회에 신고해야 하고, 취득·처분의 방법 및 절차는 금융위원회 규정에서 정하고 있다.
③ 자기주식 취득 처분 시 이사회 결의를 거쳐야 한다.
④ 주권상장법인이 자기주식을 취득하려는 경우에는 이사회 결의 공시일부터 6개월 이내에 증권시장에서 자기주식을 취득해야 한다.

32 중요도 ★★
다음 중 증권 발행시장에 대한 기술이 적절하지 않은 것은?

① 청약을 받은 자의 수가 50인 미만으로서 증권의 모집에 해당되지 않는 경우에도 1년 이내에 50인 이상의 자에게 양도될 수 있는 경우에는 모집으로 간주한다.
② 국채, 지방채뿐만 아니라 한국은행법·한국산업은행법 등 법률에 따라 발행된 채권(특수채)도 증권신고서에 관한 규정이 적용되지 않는다.
③ 모집 또는 매출가액 각각의 총액이 10억원 이상인 경우에는 모집·매출주선인이 그 모집 또는 매출에 관한 신고서를 금융위원회에 제출하여 수리되어야 모집 또는 매출할 수 있다.
④ 주권, 주권관련 사채권, 고난도금융투자상품이 아닌 파생결합증권, 개방형집합투자증권 등은 일괄신고서로 제출할 수 있다.

33 중요도 ★
청약의 권유 상대방 50인 산정 시 제외되지 않는 자는?

① 신용평가업자
② 회계법인
③ 3% 소유 주주
④ 최대주주

34 중요도 ★★
증권신고서의 내용에 대한 설명으로 옳지 않은 것은?

① 발행회사와 투자자 사이에 발생할 수 있는 정보의 비대칭을 해소하는 것이 목적이다.
② 모집가액 또는 매출가액의 총액(1년 누계)이 10억원 이상인 경우 제출해야 한다.
③ 증권신고서는 유가증권 발행인이 금융위원회에 제출해야 한다.
④ 전환사채, 신주인수권부사채는 적용되지 않는다.

정답 및 해설

31 ④ 주권상장법인이 자기주식을 취득하려는 경우에는 이사회 결의 공시일부터 3개월 이내에 증권시장에서 자기주식을 취득해야 한다.
32 ③ 증권신고서 제출의무는 모집·매출주선인이 아니라 발행인에게 있다.
33 ③ 전문가 및 연고자는 청약 권유 상대방 50인 산정 시 제외된다.

참고 전문가 및 연고자에 해당하는 자

전문가	연고자
• 전문투자자 • 회계법인 • 신용평가업자 • 공인회계사, 변호사, 세무사 등	• 최대주주 및 5% 이상의 소유 주주 • 발행인의 임원 및 우리사주조합원 • 발행인의 계열회사와 그 임원 • 발행인이 증권비상장법인인 경우 그 주주 • 발행인이 설립 중인 회사인 경우 그 발기인

34 ④ 적용되지 않는다. → 적용된다.
참고 국채, 지방채, 특수채, 국가·지방자치 단체가 원리금을 보증한 채권 등 무위험증권의 성격이 있는 증권은 증권신고서가 면제된다.

35 중요도 ★★
정기공시에 대한 내용으로 잘못된 것은?

① 사업·반기·분기보고서, 연결재무제표 및 결합재무제표 등을 작성하여 공표하는 것이다.
② 제출대상법인에 외부감사대상법인은 포함되지 않는다.
③ 사업보고서는 사업연도 경과 후 90일 이내, 반기·분기보고서는 기종료일부터 45일 이내에 제출해야 한다.
④ 외국법인 등은 사업보고서 제출의무를 면제하거나 제출기한을 달리하는 등 그 적용을 달리할 수 있다.

36 중요도 ★
투자자문·일임업에 대한 설명으로 잘못된 것은?

① 투자자문·일임 관련 비밀정보를 이용하여 자신, 가족 또는 제3자의 이익을 도모하는 행위는 금지된다.
② 투자자문의 범위를 주식, 채권, 증권 관련 지수 파생상품 등 구체적으로 기재해야 한다.
③ 투자자문의 방법은 반드시 구술로 해야 한다.
④ 투자자문업의 경우 1인 이상, 투자일임업의 경우 2인 이상 금융투자전문인력을 확보해야 한다.

37 중요도 ★★
공개매수제도에 대한 설명으로 잘못된 것은?

① 불특정 다수인을 상대로 상장법인 주권 등을 장외에서 6개월 이내에 10명 이상으로부터 5% 이상 취득 시 공개매수가 의무화되어 있다.
② 적용대상 유가증권은 주권상장법인·코스닥상장법인이 발행한 의결권이 있는 주식과 이에 관계되는 신주인수권증서, 전환사채, 신주인수권부사채, 교환사채 등의 증권이다.
③ 주식매수청구에 응한 주식을 매수하는 경우에도 공개매수제도가 적용된다.
④ 원칙적으로 공개매수가 공고된 이후 공개매수자는 이를 철회할 수 없다.

38 공개매수의 방법에 대한 설명으로 잘못된 것은?

중요도 ★

① 공개매수기간은 신고서 제출일부터 20일 이상 60일 이내의 기간이다.
② 공개매수기간 중 공개매수방법 이외의 별도 매수는 금지된다.
③ 주식의 발행인은 공고, 서신 등의 방법으로 공개매수에 대한 의견을 표명할 수 있다.
④ 공개매수자는 예외 없이 신고서에 기재한 주식 전부를 매수해야 한다.

39 공개매수제도에 대한 설명으로 잘못된 것은?

중요도 ★★

① 공개매수자는 원칙적으로 철회가 가능하다.
② 공개매수제도를 위반하면 의결권을 제한받는다.
③ 응모주주는 공개매수 기간 중 언제든지 응모를 취소할 수 있다.
④ 자본시장법에서는 공개매수 설명서 작성 및 교부가 강제되었다.

정답 및 해설

35 ② 외부감사대상법인 중 주주 수가 500명 이상이면 제출대상법인에 포함된다

36 ③ 투자자문의 방법은 구술, 문서, 그 밖의 방법으로도 가능하며 그 구체적인 방법 및 시기를 기재해야 한다.

37 ③ 주식매수청구에 응한 주식 등을 매수하는 경우에는 공개매수제도가 적용되지 않는다.

38 ④ 원칙적으로 공개매수자는 전부매수의무가 있다. 다만, 예외적으로 응모주식 등의 총수가 공개매수예정주식의 수에 미달하는 경우에는 전부매수의무가 면제될 수 있다. 한편, 공개매수한 경우 매수한 날부터 그 주식에 대한 의결권이 제한된다.

39 ① 공개매수가 공고된 이후에는 공개매수자의 철회가 금지된다. 다만, 예외적으로 대항공개매수(공개매수기간 중 그 공개매수에 대항하는 공개매수가 있는 경우)가 있는 경우, 공개매수자가 사망·해산·파산한 경우, 기타 투자자보호를 해할 우려가 없는 경우에는 공개매수기간의 말일까지 철회할 수 있다. 공개매수자는 대상회사의 특수한 상황 발생 시 철회할 수 있다는 조건을 사전에 공고하고 신고서에 기재한 경우에 한하여 철회가 가능하다.

40 중요도 ★

5% Rule에 대한 설명으로 잘못된 것은?

① 상장법인·코스닥상장법인의 의결권 있는 주식 등을 5% 이상 보유한 자(특수 관계인 소유분 및 사실상 보유분 포함)의 보유비율이 1% 이상 변동 시 그날로부터 5일 이내에 금융위원회와 거래소에 보고해야 한다.
② 대상유가증권에는 의결권이 있는 주식뿐 아니라 CB, BW, EB 등도 포함된다.
③ 주권상장법인의 주식을 5% 이상 보유하게 된 자는 그날부터 5일 이내에 또는 그 보유 주식 수의 합계가 1% 이상 변동하는 경우에는 변동일로부터 5일 이내에 금융위원회와 거래소에 보고서를 제출해야 한다.
④ 경영 참가 목적인 경우에는 보고일로부터 7일 동안 의결권 행사가 제한된다.

41 중요도 ★★

다음 중 주식 등의 대량보유상황보고제도에 대한 설명이 바르게 된 것은?

① 주권상장법인의 주식 등을 3% 이상 보유하게 된 자는 그 보유상황, 보유목적 등을 금융위원회와 거래소에 보고해야 한다.
② 주권상장법인의 주식 등을 5% 이상 보유한 자가 보유비율의 1% 이상 변동된 경우에도 금융위원회와 거래소에 보고해야 한다.
③ 대량보유상황 보고자는 그 보유 목적이나 그 보유 주식 등에 관한 주요계약내용 등 중요한 사항의 변경이 있는 경우에는 10일 이내에 금융위원회와 거래소에 보고하여야 한다.
④ 보고의무자는 본인과 특별관계자를 합하여 3% 이상 보유하게 된 자 또는 보유하고 있는 자이다.

42 중요도 ★★

의결권 대리행사 권유제도에 대한 설명으로 잘못된 것은?

① 10명 이상에게 의결권 위임을 권유하는 경우 위임장과 참고서류의 제공을 의무화하였다.
② 위임장 용지와 참고서류 사본을 권유 2일 전까지 금융위원회와 거래소에 제출해야 한다.
③ 의결권 권유자 의사에 따라 피권유자의 의결권을 대리행사할 수 있다.
④ 해당 상장주권의 발행인 및 임원 외의 자가 10명 미만의 의결권 피권유자에게 그 주식의 의결권 대리행사의 권유를 하는 경우에는 이 제도를 적용하지 않는다.

43 중요도 ★★

다음 중 〈종합금융투자사업자〉에 대한 설명이 적절하지 않은 것은?

① 자기자본이 1조원 이상이어야 종합금융투자사업자로 지정받을 수 있다.
② 투자매매업자 또는 투자중개업자 중 금융위로부터 종합금융투자사업자로 지정 받은 금융회사를 말한다.
③ 종합금융투자사업자의 주요 업무는 증권대차 등 전담중개업무, 신용공여업무이다.
④ 종합금융투자사업자의 신용공여 총합계액은 자기자본의 200%를 초과할 수 없다.

44 중요도 ★

채권중개전문회사의 채권 장외거래에 대한 설명으로 잘못된 것은?

① 채권중개전문회사는 일반투자자만을 대상으로 채무증권에 대한 투자중개업 인가를 받은 투자중개업자이다.
② 전문투자자, 체신관서, 그 밖에 금융위원회가 정하여 고시하는 자 간의 매매중개이어야 한다.
③ 동시에 다수의 자를 각 당사자로 하여 당사자가 매매하고자 제시하는 채무증권의 종목, 매매호가, 수량 등을 공표해야 한다.
④ 채무증권의 종목별로 당사자 간 매도호가와 매수호가가 일치하는 가격으로 매매거래를 체결시켜야 한다.

정답 및 해설

40 ④ 경영 참가 목적인 경우에는 냉각기간이라 하여 보고일로부터 5일 동안 의결권 행사가 제한된다.
41 ② ① 3% → 5% 이상 보유하게 된 자는 그 보유상황, 보유목적 등을 금융위원회와 거래소에 보고해야 한다.
　　　③ 10일 이내 → 5일 이내에 금융위원회와 거래소에 보고해야 한다.
　　　④ 3% → 5%
42 ③ 의결권 권유자는 피권유자로부터 회수한 위임장 용지에 명기된 피권유자의 찬성·반대의사에 따라 의결권을 행사해야 한다.
43 ① 종합금융투자사업자의 지정요건은 (a) 주식회사일 것, (b) 증권에 관한 인수업을 영위할 것, (c) 자기자본이 '3조원' 이상일 것 등의 요건을 갖추어야 한다.
44 ① 채권중개전문회사는 전문투자자만을 대상으로 채무증권에 대한 투자중개업 인가를 받은 투자중개업자이다.

45 중요도 ★

비상장주권의 장외거래 시 준수해야 할 사항으로 잘못된 것은?

① 동시에 다수를 당사자로 하여 매매하고자 제시하는 주권의 종목, 매매호가, 그 수량을 공표할 것
② 주권 종목별로 금융위원회가 정하여 고시하는 단일가격 또는 당사자 간 매매호가가 일치하는 경우에는 그 가격으로 매매거래를 체결시킬 것
③ 매매거래대상 주권의 지정 및 해제기준, 매매거래방법, 결제방법 등에 관한 업무기준을 정하여 거래소에 보고하고, 이를 거래하는 자들에게만 알려줄 것
④ 금융위원회가 정하여 고시하는 방법에 따라 재무상태, 영업실적, 자본변동 등 발행인의 현황을 공시할 것

46 중요도 ★

투자매매업자가 일반투자자와 환매조건부매매를 하는 경우에 준수해야 할 사항으로 잘못된 것은?

① 국채, 지방채, 특수채, 그 밖에 금융위원회가 정하여 고시하는 증권을 대상으로 할 것
② 투자매매업자가 정하여 고시하는 매매가격으로 매매할 것
③ 환매수 또는 환매도하는 날을 정할 것
④ 환매조건부매도를 한 증권의 보관 및 교체 등에 관하여 금융위원회가 정하여 고시하는 기준을 따를 것

47 중요도 ★★

다음 중 자본시장법상 미공개 중요정보 이용행위 금지(내부자거래 규제)에 대한 기술이 잘못된 것은?

① 내부자거래 규제의 적용대상법인은 상장법인 및 1년 이내에 상장이 예정된 법인이다.
② 내부자거래의 규제대상이 되는 특정증권에는 증권을 기초자산으로 하는 금융투자상품도 포함된다.
③ 내부자거래의 규제대상자에는 내부자, 준내부자뿐만 아니라 그들로부터 미공개 중요정보를 받은 자(정보수령자)도 포함된다.
④ 내부자거래의 규제대상행위는 증권 매매거래 자체가 아니라 미공개 중요정보의 이용행위가 금지되는 것이다.

48 자본시장법상 미공개 중요정보의 규제대상자와 거리가 먼 것은?
중요도 ★★

① 회사 내부자로부터 미공개 중요정보를 받은 자
② 해당 법인과 계약체결을 하고 있는 자로서 계약 체결과정에서 미공개 중요정보을 알게 된 자
③ 권리행사 과정에서 미공개 중요정보를 알게 된 해당 법인의 주주
④ 직무와 관련하여 미공개 중요정보를 알게 된 해당 법인의 임직원

49 자본시장법상 불공정거래행위에 대한 설명으로 잘못된 것은?
중요도 ★★★

① 내부자거래 금지규정 적용대상은 상장법인뿐만 아니라 비상장법인이라도 6개월 내에 상장예정법인 또는 6개월 내 우회상장예정법인도 포함된다.
② 임원 및 주요주주의 소유상황 보고가 면제되는 경미한 변동의 기준은 누적변동수량 1천주 미만, 누적 취득 및 처분금액 1천만원 미만이다.
③ 단기매매차익 반환제도의 적용대상은 상장법인 주요주주 및 모든 임직원이다.
④ 소유하지 않은 상장증권 매도뿐만 아니라 차입할 상장증권으로 결제하고자 하는 매도도 공매도에 해당한다.

정답 및 해설

45 ③ 매매거래대상 주권의 지정 및 해제기준, 매매거래방법, 결제방법 등에 관한 업무기준을 정하여 금융위원회에 보고하고 이를 일반인이 알 수 있도록 공표해야 한다.
46 ② 금융위원회가 정하여 고시하는 매매가격으로 매매해야 한다.
47 ① 내부자거래 규제의 적용대상법인은 상장법인 및 6개월 이내에 상장이 예정된 법인이다.
48 ③ 미공개 중요정보 이용행위에 대한 주주의 금지규정은 해당 법인의 10% 이상 보유 주주(주요주주) 및 법인의 주요 경영사항에 대해 사실상 영향력을 행사하고 있는 주주에 한하여 규제하고 있다.
49 ③ 단기매매차익 반환제도의 적용대상은 직무상 미공개 중요정보를 알 수 있는 직원(재무, 회계, 기획, 연구개발, 공시담당부서 직원)으로 한정되었다.

50 중요도 ★★
자본시장법 제174조는 미공개 중요정보 이용행위에 대하여 규제하고 있다. 이에 대한 설명으로 잘못된 것은?

① 상장법인이 발행하는 채권이나 수익증권도 적용대상 증권에 포함된다.
② 규제대상자는 내부자뿐만 아니라 준내부자, 정보수령자도 포함된다.
③ 규제대상 법인에는 상장법인뿐만 아니라 6개월 내에 상장이 예정된 법인도 포함된다.
④ 증권의 매매행위 자체가 금지되는 것이 아니라 미공개 중요정보의 이용행위만 금지하는 규정이다.

51 중요도 ★
우리나라의 내부자거래 규제제도와 거리가 먼 것은?

① 미공개정보 이용금지
② 단기매매차익 반환제도
③ 공매도 금지
④ 허위표시에 의한 시세조정 금지

52 중요도 ★★★
자본시장법상 내부자거래 규제에 대한 설명으로 잘못된 것은?

① 투자자의 투자판단에 중대한 영향을 미치는 정보가 증권선물거래소 등을 통하여 공시된 경우에는 공시된 시점부터 그 즉시 미공개정보에 해당하지 않는다.
② 비상장법인이더라도 6개월 이내에 상장하는 법인인 경우에는 당해 비상장법인의 주식거래에 관하여 내부자거래 규제가 적용된다.
③ 미공개정보 이용행위의 금지 규정을 위반한 자에 대하여는 증권 관련 집단소송이 제기될 수 있다.
④ 회사내부자 또는 준내부자에 해당하지 않은 날부터 1년이 경과되지 않은 자에 대하여도 내부자거래 규제가 적용될 수 있다.

53. 내부자거래 규제에 있어서 공개매수 등의 특칙에 대한 설명으로 잘못된 것은?

① 공개매수인의 내부자가 대상회사 증권을 거래하는 경우는 내부자거래로 금지된다.
② 공개매수인의 내부자가 공개매수의 실시, 중지에 관한 정보를 공개매수대상 증권의 매매에 이용하는 것은 금지된다.
③ 자본시장법상 미공개정보 이용행위의 규제대상자의 범위는 증전보다 축소되었다.
④ 기업변동을 초래할 수 있는 주식의 대량취득, 처분의 정보를 이용하는 경우에도 공개매수에 준하여 규제한다.

54. 단기매매차익 반환제도에 대한 설명으로 잘못된 것은?

① 회사내부자가 자기회사의 발행주식 등을 6개월 내에 단기매매하여 생기는 이득을 당해 법인에게 반환하는 제도이다.
② 미공개정보를 이용하여 단기매매차익을 얻은 경우에 한한다.
③ 대상자 중 직원은 원칙적으로 규제대상에서 제외하는 것으로 하되, 직무상 미공개 중요정보의 접근 가능성이 있는 자는 포함한다.
④ 반환청구권자는 1차 당해 법인이고, 2차 주주는 대위청구가 가능하다.

정답 및 해설

50 ① 상장법인이 발행하는 증권 중 일반채권, 수익증권, 파생결합증권 등은 적용대상 증권에서 제외된다.
51 ④ 우리나라의 내부자거래 규제제도에는 미공개정보 이용금지, 단기매매차익 반환제도, 공매도 금지, 주요주주와 임원의 주식소유상황 보고의무, 증선위의 조사권, 위반 시 형사처벌, 손해배상책임제도와 증권집단소송제도 등이 있다.
52 ① 공시하고 일정 시간이 경과해야 공시효력이 발생한다.
53 ③ 자본시장법상 미공개정보 이용행위의 규제대상자의 범위는 확대되었다.
54 ② 미공개정보의 이용 여부와 관계없이 단기매매차익을 반환해야 한다. 회사내부자의 단기매매차익 반환과 관련하여 회사내부자가 내부정보를 이용하지 않았음을 입증하는 경우에도 반환의무가 있다.

55 중요도 ★
시세조종행위에 대한 규제내용으로 잘못된 것은?

① 시세조종행위 규제는 시세조종 목적 내지 매매유인 목적에 따라 불법성을 판별하는 방식을 채택하고 있다.
② 유가증권 매매의 부당이득을 취하기 위해 시세를 자기 또는 타인이 조작하여 변동한다는 말의 유포나 위계행위를 금한다.
③ 모집 또는 매출되는 증권의 인수인이 투자매매업자에게 시장조성을 위탁하는 경우도 시세조종행위에 해당한다.
④ 시세조종행위에 의해 형성된 가격으로 당해 유가증권의 거래를 함으로써 손해를 입은 부분에 대해 시세조종행위자는 배상책임이 있다.

56 중요도 ★★
불공정거래의 조치에 대한 설명으로 잘못된 것은?

① 동일한 위법행위에 대하여 과징금을 부과하는 경우에도 고발 등의 조치를 면제할 수는 없다.
② 정당한 사유 없이 출석요구에 2회 이상 불응하는 위법행위 혐의자에 대하여는 수사기관 통보 이상으로 조치를 할 수 있다.
③ 금융위원회 및 감독원 업무와 관련하여 위법행위의 혐의사실을 발견한 경우 조사를 실시할 수 있다.
④ 공시자료, 언론보도 등에 의하여 널리 알려진 사실이나 풍문만을 근거로 조사를 의뢰하는 경우 조사를 실시하지 않을 수 있다.

57 중요도 ★
불공정거래에 대한 조치방법과 거리가 먼 것은?

① 상장법인의 경우 증권의 발행제한 등의 조치와 다른 조치의 병과가 가능하다.
② 금융투자업자 또는 그 임직원의 경우에는 금융투자업자 또는 그 임직원에 대한 각종 조치와 다른 조치를 병과할 수 있다.
③ 고발 조치 시 동일 위법행위에 대한 과징금 및 과태료 부과를 면제할 수 있다.
④ 과태료 부과 조치 시 동일 위법행위에 대하여 병과하는 조치를 감경할 수는 있으나 면제할 수는 없다.

58 다음 중 금융기관 검사 및 제재에 대한 설명이 잘못된 것은?

중요도 ★★

① 검사의 종류는 종합검사와 부문검사로 구분하고, 검사의 실시는 현장검사 또는 서면검사의 방법으로 한다.
② 검사 결과의 조치는 금융위원회 심의·의결을 거쳐 조치하되, 금융감독원장 위임사항은 금융감독원장이 직접 조치한다.
③ 금융감독원장은 제재에 관한 사항을 심의하기 위하여 증권선물위원회를 설치·운영할 수 있다.
④ 금융기관의 불복절차로 이의신청할 수 있으나, 이의신청 처리 결과에 대하여는 다시 이의신청할 수 없다.

59 금융감독원의 검사대상 기관과 거리가 먼 것은?

중요도 ★

① 상호저축은행
② 신용협동조합
③ 여신전문금융회사
④ 새마을금고

정답 및 해설

55 ③ 모집 또는 매출되는 증권의 인수인이 투자매매업자에게 시장조성을 위탁하는 경우는 시세조종행위에 해당하지 않는다.
56 ① 동일한 위법행위에 대하여 과징금을 부과하는 경우에는 과태료 및 고발조치를 면제할 수 있다.
57 ④ 과태료 부과 조치 시 동일 위법행위에 더하여 병과하는 조치를 감경하거나 면제할 수 있다.
58 ③ 금융감독원장은 제재에 관한 사항을 심의하기 위하여 제재심의위원회를 설치·운영할 수 있다. 다만 금융감독원장이 필요하다고 인정되는 때에는 심의회의 심의를 생략할 수 있다.
59 ④ 새마을금고의 감독기관은 행정자치부이다.

60
중요도 ★

자본시장 조사업무 규정상 조사면제 대상에 해당하는 경우를 모두 묶은 것은?

> ㉠ 당해 위법행위에 대한 증거가 확보되어 있고 다른 위법행위의 혐의가 발견되지 않은 경우
> ㉡ 당해 위법행위와 함께 다른 위법행위의 혐의가 있으나 그 혐의내용이 경미하여 조사의 실익이 없다고 판단되는 경우
> ㉢ 공시자료, 언론보도 등에 의하여 널리 알려진 사실이나 풍문만을 근거로 조사를 의뢰하는 경우
> ㉣ 공익 또는 투자자보호와 직접적인 관련성이 적고 경영권 분쟁 등 민원인의 사적인 이해관계에서 당해 민원이 제기된 것으로 판단되는 경우
> ㉤ 당해 위법행위에 대한 제보가 익명 또는 가공인 명의의 진정·탄원·투서 등에 의하여 이루어지거나 그 내용이 조사단서로서 가치가 없다고 판단되는 경우

① ㉠, ㉡, ㉢
② ㉠, ㉢, ㉤
③ ㉠, ㉡, ㉢, ㉤
④ ㉠, ㉡, ㉢, ㉣, ㉤

61
중요도 ★★★

금융소비자보호법상 적합성 원칙에 대한 설명 중 잘못된 것은?

① 투자성 상품에 대한 적합성 판단기준은 손실에 대한 감수능력이 적정수준인지 여부에 달려있다.
② 대출성 상품에 대한 적합성 판단기준은 상환능력이 적정수준인지 여부에 달려있다.
③ 일반사모펀드를 판매하는 경우에도 원칙적으로 적합성 원칙이 적용된다.
④ 금융상품판매업자는 투자권유 또는 자문업무를 하는 경우 금융소비자가 일반금융소비자인지 전문금융소비자인지 확인해야 한다.

62
중요도 ★★★

금융소비자보호법상 적정성 원칙에 대한 설명 중 잘못된 것은?

① 일반사모펀드는 원칙적으로 적정성 원칙의 적용이 면제되지만 적격투자자 중 일반금융소비자가 요청할 경우에는 적정성 원칙이 적용된다.
② 적정성 원칙은 금융상품판매업자의 계약체결의 권유가 있는 경우에만 적용된다.
③ 사채 중 주식으로 전환되거나 원리금을 상환해야 할 의무가 감면될 수 있는 사채도 적정성 원칙의 대상이 된다.
④ 적정성 원칙은 위험도가 높은 투자성 상품 또는 대출성 상품에 적용된다.

63 중요도 ★★★

금융소비자보호법상 금융상품판매업자의 불공정영업행위 금지의무에 대한 설명 중 잘못된 것은?

① 금융상품판매업자의 불공정영업행위 금지의무는 일반금융소비자에게만 적용된다.
② 개인의 대출과 관련하여 제3자의 연대보증을 요구하는 것도 불공정영업행위에 해당한다.
③ 대출성 계약을 체결하고 최초로 이행된 전·후 1개월 이내에 대출액의 1%를 초과하는 투자성 상품의 계약체결을 하는 행위는 금지된다.
④ 금융소비자가 같은 금융상품판매업자에게 같은 유형의 금융상품에 관한 계약에 대하여 1개월 2번 이상 청약철회 의사를 표시하는 경우에는 금융상품판매업자가 그에게 불이익을 부과하더라도 불공정영업행위라고 볼 수 없다.

정답 및 해설

60 ④ 모두 자본시장 조사업무규정상 조사면제 대상에 해당한다.
61 ③ 일반사모펀드 판매 시에는 원칙적으로 적합성 원칙의 적용이 면제된다. 다만 예외적으로 적격투자자 중 일반금융소비자가 요청할 경우에는 적합성 원칙이 적용된다.
62 ② 위험도가 높은 투자성 상품 또는 대출성 상품은 계약체결의 권유가 없는 경우에도 적정성 여부를 금융소비자에게 알려야 한다. 적합성 원칙은 금융상품판매업자의 계약체결의 권유가 있는 경우에만 적용되지만, 적정성 원칙은 소비자가 자발적으로 계약체결의사를 밝힌 경우에도 적용된다.
63 ① 금융상품판매업자의 불공정영업행위 금지의무는 일반금융소비자뿐만 아니라 전문금융소비자에게도 적용된다.

64 중요도 ★★
금융소비자보호법상 광고규제에 대한 설명 중 잘못된 것은?

① 광고의 대상은 금융상품뿐만 아니라 금융상품판매업자가 제공하는 각종 서비스도 될 수 있다.
② 투자성 상품의 경우 금융상품판매·대리업자는 금융상품뿐만 아니라 금융상품판매업자의 업무에 관한 광고도 수행할 수 있다.
③ 광고주체가 금융상품 등의 광고를 하는 경우에는 준법감시인(준법감시인이 없는 경우에는 감사)의 심의를 받아야 한다.
④ 금융투자협회는 금융상품판매업자의 광고규제 준수여부를 확인하고, 그 결과에 대한 의견을 해당 금융상품판매업자에게 통보할 수 있다.

65 중요도 ★★★
금융소비자보호법상 금융소비자의 투자성 상품 청약철회권에 대한 설명 중 잘못된 것은?

① 금융소비자는 투자성 상품에 대하여 7일 이내에 청약을 철회할 수 있다.
② 투자성 상품 계약의 경우 일반금융소비자가 예탁한 금전 등을 지체 없이 운용하는데 동의한 경우에는 청약철회권을 행사하지 못한다.
③ 금융상품판매업자는 청약철회를 접수한 날로부터 3영업일 이내에 이미 받은 금전 등과 상품과 관련하여 수취한 보수·수수료 등을 반환해야 한다.
④ 비금전신탁은 청약철회가 가능한 상품이 아니다.

66 중요도 ★★
금융소비자보호법상 금융분쟁조정에 대한 설명 중 잘못된 것은?

① 금융감독원장에게 분쟁조정을 신청할 수 있으며, 분쟁의 당사자가 조정안을 수락할 경우 재판상 화해와 동일한 효과가 있다.
② 분쟁조정의 신청은 시효중단의 효과가 있다.
③ 분쟁조정 신청 전후에 소송이 제기된 경우, 법원은 조정이 있을 때까지 소송절차를 중지할 수 있고, 법원이 소송절차를 중지하지 않으면 조정위원회가 중지해야 한다.
④ 금융회사는 일반금융소비자가 신청한 소액(2천만원 이하)분쟁사건에 대하여 언제라도 소를 제기할 수 있다.

67 중요도 ★★★

금융소비자보호법상 금융상품판매업자의 손해배상책임에 대한 설명 중 잘못된 것은?

① 설명의무를 위반하여 금융소비자에게 손해를 끼친 경우에 금융상품판매업자는 손해배상책임이 부과된다.
② 금융소비자가 손해배상을 받기 위해서는 금융상품판매업자의 고의 또는 과실을 입증해야 한다.
③ 금융상품판매대리·중개업자가 판매과정에서 소비자에게 손해를 발생시킨 경우, 금융상품판매업자에게도 손해배상책임이 부과된다.
④ 금융상품직접판매업자가 금융상품판매대리·중개업자에 대한 선임과 감독에 대하여 적절한 주의를 하고 손해방지를 위해 노력한 사실을 입증하면 손해배상책임을 면할 수 있다.

정답 및 해설

64 ② 투자성 상품의 경우 금융상품판매·대리업자는 금융상품뿐만 아니라 금융상품판매업자의 업무에 관한 광고도 수행할 수 없다.
65 ④ 청약철회가 가능한 투자성 상품에는 ㉠ 고난도 금융투자상품 ㉡ 고난도 투자일임계약 ㉢ 고난도 금전신탁계약 ㉣ 비금전신탁 등이 있다.
66 ④ 금융회사는 일반금융소비자가 신청한 소액(2천만원 이하)분쟁사건에 대하여 금융분쟁조정위원회의 조정안 제시 전까지는 법원 소송을 제기할 수 없다.
67 ② 금융소비자는 금융상품판매업자의 설명의무 위반사실, 손해발생 등의 요건만 입증하면 된다. 반면 금융상품판매업자는 자신에게 고의 또는 과실이 없었음을 입증하지 못하면 손해배상책임을 져야 한다. (입증책임의 전환)

68
중요도 ★★

금융소비자보호법상 금융상품판매업자에 대한 과징금과 과태료 제도에 대한 설명 중 잘못된 것은?

① 과징금이 부당이득환수를 목적으로 부과하는 반면, 과태료는 의무위반에 대하여 부과하는 것이다.
② 과징금은 금융상품판매대리·중개업자에게 부과할 수 없으나, 과태료는 관리책임이 있는 금융상품판매대리·중개업자에게 부과할 수 있다.
③ 적합성 원칙·적정성 원칙은 과징금 부과대상에 해당되나 과태료 부과대상에는 해당되지 않는다.
④ 과징금의 법정한도액은 업무정지기간(6개월 내) 동안 얻을 이익인 반면, 과태료의 법정한도액은 사유에 따라 1천만원, 3천만원, 1억원으로 구분되어 있다.

69
중요도 ★★

다음 중 금융소비자보호법상 광고규제에 대한 기술 중 잘못된 것은?

① 금융상품판매대리·중개업자는 금융상품뿐만 아니라 금융상품판매업자의 업무에 관한 광고도 수행할 수 없다.
② 광고에는 금융상품에 관한 계약을 체결하기 전에 금융상품 설명서 및 약관을 읽어볼 것을 권유하는 내용이 포함되어야 한다.
③ 투자성 상품에 대한 광고 시 수익률이나 운용실적을 표시하는 경우, 수익률이나 운용실적이 좋은 기간의 수익률이나 운용실적만을 표시하는 행위는 금지된다.
④ 금융위원회는 금융상품판매업자의 광고규제 준수여부를 확인하고 그 결과에 대한 의견을 해당 금융상품판매업자에게 통보할 수 있다.

70 중요도 ★★

금융상품판매업자의 방문(전화판매) 규제에 대한 설명으로 적절하지 않은 것은?

① 원칙적으로 고객의 요청을 받지 않고 방문(전화판매)하는 것은 부당권유행위에 해당한다.
② 금융상품판매업자가 투자권유 전에 개인정보 취득경로·금융상품 등을 사전안내하고, 고객이 투자권유 받을 의사를 표시한 경우에는 초청받은 권유로 본다.
③ 장외파생상품을 방문판매 하기 위해 전문금융소비자에게 사전안내할 수 있다.
④ 방문(전화판매) 규제 위반 시 벌금 또는 과태료에 처할 수 있다.

정답 및 해설

68 ③ 적합성 원칙·적정성 원칙은 과징금 부과대상에 해당되지 않으나 3천만원 이하의 과태료가 부과될 수 있다.
69 ④ 금융투자협회는 금융상품판매업자의 광고규제 준수여부를 확인하고 그 결과에 대한 의견을 해당 금융상품판매업자에게 통보할 수 있다.
70 ③

구 분	사전안내가 불가능한 투자성상품
일반금융소비자	고난도상품, 사모펀드, 장내파생상품, 장외파생상품
전문금융소비자	장외파생상품

금융·자격증 전문 교육기관 **해커스금융**
fn.Hackers.com

적중 실전모의고사

제1회 적중 실전모의고사

제2회 적중 실전모의고사

정답 및 해설

제1회 적중 실전모의고사

제1과목 ■ 증권분석 및 증권시장

01 기업의 이익흐름에 영향을 주는 원천적 요인을 거시경제적·산업적·기업적 요인으로 분류할 때, 기업적 요인으로 옳은 것은?

① GDP 성장률
② 재무효율성
③ 환 율
④ 인플레이션

02 산업분석 측면에서 기업의 주가상승에 긍정적인 영향을 미치는 요인으로 가장 거리가 먼 것은?

① 높은 진입장벽
② 제품의 높은 대체가능성
③ 산업 내 경쟁업체와 낮은 경쟁치열도
④ 거래상대방에 대한 높은 교섭력

03 제품수명주기(Product Life Cycle)에 의한 산업분석으로 잘못된 것은?

① 도입기, 성장기, 성숙기, 쇠퇴기의 4단계로 나누어 볼 수 있다.
② 산업이 어느 단계에 있는지를 확인할 수 없다.
③ 수명주기상의 이동을 초래하는 근본적인 요인들이 다양하다.
④ 수요와 공급분석이 병행되면 제품수명주기에 의한 산업분석의 유용성이 높아질 것이다.

04 기업경기실사지수(BSI)에 대한 내용으로 거리가 먼 것은?

① 기준치 100을 경기전환점으로 본다.
② 경기변동의 속도뿐 아니라 진폭까지 판단할 수 있다.
③ 지수 자체를 호·불황의 정도로 해석해서는 안 된다.
④ 설문의 응답자가 지나치게 경기에 민감한 반응을 보이는 경향이 있다.

05 총자본이익률(ROI : Return On Investment)에 대한 내용으로 옳은 것은?

① 기업의 안정성을 측정하는 지표 중 하나이다.
② 영업이익을 총자본으로 나누어 계산한다.
③ 매출액순이익률과 자기자본회전율을 곱한 비율이다.
④ 총자본이 증가할수록 총자본이익률은 감소한다.

06 기업의 영업이익은 1억 5천만원, 당기순이익은 1억원이다. 이 기업의 이자비용이 5천만원일 때 이자보상비율로 옳은 것은?

① 50% ② 100%
③ 300% ④ 400%

07 주주의 지분에 대한 자본사용의 효율성을 측정하는 지표로 옳은 것은?

① 자기자본이익률 ② 총자본이익률
③ 주당이익 ④ 이자보상비율

08 다음 중 기술적 분석의 장점으로 옳지 않은 것은?
① 다양한 자산에 적용 가능하다.
② 매수와 매도 타이밍을 포착할 수 있다.
③ 시장의 심리적 요인을 반영한다.
④ 기업의 내재 가치를 정확히 평가할 수 있다.

09 기술적 분석에 대한 설명으로 잘못된 것은?
① 주식의 내재가치를 이용하여 과거의 패턴이나 추세를 알아낸다.
② 시장에서 심리현상은 반복된다.
③ 수급에 의해 가격이 결정된다.
④ 가격의 과소반응, 과잉반응 여부를 구분할 수 있다.

10 다음 중 지속형 패턴에 해당하는 것은?
① V자형 ② 원 형
③ 확대형 ④ 쐐기형

11 증권시장에서 사용하는 주요 개념에 대한 설명으로 잘못된 것은?
① 수요예측 : 주식 공모 시 대표주관사가 제시한 공모희망가액을 참고하여 기관투자자의 수요상황을 파악하고 최종적인 공모가격을 결정하는 것
② 주식배당 : 이익잉여금의 자본전입을 위한 것으로 회사이익을 주주에게 현금 대신 신주를 발행하여 제공하는 것
③ 풋백옵션 : 대표주관사가 당초 발행하기로 한 주식의 수량을 초과하여 청약자에게 배정하는 것을 조건으로 그 초과배정수량에 해당하는 신주를 발행사로부터 미리 정한 가격으로 매수할 수 있는 권리
④ IR : 주주, 투자자, 애널리스트 등에게 회사의 사업내용, 경영전략, 미래 비전 등에 대한 정보를 공개적으로 알리는 것

12 자본시장법상 상장 시 혜택에 대한 설명으로 잘못된 것은?
① 주권상장법인은 이사회의 결의로 주식의 액면미달발행이 가능하다.
② 주권상장법인은 중간배당이 가능하다.
③ 이사회의 결의로 구주주의 신주인수권을 배제하고 불특정 다수인을 대상으로 한 일반공모 증자방식에 의한 유상증자가 가능하다.
④ 이사회의 결의로 조건부 자본증권의 발행이 가능하다.

13 자본시장법상 발행시장의 공시에 해당하는 것은?
① 사업보고서
② 연결재무제표
③ 조회공시
④ 증권신고서

14 주문의 조건(IOC, FOK)에 대한 설명으로 잘못된 것은?
① IOC 조건은 주문이 제출된 즉시 체결 가능한 수량은 체결하고, 미결제잔량은 취소되는 조건을 말한다.
② FOK 조건은 주문이 제출된 즉시 전량체결시키되, 전량체결이 불가능한 경우에는 주문전량이 취소되는 조건을 말한다.
③ 조건부지정가주문에 대하여 IOC 또는 FOK 조건으로 주문할 수 있다.
④ 코넥스시장 상장종목의 경우에는 IOC 조건, FOK 조건의 주문을 부여할 수 없다.

15 다음 중 유가증권시장의 가격제한폭에 대한 설명으로 잘못된 것은?
① 가격제한폭은 가격결정에 있어 정보의 효율적 반영에 도움을 준다.
② 가격제한폭의 기준가격은 전일종가이다.
③ ELW는 가격제한폭이 없다.
④ 신규상장종목은 시가결정 후 가격제한폭이 적용된다.

16 우리나라 유가증권시장에서 원칙적으로 취하고 있는 결제방식과 가장 거리가 먼 것은?
① 실물결제방식　　　　　　　　② 개별결제방식
③ 차감결제방식　　　　　　　　④ 집중결제방식

17 공매도에 대한 설명으로 잘못된 것은?
① 공매도는 차익거래를 하는 경우에도 직전가격 이하의 가격으로 호가할 수 없다.
② 극단적인 시황급변이 있는 경우 거래소는 금융위원회의 승인을 받아 상장증권의 전부 또는 일부에 대하여 차입공매도를 제한할 수 있다.
③ 거래소는 공매도거래의 투명성 제고를 위해 공매도 거래현황을 공표하고 있다.
④ 협회는 예탁결제원, 증권금융 및 증권회사를 통한 대차거래 현황을 집계하여 종목 및 투자자별 대차잔고를 공표하고 있다.

18 코스닥 상장의 종류와 내용에 대한 설명으로 잘못된 것은?
① 신규상장 : 코스닥시장에 최초 상장하는 것을 말하며 주식을 분산하여 상장하는 공모상장과 분산절차를 생략하는 직상장이 있다.
② 변경(추가)상장 : 주권종류, 액면금액, 수량, 상호 등 변경, 유상증자 시 상장한다.
③ 재상장은 주권상장법인이 주권비상장법인과 합병 등으로 주권비상장법인의 지분증권이 상장되는 경우이다.
④ 주권비상장법인과 우회상장에 해당하는 거래를 하고자 하는 상장법인은 우회상장예비심사신청서를 거래소에 제출하고 그 심사를 받아야 한다.

19 다음 중 자본시장법상 공매도로 보지 않는 경우에 해당하는 것을 모두 고르면?

> ㉠ 매수계약 체결 후 결제일 전에 해당 증권을 다시 매도하는 경우
> ㉡ 주식 관련 채권(전환사채, 교환사채, 신주인수권부사채)의 권리행사, 유·무상증자, 주식배당 등으로 결제일까지 상장되어 결제가 가능한 경우 그 주식의 매도
> ㉢ 다른 보관기관에 보관하고 있는 증권을 매도하는 경우
> ㉣ DR에 대한 예탁계약의 해지로 취득할 주식의 매도
> ㉤ ETF 환매청구에 따라 교부받을 주식의 매도
> ㉥ 코스피200 주식을 대주거래한 경우

① ㉠, ㉡, ㉢
② ㉠, ㉡, ㉢, ㉣
③ ㉠, ㉡, ㉢, ㉣, ㉤
④ ㉠, ㉡, ㉢, ㉣, ㉤, ㉥

20 코스닥시장의 매매제도에 대한 설명으로 잘못된 것은?
① 매매거래시간과 호가의 종류는 유가증권시장과 동일하다.
② 토요일, 공휴일, 근로자의 날, 연말의 1일간 휴장한다.
③ 호가수량단위는 1주이다.
④ 호가가격단위는 가격대별로 6단계로 나누어진다.

21 다음 중 매매체결 원칙에 대한 설명이 잘못된 것은?
① 매수호가의 경우 높은 호가 가격이 낮은 호가 가격에 우선한다.
② 가격이 동일한 호가간에는 먼저 접수된 호가가 우선한다.
③ 동시호가 시에는 위탁자 주문이 회원사의 자기매매 주문보다 우선한다.
④ 시가 등이 상·하한가로 결정되는 경우에 시간우선원칙이 적용된다.

22 채권의 종류와 성격에 대한 설명으로 가장 거리가 먼 것은?

① 국채는 정부가 원리금을 지급하므로 무위험채권으로 분류된다.
② 할인채는 만기금액을 기간 이자율로 할인하여 발행한다.
③ 지방채는 국채보다 안정성이 높고 이자율은 낮다.
④ 선순위채의 청구권은 후순위채의 청구권보다 우선한다.

23 다음 중 채권투자 시 신용위험(Credit Risk)의 내용으로 가장 거리가 먼 것은?

① 유동성위험(Liquidity Risk)
② 신용등급 하향위험(Downgrade Risk)
③ 신용스프레드 확대위험(Credit Spread Risk)
④ 부도위험(Default Risk)

24 듀레이션에 대한 설명으로 거리가 먼 것은?

① 포트폴리오의 듀레이션은 포트폴리오 내 각 채권 듀레이션의 가중평균과 같다.
② 다른 조건이 동일하면 표면금리가 낮을수록 듀레이션이 작아진다.
③ 다른 조건이 동일하면 만기가 길수록 듀레이션이 커진다.
④ 이표채의 듀레이션은 만기보다 길 수 없다.

25 다음 채권투자전략 중 성격이 다른 하나는?
① 현금흐름일치전략
② 수익률예측전략
③ 나비형 투자전략
④ 수익률곡선타기전략

26 전환사채(CB)와 신주인수권부사채(BW)의 차이점에 대한 설명으로 가장 거리가 먼 것은?
① 전환사채는 전환권 행사 후 사채가 소멸하나, 신주인수권부사채는 신주인수권 행사 후에도 사채가 존속한다.
② 전환사채는 신규자금의 유입이 없는 반면, 신주인수권부사채는 신규자금의 유입이 발생한다.
③ 사채와 전환권은 분리될 수 없으나, 분리형 신주인수권부사채의 경우에는 사채와 전환권을 분리하여 별도로 유통할 수 있다.
④ 신주취득의 한도는 전환사채의 경우 보통 사채금액과 동일하나, 신주인수권부사채의 경우 사채금액보다 큰 경우가 많다.

27 채권운용전략에 관한 설명 중 옳지 않은 것으로 모두 묶인 것은?

> ㉠ 나비형 투자전략을 수행하려면 중기물을 중심으로 한 불릿(Bullet)형 포트폴리오를 구성해야 한다.
> ㉡ 현금흐름일치전략은 향후 예상되는 현금유출액을 하회하여 현금유입액을 발생시키는 채권 포트폴리오를 구성하는 전략이다.
> ㉢ 면역전략은 투자기간과 채권의 듀레이션을 일치시켜 운용수익률을 목표시점까지 고정시키려는 전략이다.
> ㉣ 수익률곡선타기전략은 수익률곡선이 우하향할 때 그 효과가 극대화된다.

① ㉠, ㉡, ㉢
② ㉠, ㉡, ㉣
③ ㉡, ㉢, ㉣
④ ㉠, ㉡, ㉢, ㉣

28 다음 중 채권가격과 수익률의 관계를 올바르게 설명한 것은 무엇인가?
① 채권가격이 상승하면 수익률도 상승한다.
② 채권가격이 하락하면 수익률이 하락한다.
③ 채권가격과 수익률은 서로 독립적이다.
④ 채권가격이 상승하면 수익률은 하락한다.

29 코넥스시장에 대한 설명으로 잘못된 것은?
① 지정기관투자자 제도를 도입하여 상장특례 제도를 이용해 코넥스시장에 상장하고자 하는 기업은 지정기관투자자로부터 동의를 받아야 한다.
② 코넥스시장에 상장하고자 하는 기업은 거래소가 선정한 지정자문인 중 1개사와 지정자문인 선임계약을 체결한 이후에 신규상장신청이 가능하다.
③ 코넥스시장에 상장하고자 하는 기업은 증선위로부터 외부감사인을 지정받고 한국채택국제회계기준(K-IFRS)을 도입해야 한다.
④ 코넥스시장은 일반적으로 보호예수의무를 부과하고 있지 않지만, 특례상장에 동의한 기관투자자에 대하여는 6개월간의 보호예수의무를 부과하고 있다.

30 K-OTC시장에서 투자유의사항 공시사유에 해당하는 것은?
① 등록법인이 최근 2년간 불성실공시법인 지정이 1회 이상인 경우
② 등록법인이 최근 2년간 불성실공시법인 지정이 2회 이상인 경우
③ 등록법인이 최근 2년간 불성실공시법인 지정이 3회 이상인 경우
④ 등록법인이 최근 2년간 불성실공시법인 지정이 4회 이상인 경우

제2과목 · 금융상품 및 윤리

31 비은행예금취급기관에 속하는 금융기관은?

① 우체국
② 수출입은행
③ 증권회사
④ 자산운용사

32 기초자산의 가격 하락에 따라 이익이 발생하는 ELW는?

① Call ELW
② Put ELW
③ Basket ELW
④ Stock ELW

33 투자신탁 수익증권에 목돈을 일시에 투자하는 것이 아니라 일정 기간 원하는 집합투자기구(펀드) 한 가지를 선택하여 투자하는 상품은?

① 인덱스펀드
② 배당주펀드
③ 적립식펀드
④ 재간접펀드

34 양도성정기예금증서에 대한 설명으로 잘못된 것은?

① 유통시장에서 매매가 가능하다.
② 예치기간에 제한이 없다.
③ 증서의 만기 전에 은행에서의 중도해지가 불가능하다.
④ 무기명할인식으로 발행된다.

35 집합투자기구(펀드)의 이해관계자에 해당하지 않는 기구는?

① 집합투자업자　　② 자산보관회사
③ 신탁업자　　　　④ 투자중개업자

36 불특정다수의 투자자로부터 자금을 모아 투자자들을 대신하여 증권 등에 투자·운용을 담당하는 기관은?

① 위탁자　　② 수탁자
③ 수익자　　④ 판매사

37 소수의 투자자로부터 자금을 모아 다양한 투자대상에 다양한 투자전략을 운용하여 수익을 추구하는 펀드는?

① 인덱스펀드　　② 헤지펀드
③ 상장지수펀드　④ 재간접펀드

38 실세금리반영 금융상품으로서 예금자보호 상품은?

① 양도성예금증서(CD)　② 환매조건부채권(RP)
③ 표지어음　　　　　　④ MMF

39 예금보험제도에 대한 설명 중 잘못된 것은?

① 예금보험 보호한도는 상품종류별, 지점별이 아닌 금융기관별로 적용된다.
② 5,000만원은 원금과 약정이자를 포함한 것이다.
③ 예금자 1인이라 함은 개인뿐만 아니라 법인도 대상이 된다.
④ 예금 전액을 보호하지 않고 일정액만 보호하는 것이 원칙이다.

40 주가지수연계증권(ELS)에 대한 설명으로 가장 거리가 먼 것은?

① 기준가격은 기초자산의 가격, 변동성, 이자율 등에 의해 산정된다.
② 기초자산의 가격 하락 시에도 원금 또는 원금의 일정 부분이 보장 가능하다.
③ ELS에 투자한 개인의 경우 예금자보호대상이다.
④ 원금비보장형의 경우 원금손실이 발생할 수 있다.

41 금융지주회사의 정의로 옳은 것은 무엇인가?

① 금융업과 무관한 회사를 지배하는 것을 주된 사업으로 하는 회사
② 금융업을 영위하거나 금융업과 밀접한 관련이 있는 회사를 지배하는 것을 주된 사업으로 하는 회사
③ 금융기관의 자산을 관리하는 데만 집중하는 회사
④ 금융기관의 경영에 직접 관여하지 않고 단순히 투자만 하는 회사

42 다음 중 양도성예금증서(CD)에 대한 설명으로 옳은 것은?

① 만기가 없는 금융상품으로, 언제든지 현금화가 가능하다.
② 은행이 발행하며, 정기예금에 양도성을 부여한 금융상품이다.
③ 이자는 고정되지 않고 시장 금리에 따라 변동된다.
④ 발행기관이 아닌 제3자가 이자를 지급한다.

43 전술적 자산배분전략(TAA)에 대한 설명으로 잘못된 것은?

① 변수추정의 오류를 반영하여 효율적 투자기회선을 선이 아닌 영역(밴드)대로 추정하여 최적화를 수행한다.
② 시장의 변화방향을 예상하여 사전적으로 자산구성을 변동시켜 나가는 전략이다.
③ 전략적 자산배분에 의해 결정된 포트폴리오를 투자전망에 따라 중·단기적으로 변경하는 실행과정이다.
④ 중·단기적인 가격착오(Mispricing)를 적극적으로 활용하여 고수익을 지향하는 운용전략이다.

44 다음 중 벤치마크가 갖추어야 할 조건으로 거리가 먼 것은?

① 구체적인 내용(자산집단과 가중치)이 운용 이전에 명확하게 정해져야 한다.
② 벤치마크의 성과를 운용자가 추적하는 것이 가능하여야 한다.
③ 적용되는 자산의 바람직한 운용상을 표현하고 있어야 한다.
④ 벤치마크를 투자자가 미리 결정한 경우에 운용자는 벤치마크를 변경해서는 안 된다.

45 자산집단에 대한 설명으로 잘못된 것은?

① 자산집단은 분산가능성을 충족해야 한다.
② 자산집단은 독립성을 갖추어야 한다.
③ 기본적인 자산집단으로는 이자지급형 자산, 투자자산, 부동산 등이 있다.
④ 투자자산은 변동성이 낮다는 장점이 있으나 인플레이션에 취약하다는 단점도 있다.

46 투자회사에 자산배분전략을 도입할 때 얻을 수 있는 효과에 대한 설명으로 잘못된 것은?

① 펀드운용자가 자신의 투자목표를 계량적으로 정의할 수 있도록 한다.
② 운용성과 측정에 사용할 기준 포트폴리오를 명확하게 정의한다.
③ 투자전략의 수립과정에 사용될 여러 가지 변수에 대한 예측력의 강화를 요구한다.
④ 과도한 분산투자보다는 소수의 자산에 집중투자하여 장점을 극대화시켜준다.

47 투자관리의 일차적 과제로 가장 거리가 먼 것은?

① 분산투자(자산배분)의 방법
② 개별종목 선택
③ 요구수익률 설정
④ 투자시점 선택

48 전략적 자산배분에 대한 설명으로 옳은 것은?

① 투자자들의 위험선호도가 수시로 변화하는 것을 수용하는 전략이다.
② 개별 증권에 대한 투자비중을 결정한다.
③ 수시로 변화하는 경제상황을 반영한다.
④ 자산집단을 중요시하는 의사결정이다.

49 전략적 자산배분의 실행방법으로 잘못된 것은?

① 시장가치에 접근하기 위한 방법으로 시장에서 차지하는 시가총액의 비율과 동일하게 포트폴리오를 구성한다.
② 다른 유사한 기관투자자의 자산배분을 모방한다.
③ 기대수익과 위험 간의 관계를 고려하여 동일한 위험수준하에서 최대한 보상받을 수 있는 지배원리에 의하여 포트폴리오를 구성한다.
④ 투자자별 특수사항을 고려하기보다는 특정 법칙으로 정형화된 구성방법을 쓴다.

50 다음 중 최적화를 이용한 전략적 자산배분의 문제점으로 가장 거리가 먼 것은?

① 해가 불안정하다는 것이 단점이다.
② 평균-분산 최적화는 매우 복잡한 기능으로서 블랙박스와 같이 내용을 이해하기 어렵다.
③ 평균-분산 최적화는 통계적 기법을 이용하기 때문에 효율적인 포트폴리오 구성이 완벽하게 구현되는 장점이 있다.
④ 기금 내에서도 몇몇 자금운용자들의 이해관계와 정면으로 배치되어 최적화를 둘러싼 운용 조직의 갈등이 야기된다.

51 다음 중 전술적 자산배분(TAA)에 관한 설명으로 잘못된 것은?
① 저평가 주식을 매수하고, 고평가 주식을 매도하는 전략이다.
② 투자자의 고정적인 위험선호도를 가정한다.
③ 전술적 자산배분은 내재가치와 시장가격의 비교를 통해 실행된다.
④ 전술적 자산배분은 기본적으로 시장에 순응하는 방식의 투자를 수행한다.

52 다음 설명 중 옳은 것은?
① 자산배분(Asset Allocation)이란 시장예측활동(Market Timing)과 동일한 의미를 가진다.
② 자산집단의 기대수익률을 추정하기 위해서 GARCH와 같이 과거자료를 통계적으로 분석하는 방법을 주로 사용한다.
③ 특정 펀드가 목표수익률을 달성하기 위해서는 펀드 내에서 자산배분을 적극적으로 수행할 수밖에 없다.
④ 자산집단에 대한 과거의 장기간 수익률을 분석하여 미래의 수익률로 사용하는 방법을 시나리오 분석법이라고 한다.

53 다음 중 블랙-리터만(Black-Litterman) 모델에 대한 설명으로 옳은 것은?
① 투자자의 주관적 견해를 반영하지 않고 시장의 균형 상태만을 기반으로 자산배분을 결정한다.
② 평균-분산(Markowitz) 모형의 한계를 보완하기 위해 개발된 자산배분 모델이다.
③ 개별 주식의 분석에 초점을 맞춘 모델로, 자산군 간의 배분은 고려하지 않는다.
④ 자산배분 시 투자자의 견해를 배제하고 과거 데이터를 기반으로만 최적화를 수행한다.

54 다음 중 요청하지 않은 투자권유 금지에 대한 설명이 잘못된 것은?

① 요청하지 않는 투자권유행위는 원칙적으로 금지된다.
② 방문판매의 경우 미리 사전안내하고, 소비자가 투자권유 받을 의사를 표시한 경우에는 투자권유할 수 있다.
③ 일반금융소비자의 경우 사모펀드는 사전안내할 수 있는 상품이다.
④ 재권유는 금지가 원칙이나 1개월 지난 후 재권유는 허용된다.

55 다음 중 적정성 원칙이 적용되는 상품과 가장 거리가 먼 것은?

① 금적립 계좌
② 파생결합증권
③ 조건부자본증권
④ 집합투자재산의 50%를 초과하여 파생결합증권에 운용하는 집합투자증권

56 고객관리가 중요한 이유와 거리가 먼 것은?

① 금융기관마다 신규고객 확보를 위한 치열한 경쟁으로 비용이 증대하고 수익성이 악화되고 있다.
② 고객의 구매의사 결정과정이 정교화되고 고도화되었다.
③ 스마트 환경의 발달로 고객들의 상품 인지도 및 비교대상 우위가 일반화됨에 따라 전방위 경쟁에 노출되었다.
④ 질적인 수익 중심의 영업전략에서 양적인 계수 중심의 경영전략으로 금융기관 조직 및 문화가 전환되었다.

57 고객상담 프로세스에 맞게 진행되는 경우 빈칸 안에 들어갈 단계로 올바른 것은?

> 고객과의 관계형성 ⇨ ( ) ⇨ 설득 및 해법 제시 ⇨ 고객 동의 확보 ⇨ 클로징

① 고객 니즈 파악 ② 투자상품 소개
③ 계약의 체결   ④ 상세한 본인소개

58 고객 니즈 파악을 위한 질문의 수법과 거리가 먼 것은?
① 확대형 질문 ② 축소형 질문
③ 개방형 질문 ④ 폐쇄형 질문

59 고객서비스에 대한 설명으로 잘못된 것은?
① 어떤 서비스를 제공할 것인가와 같은 서비스 종류의 문제가 중요하다.
② 반복적인 노출과 근접성이 호감을 형성하는 데 도움이 된다.
③ 보상성의 원리에 따라 고객에게 도움을 주는 서비스를 제공하는 것이 유리하다.
④ 도움을 줌으로써 고객이 부채 감정을 가지게 되면 이를 갚고 싶어하는 심리적인 동기를 유발하게 된다.

60 고객의 니즈를 파악하는 질문에 대한 설명 중 잘못된 것은?

① 대화의 흐름을 자신이 생각하는 방향으로 리드하고 싶을 때 폐쇄형 질문이 적절하다.
② 개방형 질문은 좀 더 긴 대답을 유도하는 경우에 사용한다.
③ 폐쇄형 질문은 이런 질문에 익숙치 않은 고객에게 심문당하는 느낌이나 귀찮다는 느낌을 줄 수 있다.
④ Eye Contact은 자신감의 표현이며 고객을 설득하는 가장 강력한 무기가 된다.

61 고객의 반감에 대한 설명으로 거리가 먼 것은?

① 반감은 거절의 표시이다.
② 반감은 고객 관심의 표현이다.
③ 반감은 또 하나의 세일즈 찬스이다.
④ 반감은 더 많은 정보에 대한 욕구이다.

62 다음 중 고객 니즈 파악을 위한 폐쇄형 질문의 타이밍과 거리가 먼 것은?

① 상담자나 투자자가 시간이 없어 결정을 빨리 해야 할 때
② 새로운 화제나 다른 구체적인 화제로 바꾸고 싶을 때
③ 개방형 질문에 고객의 반응이 없을 때
④ 복잡한 금융투자상품을 상세하게 설명해야 할 때

63 고객 니즈 파악을 위한 확대형 질문에 대한 설명으로 잘못된 것은?

① 질문을 통해 고객이 스스로 생각하게 한다.
② 제한된 시간 내에 고객과 판매사원 상호 간에 니즈를 구체화하고 확신시켜주는 효과를 거둘 수 있다.
③ 일상적인 질문은 피해야 하며, 판매사원의 견해를 피력해 설득의 서두로 사용하는 것은 적절하지 않다.
④ 고객으로 하여금 니즈를 분석하게 하고 궁리하게 한다.

64 CRM의 특징과 거리가 먼 것은?

① 고객획득 중시
② 장기적 관계형성 중시
③ 고객서비스 중시
④ 고객점유율 중시

65 CRM을 통하여 얻을 수 있는 효과와 거리가 먼 것은?

① 기존고객과의 관계를 효과적으로 발전시킴으로써 조직에 대한 고객의 신뢰가 높아진다.
② 고객과의 관계가 증진될수록 단위당 관리비용은 낮아진다.
③ 기존고객과의 만족스러운 관계형성을 통해 유대관계가 깊어질수록 타기관으로의 고객 이탈 가능성이 더욱 낮아진다.
④ 만족고객의 SNS를 통한 구전 효과는 상당히 낮은 편이다.

66 최근 직무윤리의 필요성이 더욱 강조되는 이유와 거리가 먼 것은?

① 신뢰와 평판이 실추되면 이를 만회하는 데 더 큰 비용과 시간이 소요된다.
② 윤리경영은 선택사항이 아니라 필수사항이 되고 있다.
③ 윤리경영은 사회적 압박에 의하여 소극적으로 변화하고 있다.
④ 윤리경영이 확산되려면 이를 위한 시스템 구축 및 국가·사회적으로 반부패와 윤리경영에 대한 인프라 구축이 선행되어야 한다.

67 금융투자회사의 직무윤리 관련 법령 및 표준윤리준칙에 근거한 내용으로 가장 거리가 먼 것은?

① 금융투자업 직무윤리의 기본원칙은 고객우선의 원칙과 신의성실의 원칙이다.
② 금융소비자는 본인의 투자금액 이외의 판매수수료, 해지수수료 등 추가적인 비용을 금융투자회사에게 지불해야 한다.
③ 금융투자상품은 금융소비자가 일정한 대가를 바라고 지불한 금액보다 기대했던 대가가 적어질 수 있는 위험성을 내포한 상품이다.
④ 금융소비자보호법은 금융소비자보호의 대상을 투자성 있는 금융투자상품으로 보고 있다.

68 금융투자업종사자가 준수하여야 할 직무윤리에 대한 설명으로 가장 올바른 것은?

① 투자정보 제공 시 미래의 예측이라도 확실성이 높다면 사실과 구분하여 예측임을 표시하지 않아도 무방하다.
② 장외파생상품의 투자권유 시 고객으로부터 요청이 없더라도 방문, 전화 등을 이용한 투자권유가 가능하다.
③ 업무수행에 대한 고객의 지시가 고객의 이익에 도움이 되지 않으면 그 지시에 따르지 않아도 무방하다.
④ 아직 계약을 맺지 않은 잠재적 고객에 대해서도 직무윤리를 준수하여야 한다.

69 고객정보의 취급에 관한 설명 중 잘못된 것은?

① 고객정보를 누설하거나 고객이 아닌 자의 이익을 위하여 부당하게 이용하는 행위는 금지된다.
② 고객에 관한 어떤 사항이 비밀정보인지 여부가 불명확할 경우에는 일단 비밀이 요구되는 정보로 취급하여야 한다.
③ 임직원이 고객 또는 회사의 비밀정보를 관련 법령에 따라 제공하는 경우에는 직무수행에 필요한 최대한의 범위 내에서 제공하고 준법감시인에게 사후보고한다.
④ 고객이 동의하지 않은 상황에서 특정 고객에 대한 언급이나 확정되지 않은 기획단계의 상품 등에 대한 언급을 하여서는 안 된다.

70 다음 중 금융투자업별로 달리 적용되는 규정에 대한 연결이 잘못된 것은?

① 투자매매업자 – 자기계약금지
② 투자중개업자 – 임의매매금지
③ 집합투자업자 – 집합투자재산운용제한
④ 투자자문업자 – 약관규제

71 일반적으로 금융투자회사와 고객과의 관계에서 이해상충발생 가능성과 직접적인 관계가 가장 적은 것은?

① 스캘핑
② 선행매매
③ 위탁매매
④ 과당매매

72 상품개발단계의 금융소비자보호의 내용과 가장 거리가 먼 것은?

① 금융상품 개발부서, 마케팅 수립부서, 금융소비자보호 총괄기관 간에 사전협의가 있어야 한다.
② 사전협의 대상에는 고객관련 판매촉진(이벤트, 프로모션 등)전략의 적정성도 검토되어야 한다.
③ 이사회는 사전협의절차를 충실히 이행하고 있는지 정기적으로 점검하여야 한다.
④ 상품개발단계에서부터 외부의견(외부전문가나 금융소비자)을 청취하여 회사경영에 반영할 수 있는 고객참여제도 등의 채널을 마련해야 한다.

73 파생상품과 같은 위험이 큰 상품에 적용되는 원칙과 가장 관계가 적은 것은?

① 적합성의 원칙
② 적정성의 원칙
③ Know-Your-Customer-Rule
④ 자기매매금지의 원칙

74 설명의무 이행과 관련된 설명 중 옳은 것은?

① 사후 투자자의 손실 일부를 보전하는 약정은 허용된다.
② 사전 투자자의 손실 일부를 보전하는 약정은 허용된다.
③ 사전 또는 사후 투자자의 손실보전 또는 이익보장을 하는 약정은 허용된다.
④ 회사가 자신의 위법행위 여부가 불분명한 경우 사적 화해의 수단으로 손실을 보상하는 경우는 허용된다.

75 내부통제기준 준수 시스템에 대한 설명 중 잘못된 것은?

① 모든 임직원에게 준법서약서를 징구한다.
② 내부고발제도를 운영한다.
③ 내부통제 우수자에 대한 인센티브를 제공한다.
④ 감독기관 또는 주주들에 의하여 운영되어야 한다.

76 내부통제기준 위반행위 발견 시 처리절차에 대한 설명 중 잘못된 것은?

① 준법감시부서 직원 중 조사원을 임명하여 임무를 부여한다.
② 범죄와 연루되었을 가능성이 있는 경우 감독·사법당국에 통보 및 고발을 검토한다.
③ 위반자에 대한 제재는 경고, 견책, 감봉, 정직에 한한다.
④ 필요한 경우 변호사 및 회계사에게 자문을 의뢰한다.

77 영업점에 대한 준법감시통제와 관련하여 단일영업관리자가 2 이상의 영업점 영업관리자 업무를 수행할 수 있는 요건과 거리가 먼 것은?

① 감독대상 영업직원 수, 영업규모와 내용 및 점포의 지역적 분포가 단일영업관리자만으로 감시·감독하는 데 특별한 어려움이 없을 것
② 해당 영업관리자가 대상 영업점 중 1개의 영업점에 상근하고 있을 것
③ 해당 영업관리자가 수행할 업무의 양과 질이 감독업무 수행에 지장을 주지 않을 것
④ 해당 영업관리자가 준법감시업무 이외의 업무를 겸직하지 않을 것

78 내부고발제도에 대한 설명 중 잘못된 것은?
① 준법감시인은 내부고발제도를 운영할 수 있으며, 이에 필요한 세부운영지침을 정할 수 있다.
② 내부고발자가 인사상 불이익을 받은 것으로 인정되는 경우 준법감시인은 회사에 시정을 요구할 수 있다.
③ ②의 경우 회사는 정당한 사유가 없는 한 이에 응하여야 한다.
④ 준법감시인은 내부고발자에 대하여 본인이 원하든 원치 않든 인사상 또는 금전적 혜택을 부여하도록 회사에 요청할 수 있다.

79 개인정보보호에 대한 설명 중 잘못된 것은?
① 개인정보의 처리 방법 및 종류 등에 따라 정보주체의 권리가 침해받을 가능성과 그 위험 정도를 고려하여 개인정보를 안전하게 관리해야 한다.
② 개인정보의 보유기간이 경과하더라도 이를 파기하는 것은 금지된다.
③ 개인정보처리자가 법령에 의해 제3자에게 개인정보를 제공하는 경우 개인정보를 제공받는 자의 개인정보 보유 및 이용 기간에 대하여 정보주체에게 알려야 한다.
④ 개인정보처리자의 정당한 이익을 달성하기 위해 필요한 경우로서 명백하게 정보주체의 권리보다 우선하는 경우 개인정보처리자가 개인정보를 수집할 수 있고, 그 수집 목적의 범위 내에서 이용할 수 있다.

80 준법감시제도에 대한 설명 중 잘못된 것은?
① 내부통제기준은 임직원이 직무를 수행함에 있어서 준수해야 할 적절한 기준 및 절차를 의미한다.
② 협회는 표준내부통제기준을 작성하여 사용권고할 수 있다.
③ 금융투자업자는 1인 이상 준법감시인을 두어야 한다.
④ 준법감시인은 금융투자업 및 부수업무를 할 수 있다.

제3과목 · 법규 및 규정

81 다음 중 불공정 거래행위에 대한 기술 중 잘못된 것은?

① 내부자거래 금지규정 적용대상은 상장법인 및 6개월 내에 상장이 예정된 법인이다.
② 임원, 주요주주 소유상황보고가 면제되는 경미한 변동의 기준은 변동수량 1천주 미만, 그 취득 및 처분금액이 1천만원 미만인 경우이다.
③ 단기매매차익 반환의무는 상장법인의 주요주주 및 모든 임직원이다.
④ 우리나라는 차입공매도만 허용하고 무차입공매도는 허용하지 않는다.

82 다음 중 종합금융투자사업자에 대한 설명이 잘못된 것은?

① 투자매매업자 또는 투자중개업자가 아니라도 금융위원회로부터 종합금융투자사업자의 지정을 받을 수 있다.
② 상법상 주식회사이어야 한다.
③ 5조원 이상의 자기자본을 갖추어야 한다.
④ 기업에 대한 신용공여 업무를 영위할 수 있다.

83 다음 중 시장질서 교란행위 규제에 대한 설명이 가장 적절하지 않은 것은?
① 2차 이상의 정보수령자도 규제할 수 있다.
② 매매유인이나 부당이득을 얻을 목적이 없으면 과징금을 부과할 수 없다.
③ 거래 성립가능성이 희박한 호가의 대량 제출도 시장질서 교란행위에 해당한다.
④ 시장질서 교란행위에 대하여 5억원 이하의 과징금을 부과할 수 있다.

84 다음 중 전문금융소비자와 가장 관계가 적은 것은?
① 65세 이상 고령투자자
② 지방자치단체
③ 주권상장법인
④ 상시근로자 5인 이상의 단체

85 다음 중 6대판매 원칙에 대한 설명이 적절하지 않은 것은?
① 적정성 원칙은 원칙적으로 일반사모펀드 판매 시에도 적용된다.
② 전문금융소비자에 대하여는 적합성 원칙, 적정성 원칙, 설명의무가 면제된다.
③ 대출과 관련하여 제3자의 연대보증을 요구하는 행위는 금지된다.
④ 투자성상품에 대한 재권유는 금지가 원칙이나 1개월이 지나면 재권유할 수 있다.

86 다음 중 금융투자상품에 대한 설명이 적절하지 않은 것은?

① 금융투자상품은 투자금액이 회수금액을 초과하게 될 위험이 있어야 한다.
② 주식매수선택권도 금융투자상품으로 인정된다.
③ 금융투자상품은 추가지급의무 부과여부에 따라 증권과 파생상품으로 구분된다.
④ 기업어음증권은 채무증권에 해당한다.

87 다음 중 금융투자업에 대한 기술이 잘못된 것은?

① 투자매매업은 자기의 계산으로 금융투자상품의 매매 등을 영업으로 하는 것이다.
② 투자매매업자를 상대방으로 하거나 투자중개업자를 통하여 금융투자상품을 매매하는 경우에는 투자매매업의 적용이 배제된다.
③ 원칙적으로 투자자의 수가 1인인 펀드는 금지된다.
④ 종합금융투자사업자가 아니라도 전담중개업무를 영위할 수 있다.

88 다음 중 금융투자업자의 건전성 규제에 대한 설명이 적절하지 않은 것은?

① 금융투자업자는 매분기마다 자산 및 부채에 대하여 5단계로 분류해야 한다.
② 매분기 말 현재 고정이하로 분류된 채권에 대하여 적정한 회수예상가액을 산정해야 한다.
③ 정상으로 분류된 자산에 대하여는 대손충당금을 적립하지 않아도 된다.
④ 순자본비율 규제와 관련하여 부외자산과 부외부채에 대하여도 위험액을 산정하는 것을 원칙으로 한다.

89 다음 중 투자매매업자 또는 투자중개업자에 대한 규제내용이 잘못된 것은?

① 주문을 받는 경우 사전에 그 투자자에게 자기가 투자매매업자인지 투자중개업자인지를 밝혀야 한다.
② 자기계약은 금지가 원칙이나 자기가 판매하는 집합투자증권을 매수하는 경우에는 예외적으로 허용된다.
③ 투자자가 주문 처리에 관하여 별도의 지시를 한 경우에는 최선집행기준과 달리 처리할 수 있다.
④ 임의매매는 금지가 원칙이나 투자자에게 유리한 경우에는 허용된다.

90 다음 중 증권시장의 공시제도에 대한 기술이 잘못된 것은?

① 국가 또는 지자체가 원리금지급을 보증한 채무증권은 증권신고서 제출의무가 면제된다.
② 모집 또는 매출이 일정액 이상인 경우 모집 또는 매출주선인은 증권신고서를 금융위에 제출해야 한다.
③ 주요 경영사항에 대한 공시는 의무공시에 해당한다.
④ 증권신고서와 투자설명서는 모두 발행시장 공시에 해당한다.

91 자본시장법상 투자권유제도에 대한 설명으로 잘못된 것은?

① 금융투자업자는 손실(또는 이익)의 전부 또는 일부를 보전(또는 보장)하는 약속에 대하여 사전·사후를 불문하고 모두 금지된다.
② 투자권유대행인에 대해서도 금융투자회사에 적용되는 설명의무, 적합성원칙 등 투자권유 규제가 동일하게 적용된다.
③ 무작위적인 전화통화와 같은 투자자가 요청하지 않은 투자권유(Unsolicited Call)를 명문으로 금지하였다.
④ 금융투자업자는 고객등급별로 차등화된 투자권유준칙을 마련해서는 안 된다.

92 자본시장법상 내부자거래 규제에 대한 설명 중 잘못된 것은?

① 회사내부자 또는 준내부자에 해당되지 아니한 날로부터 1년이 경과하지 아니한 자에 대하여도 내부자거래 규제가 적용될 수 있다.
② 미공개 중요정보 이용행위 금지규정의 적용대상이 되는 증권에는 상장법인이 발행한 일반채권, 수익증권 등이 포함된다.
③ 공개매수인의 내부자가 대상회사 증권을 거래하는 경우도 내부자거래로 금지된다.
④ 회사내부자, 준내부자에 해당하지 않게 된 날로부터 1년이 경과하지 아니한 자도 내부자의 범위에 포함된다.

93 금융투자상품거래청산회사는 자본시장법에 따라 금융위원회로부터 청산업 인가업무를 받은 회사이다. 다음 중 금융투자상품거래청산회사의 청산거래대상이 되는 장외거래와 거리가 먼 것은?

① 장외파생상품 거래
② 장외환매조건부매매
③ 장외증권의 대차거래
④ 청산대상업자 간의 채무증권 위탁매매거래

94 상대적 전문투자자에 대한 설명 중 옳은 것은?

① 주권상장법인, 기금관리·운용법인, 공제사업 영위법인, 지방자치단체, 자발적 전문투자자 등이 상대적 전문투자자에 속한다.
② 주권상장법인 등이 장외파생상품 거래를 하는 경우에는 별도 의사표시를 하지 않는 한 전문투자자로 대우한다.
③ 주권상장법인 등이 장외파생상품 거래를 위해 일반투자자로 대우받기를 원할 경우에는 그 내용을 서면으로 금융투자업자에게 통지해야 한다.
④ 절대적 전문투자자가 일반투자자로 대우받기를 원할 경우에는 그 내용을 서면으로 금융투자업자에게 통지해야 한다.

95 금융투자업 인가요건 유지의무에 대한 설명이 잘못된 것은?
① 금융투자업자는 인가·등록 후에도 인가·등록 요건을 계속 유지하지 못할 경우 인가가 취소될 수 있다.
② 매 회계연도말 기준 자기자본이 인가업무 단위별 최저 자기자본의 70% 이상을 유지해야 하며, 다음 회계연도 말까지 자본보완이 이루어지는 경우 요건을 충족한 것으로 간주한다.
③ 대주주 출자능력(자기자본이 출자금액의 4배 이상), 재무건전성, 부채비율(300%) 요건은 반드시 유지하여야 한다.
④ 최대주주의 경우 최근 5년간 5억원 이상의 벌금형만을 적용한다.

96 금융소비자보호법의 내용과 가장 거리가 먼 것은?
① 투자성 상품 판매와 관련된 사항은 금융소비자보호법이 자본시장법에 대하여 특별법 지위에 있다.
② 개별법률에 따라 사모의 방법으로 모아 운용하는 상품에 대하여는 금융소비자보호법이 적용되지 않는다.
③ 대부업자는 예금성 상품을 제외하고 대출성 상품 뿐만 아니라 투자성 상품 및 보장성 상품에 대하여도 전문금융소비자로 본다.
④ 대출성 상품의 경우 상시근로자 5인 이상의 법인·조합·단체도 전문금융소비자에 포함된다.

97 금융투자업자의 이해상충관리에 대한 설명 중 잘못된 것은?
① 일반규제로서 신의성실의무, 선관주의의무 등이 있다.
② 직접규제로서 선행매매금지, 과당매매금지, 이해관계인과의 거래 제한 등이 있다.
③ 정보교류 차단장치(Chinese Wall)를 의무적으로 설치해야 한다.
④ 고유재산운용업무와 신탁업 간에는 내부정보교류 차단장치를 설치하지 않아도 된다.

98 외국인 또는 외국법인이 증권 또는 장내파생상품을 매매하려고 하는 경우에 준수해야 될 사항과 거리가 먼 것은?

① 증권시장(또는 다자간매매체결회사)을 통하여 매매하여야 한다.
② 계좌개설, 국내 대리인 선임 등 금융위원회가 정하여 고시하는 기준을 충족해야 한다.
③ 공공적 법인의 종목별 외국인 1인 취득한도는 공공적 법인의 정관에서 정한 한도까지 가능하다.
④ 공공적 법인의 종목별 외국인 전체 취득한도는 해당 종목 지분의 30%까지 가능하다.

99 단기매매차익 반환대상에 해당하는 것은?

① 안정조작 또는 시장조성을 위하여 매매하는 경우
② 특정 증권 등을 매수하여 3개월 경과 후 매도하는 경우
③ 주식매수선택권의 행사에 따라 주식을 취득하는 경우
④ 주식매수청구권의 행사에 따라 주식을 처분하는 경우

100 금융투자업자가 취급하는 대표적인 대출성상품과 가장 거리가 먼 것은?

① 신용거래융자
② 신용대주
③ 청약자금대출
④ 마이너스통장대출

제2회 적중 실전모의고사

제1과목 ▪ 증권분석 및 증권시장

01 기업의 이익흐름에 영향을 주는 원천적 요인 중 거시경제적 요인으로만 올바르게 나열된 것은?

> ㉠ GDP 성장률　　　　　㉡ 기업의 경쟁력
> ㉢ 환율　　　　　　　　㉣ 인플레이션

① ㉠, ㉡, ㉢　　　　　　② ㉠, ㉢, ㉣
③ ㉡, ㉢, ㉣　　　　　　④ ㉠, ㉡, ㉢, ㉣

02 다음 통화당국의 금융정책 중 정책목적이 나머지와 다른 것은?

① 통화안정증권 매각　　　② 기준금리 인하
③ 지급준비율 인하　　　　④ 통화안정증권 매입

03 포터(M. E. Porter)의 산업 경쟁구조 분석에 대한 설명으로 가장 거리가 먼 것은?

① 진입장벽이 높을수록 기존기업에 유리하다.
② 대체가능성이 낮을수록 기존기업에 유리하다.
③ 기존업체 간 경쟁치열도가 높으면 기존기업에 유리하다.
④ 공급자의 입장에서는 가격교섭력이 높을수록 유리하다.

04 통계청이 발표하는 경기종합지수 중 선행종합지수의 구성지표가 아닌 것은?

① 구인·구직비율
② 회사채유통수익률
③ 건설수주액
④ 장·단기금리차

05 다음 내용을 근거로 당해 기업의 주가수익비율(PER: Price Earning Ratio)을 산출한 값으로 옳은 것은?

- 주가 20,000원
- 당기순이익 50억원
- 배당금 25억원
- 발행주식 10,000,000주

① 10
② 20
③ 30
④ 40

06 다음 재무정보를 바탕으로 A기업의 이자보상비율을 계산한 값으로 옳은 것은?

- 영업이익 : 2,000만 원
- 당기순이익 : 1,200만 원
- 법인세차감 전 순이익 : 1,500만 원
- 이자비용 : 500만 원
- 고정자산 : 8,000만 원
- 자기자본 : 4,000만 원

① 2.4배
② 3.0배
③ 4.0배
④ 40%

07 다음의 재무제표를 분석한 내용으로 잘못된 것은?

- 매출액 : 20억원, 자기자본 : 5억원
- 영업이익 : 2억원, 당기순이익 : 2억원
- 배당 : 1.2억원, 1주당 배당금 : 1,000원
- 주당순이익 : 2,500원
- 타인자본 : 5억원
- 이자율 : 8%
- 주가 : 25,000원
- 주당순자산 : 5,000원

① 재무레버리지는 3배, 총자본이익률(ROI)은 30%이다.
② 자기자본이익률(ROE)은 40%, 총자본회전률은 2회이다.
③ 이자보상비율은 5배, PER은 10배, PBR은 5배이다.
④ 사내유보율은 40%, 배당성향은 60%이다.

08 다음 중 기술적 분석에서 사용되는 패턴 분석의 주요 가정으로 옳지 않은 것은?

① 가격은 추세를 이루며 움직인다.
② 역사는 반복된다.
③ 과거의 가격 패턴은 미래의 가격 움직임을 예측할 수 있다.
④ 주가의 내재 가치를 기반으로 분석한다.

09 기술적 분석의 종류 중 패턴분석에서 패턴의 성격이 나머지와 다른 것은?

① 삼각형
② 원 형
③ 깃발형
④ 쐐기형

10 기술적 분석에 대한 설명으로 가장 거리가 먼 것은?

① 차트를 통하여 짧은 시간에 이해할 수 있다.
② 기술적 분석은 수급으로만 판단하고 시장변화의 원인을 알 수 없다.
③ 주가변동의 패턴을 관찰하여 분석하나, 그 변동을 미리 예측할 수는 없다.
④ 여러 주식의 가격변동 상황을 동시에 분석·예측할 수 있다.

11 종류주식의 구분기준과 거리가 먼 것은?

① 의결권
② 상 환
③ 전 환
④ 기 명

12 다음 중 상장에 대한 설명으로 잘못된 것은?

① 상장이란 주식회사가 발행한 주권이 거래소시장에서 거래될 수 있도록 자격을 부여하는 것이다.
② 상장 시 형식적 심사요건에는 영업활동 기간, 기업규모, 주식분산, 경영성과, 감사의견 등이 있다.
③ 관리종목지정은 거래소시장이 상장된 증권에 대하여 유가증권시장에서 매매거래대상이 될 수 있는 적격성을 상실시키는 조치이다.
④ 공공적 법인, 벤처기업, 기술성장기업 등에는 상장요건의 특례가 적용된다.

13 다음 중 공시제도에 대한 설명으로 잘못된 것은?

① 기업내용 공시제도는 정보형평을 통한 증권시장의 효율성을 실현시키는 제도이다.
② 공시매체는 금융위원회 및 거래소의 전자공시시스템, 코스콤의 정보문의단말기 및 거래소 홈페이지, 증권시장지 등이 있다.
③ 주권상장법인은 공시의무사항이 아닌 경우 공시할 수 없다.
④ 거래소는 불성실 공시법인에 대하여 매매거래를 정지시킬 수 있고, 공시위반제재금도 부과할 수 있다.

14 유가증권시장의 매매거래에 대한 설명으로 잘못된 것은?

① 매매거래의 수탁은 문서, 전화, 전자통신 등으로 가능하다.
② 대용증권은 위탁증거금으로 활용할 수 없다.
③ 1일 가격제한폭은 기준가격 대비 ±30%이다.
④ 정규매매시간 중 단일가매매는 시가, 종가, 매매거래중단 후 재개 시 최초가격을 결정할 때 이용되고, 그 이외의 시간에는 접속매매 방법으로 매매체결이 이루어진다.

15 유가증권시장의 시장관리제도에 대한 설명으로 잘못된 것은?

① 주가지수가 전일종가지수 대비하여 각각 8%, 15%, 20% 이상 하락하여 1분간 지속되면 Side Car를 발동한다.
② 랜덤엔드는 모든 단일가매매 시 가격결정을 위한 호가접수시간을 정규 마감시간 이후 30초 이내의 임의시간까지 연장하는 제도이다.
③ 시장경보제도는 투자주의종목 지정, 투자경고종목 지정, 투자위험종목 지정 등 3단계로 구성되어 있다.
④ 우리나라에서는 소유하지 않은 증권은 매도할 수 없고, 대차거래 또는 대주거래를 통해 차입된 증권의 공매도만 허용된다.

16 프로그램매매 관리제도와 가장 관계가 적은 것은?

① 지수차익잔고 공시
② 단기과열종목 지정
③ 선물·옵션 최종거래일의 사전신고
④ Side Car

17 유가증권시장의 청산제도에 대한 설명으로 잘못된 것은?

① 청산은 거래소가 회원 간 성립된 매매에 개입하여 매도자에 대하여는 매수자, 매수자에 대하여는 매도자가 됨으로써 채권·채무를 차감하여 확정하고 결제가 이행될 때까지 결제를 보증하는 일련의 절차이다.
② 결제는 청산과정을 통해 확정된 중앙거래당사자와 회원 간의 채무를 증권의 인도 및 대금지급을 통하여 이행함으로써 매매를 종결시키는 것이다.
③ 우리나라는 실물결제방식을 채택하고 있으며 차감결제방식은 아직 채택하고 있지 않다.
④ 거래소의 결제이행 재원은 손해배상공동기금, 결제적립금 등 거래소자산, 회원보증금 등이 있다.

18 벤처기업의 신규상장 심사요건으로 올바른 것은?

① 설립 후 경과연수가 3년 이상이고 계속 영업 중일 것
② 자기자본이 10억원 이상 또는 시가총액이 50억원 이상일 것
③ ROE가 3%이거나 당기순이익이 5억원 이상일 것
④ 소액주주가 500명 이상일 것

19 12월 결산법인의 배당락에 대한 설명으로 잘못된 것은? (단, 12월 28일부터 12월 30일까지 공휴일은 없다고 가정함)

① 배당금지급기준일은 12월 30일(공휴일인 경우 직전 매매거래일)이다.
② 배당락조치일은 12월 29일이다.
③ 주주명부에 등록되기 위해서는 12월 29일까지 주식을 매수해야 한다.
④ 주식배당을 하는 경우에는 배당락조치를 하나, 현금배당을 하는 경우에는 배당락조치를 하지 않는다.

20 다음 보기 중 공정공시 대상정보에 해당하는 것은?

> 가. 장래사업계획 또는 경영계획(3년 이내)
> 나. 매출액, 영업손익 등에 대한 전망 또는 예측(3년 이내)
> 다. 정기(사업/반기/분기)보고서 제출 이전의 영업실적
> 라. 수시공시사항 관련 중요정보 중 공시의무시한이 경과한 사항

① 가
② 가, 다
③ 가, 나, 다
④ 가, 나, 다, 라

21 다음 중 안정적 주가 형성을 위한 시장관리에 대한 설명이 적절하지 않은 것은?

① 서킷브레이커는 코스피(또는 코스닥)지수가 기준가격 대비 8%, 15% 또는 20% 이상 상승 또는 하락하여 1분간 지속되는 경우에 발동된다.
② 사이드카는 선물가격이 급등락할 경우 프로그램 매매호가의 효력을 5분간 정지시키는 제도이다.
③ 단기과열종목으로 지정되면 3일간 30분 단위 단일가매매로 거래가 체결된다.
④ 투자경고종목 또는 투자위험종목으로 지정되면 위탁증거금을 100% 징수해야 되고, 대용증권으로 사용할 수 없다.

22 말킬(B.G.Malkiel)의 채권가격정리에 대한 설명으로 잘못된 것은?

① 채권가격과 채권수익률은 반비례 관계에 있다.
② 장기채가 단기채보다 일정한 수익률 변동에 대한 가격 변동폭이 크다.
③ 만기가 일정할 때, 수익률 하락에 의한 가격 상승폭이 같은 폭의 수익률 상승에 의한 가격 하락폭보다 작다.
④ 표면이자율이 낮은 채권이 높은 채권보다 일정한 수익률 변동에 따른 가격 변동률이 크다.

23 다른 조건이 일정하다고 가정했을 때, 다음의 신용등급을 가진 채권 중 채권금리가 가장 높은 것은?

① BB등급 회사채
② AAA등급 은행채
③ AA등급 회사채
④ 국 채

24 주가가 상승할 경우에 주식으로 전환할 수 있는 채권이 아닌 것은?

① 풋옵션부채권
② 전환사채(CB)
③ 신주인수권부사채(BW)
④ 교환사채(EB)

25 다음 중 수익률곡선타기전략에 대한 설명으로 잘못된 것은?

① 수익률곡선 모양이 우상향하고, 투자기간 동안 변하지 않아야 한다.
② 롤링효과와 숄더효과를 이용한다.
③ 적극적 전략이다.
④ 시장선호가설과 관련이 깊다.

26 패리티가 140%인 전환사채의 전환대상 주식의 가격이 7,000원이라면 이 전환사채의 액면전환가격으로 옳은 것은?

① 5,000원 ② 7,000원
③ 10,000원 ④ 14,000원

27 일정한 조건을 충족하였을 때 자본으로 인정되는 것이 아닌 것은?

① 하이브리드채권 ② 코코본드
③ 조건부자본증권 ④ 신주인수권부사채

28 다음 중 전환사채(CB), 신주인수권부사채(BW), 교환사채(EB)에 대한 설명으로 옳지 않은 것은?

① 전환사채는 일정 기간이 지나면 채권을 주식으로 전환할 수 있는 권리가 부여된 채권이다.
② 신주인수권부사채는 채권과 함께 신주를 일정 가격에 매수할 수 있는 권리가 부여된 채권이다.
③ 교환사채는 발행회사의 신주를 발행하여 교환하는 방식으로 이루어진다.
④ 전환사채는 주식으로 전환되면 채권이 소멸한다.

29 다음 중 코넥스시장의 상장폐지요건과 가장 거리가 먼 것은?

① 특례상장기업의 지정자문인 미선임
② 기업설명회 3년 내 6회 이상 미개최
③ 분산요건 미달
④ 포괄적 주식교환

30 K-OTC시장의 등록·지정해제 사유로 옳은 것은?

① 최근 2개 사업연도 연속하여 매출액 5억원 미만인 경우
② 최근 2개 사업연도 연속하여 매출액 10억원 미만인 경우
③ 최근 2개 사업연도 연속하여 매출액 15억원 미만인 경우
④ 최근 2개 사업연도 연속하여 매출액 20억원 미만인 경우

제2과목 · 금융상품 및 윤리

31 집합투자재산의 50%를 초과하여 증권(증권을 기초로 하는 파생상품을 포함)에 투자하는 집합투자기구로 옳은 것은?

① 증권집합투자기구
② 부동산집합투자기구
③ 특별자산집합투자기구
④ 단기금융상품집합투자기구

32 수익증권을 설명한 내용으로 거리가 먼 것은?

① 수익증권 중 주식형펀드는 주식 및 주가지수선물·옵션에 투자한 비율이 신탁재산의 50% 이상인 펀드를 말한다.
② 불특정다수의 고객으로부터 자금을 모아 조성된 펀드를 고객 대신 투자운용하는 자를 위탁자(위탁회사)라고 한다.
③ 위탁자의 지시에 따라 유가증권 매매에 따른 대금 및 증권결제 등의 업무를 담당하는 자를 수탁자(수탁회사)라고 한다.
④ 수익자란 수익증권의 소지인을 말하며, 기명식인 경우 수익자로 기명된 자를 말한다.

33 랩어카운트(Wrap Account)에 관한 설명으로 거리가 먼 것은?

① 주문형 상품으로 고객의 수요에 부응하여 상품을 구성할 수 있는 장점이 있다.
② 수수료는 투자자산의 일정 비율로 결정되며, 별도의 매매수수료를 지불하지 않는다.
③ 자산운용방식과 투자대상이 획일적이라는 단점이 있다.
④ 판매사의 관점에서 수수료의 수입총액이 감소할 가능성이 있다는 단점이 있다.

34 입출이 자유로운 예금으로 거리가 먼 것은?

① 양도성예금증서(CD)
② 가계당좌예금
③ 보통예금
④ MMDA

35 예금주 A는 다음과 같은 B은행의 상품에 자금을 맡겨놓고 있다. 만일 B은행이 파산하였을 경우 예금주 A가 수령할 수 있는 금액으로 옳은 것은?

- CD : 2,300만원
- 외화예금 : 미화 10,000불(1달러당 1,400원)
- 정기예금의 원금 및 소정이자 : 2,000만원
- 가계당좌예금의 원금 및 소정이자 : 1,300만원

① 5,000만원
② 2,300만원
③ 미화 10,000불 + 3,300만원
④ 3,300만원

36 수익증권 중 주식형펀드의 운용방법으로 옳은 것은?

① 자산총액의 60% 이상을 주식으로 운용
② 주식에 대한 편입비율이 50% 이상
③ 주식에 대한 편입비율이 50% 미만
④ 자산총액의 60% 이상을 채권으로 운용

37 증권회사의 상품 중 예금자보호대상에서 제외되는 상품으로 옳은 것은?

① ELD
② 수익증권
③ 증권저축 현금잔액
④ 위탁자예수금

38 양도성예금증서(CD)에 대한 설명으로 가장 거리가 먼 것은?

① 만기지급 시 증서 소지인에게 액면금액을 지급한다.
② 실세금리반영 확정금리상품이다.
③ 예금자보호법상의 보호상품이다.
④ 가입자격에 제한이 없다.

39 실세금리반영 확정금리상품에 대한 설명 중 잘못된 것으로만 모두 묶인 것은?

> ㉠ CD : 무기명할인식, 중도해지 불가, 종금사 및 증권사를 통해 현금화 가능, 비보호
> ㉡ RP : 자본손실위험 없음, 중도환매 가능, 비보호
> ㉢ 표지어음 : 할인식, 금융기관이 발행인 및 지급인, 중도해지 가능, 예금자보호
> ㉣ 금융채 : 중도환매 불가, 분리과세 선택 가능, 비보호
> ㉤ 후순위채 : 채권자 중 후순위, 보완자본으로 인정, 중도해지 가능, 예금자보호

① ㉡, ㉣
② ㉡, ㉤
③ ㉢, ㉣
④ ㉢, ㉤

40 주요 보장성 금융상품에 대한 설명으로 올바르지 못한 것은?

① 종신보험은 보장기간이 평생이며 사망원인에 관계없이 사망보험금이 지급되는 대표적인 보장성보험이다.
② CI보험은 갑작스런 사고나 질병으로 중병상태가 계속될 때 보험금의 일부를 미리 지급받을 수 있는 보험이다.
③ 변액보험은 상해 또는 질병으로 인하여 입원, 통원치료 시에 발생한 의료비를 보장한다.
④ 연금보험은 장래 노후생활 준비는 물론 장기 저축성 상품으로서도 큰 장점을 가진 상품이다.

41 다음 중 ELW의 특징으로 옳은 것은?

① 기초자산의 가격 변동과 관계없이 고정된 수익을 제공한다.
② 만기가 없으며, 장기 투자에 적합하다.
③ 기초자산의 가격 변동에 따라 가치가 결정되는 파생상품이다.
④ 원금이 보장되며, 안정적인 투자 상품으로 분류된다.

42 전략적 자산배분전략의 실행방법으로 가장 거리가 먼 것은?

① 시장가치 접근방법
② 증권시장의 과잉반응 현상을 이용하는 방법
③ 위험-수익 최적화방법
④ 유사한 기관투자자의 자산배분을 모방하는 방법

43 역투자전략에 대한 설명으로 잘못된 것은?

① 실제로 주가가 상승할 때 투자자의 위험허용도가 낮아지게 된다.
② 내재가치는 시장가격보다 매우 낮은 변동성을 보이므로 역투자전략의 수행을 용이하게 만든다.
③ 전술적 자산배분은 평가된 내재가치와 시장가치 간의 비교를 통하여 실행을 판단하게 된다.
④ 내재가치 대비 고평가되면 매도하고, 내재가치 대비 저평가되면 매수하고자 하는 운용방법이다.

44 펀더멘털 분석법에 대한 설명으로 잘못된 것은?

① 시장 참여자들이 공통적으로 가지고 있는 수익률에 대한 추정치를 사용하는 방법이다.
② 과거의 자료를 바탕으로 미래에 대한 기대치를 추가하여 수익률을 예측하는 방법이다.
③ 이 분석법에 의한 주식의 기대수익률은 무위험이자율 + 주식시장 위험프리미엄이다.
④ 과거의 결과일 뿐 미래의 기대수익률로 사용하는 데는 한계가 있다.

45 위험에 비하여 상대적으로 높은 기대수익을 얻고자 하거나, 기대수익에 비하여 상대적으로 낮은 위험을 부담하도록 자산 포트폴리오의 구성을 수정하는 것으로 옳은 것은?

① 리밸런싱(Rebalancing)
② 업그레이딩(Upgrading)
③ 모니터링(Monitoring)
④ 피드백(Feedback)

46 내부수익률(IRR)에 대한 설명으로 잘못된 것은?

① 화폐의 시간적 가치가 고려된 평균투자수익률의 개념이다.
② 현금유출액의 현재가치와 현금유입액의 현재가치를 일치시켜주는 할인율이다.
③ 금액가중평균수익률이다.
④ 중도현금흐름이 재투자되어 증식되는 것을 감안한 평균수익률의 계산방법이다.

47 기대수익과 위험 간의 관계를 고려하여, 동일한 위험수준하에서 최대한으로 보상받을 수 있는 지배원리에 의하여 포트폴리오를 구성하는 방법으로 옳은 것은?

① 소극적 투자관리방법
② 위험-수익 최적화방법
③ 시나리오 분석법
④ 펀더멘털 분석법

48 다음 설명 중 잘못된 것은?

① 자산배분에서 최적해는 투자자의 무차별곡선과 효율적 투자기회선이 접하는 점이다.
② 입력변수에 추정오류가 있는 경우 효율적 투자기회선은 선이 아니라 영역의 형태로 나타난다.
③ 각 자산집단별 투자비중을 정하는 데 있어서 각 자산집단의 시장비중을 고려하는 방법을 시장가치 접근법이라고 한다.
④ 전략적 자산배분은 원칙적으로 주어진 계획기간 내에 주기적으로 재검토하고 수정된다.

49 다음 중 역투자전략에 대한 설명으로 올바른 것은?

① 과매도 국면으로 판단되면 펀드매니저는 주식비중을 축소한다.
② 실제 주가가 오르면 투자자의 위험허용도는 하락한다.
③ 투자자의 위험허용도는 포트폴리오의 실현수익률에 영향을 받는다고 가정한다.
④ 자산가격은 중장기적으로 균형가격으로 복귀한다고 가정한다.

50 자산배분전략과 시장예측활동에 대한 설명으로 잘못된 것은?

① 자산운용조직에서는 증권선택활동(Security Selection)과 자산구성활동(Asset Allocation)으로 구분하는 추세가 강해지고 있다.
② 소극적 투자관리방법은 보다 나은 시장예측활동이나 주가가 잘못 형성된 종목을 발견하는 능력을 통해 벤치마크보다 나은 성과를 올리려는 시도를 하는 전략이다.
③ 자산배분(Asset Allocation)과 시장예측활동(Market Timing)은 개념에서 큰 차이가 있다.
④ 자산배분전략이라는 개념이 보편화된 1980년대 중반 이전에는 시장예측활동(Market Timing)이라는 용어가 많이 사용되었다.

51
전술적 자산배분(TAA)에 관한 설명으로 잘못된 것은?

① 중·단기적인 가격착오(Mispricing)를 적극적으로 활용하여 고수익을 지향하는 운용전략의 일종이다.
② 자산배분을 유연하게 변경하지 못한 경우 이에 대한 책임을 지도록 되어 있기 때문에 자금운용자들은 항상 시장상황에 대응하여 운용하여야 한다.
③ 고가매입-저가매도(Buy High-Sell Low)전략을 활용하는 포뮬러 플랜(Formula Plan)이 전술적 자산배분의 좋은 예이다.
④ 자산집단의 가격이 평균반전과정(Mean Reverting Process)을 따른다고 가정하여야 한다.

52
금액가중수익률과 시간가중수익률의 차이에 대한 설명으로 적절하지 않은 것은?

① 금액가중수익률은 투자자의 현금 흐름을 반영한다.
② 시간가중수익률은 펀드매니저의 운용 성과를 평가하는 데 적합하다.
③ 금액가중수익률은 현금 유출입이 없는 경우 시간가중수익률과 동일한 값을 가진다.
④ 시간가중수익률은 투자자의 현금 흐름을 반영하여 계산된다.

53
블랙-리터만 모델의 주요 특징으로 적절하지 않은 것은?

① 시장 균형 상태를 기반으로 기대수익률을 계산한다.
② 투자자의 주관적 견해를 반영할 수 있다.
③ 자산군 간의 상관관계를 고려하지 않는다.
④ 기존 평균-분산 모형의 한계를 보완한다.

54 다음 중 방문판매 규제에 대한 설명이 적절하지 않은 것은?

① 방문판매 모범규준은 전문투자자를 제외한 일반 금융소비자를 대상으로 적용된다.
② 사전안내를 하지 않고 방문판매하는 것은 금지된다.
③ 금융소비자가 먼저 방문요청을 하는 경우에는 금융소비자의 개인정보에 대한 취득경로를 안내하지 않아도 된다.
④ 금융소비자가 사전안내 불가상품에 대하여 방문을 통한 계약체결을 요청한 경우에는 확인서를 받은 후 방문판매 절차를 진행할 수 있다.

55 다음 중 투자권유대행인의 금지행위와 가장 거리가 먼 것은?

① 투자자로부터 금융투자상품의 매매권한을 위임받는 행위
② 회사를 대신하여 계약을 체결하는 행위
③ 위탁계약 체결한 회사가 발행한 주식의 매수 또는 매도를 권유하는 행위
④ 투자성상품의 가치에 중대한 영향을 미치는 사항을 알리는 행위

56 고객관리를 해야 하는 이유에 대한 설명과 가장 거리가 먼 것은?

① 고객 측면에서는 이전에 비하여 선택의 폭이 다양해졌으나, 금융기관 측면에서는 자사의 금융투자상품 선택가능성이 더욱 낮아졌다.
② 타 금융기관보다 더 나은 금융투자상품과 서비스를 개발해야 하는 부담이 있고, 기존고객 이탈 가능성이 높아졌다.
③ 매스마케팅이나 타깃마케팅의 영업전략으로 고객을 움직여야 한다.
④ 금융투자상품 및 서비스 중심이 아닌 고객, 고객관리, 고객관계에 중심을 두어야 한다.

57 신규고객을 확보하는 데 드는 비용은 기존고객 유지 및 관리비용에 비하여 6배 정도 더 투입된다. 그 이유에 대한 설명으로 잘못된 것은?

① 신규고객 확보는 기본전제가 불확실한 상태에서 이루어지는 마케팅 활동이기 때문이다.
② 신규고객 확보의 대상인 가망고객은 다른 금융기관의 고객이기 때문이다.
③ 신규고객을 확보하기 위해서는 기존 금융기관의 거래 사슬을 끊을 충분한 수단을 동원해야 하기 때문이다.
④ 철저한 신규고객 확보를 통해 우량고객, 충성고객층을 두껍게 유지할 수 있기 때문이다.

58 CRM에 대한 설명 중 잘못된 것은?

① 고객정보를 효과적으로 이용하여 고객과의 관계를 유지, 확대, 개선한다.
② 고객확보를 위한 전략으로 교체판매나 추가판매 등을 활용할 수 있다.
③ 기업 및 조직의 지속적인 운영, 확장, 발전을 추구하는 고객 관련 제반 프로세스 및 활동이다.
④ 고객만족과 충성도를 제고한다.

59 CRM의 기존고객 서비스 대비 특징으로 잘못된 것은?

① CRM은 제품차별화보다 고객차별화를 중시한다.
② CRM은 범위의 경제보다 규모의 경제를 지향한다.
③ CRM은 자동화보다 정보화를 특징으로 한다.
④ CRM은 사후처리보다 사전대비하는 것을 지향한다.

60 다음 빈칸 안에 들어갈 용어로 올바른 것은?

> (　　)은 영업활동을 수행하는 데 가장 핵심이 되는 것으로 가장 완벽하게 실시해야 하는 설득활동이다.

① 상담활동
② 투자활동
③ 사후관리활동
④ 니즈파악활동

61 고객과의 관계형성을 위한 상담요령과 거리가 먼 것은?
① 세일즈를 위한 만반의 준비를 갖추어 최대한 고객에게 편안한 분위기를 만들고 세일즈의 목표를 정한다.
② 명함을 건네 자기소개를 명확히 하고, 고객이 명함을 줄 경우 정중하게 받아 자기 책상 위에 가지런히 놓는다.
③ 명함을 건넬 때에는 명함의 방향이 자신을 향하게 한다.
④ 일반적이고 공통적인 주제를 예로 들어 표현하면 친근감을 주게 된다.

62 고객과의 관계형성 단계에서 고객 니즈의 내용과 가장 거리가 먼 것은?
① 투자상품의 인기도
② 고객이 안고 있는 문제
③ 고객이 난처해 하고 있는 일
④ 고객이 원하고 있는 것과 바라고 있는 점

63 고객 니즈 파악을 위한 폐쇄형 질문에 대한 설명으로 잘못된 것은?

① 영업사원이 특정한 화제로 대화를 유도하기 위해 고객의 대답을 한정하고자 하는 질문이다.
② '예' 또는 '아니오' 등의 간단한 대답을 유도하는 질문이다.
③ 대화의 각도를 제한하며 상담원이 대화의 상황을 유도할 때 유용하다.
④ 고객 동의 및 확신을 얻는 데 유리하다.

64 개방형 질문에 대한 설명으로 잘못된 것은?

① 영업사원이 선택한 화제나 고객의 관심사에 대해 고객이 자유롭게 이야기할 수 있도록 유도한다.
② '무엇을', '왜', '어떻게' 등의 질문을 통해 고객이 스스로의 상황에 대해 좀 더 광범위하게 털어놓을 수 있도록 하는 효과가 있다.
③ 개방형 질문을 할 때는 폐쇄형 질문을 하지 않아야 니즈 파악을 극대화할 수 있다.
④ 개방형 질문은 꼬치꼬치 캐묻는 느낌을 주어 불쾌감을 줄 수 있다는 단점이 있다.

65 고객 동의 및 클로징에 대한 설명으로 잘못된 것은?

① 고객 동의는 판매의 끝이다.
② 클로징 단계는 고객의 니즈 파악과 충분한 설득 여부를 분명하게 확인하는 단계이다.
③ 만기 재연장이나 크로스세일즈는 회사의 막대한 비용지출을 막고 장기우량고객으로 만들 수 있는 절호의 찬스다.
④ 고객에게 잠재고객을 추천받는 것이 세일즈 성공률을 높일 수 있는 지름길이다.

66 금융투자산업에서 직무윤리가 강조되는 이유와 가장 거리가 먼 것은?

① 이해상충가능성, 정보비대칭 문제 때문이다.
② 투자성(원본손실 위험) 때문이다.
③ 대리인 문제, 도덕적 해이 문제 때문이다.
④ 정부의 규제가 미약하기 때문이다.

67 고객에 대한 의무 중 신임의무에 대한 설명으로 잘못된 것은?

① 자신이 수익자의 거래상대방이 될 수 없다.
② 금융투자업자는 일반주식 회사에 비하여 더 높은 수준의 주의의무가 요구된다.
③ 금융투자업종사자는 일반인 집단에 평균적으로 요구되는 수준의 주의의무가 요구된다.
④ 고객의 재산을 이용하여 자기 또는 제3자의 이익을 도모하는 것은 금지된다.

68 다음은 무엇을 설명하는 내용인가?

- 투자권유 전 당해 고객이 투자권유를 원하는지 원하지 않는지의 여부를 확인할 것
- 투자자가 일반투자자인지 전문투자자인지의 여부를 확인할 것
- 투자권유를 하기 전에 면담·질문 등을 통하여 일반투자자의 투자목적·재산상황 및 투자경험 등의 정보를 파악할 것
- 일반투자자로부터 서명, 기명날인, 녹취, 전자통신, 우편, 전화자동응답시스템 등으로 확인을 받아 이를 유지·관리할 것
- 확인받은 내용을 투자자에게 지체 없이 제공할 것

① Know-Your-Customer-Rule
② Prudent Investor Rule
③ Chinese Wall Policy
④ Unsolicited Call

69 금융투자업종사자의 설명의무에 대한 내용 중 옳은 것은?

① 투자성에 관한 구조와 성격까지 설명해야 하는 것은 아니다.
② 전문투자자에 대하여도 적용된다.
③ 중요사항에 대한 설명의무 위반 시 손해배상책임이 있다.
④ 설명수준은 모든 투자자에게 동일하게 하여야 한다.

70 금융투자업종사자의 중요한 사실에 대한 정확한 표시의무에 대한 설명 중 잘못된 것은?

① 중요한 사실은 투자대상에 관한 중요정보뿐만 아니라 투자수익에 영향을 주는 정보도 포함된다.
② 표시방법은 분쟁의 소지가 없도록 반드시 문서로 하여야 한다.
③ 운용실적 등 성과에 대한 허위·과장표시는 금지된다.
④ 투자성과보장 등의 표현도 금지된다.

71 금융투자업자의 투자권유에 대한 설명으로 잘못된 것은?

① 금융투자업종사자는 고객의 승낙 또는 부득이한 사유 없이 자신의 업무를 제3자에게 처리하게 하면 안 된다.
② 투자권유대행인은 투자권유대행업무를 제3자에게 재위탁하는 행위를 하면 안 된다.
③ 증권과 장내파생상품에 대한 투자권유 행위는 고객의 요청이 없어도 허용된다.
④ 1주일이 지난 후에 다시 투자권유를 하는 행위는 허용된다.

72 투자권유 시 재산상 이익제한에 대한 설명 중 잘못된 것은?

① 금융투자업종사자는 수수료 및 비용징수에 관한 사항을 투자권유 후에 고객에게 고지해야 한다.
② 조사분석자료 작성담당자에 대하여 기업금융업무와 연동된 성과보수의 지급이 금지된다.
③ 수수료 부과기준을 정할 때 정당한 사유가 있는 경우 투자자 간 차별이 허용된다.
④ 투자자문업자 또는 투자일임업자는 계약으로 정한 수수료 외의 대가를 추가로 받는 행위가 금지된다.

73 자본시장법상 금융위원회의 금융투자업자 임원에 대한 제재조치와 관계가 적은 것은?

① 해임요구
② 6개월 이내의 직무정지
③ 견 책
④ 주의적 경고

74 투자성상품을 일반금융소비자에게 권유하는 경우 설명해야 할 사항과 가장 거리가 먼 것은?

① 투자성상품의 내용과 위험
② 투자성상품에 대한 금융상품직접판매업자가 정하는 위험등급
③ 금리 및 변동여부
④ 금융상품과 연계되거나 제휴된 금융상품 또는 서비스

75 직무윤리의 구체적 내용에 대한 설명 중 잘못된 것은?

① 투자상담업무종사자의 고객에 대한 투자정보 제공 및 투자권유는 그에 앞서 정밀한 조사·분석에 의한 자료에 기하여 합리적이고 충분한 근거에 기초하여야 한다.
② 투자정보를 제시할 때에는 사실과 의견을 명확히 구별하여야 한다.
③ 중요한 사실에 대해서는 모두 정확하게 표시하여야 한다.
④ 자본시장법 시행으로 운용방법에 따라 투자성과를 보장하는 상품이 가능해졌다.

76 아래 금융투자업종사자의 투자권유 중 직무윤리를 준수했다고 볼 수 있는 경우는?

① A상담사는 주식은 미래가치를 반영하므로 미래전망 위주로 설명하였다.
② B상담사는 주관적 예감으로 확실히 수익이 날 것 같은 상품을 권유하였다.
③ C상담사는 중요한 사실이 아니고 오히려 그것을 설명함으로써 고객의 판단에 혼선을 줄 수 있는 사항을 설명하지 않았다.
④ D상담사는 고객을 강하게 설득하기 위해 투자성과가 보장된다고 설명하였다.

77 신의성실의무에 대한 설명으로 잘못된 것은?

① 권리의 행사와 의무의 이행에 있어서 행위준칙이 된다.
② 법률관계를 해석함에 있어서 해석상 지침이 된다.
③ 법규의 형식적 적용에 의하여 야기되는 불합리와 오류를 시정하는 역할을 한다.
④ 의무의 이행이 신의칙에 반하는 경우에는 권리남용이 되어 법적효과가 인정되지 않는다.

78 금융투자업종사자의 고객과 이해상충금지에 대한 설명으로 잘못된 것은?

① 자기거래, 쌍방대리는 원칙적으로 금지된다.
② 자본시장법은 Chinese Wall 구축을 의무화하고 있다.
③ 고객이 동의하더라도 고객과의 관계에서 거래당사자가 되면 안 된다.
④ 금융투자업종사자는 고객에게 최선의 이익이 돌아가는 방향으로 업무를 수행해야 한다.

79 Know-Your-Customer-Rule의 내용과 가장 거리가 먼 것은?

① 고객이 일반투자자인지 전문투자자인지 확인한다.
② 투자권유를 하기 전에 면담, 질문 등을 통하여 일반투자자의 투자목적·재산상황·투자경험 등의 정보를 파악한다.
③ 일반투자자로부터 서명 등의 방법으로 확인받고 이를 투자자에게 지체 없이 제공해야 한다.
④ 파생상품 등이 투자자에게 적정하지 않다고 판단되는 경우에는 그 사실을 알리고 적절한 조치를 해야 한다.

80 금융상품판매업자에게 금융상품계약으로부터 얻은 수입의 최대 50% 이내에서 과징금을 부과하고, 별도로 최대 1억원까지 과태료를 부과할 수 있는 경우에 해당하는 것은?

> ㉠ 설명의무 위반
> ㉡ 불공정영업행위
> ㉢ 부당권유행위
> ㉣ 적합성 원칙 위반

① ㉠, ㉡
② ㉠, ㉡, ㉢
③ ㉠, ㉡, ㉣
④ ㉠, ㉡, ㉢, ㉣

제3과목 · 법규 및 규정

81 다음 중 투자매매업자의 장외파생상품 매매에 대한 규제가 잘못 설명된 것은?

① 장외파생상품 매매의 상대방이 일반투자자인 경우에는 위험회피목적의 거래만 가능하다.
② 장외파생상품의 매매를 할 때마다 파생상품업무책임자의 승인을 받아야 한다.
③ 차액결제거래를 하는 경우에는 증거금을 징구해야 한다.
④ 차액결제거래 취급규모는 자기자본의 200%를 초과할 수 없다.

82 다음 중 자본시장법상 공개매수제도에 대한 설명이 잘못된 것은?

① 증권시장 또는 다자권매매체결회사 밖에서 매수해야 한다.
② 주식을 6개월 동안 증권시장 밖에서 10인 이상의 자로부터 매수하려면 공개매수 절차에 의해야 한다.
③ 주식매수청구권에 응한 주식의 매수인 경우에도 공개매수제도가 적용된다.
④ 공개매수는 원칙적으로 철회할 수 없으나 대항공개매수가 있는 경우에는 철회할 수 있다.

83 다음 중 증권분석기관과 가장 거리가 먼 것은?

① 유사투자자문업자
② 인수업무를 수행하는 자
③ 신용평가업자
④ 채권평가회사

84 다음 중 금융소비자보호법상 소비자 권익강화제도에 대한 설명이 잘못된 것은?

① 온라인소액투자중개업자는 기존계약과 동일한 내용을 계약을 갱신하는 경우에도 계약서류를 제공할 의무가 있다.
② 금융상품판매업의 업무와 관련된 자료는 원칙적으로 10년간 유지 및 관리하되, 내부통제기준의 제정 및 운영 등에 관한 자료는 5년으로 한다.
③ 금융소비자의 자료열람요구권에 반하는 특약으로 소비자에게 불리한 것은 무효다.
④ 대출성상품의 청약철회는 계약체결일로부터 14일 이내에 가능하다.

85 다음 중 방문판매 규제와 관련된 설명이 적절하지 않은 것은?

① 금융상품판매업자는 방문판매 및 전화권유 판매하려는 임직원의 명부를 작성해야 한다.
② 장외파생상품을 방문판매 하기 위해 전문금융소비자에게 사전연락할 수 있다.
③ 방문판매 관련 소송 시 전속관할은 제소당시 금융소비자의 주소를 관할하는 지방법원으로 한다.
④ 야간(오후 9시 ~ 다음날 오전 8시)에 금융상품을 판매할 목적으로 방문판매하는 것은 금지된다.

86 다음 중 자본시장법상 증권 유형별 연결이 적절하지 않은 것은?

① 기업어음 – 채무증권
② 주택저당증권 – 지분증권
③ ELS – 파생결합증권
④ ADR – 증권예탁증권

87 다음 중 자발적 전문투자자와 관계가 있는 투자자는?

① 금융투자상품 잔고가 100억원 이상인 법인 또는 단체
② 한국은행
③ 예금보험공사
④ 집합투자기구

88 금융투자업자의 영업행위규칙에 대한 설명이 적절하지 않은 것은?

① 금융투자업자가 아닌 자는 '금융투자'라는 용어가 들어가는 상호를 사용할 수 없다.
② 금융투자업자는 자기의 명의를 대여하여 타인에게 금융투자업을 영위하게 하여서는 아니 된다.
③ 금융투자업자는 부수업무를 영위하기 전 2주 이내에 금융위에 사전보고해야 한다.
④ 원칙적으로 재위탁은 금지되나 외화자산운용·보고업무는 위탁자의 동의를 받아 재위탁할 수 있다.

89 다음 중 투자자 재산 보호에 대한 규제에 대한 설명이 잘못된 것은?

① 예치기관에 예치된 투자자예탁금은 투자자의 재산이라는 점을 명시해야 한다.
② 누구든지 예치기관에 예치된 투자자예탁금을 상계 또는 압류할 수 없다.
③ 투자매매업자 또는 투자중개업자는 예치된 투자자예탁금을 양도하거나 담보로 제공할 수 없다.
④ 투자매매업자 또는 투자중개업자는 투자자 소유의 증권을 증권금융회사에 지체 없이 예탁해야 한다.

90 다음 중 불공정거래행위에 대한 기술이 가장 적절하지 않은 것은?

① 1년 내에 상장이 예정된 법인은 내부자거래의 규제의 적용대상 법인에 해당된다.
② 안정조작이나 시장조성을 위한 매매의 경우에는 단기매매차익 반환의무가 적용되지 않는다.
③ 정보교란행위에 대한 규제가 도입되면서 2차 이상의 다차 정보수령자도 규제대상에 포함된다.
④ 시장질서 교란행위에 대하여 5억원 이하의 과징금을 부과할 수 있다.

91 금융투자업자는 대주주가 발행한 증권의 소유가 금지되는 것이 원칙이다. 그러나 예외적으로 허용되는 경우가 있는데, 이에 대한 내용으로 잘못된 것은?

① 대주주가 변경됨에 따라 이미 소유하고 있는 증권이 대주주가 발행한 증권으로 되는 경우
② 인수와 관련하여 해당 증권을 취득하는 경우
③ 일반 회사채 증권을 취득하는 경우
④ 관련 법령에 따라 사채보증 업무를 할 수 있는 금융기관 등이 원리금의 지급을 보증하는 사채권을 취득하는 경우

92 자본시장법상 금융투자업종에 따라 겸영할 수 있는 업무의 내용에 대한 설명으로 잘못된 것은?

① 증권에 대한 투자매매업자만이 법 제71조 3호(기업 인수·합병의 중개 등과 관련된 대출업무)를 겸영할 수 있다.
② 투자중개업자만이 취급하는 증권에 대한 대차거래와 그 중개·주선·대리업무를 겸영할 수 있다.
③ 증권 및 장외파생상품에 대한 투자매매업자만이 지급보증업무를 겸영할 수 있다.
④ 채무증권에 대한 투자매매업자나 투자중개업자만이 원화로 표시된 CD의 매매와 그 중개·주선 또는 대리업무, 대출의 중개·주선 또는 대리업무를 겸영할 수 있다.

93 불건전 영업행위 시 벌칙적용을 배제하고 과태료만 부과하는 경우로 옳은 것은?

① 조사분석자료 작성자에 대한 성과보수 지급 금지 위반
② 선행매매 금지 위반
③ 과당매매(Churning) 유발 투자권유 금지 위반
④ 일임매매 금지 위반

94 자본시장법상 내부자의 범위에 해당되지 않는 자는?

① 계열회사 임직원
② 당해 법인 임직원의 대리인
③ 당해 법인의 주식을 10년 보유한 자
④ 당해 법인의 주요 주주

95 다음 중 단기매매차익 반환의무가 면제되는 경우에 해당하지 않는 것은?

① 주요 주주가 매도·매수를 한 시기 중 어느 한 시기에 주요 주주가 아닌 경우
② 주식매수선택권의 행사에 따라 주식을 취득하는 경우
③ 모집·사모·매출하는 특정증권의 인수에 따라 취득하거나 인수한 특정증권을 처분하는 경우
④ 회사의 연구개발에 종사하는 직원이 회사증권을 매수하여 3개월만에 매도한 경우

96 금융소비자보호법상 금융상품판매업자의 계약서류 제공의무 및 자료의 유지관리의무에 대한 설명으로 가장 거리가 먼 것은?

① 금융소비자보호법이 정하는 계약서류에는 금융상품계약서, 금융상품 약관, 금융상품 설명서 등이다.
② 계약서류의 유지 및 관리기간은 원칙적으로 10년으로 하되, 내부통제기준의 제정 및 운영 등에 관한 자료는 5년이다.
③ 금융상품판매업자는 금융소비자로부터 분쟁조정 또는 소송수행을 위하여 자료 열람을 요구받은 날로부터 14일 이내에 금융소비자가 열람할 수 있도록 해야 한다.
④ 금융상품판매업자는 요건에 해당되는 경우 금융소비자의 금융자료 열람을 제한하거나 거절할 수 있다.

97 금융투자업 인가 및 등록에 관한 설명으로 잘못된 것은?

① 장외파생상품의 경우 일반 금융투자상품에 비해 강화된 진입요건을 설정하였다.
② 일반투자자를 상대로 금융투자업을 영위하는 경우에는 전문투자자를 상대로 하는 것보다 강화된 진입요건을 설정하였다.
③ 금융투자업 중 투자매매업, 투자중개업, 집합투자업, 신탁업은 인가를 받아야 하고, 투자일임업, 투자자문업은 등록만 하면 가능하다.
④ 투자일임업, 투자자문업의 경우 사업계획의 타당성, 건전성과 같은 적합성 기준이 적용된다.

98 금융투자업자는 대주주가 발행한 증권의 소유가 금지되는 것이 원칙이다. 그러나 예외적으로 허용되는 경우가 있는데, 이에 해당하지 않는 것은?

① 대주주가 변경됨에 따라 이미 소유하고 있는 증권이 대주주가 발행한 증권으로 되는 경우
② 인수와 관련하여 해당 증권을 취득하는 경우
③ 무보증 회사채 증권을 취득하는 경우
④ 특수채 증권을 취득하는 경우

99 금융소비자보호법상 금융소비자의 대출성 상품 청약철회권에 대한 설명으로 가장 거리가 먼 것은?

① 금융투자회사와 관련하여 청약철회의 대상은 자본시장법 제72조 1항에 따른 신용공여가 대표적이다.
② 대출성 상품에 대하여 일반금융소비자는 계약서류제공일 또는 계약체결일로부터 7일 이내에만 청약을 철회할 수 있다.
③ 담보로 제공된 증권이 자본시장법에 따라 처분된 경우에는 청약철회권을 행사할 수 없다.
④ 청약철회는 일반금융소비자가 금융상품판매업자에게 청약철회의 의사를 서면 등으로 발송하고, 금융상품판매업자에게 이미 공급받은 금전 등을 회사에 반환한 때 효력이 발생한다.

100 주식 등의 대량보유자가 주식 등의 보유 및 변동내용을 보고하는 경우 보고기준일이 잘못된 것은?

① 합병의 경우에는 흡수합병이든 신설합병이든 합병일이 보고기준일이 된다.
② 증권시장 외에서 주식 등을 취득한 경우에는 그 계약체결일이 보고기준일이 된다.
③ 증권시장 외에서 주식 등을 처분한 경우에는 대금을 받는 날과 주식 등을 인도하는 날 중 먼저 도래한 날이 보고기준일이 된다.
④ 유상증자로 배정되는 신주를 취득하는 경우에는 주금납입일의 다음 날이 보고기준일이 된다.

fn.Hackers.com

정답 및 해설 | 제1회 적중 실전모의고사

제1과목 · 증권분석 및 증권시장

01 ②	02 ②	03 ②	04 ②	05 ④
06 ③	07 ①	08 ④	09 ①	10 ④
11 ③	12 ①	13 ④	14 ③	15 ①
16 ②	17 ①	18 ②	19 ③	20 ④
21 ④	22 ②	23 ①	24 ③	25 ①
26 ④	27 ②	28 ④	29 ③	30 ④

제2과목 · 금융상품 및 윤리

31 ①	32 ②	33 ③	34 ②	35 ②
36 ①	37 ②	38 ③	39 ②	40 ③
41 ②	42 ②	43 ①	44 ④	45 ④
46 ④	47 ②	48 ④	49 ④	50 ④
51 ④	52 ②	53 ②	54 ②	55 ①
56 ④	57 ②	58 ②	59 ①	60 ④
61 ①	62 ②	63 ②	64 ①	65 ②
66 ③	67 ②	68 ④	69 ④	70 ④
71 ②	72 ②	73 ②	74 ④	75 ②
76 ③	77 ②	78 ④	79 ②	80 ④

제3과목 · 법규 및 규정

81 ③	82 ①	83 ②	84 ①	85 ①
86 ②	87 ④	88 ③	89 ④	90 ②
91 ④	92 ②	93 ④	94 ①	95 ③
96 ①	97 ④	98 ④	99 ②	100 ④

제1과목 · 증권분석 및 증권시장

01 기업적 요인에는 기업의 경쟁력, 생산성, 자산이용의 효율성, 재무효율성 등이 있다.

02 대체가능성은 낮을수록 좋다.

03 산업이 어느 단계에 있는지를 확인하여 산업의 유망성을 평가할 수 있다.

04 경기변동의 속도나 진폭은 판단할 수 없다.

05 ① 기업의 수익창출 능력을 측정하는 지표 중 하나이다.
② 당기순이익을 총자본으로 나누어 계산한다.
③ 매출액순이익률과 총자본회전율을 곱한 비율이다.

06 이자보상비율 = 영업이익/이자비용
         = 1.5억원/0.5억원 = 300%

07 자기자본이익률에서는 타인자본을 제외한 순수한 자기자본의 효율적 운영 측면을 알아볼 수 있다.

08 기술적 분석은 과거의 가격과 거래량 데이터를 바탕으로 시장의 움직임을 예측하는 방법으로, 기업의 내재 가치를 평가하는 기본적 분석과는 다르다.

09 주식의 내재가치와는 관계없이 주가 흐름, 거래량을 이용하여 과거의 패턴이나 추세를 분석한다.

10 반전형 패턴은 삼봉형, 원형, V자형이 있고 지속형 패턴에는 삼각형, 깃대형, 쐐기형, 직사각형이 있다.

11 초과배정옵션에 대한 설명이다. 풋백옵션(Put-Back Option)은 주식이나 실물 등 자산을 인수한 투자자들이 일정한 가격에 되팔 수 있는 권리를 부여하는 계약을 말한다. 주식거래에 이용될 경우에는 주식매도청구권으로도 불린다. 인수 시점에 자산가치가 불명확하거나 추후에 자산가치 하락이 예상될 경우 투자자에게 손실 보전을 약속하는 계약으로 M&A를 주도하는 기업의 자금이 모자라는 경우 투자자에게 풋백옵션을 부여하기도 한다.

12 주권상장법인은 법원의 인가 없이 주주총회의 특별결의로 주식의 액면미달발행이 가능하다.

13 발행시장공시에는 증권신고서, 투자설명서, 유가증권발행실적보고서 등이 있다.

14 지정가, 시장가, 최유리지정가, 경쟁대량매매주문에 대하여는 IOC 또는 FOK 조건으로 주문할 수 있으나, 조건부지정가주문과 최우선지정가주문의 경우에는 이러한 조건을 부여할 수 없다.

15 가격제한폭은 가격결정에 있어 정보의 효율적 반영을 저해할 수 있다.

16 주권의 결제시한은 결제일 16:00까지이며 우리나라의 결제방식은 실물결제방식, 차감결제방식, 집중결제방식을 취하고 있다. 한편 결제증권 및 결제대금의 수수업무는 증권예탁결제원이 수행한다.

17 공매도는 원칙적으로 직전가격 이하의 가격으로 호가할 수 없으나, 차익거래 및 헤지 거래를 위한 매도의 경우, 상대매매 방식의 경우에는 가격제한을 적용하지 않는다.

18 우회상장에 대한 내용이다. 재상장은 상장폐지된 보통주권을 다시 상장하는 것으로, 보통주권상장법인의 분할, 분할합병, 합병으로 설립된 법인의 보통주권을 상장하는 것을 말한다.

19 자본시장법은 대주거래 또는 대차거래에 대한 차입공매도를 허용하고 있으므로 ㈐은 공매도로 본다.

20 코스닥시장의 호가가격단위는 가격대별로 7단계로 나누어진다.

21 시가 등이 상·하한가로 결정되는 경우에는 단일가매매에 참여한 상한가 매수호가 또는 하한가 매도호가간에는 동시에 접수된 호가로 간주하여 시간우선의 원칙이 적용되지 않는다.

22 국채가 지방채보다 안정성이 높고 이자율은 낮다.

23 유동성위험(Liquidity Risk)은 신용위험(Credit Risk)의 내용이 아니다.

24 다른 조건이 동일하면 표면금리가 낮을수록 듀레이션이 커진다.

25 현금흐름일치전략은 소극적 투자전략이고, 나머지는 적극적 투자전략이다.

26 전환사채(CB)와 신주인수권부사채(BW)의 비교

구 분	전환사채(CB)	신주인수권부 사채(BW)
부가된 권리	전환권	신주인수권
권리행사 후 사채권	소 멸	존 속
추가자금	불필요	별도의 자금 필요
신주취득가격	전환가격	행사가격
신주취득한도	사채금액과 동일	사채금액범위 내
권리의 이전	사채와 일체	비분리형은 사채와 일체, 분리형은 채권과 분리된 인수권 양도 가능

27 ㉠ 나비형 투자전략을 수행하려면 단기물과 장기물을 중심으로 한 바벨(Barbell)형 포트폴리오를 구성해야 한다.
㉡ 현금흐름일치전략은 향후 예상되는 부채의 현금유출액 이상이 되도록 현금유입액을 발생시켜 부채상환의 위험을 최소화시키는 채권 포트폴리오를 구성하는 전략이다.
㉣ 수익률곡선타기전략은 수익률곡선이 우상향할 때 그 효과를 볼 수 있다.

28 채권가격과 수익률은 역의 관계에 있다. 즉, 채권가격이 상승하면 수익률은 하락하고, 반대로 채권가격이 하락하면 수익률은 상승한다. 이는 채권의 고정된 이자 지급액이 가격에 따라 달라지기 때문이다.

29 유가증권시장 또는 코스닥시장에 상장하고자 하는 기업들은 의무적으로 증선위로부터 외부감사인을 지정받고 K-IFRS를 도입해야 하나, 코넥스시장에서는 이 의무를 면제하고 있다.

30 등록법인이 최근 2년간 불성실공시법인 지정이 4회 이상인 경우에 투자유의사항 공시사유에 해당한다.

제2과목 금융상품 및 윤리

31 비은행예금취급기관에 속하는 금융기관은 보험회사, 종합금융회사, 신용협동기구, 상호저축은행, 우체국이다.

32 풋(Put) ELW는 기초자산을 권리행사가격으로 발행자에게 인도하거나 그 차액(권리행사가격 - 만기결제가격)을 수령할 수 있는 권리가 부여된 ELW로서, 기초자산의 가격 하락에 따라 이익이 발생한다.

33 적립식펀드는 은행의 정기적금과 같이 일정 기간 적립하고 만기에 목돈을 찾는 형태의 상품이다.

34 양도성정기예금증서(CD)의 예치기간은 30일 이상이다.

35 집합투자기구(펀드)의 이해관계자에는 펀드재산의 운용을 담당하는 집합투자자, 판매업무를 맡는 투자중개업자, 자산의 보관을 담당하는 신탁업자 등이 있다.

36 집합투자기구 관계자 중 위탁자(집합투자업자)에 관한 내용이다.

37 헤지펀드에 관한 내용이다.

38 표지어음은 예금자보호법 등에 의거하여 보호되는 상품이다.

39 5,000만원은 원금과 소정이자를 포함한 것이다.

40 ELS에 투자한 개인의 경우 예금자보호대상이 아니다.

41 금융지주회사는 금융업을 영위하거나 금융업과 밀접한 관련 있는 회사를 지배하는 것을 주된 사업으로 하며, 주식 소유를 통해 이를 실현한다.

42 양도성예금증서(CD)는 은행이 발행하는 정기예금에 양도성을 부여한 금융상품으로, 만기 이전에 제3자에게 양도가 가능하다. 이자는 고정된 금리가 적용되며, 발행기관인 은행이 이자를 지급한다.

43 최적화를 수행하는 것은 전략적 자산배분전략의 내용이다.

44 벤치마크를 투자자가 미리 결정한 경우에도 운용자는 투자자와 협의하여 투자목에 맞는 적합한 벤치마크를 선정하는 것은 물론 새롭게 만들 수도 있다.

45 변동성이 낮고 인플레이션에 취약한 자산은 이자지급형 자산이다.

46 적절한 분산투자를 권장한다.

47 투자관리의 일차적 과제는 분산투자(자산배분)의 방법, 개별종목 선택, 투자시점 선택이다.

48 전략적 자산배분은 자산집단에 대한 장기적인 투자비중과 중기적인 변동한도를 결정하므로, 자산집단을 중요시하는 의사결정이다.

49 전략적 자산배분의 실행방법으로서 투자자별 특수상황을 고려하는 방법이 있다.

50 통계적 추정치(Statistical Estimate)들로 과거 자료를 추정한 것이기 때문에 오류와 추정오차가 내재되어 있기 마련이다. 이런 오류로 인하여 몇몇 자산집단에 대해 과잉 또는 과소투자가 이루어지기도 하며, 추정오류로 인해 비효율적인 포트폴리오가 구성되기도 한다.

51 전술적 자산배분은 본질적으로 역투자전략(Contrary Strategy)이다.

52 ① 자산배분은 시장예측활동과 구분된다.
② 과거자료를 이용한 GARCH분석 등은 위험 추정에 많이 이용된다.
④ 추세분석법에 대한 설명이다.

53 블랙-리터만 모델은 평균-분산(Markowitz) 모형의 한계를 보완하기 위해 개발된 자산배분 모델로, 시장의 균형 기대수익률과 투자자의 주관적 견해를 결합하여 최적의 자산배분을 도출한다.

54 일반금융소비자의 경우 사모펀드는 사전안내 불가 상품이다.

55 금적립 계좌는 적정성 원칙의 적용대상에서 제외된다.

56 양적인 계수 중심의 영업전략에서 질적인 수익 중심의 경영전략으로 금융기관 조직 및 문화가 전환되었다.

57 고객상담 프로세스는 '고객과의 관계형성 ⇨ 고객 니즈 파악 ⇨ 설득 및 해법 제시 ⇨ 고객 동의 확보 ⇨ 클로징' 순으로 진행된다.

58 고객의 니즈 파악을 위한 질문에는 확대형, 개방형, 폐쇄형 질문 등이 있다.

59 어떤 서비스를 제공할 것인가와 같은 서비스 종류의 문제가 중요한 것이 아니라 어떻게 서비스를 제공할 것인가와 같은 운용측면이 중요하다.

60 확대형 질문은 이런 질문에 익숙치 않은 고객에게 심문당하는 느낌이나 귀찮다는 느낌을 줄 수 있다.

61 반감은 또 하나의 관심의 표현이라고 할 수 있다.

62 복잡한 금융투자상품을 상세하게 설명할 경우는 폐쇄형 질문의 타이밍과 거리가 멀다.

63 어렵고 전문적인 질문은 피해야 하며, 판매사원의 견해를 피력해 설득의 서두로 사용하는 것은 적절하다.

64 CRM은 고객획득보다 고객유지를 중시한다.

65 만족고객의 SNS를 통한 구전 효과는 상당히 높은 편이다.

66 윤리경영은 사회적 분위기나 압박에 의한 소극적 자세에서 탈피하여 경영전략과 생존전략상 필요하다는 적극적인 자세로 변화하고 있다.

67 자본시장법은 금융소비자의 보호대상을 금융투자상품으로 정의하고 있으나, 금융소비자보호법은 금융소비자의 보호대상을 금융상품으로 정의하여 투자성 있는 금융투자상품 뿐만 아니라 예금성상품, 대출성 상품, 보험성 상품까지 그 범위를 확대 적용하고 있다.

68 ① 투자정보 제공 시 미래의 예측이 불확실성이 높다 하더라도 사실과 구분하여 예측임을 표시하여야 한다.
② 장외파생상품의 투자권유 시 고객으로부터 요청이 없다면 방문, 전화 등을 이용한 투자권유가 불가능하다.
③ 업무수행에 대한 고객의 지시가 고객의 이익에 도움이 되지 않더라도 그 지시에 따라야 한다.

69 준법감시인의 사전승인을 받아 직무수행에 필요한 최소한의 범위 내에서 제공하여야 한다.

70 약관규제는 금융투자업자 전체에 공통으로 적용되는 영업행위 규칙이다. 금융투자업별로 달리 적용되는 것으로는 투자매매업자에게 적용되는 자기계약금지, 투자중개업자에게 적용되는 임의매매금지, 집합투자업자에게 적용되는 집합투자재산운용제한, 투자자문·일임업자에게 적용되는 금전대여금지, 신탁업자에게 적용되는 고유재산과 신탁재산의 구분의무 등이 있다.

71 위탁매매는 이해상충발생 가능성과 직접적인 관계가 적다고 할 수 있다.

72 금융소비자보호 총괄기관은 사전협의절차를 충실히 이행하고 있는지 정기적으로 점검하여야 하고, 금융소비자에게 불리한 점은 없는지 진단하기 위한 점검항목을 마련하여 상품개발부서에 제공하여야 한다.

73 파생상품은 위험이 크므로 적정성의 원칙, 적합성의 원칙, 설명의무, Know-Your-Customer-Rule 등이 다른 금융투자상품에 비하여 더 중요하다.

74 사전·사후를 불문하고 투자자의 손실 전부(또는 일부) 보전 또는 투자자에 대한 이익 보장 약속은 금지되며, 그 권유에 의한 위탁이 없어도 금지규정 위반으로 간주한다. 다만, 사전에 준법감시인에게 보고한 행위로서 회사가 자신의 위법행위 여부가 불분명한 경우 사적 화해의 수단으로 손실을 보상하는 경우, 회사의 위법행위로 인하여 회사가 손해를 배상하는 행위, 분쟁조정 또는 재판상 화해절차에 의해 손실보상 또는 손해배상을 하는 경우 등은 허용된다.

75 내부통제기준은 감독기관이나 주주에 의하여 피동적으로 움직이는 것보다는 준법감시체제를 뒷받침할 수 있는 회사의 분위기 조성이 중요하다. 특히 효율적인 준법감시체제의 구축 운영은 경영진의 경영방침에 의해 크게 좌우될 수 있으므로 경영진의 인식 제고가 필요하다.

76 위반자에 대한 제재는 경고, 견책, 감봉, 정직뿐만 아니라 해고도 가능하다. 또한 위반행위에 대하여 경영진 및 감사위원회에 신속히 보고하여야 하며 문제발생의 원인 분석 및 향후 제도개선방안을 마련해야 한다.

77 해당 영업관리자가 준법감시업무 이외의 업무를 겸직하지 않을 것까지 요건으로 하는 것은 아니다.

78 준법감시인은 내부고발자 또는 내부통제우수자를 선정하여 인사상 또는 금전적 혜택을 부여하도록 회사에 요청할 수 있다. 그러나 내부고발자가 이를 원하지 않는 경우에는 그러하지 아니한다.

79 보유기간이 경과하거나 처리목적이 달성되는 등 개인정보가 불필요하게 된 경우에는 지체 없이 개인정보를 파기해야 한다. 개인정보의 처리를 위탁한 경우에는 수탁자가 안전하게 개인정보를 관리하도록 문서를 작성하고, 해당 업무를 초과한 이용이나 제3자 제공은 금지해야 한다.

80 준법감시인은 독립적으로 직무를 수행해야 하므로 고유재산운용업무, 금융투자업 및 부수업무, 보험대리점·중개사 업무, 국가·공공단체 업무의 대리, 자금이체업무 등은 수행할 수 없다.

제3과목 법규 및 규정

81 단기매매차익 반환의무의 대상은 모든 임직원이 아니라 직무상 미공개 중요정보를 알 수 있는 직원으로 한정된다.

82 투자매매업자 또는 투자중개업자 중 금융위원회로부터 종합금융투자사업자의 지정을 받은 자이다.

83 매매유인이나 부당이득을 얻을 목적이 없다고 하더라도 시세에 부당한 영향을 줄 수 있다고 판단되면 과징금을 부과할 수 있다.

84 65세 이상 고령투자자는 특별한 사유가 없는 한 일반금융소비자에 해당한다.

85 적정성 원칙은 원칙적으로 일반사모펀드 판매 시에는 적용되지 않는다.

86 자본시장법상 주식매수선택권(스톡옵션), 관리형신탁의 수익권, 원화표시 CD는 금융투자상품에서 제외된다.

87 종합금융투자사업자가 아니면 전담중개업무를 영위할 수 없다.

88 정상으로 분류된 자산에 대하여도 대손충당금을 적립해야 한다.

89 투자자에게 유리하더라도 임의매매는 금지된다.

90 증권신고서를 제출해야 하는 자는 모집 또는 매출 주선인이 아니라 증권의 발행인이다.

91 금융투자업자는 일반투자자의 투자목적, 재산상황 및 투자경험 등을 고려하여 등급별로 차등화된 투자권유준칙을 마련해야 한다.

92 미공개 중요정보 이용행위 금지규정의 적용대상이 되는 증권에는 상장법인 발행증권(일반채권, 수익증권, 파생결합증권 제외), 증권예탁증권(DR), 교환사채권 및 이를 기초자산으로 한 금융투자상품 등이 있다.

93 청산거래대상에는 장외파생상품 거래, 장외환매조건부매매, 장외증권의 대차거래, 청산대상업자 간의 상장증권(채무증권 제외) 위탁매매 등이 있다.

94 ② 주권상장법인 등이 장외파생상품 거래를 하는 경우에는 별도 의사표시를 하지 않는 한 일반투자자로 대우한다.
③ 장외파생상품 거래를 위해 전문투자자로 대우받기를 원할 경우에는 그 내용을 서면으로 금융투자업자에게 통지해야 한다.
④ 상대적 전문투자자가 일반투자자로 대우받기를 원할 경우에는 그 내용을 서면으로 금융투자업자에게 통지해야 한다.

95 대주주 출자능력(자기자본이 출자금액의 4배 이상), 재무건전성, 부채비율(300%) 요건은 출자 이후인 점을 감안하여 인가요건 유지의무에서 배제되었다.

96 투자성 상품 판매와 관련된 사항은 자본시장법이 금융소비자보호법에 대하여 특별법 지위에 있다. 금융소비자보호법은 금융소비자보호에 관한 일반법이다.

97 고유재산운용업무와 신탁업 간에는 내부정보교류 차단장치를 설치하여야 한다.

98 공공적 법인의 종목별 외국인 전체 취득한도는 해당 종목 지분의 40%까지 가능하다.

99 특정 증권 등을 매수한 후 6개월 이내에 매도하거나 특정 증권 등을 매도한 후 6개월 이내에 매수하여 얻은 이익의 경우는 반환대상에 해당한다.

100 금융투자업자가 취급하는 대표적인 대출성 상품에는 신용거래융자, 신용대주, 증권담보대출, 청약자금대출 등이 있다.

정답 및 해설 | 제2회 적중 실전모의고사

제1과목 • 증권분석 및 증권시장

01 ②	02 ①	03 ③	04 ②	05 ④
06 ③	07 ①	08 ④	09 ②	10 ③
11 ④	12 ③	13 ③	14 ②	15 ①
16 ④	17 ②	18 ④	19 ③	20 ①
21 ①	22 ②	23 ①	24 ②	25 ④
26 ①	27 ④	28 ③	29 ②	30 ①

제2과목 • 금융상품 및 윤리

31 ①	32 ①	33 ③	34 ②	35 ③
36 ①	37 ②	38 ③	39 ④	40 ③
41 ③	42 ②	43 ①	44 ①	45 ②
46 ④	47 ②	48 ④	49 ④	50 ②
51 ③	52 ③	53 ③	54 ①	55 ④
56 ③	57 ②	58 ②	59 ②	60 ①
61 ③	62 ①	63 ④	64 ③	65 ①
66 ④	67 ②	68 ①	69 ③	70 ②
71 ④	72 ①	73 ③	74 ③	75 ④
76 ①	77 ④	78 ③	79 ④	80 ②

제3과목 • 법규 및 규정

81 ④	82 ③	83 ①	84 ①	85 ②
86 ②	87 ①	88 ③	89 ④	90 ①
91 ③	92 ②	93 ③	94 ③	95 ④
96 ③	97 ④	98 ③	99 ②	100 ①

제1과목 • 증권분석 및 증권시장

01 거시경제적 요인: 경기순환 국면, GDP 성장률, 1인당 국민소득, 환율, 인플레이션, 이자율 수준 등

02 통화안정증권 매입, 기준금리 인하, 지급준비율 인하는 통화를 팽창시켜 경기를 부양하기 위한 수단이지만, 통화안정증권 매각은 통화량을 환수하여 물가를 안정시키기 위한 정책이다.

03 경쟁치열도가 낮아야 유리하다.

04 회사채유통수익률은 후행종합지수의 구성지표이다.

05 $PER = \dfrac{주가}{주당순이익(당기순이익 \div 발행주식 수)}$
   $= \dfrac{20,000}{500} = 40$

06 이자보상비율은 영업이익 ÷ 이자비용으로 계산.
   2,000만 원(영업이익) ÷ 500만 원(이자비용) = 4.0배

07 재무레버리지는 2배, 총자본이익율(ROA)은 20%이다.
   • PER = 주가/EPS = 25,000/2,500 = 10배
   • PBR = 주가/BPS = 25,000/5,000 = 5배
   • 이자보상비율 = 영업이익/이자비용
         = 2억원/0.4억원 = 5(배)
   • 총자본회전률 = 매출액/총자본
         = 20억원/10억원 = 2(회)
   • 총자본이익률 = 당기순이익/총자본
         = 2억원/10억원 = 0.2, 즉 20%
   • 자기자본이익률 = 당기순이익/자기자본
         = 2억원/5억원 = 0.4, 즉 40%
   • 재무레버리지 = 총자본/자기자본
         = 10억원/5억원 = 2(배)
   • 배당성향 = 배당금/당기순이익
         = 1.2억원/2억원 = 0.6, 즉 60%
   • 사내유보율 = 100% − 배당성향 = 40%

08 기술적 분석은 주가의 내재 가치를 분석하는 기본적 분석과 달리, 과거의 가격 움직임과 패턴을 통해 미리를 예측하는 방법이다.

09 원형은 반전형 패턴이고 나머지는 지속형 패턴이다.

10 주가변동의 패턴을 관찰할 뿐 아니라 예측도 가능하다.

11 기명은 종류주식과 관계가 없다.

12 상장폐지는 거래소시장이 상장된 증권에 대하여 유가증권시장에서 매매거래대상이 될 수 있는 적격성을 상실시키는 조치이고, 관리종목지정은 상장폐지의 우려가 있다고 판단되는 경우 사전예고 단계라고 할 수 있다.

13 주권상장법인은 공시의무사항이 아닌 경우에도 투자자의 투자판단에 중대한 영향을 미칠 수 있는 사항에 대하여 자율공시할 수 있다.

14 대용증권은 현금에 갈음하여 위탁증거금으로 활용할 수 있다.

15 주가지수가 전일종가지수 대비하여 각각 8%, 15%, 20% 이상 하락하여 1분간 지속되면 Circuit Breakers를 발동한다.

16 프로그램매매 관리제도에는 프로그램매매호가 구분 표시, 지수차익잔고 공시, 선물·옵션 최종거래일의 사전신고, Side Car(프로그램매매호가의 효력 일시정지제도) 등이 있다.

17 우리나라는 실물결제방식, 차감결제방식, 집중결제방식을 채택하고 있다.

18 ① 영업기간을 적용하지 않음
   ② 자기자본이 15억원 이상 또는 시가총액이 90억원 이상일 것
   ③ ROE가 5%이거나 당기순이익이 10억원 이상일 것

19 주주명부에 등록되기 위해서는 12월 28일까지 주식을 매수해야 한다.

20 공정공시의 대상정보에는 장래사업계획 또는 경영계획, 매출액, 영업손익 등에 대한 전망 또는 예측, 정기(사업/반기/분기)보고서 제출 이전의 영업실적, 수시공시사항 관련 중요정보 중 공시의무시한이 미경과한 사항 등이 있다.

21 서킷브레이커는 코스피(또는 코스닥)지수가 기준가격 대비 하락하는 경우에는 적용되고, 상승하는 경우에는 적용되지 않는다.

22 만기가 일정할 때, 수익률 하락에 의한 가격 상승폭이 같은 폭의 수익률 상승에 의한 가격 하락폭보다 크다.

23 위험과 수익률은 비례한다. 일반적으로 채권의 신용 위험은 '국채 < AAA등급 은행채 < AA등급 회사채 < BBB등급 회사채 < BB등급 회사채' 순이다. 그러므로 위험이 가장 높은 BB등급 회사채의 채권금리가 가장 높다.

24 풋옵션부채권은 투자자가 옵션을 행사할 수 있는 권리를 갖는 채권으로, 주식과는 직접적인 관계가 없으므로 주식으로 전환할 수도 없다.

25 수익률곡선타기전략은 유동성선호가설과 관련이 깊다.

26 • 패리티 = $\frac{\text{전환대상 주식의 가격}}{\text{전환가격}} \times 100\%$

   = $\frac{7,000원}{\text{전환가격}} \times 100\% = 140\%$

   • 전환가격 = $\frac{7,000원}{1.4}$ = 5,000원

   ∴ 전환가격은 5,000원이다.

27 신주인수권부사채는 일정한 가격으로 신주를 인수할 수 있는 권리가 부여된 채권으로 일정한 조건을 충족하였을 때, 자본으로 인정되는 신종자본의 범주에 속하지 않는다.

28 교환사채는 발행회사가 보유한 기존 주식(자사주 또는 타사주)으로 교환하는 방식이다. 반면, 전환사채는 신주를 발행하여 주식으로 전환된다.

29 기업설명회는 2반기 연속 또는 3년 내 4회 이상 미개최 한 경우 상장폐지 요건이 된다.

30 최근 2개 사업연도 연속하여 매출액 5억원 미만인 경우 등록해제 사유에 해당된다.

제2과목 · 금융상품 및 윤리

31 증권펀드(집합투자기구)에 대한 설명이다.

32 주식형펀드는 주식 및 주가지수선물·옵션에 투자한 비율이 신탁재산의 60% 이상인 펀드를 말한다.

33 랩어카운트는 자산운용방식과 투자대상이 다양하다.

34 양도성예금증서는 만기 전에 은행에서 중도해지가 불가능하며, 유통시장을 통해 매각하여 현금화할 수 있다.

35 CD는 예금자보호대상이 아니므로 외화예금과 정기예금의 원금 및 소정이자, 가계당좌예금의 원금 및 소정이자만 수령할 수 있다.

36 주식형펀드는 주식·주가지수선물·옵션에 투자한 비율이 신탁재산의 60% 이상인 펀드이다.

37 수익증권은 실적배당상품으로 예금자보호대상이 아니다.

38 CD는 예금자보호법상의 보호대상 제외상품이다.

39 ⓒ 표지어음 : 할인식, 금융기관이 발행인 및 지급인, 중도해지 불가(양도가능), 예금자보호
ⓓ 후순위채 : 채권자 중 후순위, 브완자본으로 인정, 중도해지 불가, 비보호

40 상해 또는 질병으로 인하여 입원, 통원치료 시에 발생한 의료비를 보장하는 실손보상형 보험은 실손의료보험이다.

41 ELW는 주식이나 주가지수를 기초자산으로 하며, 기초자산의 가격 변동에 따라 가치가 결정되는 파생상품이다. 만기가 정해져 있고, 원금 보장이 되지 않는 고위험 고수익 상품이다.

42 증권시장의 과잉반응 현상을 이용하는 방법은 전술적 자산배분에 해당한다.

43 실제로 주가가 상승하는 시기에는 투자자의 위험허용도가 높아지게 된다.

44 시장공통예측치 사용법에 대한 설명이다.

45 업그레이딩에 대한 설명이다.

46 기하평균수익률(GRR)에 대한 설명이다.

47 전략적 자산배분의 방법 중 위험-수익 최적화방법에 대한 설명이다.

48 전략적 자산배분은 시장상황의 변화에도 불구하고 의사결정을 재조정하지 않는다.

49 ① 과매도 국면으로 판단되면 펀드매니저는 주식 비중을 확대한다.
② 실제 주가가 오르면 투자자의 위험허용도는 상승한다.
③ 투자자의 위험허용도는 포트폴리오의 실현수익률에 영향을 받지 않는다고 가정한다.

50 소극적 투자관리방법은 보다 나은 시장예측활동이나 주가가 잘못 형성된 종목을 발견하는 능력을 통해 벤치마크보다 나은 성과를 올리려는 시도를 하지 않고, 일반적인 증권으로 구성된 포트폴리오를 보유하는 전략이다.

51 포뮬러 플랜(Formula Plan)은 역투자전략방식으로, 고가매도-저가매입 전략을 활용한다.

52 시간가중수익률은 투자자의 현금 흐름을 고려하지 않고, 자산 가격 변화만을 기반으로 계산된다. 이는 펀드매니저의 운용 성과를 평가하는 게 적합하다. 반면, 금액가중수익률은 투자자의 현금 흐름을 반영하여 계산된다.

53 블랙-리터만 모델은 자산군 간의 상관관계를 고려하며, 시장 균형 기대수익률과 투자자의 견해를 결합하여 최적의 자산배분을 수행한다. 상관관계를 고려하지 않는다는 설명은 적절하지 않다.

54 방문판매 모범규준은 전문투자자를 포함한 모든 금융소비자를 대상으로 적용된다.

55 투자성상품의 가치에 중대한 영향을 미치는 사항을 알리는 행위는 허용된다.

56 매스마케팅이나 타깃마케팅의 영업전략으로는 고객이 더 이상 움직이지 않으므로 살아남기 위해서는 과거와 다른 새로운 영업전략이 요구되고 있다.

57 신규고객 확보보다는 철저한 기존고객관리를 통해 우량고객, 충성고객층을 두껍게 유지함으로써 안정적인 이익창출을 도모할 수 있다.

58 CRM의 영역에는 고객유지, 고객확보, 고객개발이 있는데 고객개발을 위한 전략으로 교체판매나 추가판매 등을 활용할 수 있다.

59 CRM은 규모의 경제보다 범위의 경제를 지향한다.

60 상담활동은 영업활동을 수행하는 데 가장 핵심이 되는 것으로 가장 완벽하게 실시해야 하는 설득활동이다.

61 명함을 건넬 때에는 고객이 이름을 정확히 볼 수 있도록 명함의 방향이 고객을 향하게 한다.

62 투자상품의 인기도는 고객과의 관계형성 단계에서 고객 니즈의 내용과 거리가 멀다.

63 폐쇄형 질문은 고객 동의 및 확신을 얻기 힘들며, '예' 또는 '아니오' 등 단답이 나올 경우 다음 단계로 대화를 이어가기 힘든 단점이 있다.

64 개방형 질문을 할 때 항상 개방형 질문만 해야 하는 것은 아니고 때에 따라서는 폐쇄형 질문을 적절히 배합함으로써 문의를 통한 니즈 파악을 극대화할 수 있다.

65 고객 동의는 판매의 끝이 아니라 다른 판매의 시작이다.

66 직무윤리는 대부분 자율규제이므로 정부의 규제와 관계가 적다.

67 금융투자업종사자는 일반인 이상의 당해 전문가집단에 평균적으로 요구되는 수준의 주의의무가 요구된다.

68 Know-Your-Customer-Rule(고객알기의무)에 대한 내용이다.

69 ① 투자성에 관한 구조와 성격까지 설명해야 한다.
② 일반투자자에게만 적용된다.
④ 설명수준은 투자자의 투자경험과 지식 등에 따라 달리할 수도 있다.

70 표시방법에는 제한이 없다.

71 1개월이 지난 후에 다시 투자권유를 하는 행위는 허용된다.

72 금융투자업종사자는 수수료 및 비용징수에 관한 사항을 사전에 고객에게 고지해야 한다.

73 견책은 금융위원회의 금융투자업자 직원에 대한 제재 중의 하나이다.

74 금리 및 변동여부는 대출성 상품을 일반금융소비자에게 권유하는 경우에 설명해야 할 사항에 해당한다.

75 고객에게 투자권유와 투자관리 등의 서비스를 제공함에 있어서 이익을 확실하게 보장하는 듯한 표현을 사용하여서는 안 된다. 자본시장법에서는 금융투자업자가 금융상품의 매매, 그 밖의 거래와 관련하여 투자자가 입을 손실의 전부 또는 일부를 보전하여 줄 것을 사전에 약속하는 행위, 투자자가 입은 손실의 전부 또는 일부를 사후에 보전하여 주는 행위, 투자자에게 일정한 이익을 보장할 것을 사전에 약속하는 행위, 투자자에게 일정한 이익을 사후에 제공하는 행위를 금지하고 있다.

76 투자권유는 객관적 사실에 기초하여야 하고, 사실과 의견을 구분해야 하며, 투자성과를 보장하는 듯한 표현은 금지된다.

77 의무의 이행이 신의칙에 반하는 경우에는 의무를 이행하지 않은 것이 되어 채무불이행이 되고 이에 따른 법적 책임을 진다.

78 금융투자업종사자는 원칙적으로 고객의 거래당사자가 되거나 자기 이해관계인의 대리인이 되어서는 안 된다. 다만, 고객이 동의한 경우에는 가능하다.

79 적정성의 원칙에 대한 설명이다.

80 적합성 원칙은 과징금 부과대상에 해당되지 않으나 과태료 부과대상에는 해당된다.

제3과목 ▪ 법규 및 규정

81 차액결제거래 취급규모를 신용공여 한도에 포함하여 자기자본의 100% 이내로 관리해야 한다.

82 주식매수청구권에 응한 주식의 매수인 경우에는 공개매수의 적용이 면제된다.

83 증권분석기관에는 인수업무를 수행하는 자, 신용평가업자, 채권평가회사, 회계법인 등이 있다.

84 온라인소액투자중개업자가 기존계약과 동일한 내용을 계약을 갱신하는 경우에는 계약서류 제공의무가 면제된다.

85 장외파생상품은 전문금융소비자의 사전안내 불가 상품에 해당한다.

86 주택저당증권은 수익증권에 해당한다.

87 ②③④는 절대적 전문투자자에 해당되고, ①은 금융위에 신고하면 2년간 전문투자자 대우를 받을 수 있는 자발적 전문투자가 될 수 있다.

88 금융투자업자는 부수업무를 영위하기 시작한 날로부터 2주 이내에 해당 부수업무에 대하여 금융위에 '사후'보고하면 된다.

89 투자매매업자 또는 투자중개업자는 투자자 소유의 증권을 '예탁결제원'에 지체 없이 예탁해야 한다.

90 내부자거래 규제의 적용대상이 되는 법인은 상장법인 및 6개월 내 상장이 예정된 법인이다.

91 예외적으로 허용되는 경우에 해당하지 않는다.

  [참고] 대주주 발행증권 소유금지의 예외(시행령 제37조 1항 1호)

  - 대주주가 변경됨에 따라 이미 소유하고 있는 증권이 대주주가 발행한 증권으로 되는 경우
  - 인수와 관련하여 해당 증권을 취득하는 경우
  - 관련 법령에 따라 사채보증 업무를 할 수 있는 금융기관 등이 원리금의 지급을 보증하는 사채권을 취득하는 경우
  - 특수채증권을 취득하는 경우
  - 그 밖에 금융투자업자의 경영건전성을 해치지 아니하는 경우로서 금융위원회가 정하여 고시하는 경우

92 투자매매업자 또는 투자중개업자만이 취급하는 증권에 대한 대차거래와 그 중개·주선 대리업무를 겸영할 수 있다.

93 ①②④는 벌칙이 적용된다.

  [참고] 불건전 영업행위에 대한 벌칙적용을 배제하고 과태료만 부과하는 경우

  - 일반투자자로의 전환을 요구하는 전문투자자에 대한 거절 행위
  - 과당매매(Churning) 유발 투자권유 행위
  - 투자자와의 재산상 이익 수수 행위
  - 증권의 인수업무와 관련된 불건전 영업 행위
  - 미공개 중요정보의 매도·매수 행위
  - 미공개 중요정보 이용 행위
  - 시세조종 행위 및 부정거래행위
  - 위법거래 은폐를 위한 부정한 장법 행위
  - 자기주식 매매권유 행위 등

94 단순히 당해 법인의 주식을 10년 보유하였다고 하여 내부자가 되는 것은 아니다.

95 단기매매차익을 반환해야 하는 경우에 해당한다.

96 금융상품판매업자는 금융소비자로부터 분쟁조정 또는 소송수행을 위하여 자료 열람을 요구받은 날로부터 6영업일 이내에 금융소비자가 열람할 수 있도록 해야 하되, 실비를 기준으로 수수료 또는 우송료를 금융소비자에게 청구할 수 있다.

97 등록업무 단위는 인가업무 단위와 동일하나 인가제보다 진입규제가 완화되어 사업계획의 타당성, 건전성과 같은 적합성 기준은 적용되지 않는다.

98 주주 발행증권 소유금지의 예외(시행령 제37조 1항1호) 사유에는 대주주가 변경됨에 따라 이미 소유하고 있는 증권이 대주주가 발행한 증권으로 되는 경우, 인수와 관련하여 해당 증권을 취득하는 경우, 관련 법령에 따라 사채보증 업무를 할 수 있는 금융기관 등이 원리금의 지급을 보증하는 사채권을 취득하는 경우, 특수채 증권을 취득하는 경우, 그 밖에 금융투자업자의 경영건전성을 해치지 아니하는 경우로서 금융위원회가 정하여 고시하는 경우 등이 있다.

99 대출성 상품에 대하여 일반소비자는 계약서류제공일 또는 계약체결일로부터 14일 이내에 청약을 철회할 수 있다.

100 흡수합병인 경우 합병한 날, 신설합병인 경우에는 상장일이 보고기준일이 된다.

2025 최신개정판

해커스
증권투자 권유대행인 한권합격 핵심개념+적중문제

개정 11판 1쇄 발행 2025년 4월 8일

지은이	민영기, 송영욱 공편저
펴낸곳	해커스패스
펴낸이	해커스금융 출판팀
주소	서울특별시 강남구 강남대로 428 해커스금융
고객센터	02-537-5000
교재 관련 문의	publishing@hackers.com
	해커스금융 사이트(fn.Hackers.com) 교재 Q&A 게시판
동영상강의	fn.Hackers.com
ISBN	979-11-7244-856-1 (13320)
Serial Number	11-01-01

저작권자 © 2025, 민영기, 송영욱

이 책의 모든 내용, 이미지, 디자인, 편집 형태는 저작권법에 의해 보호받고 있습니다.
서면에 의한 저자와 출판사의 허락 없이 내용의 일부 혹은 전부를 인용, 발췌하거나 복제, 배포할 수 없습니다.

금융자격증 1위,
해커스금융(fn.Hackers.com)

해커스금융

- 핵심 내용을 빠르고 쉽게 정리하는 **하루 10분 개념완성 자료집**
- **금융자격증 무료 강의**, 1:1 질문/답변 서비스, 시험후기/합격수기 등 다양한 금융 학습 콘텐츠
- 금융 전문 교수님의 **본 교재 인강**(교재 내 할인쿠폰 수록)
- 내 점수와 석차를 확인하는 **무료 바로 채점 및 성적 분석 서비스**

주간동아 선정 2022 올해의 교육 브랜드 파워 온·오프라인 금융자격증 부문 1위

해커스금융 단기 합격생이 말하는
투자권유대행인 합격의 비밀!

해커스금융과 함께하면
다음 합격의 주인공은 바로 여러분입니다.

4일 단기 합격!
익*명 합격생

꼭 봐야하는 내용을 짚어주는 강의!

인강만 보고 합격했습니다.
'핵심포인트 해설'만 놓고 봐도 양이 방대한데 **교수님께서 꼭 봐야되는 걸 짚어주셔서** 그 부분만 봐도 합격 가능했습니다.
인강 없이는 중요도 높은 부분을 추려내기가 어려울 것 같아요.

3주 만에 합격!
김*민 합격생

문제집과 인강만으로 시험 준비!

굳이 기본서 없이도 **최종핵심정리문제집만 가지고** 공부하고 **강의 들으면서 교수님이 알려주시는 것만 정독**해도
합격할 수 있습니다. 교수님이 강의 해주신 부분만 딱 공부하니, 정말 3주도 안 되어서 합격했습니다.

취준생 단기 합격!
박*민 합격생

반복 학습을 통한 효율적인 공부!

문제집 1권 1회독하고, 별표 3개인 것들을 계속 외웠습니다.
바로 채점 서비스가 정말 좋았는데 합격/불합격 여부랑 석차도 나오고 **과목별로 부족한 부분까지 분석해서 피드백도** 해줘서 도움이 되었어요.

더 많은 합격수기가 궁금하다면?